O DIREITO PRIVADO ROMANO, AT 'DUODECIM TABULARUM LEGES' AT 'AUGUSTUS IULIA LEGES', AT 'LEGES ANTIQUAE ROMAE' ET 'FAMILAE ROMANAE'

TOMO II

Editora Appris Ltda.
1.ª Edição - Copyright© 2024 do autor
Direitos de Edição Reservados à Editora Appris Ltda.

Nenhuma parte desta obra poderá ser utilizada indevidamente, sem estar de acordo com a Lei nº 9.610/98. Se incorreções forem encontradas, serão de exclusiva responsabilidade de seus organizadores. Foi realizado o Depósito Legal na Fundação Biblioteca Nacional, de acordo com as Leis nos 10.994, de 14/12/2004, e 12.192, de 14/01/2010.

Catalogação na Fonte
Elaborado por: Dayanne Leal Souza
Bibliotecária CRB 9/2162

H632d
2024

Hid, A. Ricardo
   O direito privado romano, at 'duodecim tabularum leges' at 'augustus iulia leges', at 'leges antiquae romae' et 'familae romanae' – tomo 2 / A. Ricardo Hid. – 1. ed. – Curitiba: Appris, 2024.

   339 p. ; 23 cm. – (Direito e Constituição).

   Inclui referências.
   ISBN 978-65-250-6093-4

   1. Direito romano. 2. Legislação – Roma – História – Até 510 A.C. I. Título.

CDD – 340.54

Livro de acordo com a normalização técnica da ABNT

Appris *editora*

Editora e Livraria Appris Ltda.
Av. Manoel Ribas, 2265 – Mercês
Curitiba/PR – CEP: 80810-002
Tel. (41) 3156 - 4731
www.editoraappris.com.br

Printed in Brazil
Impresso no Brasil

A. RICARDO HID

O DIREITO PRIVADO ROMANO, AT 'DUODECIM TABULARUM LEGES' AT 'AUGUSTUS IULIA LEGES', AT 'LEGES ANTIQUAE ROMAE' ET 'FAMILAE ROMANAE'

TOMO II

Appris
editora

FICHA TÉCNICA

EDITORIAL	Augusto Coelho
	Sara C. de Andrade Coelho
COMITÊ EDITORIAL	Andréa Barbosa Gouveia - UFPR
	Edmeire C. Pereira - UFPR
	Iraneide da Silva - UFC
	Jacques de Lima Ferreira - UP
	Marli Caetano
SUPERVISOR DA PRODUÇÃO	Renata Cristina Lopes Miccelli
PRODUÇÃO EDITORIAL	Miriam Gomes
REVISÃO	Ana Lúcia Wehr
DIAGRAMAÇÃO	Jhonny Alves dos Reis
CAPA	João Vitor Oliveira
REVISÃO DE PROVA	Sabrina Costa

COMITÊ CIENTÍFICO DA COLEÇÃO DIREITO E CONSTITUIÇÃO

DIREÇÃO CIENTÍFICA Antonio Evangelista de Souza Netto (PUC-SP)

CONSULTORES

- Ana Lúcia Porcionato (UNAERP)
- Arthur Mendes Lobo (UFPR)
- Augusto Passamani Bufulin (TJ/ES – UFES)
- Carlos Eduardo Pellegrini (PF - EPD/SP)
- Danielle Nogueira Mota Comar (USP)
- Domingos Thadeu Ribeiro da Fonseca (TJ/PR – EMAP)
- Elmer da Silva Marques (UNIOESTE)
- Georges Abboud (PUC/SP)
- Guilherme Vidal Vieira (EMPAP)
- Henrique Garbelini (FADISP)
- José Laurindo de Souza Netto (TJ/PR – UFPR)
- Larissa Pinho de Alencar Lima (UFRGS)
- Luiz Osório de Moraes Panza (Desembargador TJ/PR, professor doutor)
- Luiz Rodrigues Wambier (IDP/DF)
- Marcelo Quentin (UFPR)
- Mário Celegatto (TJ/PR – EMAP)
- Mário Luiz Ramidoff (UFPR)
- Maurício Baptistella Bunazar (USP)
- Maurício Dieter (USP)
- Ricardo Freitas Guimarães (PUC/SP)

APRESENTAÇÃO

O Direito Romano[1][2] ganhou real importância nas últimas décadas, quando *notoriamente* se insertou na cultura latino-americana, europeia [3][4]

[1] "O entendimento de *ius*, entre os romanos, a julgar pela definição de Celso, expressa no início do Digesto – '*ars bani et aequi*', '*a arte do bom e do justo*' – tem mais a ver com a aplicação do que com conceito abstrato, portanto, mais consentânea com o espírito pragmatista dos romanos. Daí a dificuldade, às vezes, de distinguir '*ius direito*', *de 'lex lei*', já que a lei não só expressa, mas também cria direitos. O próprio termo '*ars*', ao ser traduzido por arte, em português, já constitui um equívoco. Arte tem direta conotação com o belo em sua acepção moderna. Mas primitivamente, '*ars*', como a *tekné* grega, significava ofício ou técnica de produzir profissões que hoje chamamos de artesanais, como de carpinteiro, marceneiro, por exemplo e naqueles tempos, de artistas plásticos. Nessa concepção, a definição, que o Digesto atribui ao jurista Celso, implicar a técnica de aplicar o que é '*bom e justo*' em vez de concepção '*teorético-especulativa*'. A própria divisão teórica do direito – *ius naturale*, direito natural, *ius gentium*, direito das gentes, e *ius civile*, direito civil – tinha também objetivo pragmático relativo ao fundamento e, a eficácia das normas e costumes sociais. O direito natural, comum a homens e animais, é o direito não escrito, que dispensa as leis, porque já detectável e evidente na observação do comportamento invariável da natureza. Assim, a conjunção do macho e da fêmea, que entre os animais chama-se coito e, entre os homens matrimonio é fundamentalmente o mesmo comportamento determinado pela natureza. O chamado *ius gentium* são normas comuns a todos os homens e por eles estabelecidas, que obrigam tanto romanos como não romanos. Até a Idade Média servia para designar as nações que não eram nem judias e, nem cristãs. A criação do chamado direito civil tem como objetivo estabelecer certo entre o direito natural e o direito das gentes. Chama-se civilis porque atinente ao homem organizado em sociedade, isto e, em civitas. Pelo direito natural, todo homem nasce livre (T. I, 4), mas o direito das gentes instituiu a servidão, a guerra, os reinos etc. Como conciliar? Essa é a tarefa do direito civil, que regula e equilibra os contrários, sendo um direito que nem se afasta inteiramente do direito natural e, nem do direito das gentes, mas também não se conforma em todo com nenhum deles. (T. I. 6). No artigo seguinte são citados os instrumentos comuns dos quais emanam o direito civil: leis, plebiscitos, decretos do Senado, decisões do soberano e da autoridade dos jurisconsultos. É o direito civil que concilia a liberdade natural do homem com a servidão, estabelecendo quando e como um homem pode perder ou reconquistar sua condição primitiva de nascença (leges)" (*consoante obra editada pelo* Tribunal Regional Federal da 1ª Região – Escola de Magistratura Federal da 1ª Região, 2010, tradução do livro I do digesto do Corpus Iuris Civilis, '*léxico traduzido do digesto do Corpus Iuris Civilis*', T. II, 2, § 20).

[2] "Item si vis legalia cognoscere, primo sciendum est unde verbum ius est. Hoc autem verbum a iustitia venit: nam, ut clare definit Celsus, lex est ars boni et aequi. Et recte nos iuris sacerdotes dici possunt, quia in facto iustitiam utimur, quaerimus quid bonum et aequum sit dare et scire, separatio inter iustum et iniustum, distinctionem inter licitum et illicitum. illicitus; Bonos non solum supplicio, sed etiam praemii cupiditate ducere volumus, et veram, nisi fallor, philosophiam consequi nitimur" – do original, em livre tradução – 'Se quiser entender a matéria jurídica, é preciso, antes de mais nada, saber donde vem a palavra direito (ius). Ora, essa palavra provém de justiça (iustitia): com efeito, como definiu limpidamente (eleganter) Celso, o direito é a arte do bom e do equitativo. E nós (juristas) podemos, com razão, ser chamados os sacerdotes do direito, pois de fato praticamos a justiça, procuramos dar e conhecer o que é bom e equitativo, com a separação entre o justo e o injusto, a distinção entre o lícito e o ilícito; pretendemos que os homens de bem conduzam não apenas por temos do castigo, mas também pelo desejo de recompensa, e esforçamo-nos, sinceramente, por alcançar, salvo engano, uma filosofia verdadeira" (*Ulpianus*,' dig, I, I, 1, século III).

[3] "La importancia del Derecho romano como elemento integrador en la formación y cultura europea en palabras de Koschaker, P., Europa und das Römische Recht, Berlin, C. H. Beck 1947, p. 352, destaca el a. su importancia a pesar de poner de relieve en su día la crisis de los estudios: 'dass das römische Recht trotz der ernsten un bedrohlichen lage seines Studiums heute reif zur Abdikation seie, ist nicht memine Meinung. Ich hoffe vielmehr gezeigt zu haben, dass es auch heute noch Wege gibt, es zu einem legendigen Glied in der Bindlung aller Juristen zu manchen und es so in seiner geschichtlichen Funktion zu erhalten, ein Mittler unter den grossen europäischen Privatrech'. *Vid.* sobre la importancia del desarrollo del Derecho privado europeo, Hamza G., Le développement du droit privé européen. Le rôlede la tradition romaniste dans la formation du dorit privé moderne, Budapest, Bibliotheca Iiridica, 2005, p. 171 ss, las tendencias de los estudios jurídicos europeos y la propia de la investigación del Derecho romano, destacando la importancia del método comparativo para el estudio de la evolución".

[4] Rainer, J. M., *Das römische Recht in Europa*, Wien, Manz, 2012, p. 4 y ss "Para una evolución sobre las codificaciones el autor señala la importancia del Derecho romano en la formación del jurista actual. (Id. Stein, P., *Roman Law in European History*, Cambridge, Cambridge Universoty Press, 1999, p. 130), considera que la idea del Derecho comunitario europeo no es algo nuevo sino una renovación de la unidad cultural: "Nevertheless the idea that European Community law is in some sense noa a new thing but a renewal of a cultural legal unity, which once covered the whole continent, has sparked interest in what is described as the civilian tradition". Id. Caravale, M., Alle origini del Diritto europeo. Ius commune, droit commun, common law nella dottrina giuridca della prima età moderna, Bolonia, Monduzi, 2005, p. 181 y ss".

[5] e mundial, por meio de suas codificações, pois ao seu estudo é atribuída uma função pedagógica que impacta o pensamento jurídico, uma vez que não basta conhecer as leis nacionais, haja vista que, *de todo,* é inevitável a permanente homenagem à história, bem como o lastro de introdução do raciocínio jurídico, agregado à lógica antiga, medieval e erudita, no sentido, de entender o conceito do *justo,* que é uma característica essencial da cultura romana, com o fito de verdadeiramente se alcançar horizontes significativos, que permitam estudar, interpretar, criar, aplicar e operacionalizar a ciência.

A filosofia sobre o Direito romano [6] e seus postulados é a mais verdadeira reflexão sobre esta ciência oriunda da *'antiquitas'*, que tem por objetivo formular o conceito do *'Ius'* e, por conseguinte, analisar as instituições jurídicas no plano do dever ser, levando-se em consideração a condição humana, a realidade objetiva e os valores da justiça [7], fazendo com que, pela profundidade de suas investigações e de sua natural complexidade, os estudos de órbita desta antiga ciência requeiram uma dedicada gama de indagações e inquirições com vistas a concretização do real e verdadeiro conhecimento da *'antiquus romanus lex historia'.*

Neste bordo, escrever e pesquisar sobre o Direito romano é gratificante, primordialmente, quando se tem conhecimento, de que é este o conjunto de princípios jurídicos que governaram a sociedade romana em diversos momentos da sua história, da *monarquia até a morte do imperador Justiniano,* proporcionando, com a sua utilidade histórica, o conhecimento muito próximo dos termos e das evidencias jurídicas, que se agregam à lógica e à

---

[5] Saldanha, Daniel Cabaleiro, *apontamentos para uma idéia de justiça em Roma,* Anais do XVIII Congresso Nacional do Conpedi, 2009. Contudo, na Inglaterra do século XIX, já se reconhecia a importância do estudo do Direito Romano. Luther S. Cushing, em curso ministrado em Cambridge, em 1848-1849, aponta as seguintes razões para o estudo do Direito romano (no contexto do Direito Inglês): a) trata-se da base do pensamento jurídico, tomado em sua generalidade. Segundo o autor, os romanos possuíam uma forma admirável, e arguta de desenvolver seu raciocínio; b) Muitas das instituições do Direito Inglês derivam do Direito Romano; c) os princípios do Direito romano foram incorporados ao Direito Inglês tanto quanto aos demais sistemas jurídicos do mundo civilizado; d) o Direito de várias estados componentes dos Estados Unidos da América do Norte, notadamente Louisiana, Flórida e Texas, possuem inegável matriz romanística; e) o Direito romano é a base jurídica do Direito dos países com os quais a Inglaterra mantinha relações amigáveis. (*cfe.* CUSHING, L. S. **An introduction to the study of Roman Law**. Boston: Little Brown and Company, 1854. p. 120 et seq).

[6] SANTOS, Washington dos. *Dicionário Jurídico Brasileiro*. p. 82.

[7] Saldanha, Daniel Cabaleiro, *apontamentos para uma idéia de justiça em Roma,* Anais do XVIII Congresso Nacional do Conpedi, 2009. "Inobstante, é preciso reconhecer que não seria fácil encontrar princípios e, ensinamentos no sistema do *common law* que pudessem competir com os das fontes do *Direito romano, 'In Totum',* sob o perfil de qualquer coincidência com os *valores de civilização, humanidade e universalidade, da correspondência com a lei natural, da realidade perfeita e, da sabedoria do equilíbrio,* uma vez, que o que vigorava em Roma, era o *princípio da força da lei no exercício do poder,* que dissertava de forma insuperável, a expressão latina de que *'imperatoriam majestatem non solum armis decoratam, sed etiam legibus oportet esse armatam, ut utrumque tempus et bellorum et pacis rectas possit gubernari, et princeps romanus non solum em hostilibus praellis victor existat, sed etiam per legitimos procedimentos columnintium iniquitates expellat',* isto é, 'A majestade imperial deve contar *com armas e leis* para que o Estado seja igualmente bem governado durante a guerra e durante a paz: para que o príncipe, repelindo as agressões de seus inimigos em combate, e *diante da justiça, os ataques de homens maus,* possa seja tão religioso na observância do direito quanto grande nos triunfos". (*cfe.* preâmbulo das 'Institutas de Iustinian').

dedução da ciência nos dias atuais, que procura apontar, de forma genérica, os aspectos considerados notadamente essenciais, na vida pública, privada, *'jurisdicere'* e legislativa do *Império romano,* desde a sua génese, a sua composição e a competência das instituições romanas, segundo uma perspectiva evolutiva, de importância, em especial, à referência histórica e às fontes de direito, como uma devota e, verdadeira pesquisa [8] de caráter bibliográfico.

Assim, por diversas vezes, nesta catalogação de dados que, de forma despojada, apresento, faço repetir, com demasiada constância, conceitos, referências bibliográficas, e datas principiológicas de igual monta oriundas das obras editadas, agregadas a tantas outras, com distorções temáticas e temporais diferenciadas por conta de entendimentos diversos, que, por assim dizer, se agregam à razão das inúmeras fontes de pesquisas, com vistas a permitir um proposital cânone de insistência e de aprazamento, para a guarda e o adorno por parte do leitor, em relação aos termos avençados, tendo-se em conta que deve haver o esforço de cada um com vistas a uma leitura interpretativa do pensamento original em seu contexto ideológico, do ponto de vista histórico e jurídico.

---

[8] SEVERINO, Antonio Joaquim. Metodologia do Trabalho Científico. São Paulo: Cortez, 2007, p 122. 'A pesquisa bibliográfica é aquela que se realiza a partir do registro disponível, decorrente de pesquisas anteriores, em documento impressos, como livros, artigos, teses etc. Utiliza-se dados ou de categorias teóricas já trabalhados por outros pesquisadores e devidamente registrados. Os textos tornam-se fontes dos temas a serem pesquisados. O pesquisador trabalha a partir das contribuições dos autores dos estudos analíticos constantes dos textos'.

SUMÁRIO

CAPITULUM XXII
'AUGUSTUS LEGES IULIAE' LEGES IULIAS LEGES AB AUGUSTO 11

CAPITULUM XXIII
LEGES NOVAE.. 19

CAPITULUM XXIV
AUGUSTUS COMMUNIS REI PUBLICAE SPONSI 29

CAPITULUM XXV
LEX ROMAN ORIGINAL LEGES ROMANAE 33

CAPITULUM XXVI
'ROMANAE FAMILIAE' ASPECTUS CIVILIS FAMILIAE ROMANAE......... 67

CAPITULUM XXVII
'NATUS', 'SENECTUS', 'PUBERTAS', 'AEGRITITAS MENTIS', 'SEX',
'PRODIGALITAS' 'HONORABILITAS', 'RELIGIO', 'FERE SERVITIUM' 105

REFERÊNCIAS.. 113

CITAÇÕES... 163

CAPITULUM XXII

'AUGUSTUS LEGES IULIAE' LEGES IULIAS LEGES AB AUGUSTO[9]

INSTANTIAE APPROBATAE IN AUGUSTO PERIODO[10]

INTRODUCTIO

A *literatura da história Romana* mostra-nos o quanto é dificultoso entender e, portanto, definir a *situação política em Roma após a vitória de Augusto sobre Marco António. A historiografia de Roma* apresenta o vitorioso como o restaurador da *'roman res publicae',* ainda que o *'divinus'* tivesse se tornado uma figura política de expressão à liderança de um *'imperius',* que em nada possuía conexão com a *tradição republicana.*

Diagramas e concepções diversas foram desenvolvidos para clarear esse importante passo na *história de Roma,* que teve o seu curso iniciado na *'res publicae'* até o *'principatus'.* Uma corrente doutrinária afirma o estabelecimento de uma verdadeira *diarquia,* ou seja, um *pacto* entre o *'príncipes'* e o *'senatus'* para partilhar o *poder.*

Parte divergente dessa corrente acredita ter sido o regime republicano, *'tão somente'* otimizado, com um viés do poder pessoal do *imperador,* que, ao criar uma *gestão monárquica,* estruturou a *política geoterritorial, como a figura de um 'infante',* carreado de um *'ego' vitorioso,* que, logo na fase inicial, acabou com as *formas políticas da res publica* e, por conseguinte, deu lugar ao *imperium romanum.*

Dessa forma, é de todo lógico que *'Augustus'* [11] chegou ao *poder* após um *período de guerras civis,* no qual se apresentou como um *pacificador e consequente restaurador da 'res publicae',* dando ênfase a uma *subida gradual ao poder,* concentrando os poderes de várias magistraturas tradicionais e, de forma simultânea, amealhando *gabinetes religiosos,* dominando o *'senatus'* e as *'comitias'.*

---

[9] Legislação proposta por Augusto
[10] *Instâncias aprovadas no período de 'Augustus'*
[11] Ruiz, Arangio, *Historia del Derecho romano 3,* trad. esp. Pelsmaeker (Madrid, 1975. p. 274). "Entre las mayores preocupaciones de Augusto destaca la relativa a que su nombre reflejase la posición de supremacía que había alcanzado. Para ello prescindió sucesivamente, del nomen y praenomen de Cayo Octavio y de los derivados de su adopción testamentaria por César, C. Julio, y únicamente conservó el cognomen adoptivo de Caesar (en cierto modo transformado en nombre) y el de Augusto que le otorgara el Senado. A ellos antepuesto, como si fuera un praenomen, el título de imperator y se hizo llamar Imperator Caesar Augustus; palabras que terminaron siendo consideradas por sus sucesores, no como nombres personales, sino cual sinónimos de princeps".

Assim sendo, por meio de sua autoridade, alcançou a instrumentalização de sua atividade normativa em muitas áreas, *priorizando a regeneração da vida familiar e da oxigenação do 'mos maiorum',* onde desenvolveu o seu programa, com uma *axiomática linguagem de uma das maiores inovações do Direito romano,* isto é, a *abrangência para a esfera pública dos assuntos de ordem privada,* que até então tinham sido mantidos na esfera do *'dominus patriarcal',* tais como o *casamento e o adultério.*

Isso porque *Augustus* via o *Estado* em crise, e a atividade legislativa extraordinária se destinava a resolver essa crise, pois eram as *leis* que poderiam definir essa questão do *comportamento romano.* Esse mesmo *comportamento* estava intimamente associado à *identidade romana,* pois, para o *'divino',* a definição de *romano* era tudo aquilo que estava estabelecido em *lei,* e as *leis* levavam o nome da pessoa que as propunha (*in casu Gaius Iulius Caesar Augustus conhecidas como leges Iuliae*), fazendo com que a mensagem do Estado de *Augustus* firmasse a ideologia de que ele, 'de todo', estava criando uma nova era de *ascensão romana.*

Para *Augustus,* ao invés da regra negociável dos *costumes,* sobre a qual se poderia argumentar, as *leis* deveriam estabelecer *normas comportamentais da maneira mais autoritária possível. E* se as *leis* fossem controversas e/ou afirmassem *normas de comportamento* em que as pessoas pudessem considerá-las privadas, seja por meio de *questões familiares e/ou de propriedade e/ou* expressassem posições ideológicas com as quais as pessoas não concordassem, *Augustus considerava que ali provavelmente haveria um problema.* Assim sendo, era pertinente demonstrar a todos que os comportamentos *vitais* para o contínuo funcionamento do *Estado romano,* querendo e/ou não, dependiam da *'leges'.*

As *leis sobre comportamento sexual e familiar* tornaram-se foco de oposição e provocaram uma série de desafios, pois poderia haver uma tendência de se ver a *legislação de Augusto* sobre o adultério, *por exemplo,* como uma imposição ferrenha e necessária da disciplina social. Isso porque a relação entre a *vida política, comportamentos sexuais consensuais e tradições de moralidade* era complicada na Antiguidade, como o acesso do *senhorio* aos corpos de seus escravos, que era um direito daquele.

Deve-se ter em mente que os *romanos* concebiam o *comportamento moral,* principalmente, como uma *questão de ordem pública.* A moral definia como o *civitae roman* deveria comportar-se uns com os outros, uma vez que essa *polidez* era essencial para o bom funcionamento do *Estado romano.* Era a *moral* que definia a *relação entre pais e filhos, maridos e esposas, famílias e indivíduos e o Estado,* tendo em vista que os *romanos* associavam o seu *'status'* a seus elevados padrões morais. Portanto, a *restauração dos altos padrões morais* era vista como essencial para o contínuo sucesso social e político do *'populus'* romano.

Lá em outrora, durante a *res publicae* e ainda na vigência da *Leges Duodecimum Tabularum,* várias tentativas foram feitas para proteger as mulheres de investidas sexuais indesejadas. Porém, a *lei* não tratou dos *'casus'* em que havia consentimento de qualquer das partes, ainda que a égide da extensa falta de pudor, que, como tal, era *tratado dentro da família pelo conselho de parentes ('consilium propinquorum'),* obrigou o *imperador César Augusto* a decretar a *'Lex Iulia de Adulteriis Coercendis',* a fim de restaurar os fundamentos morais do casamento e evitar condutas escandalosas, com o propósito, *'entre outros',* de preservar a castidade das mulheres casadas e a moralidade dos lares patrícios e, dessa forma, evitar as perversões sexuais.

Em todo o trabalho legislativo de *Augustus,* havia sempre um duplo padrão e consequente conceito, eis que promulgava a ideia de que algumas *leis* são para as pessoas *honestas,* a saber, os *patrícios, aristocratas e membros da família elitizada,* e outras são para o *resto dos romanos.* No fundo, tudo era carreado na *discriminação contra as mulheres,* assim observadas, *'e em muita intensidade',* aquelas mulheres *'em especial'* que faziam parte do esteio da vida e eram classificadas como *prostitutas, concubinas, pessoas de teatro e shows em geral,* adicionadas a todos aqueles outros estereotipados na *infâmia e/ou que fossem objeto de julgamento público.*

Tem-se, pois, que as *leis de família de 'Augustus'* são precisamente um indicador da posição preeminente que lhe permitiu ingressar na *vida privada do 'civitae'* e trazer para a *esfera pública* assuntos que até então eram *cautelosamente* guardados sob o *poder e a gestão dos 'paterfamilias'.*

Dessarte, pela primeira vez na história do direito, *'Augustus'* deu aos pareceres de certos juristas o *estatuto da fonte do IUS,* [12][13] sendo considerados vinculativos para os tribunais, dando origem ao que é o chamado *'ius publice respondendi ex auctoritate principis',* ou seja, o *'direito de responder publicamente sob a autoridade do príncipe'.* Isso representa o auge do reconhecimento *jurisprudencial* em casos controversos, talvez em toda a *história do direito,* sendo provável que a *opinião dos juristas* a quem foi atribuído o *'ius publice respondendi'* passou

---

[12] "Ius civile quod sinescripto venit compositum a prudentibus' – em tradução livre – 'o ius consiste apenas na interpretação dos juristas" (Pomponius D. 1. 22. 12).

[13] "O direito civil é o que deriva das leis, dos plebiscitos, dos jurisconsultos do Senado, dos decretos dos príncipes e da autoridade dos jurisconsultos". (Papinianus em D. 1. 1. 7. pr).

a adquirir um valor superior. 'De todo', vinculativo para os juízes, pois, esse *instituto* ('*ius respondendi*') foi um benefício concedido pelo *príncipe* a pedido daqueles.

O *sistema jurídico* como um todo deve ser respeitado, deduzindo dele aspectos que não estão literalmente contidos nas suas regras, os quais não podem ser transgredidos, uma vez que o trabalho integrador e interpretativo do jurista não consiste em princípio em especular teoricamente sobre a *norma*, mas em resolver os problemas legais que surgem, a menos que uma lógica especulativa abstrata seja útil para fornecer uma solução para o caso concreto.

A lógica jurídica contida nos pareceres dos juristas, o aperfeiçoamento dos conceitos e as soluções adequadas e equitativas para os conflitos suscitados são unanimemente considerados como a maior *demonstração do gênio jurídico romano* e constituem a base sobre a qual se firma a *dogmática jurídica moderna*.

A própria '*Augustus cognitio extra ordinem*' é um *procedimento processual*, não regido pelas regras dos julgamentos ordinários, '*ordo iudiciorum*', basicamente relacionadas com o *procedimento formal*, mas, sim, por um *processualis procedendi* especial, então intitulado de '*extra ordinem*'. Os primeiros casos exteriorizaram a contemporaneidade de que o '*iudex*' responsável pela sentença já não era escolhido pelas partes, pois a sua regulamentação se dava por meio de pergaminhos intermediários, que '*tão somente*' objetivava ouvir determinações.

Neste texto e considerando que a *sociedade romana* estava perdendo seus valores tradicionais, o *Imperius (assim exemplificando)*, desde a época do '*Caesar*', promulgou um *acervo de leis* que puniam severamente aqueles que não as cumpriam, tendo-se como exemplo a *proibição dos luxos excessivos (como aqueles dissertos na lei sumptuária 'sumptuariae leges', que vedava o consumo e/ou uso de objetos classificados como supérfluos e caros, sob pena de pesada carga tributária sobre itens não essenciais)*; *a lei publicae privatae que potentiae (do poder público e privado), que proibia a violência e punia com o exílio qualquer funcionário que mandasse matar, queimasse, atormentasse, chicoteasse, condenasse e/ou prendesse um cidadão (sendo este instrumento de ordem legal, utilizado para limpar e sanear a administração pública, bem como acabar com a corrupção)*; a *lei proviciarum (das províncias), que eram as ordens legais, isto é, as emanações* que *Roma* concedia a um território conquistado e subjugado, nas quais se contemplavam os poderes do *magistratum (sendo que, para isso, o senatus costumava enviar uma comissão de 10 senadores, que, de acordo com a autoridade militar, estabelecia o regime legal, para unir de forma política e física as forças necessárias para as províncias de Roma)*, a de *lex sacerdotibus*, que *ordenava os sacerdotes por número, classes e funções*; a *lex concussione (concussão)*, que era uma lei que punia funcionários que extorquiam dinheiro de cidadãos e incluía multas exorbitantes e banimento como punição, levando-se em consideração que tudo isso se deu no *ápice do segundo triunvirato*, que foi uma aliança temporal de cinco anos, composta por *Marco Antônio, César Otaviano e Lépido*, no vácuo do poder originado pelo assassinato de *Iulius Ceasar*.

XXII.I LITTERAE LEGES IULIAE AUGUSTUS

As *Leges Iuliae Augustus* [14] ('leis julianas', 'lex iulia', 'leges juliae', 'leges iuliae') encontram-se categorizadas nas *leis 'épicas' romanas*, que foram propostas pelos membros da *dinastia Júlio Claudiana (Augustus, Tibério, Calígola, Cláudio, Nero)*, mas que, 'de todo', se referiam, em suas especificidades, a uma *'collectio moralis legis'* [15], introduzida de forma preambular pelo *imperador Augustus*, no ano de 23 a.C., vinculadas primordialmente com a importância da *família*.

Sob *'Augustus'*, as *'leges juliae'* do ano de 18-17 a.C. tentaram, 'de todo', elevar o brio e o número das classes altas em Roma. Destacou-se, por exemplo, a *'lex iulia de ambitu' do ano de 18 a.C.*, que penalizou o suborno na aquisição de cargos políticos, em uma clara tentativa de reestabelecer o *'romanus rei publicae conceptu'*.

---

[14] Baquero, María-Eva Fernández, *docente de processo civil romano* da universidade de Direito romano de granada. "A partir de Octávio, no ano de 17 AC., foram aprovadas duas leis: – Lex Iulia de iudiciis privatisÆ, abolindo o procedimento da acção legislativa e estabelecendo o procedimento por formulam como o único processo do ordo iudiciorum privatorum e a Lex Iulia de iudiciis publicisÆ que estabelece regras de processo penal. Esta extensa reforma que começou com Octávio no Principado levou ao aparecimento em Roma e nas províncias da cognitio extra ordinem ou procedimento extraordinário, com as seguintes diferenças em relação aos julgamentos do ordo iudiciorum privatorum: a) Este julgamento teve lugar numa única fase, perante um magistrado-juíz. b) Vem combinar julgamentos privados e públicos ou penais na mesma jurisdição. c) As sentenças são sujeitas a sucessivos recursos até serem ouvidas pelo próprio imperador, cuja sentença é então definitiva e irrecorrível. Embora este processo fosse inicialmente menos frequente, a partir de Adriano (século II d.C.) a sua existência foi reforçada. Na época de Septimius Severus (final do 2º e início do século III d.C.) o cognitio extra ordinem foi definitivamente estabelecido impondo-o em diferentes áreas. O procedimento da forma foi abolido por uma constituição dos imperadores Constâncio e Clemente (século IV d.C.) e a partir daí este procedimento seria o único que existiria".

[15] "Ele reformou as leis e revisou completamente algumas delas, como a lei suntuária, a do adultério e da castidade, a do suborno e o casamento das várias classes. Tendo demonstrado maior rigor na emenda deste último do que os demais, em resultado da agitação dos seus opositores não a conseguiu aprovar senão abolindo ou atenuando parte da pena, concedendo-lhe três anos de carência (antes novo casamento) e aumentando as recompensas (por ter filhos). No entanto, quando, durante uma exibição pública, a ordem dos cavaleiros pediu-lhe com insistência para revogá-la, ele convocou os filhos de Germânico, segurando alguns deles perto de si e colocando outros no colo de seu pai; e, ao fazê-lo, deu a entender aos manifestantes, por meio de seus gestos e expressões afetuosas, que não deveriam se opor a imitar o exemplo daquele jovem. Além disso, quando ele descobriu que a lei estava sendo contornada por meio de noivados com meninas e divórcios frequentes, ele impôs um limite de tempo para o noivado e reprimiu o divórcio". (*cfe.* Suetonio, Vida de Augusto, 34 L, Roma 18 a.C.).

De outro mote, a *'lex iulia de adulteriis coercendis',* do ano de *17 a.C.,* tipificou o *adultério* como um *crime público e privado*. [16] O *adultério* [17] era entendido em *latim* como *adulterare,* ou seja, a adição do substantivo *adulterium* e dos substantivos de terminologia *adulter e adultera,* sendo o verbo utilizado para o *homem* como sujeito e para a *mulher* como objeto, fazendo com que a sua *'tipicidade épica'* levasse ao banimento. Porém, entende-se que, caso aos dois fosse atribuída a culpa, eram enviados para ilhas diferentes, e parte de seus bens era confiscada, [18] ao mesmo tempo que os *pais* possuíam permissão para matar as filhas e seus parceiros em adultério, e os *maridos* poderiam matar os parceiros em certas circunstâncias e eram obrigados a se divorciar das esposas adúlteras.

Não bastasse, para *Augustus* [19], essa relação *homem-mulher* em que não são *cônjuges,* era considerada *adultério*, porque, na ótica dele, não pertenciam um ao outro, como no enlace do casamento e/ou enlace matrimonial. Eis que esboça uma relação antagônica, em razão da própria etimologia do termo *(adultério),* pois sugere que ele *(adulterium)* é cometido sigilosamente por uma pessoa que já tem vínculo com outra, ainda que o *'vocábulo adúltero'* seja para identificar a *posse de uma mulher a um homem casado,* haja vista que, na prática, o *'terminus'* é usado como o *entrelaçamento ilícito junto a qualquer amante,* bem como junto ao *amante de uma mulher casada, 'de todo',* prelecionado nos *digestos de Modestino e Ulpianus,* ao dissertarem que *'quem sai de casa conscientemente para cometer estupro* [20] *ou adultério com*

---

[16] Coelho Fernando, *Corpus Iuris Civiles: uma tradução do Livro IV do Digesto hermeneuticamente fundamentada*, UFSC., Florianópolis, 2018. "Proindi si quis in furtu vel adulterio deprehensus vel in alio flagitio vel dedit aliquid vel se obligavit, pomponius libro vicensimo octavo rect scribiti posse eum ad hoc edictum pertinere: timuit enim vel mortem vel vincula. Quamquam non omnem adulterum liceat occidere, vel furem, nisi se telo defendat: sed potuerunt vel non iure occidi, et ideo iutus fuerit metus. Sed et si, ne produtar ab eo qui deprehenderit, alienaverit, succurri ei per hoc edictum videtur, quoniam si proditus esset, potuerit ea pati quae diximus" – em tradução livre – "Portanto se alguém, foi pego em furto ou adultério, ou em outro delito, ou deu algo ou se obrigou, pompônio escreve corretamente no livro vigésimo oitavo poder ele recorrer a este edito: com efeito temeu ela a morte ou a prisão. Embora nem todo adúltero, seja permitido matar, ou ladrão, a não ser que se defenda com uma arma: mas poderiam ou não ser mortos com direito, e desse modo o medo foi justo. Mas, se tiver alienado algo a fim de não ser entregue por aquele que o descobriu, considera-se que deve ser socorrido por este edito, uma vez que se tivesse sido entregue, poderia sofrer as coisas que dissemos". (Dig 4. 2. 7. 1 Ulpianus 11).

[17] Veyné, Paul, Roman society, Madrid, Mondadori, 1991. "Na antiga concepção dos costumes romanos, a palavra adulterium que deriva de alter ou alter (o outro, o segundo), entendendo-se como o homem que foi com outra mulher e, também poderia ser adúltero com outro homem, isto é, 'a adulter et adultera dicuntur, quia et ille ad alteram et haec ad alterum se conferunt'".

[18] Coelho Fernando, *Corpus Iuris Civiles: uma tradução do Livro IV do Digesto hermeneuticamente fundamentada*, UFSC., Florianópolis, 2018. "Isti quidem et in legim iuliam incidunt, quod pro comperto strupo acceperunt. Praetor tamen etiam ut restituant intervenire debet: nam et gestum est malo more, et praetor non respicit, an adulter sit qui dedit, sed hoc solum, quod hic accepit metu mortis illato" – em tradução livre – "Estes com efeito também incidem na lei julia, pois receberam algo por terem descoberto um adultério. Contudo, o Pretor deve intervir para que restituam: pois, mesmo que tenha sido feito por mau costume, ainda assim o Pretor não leva em consideração se aquele que deu é adúltero, mas somente o que o outro recebeu, tendo induzido o medo da morte". (Dig 4. 2. 8 Paulus 11 ad ed).

[19] Augusto, *Serm. 51:22.* cfe. Treggiari, op. cit., p. 263:49. "Non eat ille ad alteram et illa ad alterum: unde appellatum est adulterium".

[20] "Comete estupro quem coabita com mulher livre sem medir casamento com ela; exceto, é claro, se ela for uma concubina. (1) Comete-se adultério com a mulher casada e estupro com a solteira [assim como] com uma donzela ou um jovem" (Modestino, D. 48. 5. 35 (34), pr., 1).

uma mulher estrangeira *(aliena uxore)*, ou com um homem, sofre a mesma pena de quem comete adultério'.[21]

Também, o aumento da população foi uma alta prioridade para *'Augustus'*, pois, com o advento da *'lex julia de maritandis ordinibus'*, emendada ao depois pela *'lex papia poppaea'* [22], como parte de um programa de restauração da moral romana que oriunda de um plebiscito em conjunto com uma lei consular, deu prioridade à regulamentação do casamento *(18 a.C.)*, proclamando a todos os *cidadãos romanos* a contrair matrimônio com o fim de produzir *'descendência legítima'*. Observa-se, contudo, que a *lei continha limites de idade, pois* o fito do *enlace* deveria refletir a idade *apta* a fertilidade e, assim sendo, era acompanhada de uma extensa lista de recompensas e privilégios para aqueles que produziam filhos legítimos.

Assim, a *'lex Iulia de maritandis ordinibus' (18 a.C.)*, que exigia que todos os cidadãos se casassem, deixando de limitar o casamento através das fronteiras de classe social [23], enaltecia, privilegiava e recompensava todos aqueles que produziam mais de três filhos homens, ao mesmo tempo que previa penalidades para casamentos sem filhos e impunha restrições ao celibato. Os celibatários em idade de se casar e jovens viúvas que não queriam casar-se eram proibidos de receber heranças e de assistir a jogos públicos.

Tinha-se também a *'lex Iulia de ambitu' (18 a.C.)*, que *penalizava o suborno na aquisição de cargos políticos, pois versava sobre a corrupção e a violência eleitoral;* a *'lex Iulia de vicesima hereditatum' (5 d.C.)* [24], sobre o *imposto sucessório, que instituiu um tributo de 5% sobre heranças testamentárias, isentando parentes próximos;* a *'lex papia poppaea' (9 d.C.), para encorajar e fortalecer o matrimônio, promovendo explicitamente a prole dentro do casamento legal.*

---

[21] D. 48. 5. 9(8), pr. Papiniano.
[22] Lex Papia Poppaea, *9 d.C., juntos como* lex Iulia et Papia *9 d.C,* c f d 15, 26-27, 29-31.
[23] Destaque para o casamento misto limitado entre pessoas de posição senatorial e de descendência com mulheres libertas, atrizes e/ou suas filhas, oferecendo incentivos a essas, 'tudo' agregado à 'lei dos três filhos', 'ius trium liberorum' (Cf D 27).
[24] Bérenger, A. *"Formation et compétences des gouverneurs de provinces dans l'Empire romain",* DHA 30/2, 2004, p. 35-56. "Le cens...", cit. p. 190. Un examen exhaustivo de los tributos directos e indirectos en la Hispania alto imperial en Muñiz Coello, El sistema fiscal... cit. p. 169-261. *cfe.* también Ozcáriz Gil, La administración... cit. p. 204-214. "Salvo la vicesima libertatis, todas los demás impuestos indirectos comenzaron en el Principado y son creaciones augusteas. Las sumas de la XX hereditatum y la C rerum uenalium iban dirigidas al aerarium militari, constituido por Augusto para pagar el licenciamiento de los veteranos y la de la XXV uenalium mancipiorum sufragaba el mantenimiento del cuerpo de uigiles de la Vrbs. cfe. Lo Cascio. "Le tecniche..." cit., p. 41-42. La información que se tiene acerca de la tasa de imposición del tributum capitis procede siempre de las provincias orientales".

CAPITULUM XXIII

LEGES NOVAE

Grande parte das várias reformas legislativas propostas por *'Augustus'* foi introduzida por meio de *leis,* relativas à regulamentação de diferentes matérias. Entende-se, contudo, que, na linguagem jurídica romana, o termo *lei* possuía um significado muito amplo, como o *'direito acordado' e o 'direito como imposição',* donde o *primeiro* incluía uma série de disposições legais, como a *'leges collegii',* a *'leges mancipationis',* a *'leges venditionis' e a 'lex contractus',* em geral, e o *segundo,* como um sentido jurídico mais contemporâneo, que foi chamado pelos romanos de *'lex publicae'* [25] [26], na medida em que era votada pelo povo e vinculada para o povo que a tinha votado.

Assim, o advento das reformas judiciárias de *'Augustus',* lá pelo *ano de 17 a.C.,* fora efetivado com uma coletânea muito bem *'adestrada e orquestrada'* por meio da lex Iulia iudiciorum, que entendeu que o 'princeps' regulava o sistema judiciário romano com leis abrangentes, que buscavam controlar toda a *jurisprudência romana e ordenar um sistema jurídico cada vez mais complexo.*

Fazendo alusão tanto às normas que emitiu como *magistrado,* como às normas públicas, *'Augustus'* referendou as chamadas *'leges novae',* para distingui-las das normas imediatamente anteriores ao seu mandato. Considerou que essas últimas não se encontravam em conformidade com os antigos costumes e, por querer construir o seu *'código de otimismo',* em que os valores perdidos prevaleciam, recorreu ao antigo estatuto *'mos maiorum'* no seu *pragmatismo ius/literário.*

Assim sendo, entregou toda a *primazia do sistema de classificação jurídica do Direito romano,* separando de forma estrita o *ius publicum et ius criminale* e *o jus privatum et ius civile,* que teve um impacto duradouro nas reformas e, por conseguinte, no estudo da *legislação Augustiana.* Essas transformações no sistema judiciário encamparam a *divisão tradicional entre público e privado,* como um sistema perfeito e acabado.

'Augustus' criou regras, mais tarde chamadas de constituintes, em virtude do seu *poder* como magistrado. Por meio da *força da lei,* ainda assim

---

[25] "Lex est quod populus iubet atque constituit" – em livre tradução do original – "É a lei que o povo ordena e nomeia" (Gaio, Instituições I 3).

[26] "Communis rei publicae sponsio" – em livre tradução do original – "Garantia de política comum" (Papinianus, Digest 1. 3. 1).

não eram mecanismos de legitimação, uma vez que entendia que não precisava necessariamente de um *'imperium lex'* conferido pelo *'senatus'* e/ou pelo *'populus'*, para criar *novas legislações*, haja vista que utilizava os instrumentos incluídos na *constituição republicana*, que, de largo alcance, eram compostos pelo *tribunal dos plebeus e dos consulados*, ainda que as *leges publicae* tivessem continuado a ser elaboradas nas *assembleias plebeias e populares*.

Nas suas mãos, o *'senatus'* foi um *simples instrumento da sua voluntária deliberação política*, pois o utilizou para intervir em assuntos considerados reservados às *assembleias*, tendo-se como exemplo o *'senatus consultum calvisianum'* (*senatus consultum calvisianum de pecùniis repetùndis*), que, remontando aos primórdios do Principado (4 a.C.), fez algumas simplificações no processo, devido à hipótese de acusação não capital. Remetia o julgamento a uma comissão de cinco senadores, que regulavam os procedimentos de desvio de fundos por magistrados, o *'pecuniis repetundis'*, que o tornou uma evidencia pública consagrada, *'até mesmo'* como conselheiro da atividade senatorial, com uma forte influência no domínio do direito privado, área em que o *'senatus'* não possuía qualquer abrangência *'épica'*. Tudo porque considerou que as *leis* deveriam obrigar a um comportamento que sempre encontrasse soluções aos diversos casos, para não deixar o cumprimento legal obrigacional ao compromisso *exclusivo* pessoal e coercitivo dos magistrados.

O principado de *'Augustus'*, *'teóricamente'*, foi dividido em dois momentos. No *primeiro*, isto é, nas primeiras décadas do seu mandato, fez propostas à *assembleia plebeia*, na qualidade de *tribuno dos plebeus*, para que se restaurassem os *costumes e as leis republicanas*, por meio da *'lex Iulia de Senatu habendo'* (ano 9 a.C.), regulamentando o procedimento das sessões do Senado, da *'lex Iulia maiestatis'*, destinada a punir os delitos contra o povo romano e que serviria de base para reprimir os delitos contra o príncipe, e da *'lex Iulia peculatus'* (et de sacrilegiis), destinada a punir a apropriação indevida e o desvio de fundos públicos, entre outros delitos. No segundo momento (ano 5 d.C e/ou ano 6 d.C.), a *'lex Iulia de vicesima hereditatium'*, por exemplo, introduzida por *plebiscito*, concedeu um novo imposto a favor do tesouro militar, com 5% das heranças e dos legados depositados a favor dos cidadãos romanos, sempre se considerando que as *leis* eram emitidas na sua maioria sob proposta dos *cônsules*, que eram votadas na *'comitia tributa'* e na *'comitia centuriata'*, que eram os órgãos mais representativos da *'res publica'*.

Conjuga-se o fato de que o Estado, como sucessor universal, relativo aos bens de uma herança que permanecia vaga e sem dono, *'heredis loco*', também *configurou* uma regra decisiva na regulamentação do *direito sucessório deste*, inclusa em codificações de destaque, como na *lex Iulia de maritandis ordinibus de 18 a.C. (que foi modificada por outra do mesmo nome no ano de 4 a.C.)* e na *lex iulia et papia poppea de 9 a.C.*, que não só contemplou diferentes benefícios para as pessoas casadas, mas também a possibilidade de se determinar exceções pelo *'senatus'* e pelo *'princeps'* e que, assim sendo, fizeram parte do conceito *sucessório* regulado pelo *'roman statu'*.

Assim fica claro que, em ambos os momentos, se introduziu as maiores reformas éticas, jurídicas e judiciárias do *'principatus'*, dando início a uma grande reestruturação social, tanto em relação aos costumes como à vida matrimonial.

A *'lex Iulia iudiciorum publicorum'* por proposta de *'Augustus'*, regulou o *processo penal das 'quaestiones perpetuae'* e foi promulgada com vistas a reordenar o procedimento dito, dividindo os *'decuriæ'*, composto por cem juízes, em quatro, sendo um do *'senatus'*, um da *'legio equites'*, outro de uma mistura de *'senatores'* e *'equitatus'*, e outro de *'iudices'*, que, 'de todo', a metade era pertencente à classe *'equestre'*, isto é, os *ducenàrii*.

De outro mote, também agregou a identificação de mais um tipo de crime, ou seja, o 'crìmen àmbitus', em que a parte, *acusada e/ou acusador*, cometia a tipicidade, quando provado que teria ido à casa do juiz com o propósito implícito de suborná-lo e/ou de influenciar a sua serenidade de julgamento em causa própria, que levava o transgressor a uma *'poena'* de ordem pecuniária.

A 'lex iulia iudiciòrum privatòrum' foi a regulamentação do processo formal, que, como tal, assim era chamada, pois continha a regulação dos julgamentos privados *(17 a.C.)*, que foram aprovados na época de *Augusto*. Oriunda do contexto de *reexame* da *'romana ratio processualis'*, eliminou completamente a 'lègis actiònes', que *'alhures'* e de forma consagrada, havia sido substituída pelo processo de 'fórmulas', *tendo permanecido em vigor* a 'legis àctio sacramènti', para as questões de herança e dos procedimentos relativos à *'actio damni infècti'*.

Dessarte, as 'lex de augustan iulia' podem ser compreendidas como um compendio literário, pois, inicialmente, se tratou apenas de *obrigações morais*, que não eram aplicáveis perante os *tribunais*[27], uma vez que, ao abrigo do *novo procedimento*, elas não se encontravam protegidas pela *jurisdição*.

---

[27] *Cf.* Suetônio.

Isto porque consistiam em relações que davam apenas origem as chamadas *'obligationes morales vel naturales',* como *pagamentos de pensões de alimentos entre familiares, reclamações de honorários por profissionais liberais, codicilos, propriedades vagas, 'bona vacantia' devido à falta de capacidade dos herdeiros e/ou à sua inexistência,* bem como *reclamações por testamentos inofensivos, tutores e questões relativas ao estatuto das pessoas, em cujos casos o 'príncipe, e mais tarde o 'imperador', procedeu à nomeação de 'magistratus', 'praefecti', vel 'consules', que pudessem assemelhar-se aos 'magistratus republicans'.*

Na mesma *direção* da linha iniciada por *'Augustus',* foi estabelecido que as questões relativas aos *fideicomissos e à tutela* deveriam ser tratadas por magistrados específicos, tais como os *'praetores fideicomissarii',* que, 'ao depois', instituídos por *'Cláudius Imperator'*, possuíam *jurisdição sobre questões e litígios* relacionados com eles, tal qual o *'praetor tutelar',* que possuía competência para a *nomeação de tutores* em assuntos relacionados com a *tutela*. Isso representou um passo em frente na profissionalização da administração da Justiça e um compromisso para a especialização dos titulares responsáveis pelo tratamento dos assuntos da sua competência.

O *absolutismo imperial,* progressivamente estabelecido na vida política, acabou por se manifestar, *em suma,* mediante a nomeação de um *'magistratus iurisdictio'* pelos vários *'imperatores',* o que constituiu um claro revés histórico, no que diz respeito às *conquistas da independência e liberdade judicial da república,* que, por assim dizer, efetivou a culminação de uma assunção absorvente de *funções legislativas, executivas e judiciais por parte do poder constituído.*

A introdução gradual do *procedimento extraordinário,* caracterizado pela ausência da bipartição em duas fases perante o magistrado e perante o juiz, significou a despromoção do procedimento escrito *formulário,* uma vez que, no novo processo que se tornou a forma ordinária de resolução de litígios, todo o *procedimento* era conduzido perante um *'magistratus iudex'* e/ou um *'publicus agentis'*, que, por intermédio de um *órgão da administração do Estado,* era responsável pela prolação da sentença.

Não bastasse, também há de se levar em conta a formação de um sistema financeiro, baseado, principalmente, na *tributação,* que foi largamente consolidado com a criação nas províncias como *'todo',* uma vez que os seus habitantes eram tributados com impostos e encargos de vários tipos, pagáveis em dinheiro e/ou outros tipos de espécie, ainda que os residentes de *Roma e da península itálica* se encontrassem isentos.

Assim, com o advento de grandes prefeituras criadas por *'Augustus'*, como parte da *administração cívica (urbi, praetorio, vigilum e aegypti)*, houve a criação de um cadastro geral do território romano com vistas à implementação do *'fiscus caesaris'*, que introduziu uma série variada de impostos, como o *'centessima rerum venalium ou auctionum'*, que, como tal, era considerado uma espécie de *imposto de valor agregado romano*, que se efetivava sobre a venda e compra de mercadorias e consistia numa taxa de 1% sobre o preço de certos bens comercializados, como o *sal*, que era vendido sob monopólio, e/ou coisas vendidas em leilão público, cobrado pelos próprios leiloeiros.

A tarefa era de responsabilidade de um *'quaestor provincialis'*, que estava encarregado da administração financeira e da gestão dos bens públicos de cada província, observando-se que, a partir do *Principado de 'Augustus'*, a figura do *'questor'* continuou a ser mantida nas *províncias senatoriais*, porém substituída nas *províncias imperiais* por um *'Advocatus Augusti'*. Acentua-se, contudo, que, na reorganização provincial do *'princeps'*, houve também a implicação da transferência de depósitos minerais para o *'fiscus caesaris'*, por meio de um *'advocatus metallorum'*.

Em matéria de herança, *'Augustus'* introduziu várias reformas em relação à *capacidade de sucessão por vontade, como: os 'testamenti factio passiva', 'trusts', 'abertura de testamentos', 'codicilo' e 'aquisição de legados'*, também se aplicavam as *'Legis Augustus'*, no que diz respeito à capacidade de um *'civitae'* ser instituído como herdeiro ou legatário num testamento, bem como todos aqueles que, aprovados nas *'comitias'* possuíam a *'maestria'* de aumentar a taxa de natalidade e moralizar a autenticidade da *'romana progenies'*. Deve-se observar, entretanto *(tal qual dantes acentuado)*, que a *'Lex Iulia de Maritandis Ordinibus de 17 a.C.'* e a *'Lex Papia Poppea de 9 d.C.'* estabeleceram que os celibatários, entendidos como pessoas solteiras *(homens entre 25 anos e 60 anos e mulheres entre 20 anos e 50 anos)*, não poderiam ser instituídos como herdeiros.

Nessa mesma linha de propulsão e estreitamente relacionada com a idoneidade de sucessão, *'Augustus'* instituiu o *'fideicomisso'*, ou seja, a disposição de última vontade confiada pelo testador, *'fidei committere'*, a um terceiro leal e de boa fé, que fosse uma pessoa de confiança do herdeiro fiduciário, para que ele executasse a tarefa de dispor da totalidade e/ou parte da herança e/ou de certos bens a favor do escolhido, isto é, o *'fiduciário'*.

Por assim dizer, no que diz respeito à abertura do testamento, foram estabelecidos regulamentos específicos ligados à aplicação do *'vicesima hereditatum* e/ou *imposto sucessório*, segundo os quais o descerramento do espólio deveria efetivar-se em um local público, onde todas as testemunhas e os signatários se encontrariam presentes, para reconhecerem os seus selos e depois procederem à abertura do documento testamentário e à leitura pública do seu conteúdo, *'recitatio'*, porém se entendendo que todo o procedimento era documentado por escrito.

Já a instituição do *'codicilo'* também surgiu na época de *'Augustus'*, como um *documento anexo ao testamento*, que, como tal, consistia numa *carta ou num documento escrito sem forma*, que continha em princípio os *'trusts'* confiados à *boa fé de uma pessoa (fiduciante) e a favor de outra (fiduciário)*, não podendo conter qualquer instituição de herdeiros.

A aquisição de *legados*, tal qual a *'iurisprudentia res publicae'*, era dividida para esse efeito entre os *'dies cedens'* e os *'dies veniens'*. No *primeiro*, deveria coincidir com a morte do testador e com os *efeitos do legado e do legatário*, que adquiriam, a partir daí o *direito ao legado*, e, por sua vez, poderiam ser transmitidos aos seus *herdeiros*, salvo se o legado estivesse sujeito a uma *'condição e/ou termo suspensivo'*. No *segundo*, quando houvesse a coincidência da aceitação da herança do herdeiro.

Já a *'vicessima hereditatis'* era um imposto que consistia no pagamento ao *'aerário militare'* de *5% do montante das heranças*, cobrado apenas aos *cidadãos romanos vivos*. Excluía os ascendentes e descendentes dos falecidos e, estabelecido pela *lex iulia (lex Iulia de vicessima hereditatium)*, dispunha que o ato de abertura do testamento deveria ser feito no território onde o imposto era cobrado.

No que diz respeito à política de alimentos, a escassez alimentar do ano de *22 a.C.* levou *'Augustus'* a estabelecer um sistema de distribuição gratuita de trigo e a atribuir jurisdição desse encargo para dois procuradores. Mais tarde (*6 d.C.*), foi criada a figura do *'prafectus annonae'*, que possuía o poder de recolher e armazenar o trigo necessário para abastecer *Roma*.

XXIII.I ADNOTATIONES NATIVITATIS[28]

Em matéria de direito pessoal, é de notar que o registo de nascimento como um serviço público de registo civil foi criado por *'Augustus'*, em cuja altura foi estabelecida a obrigação de *registar crianças legítimas*. Essa exigência *foi alargada a crianças não legítimas no século II d.C.*, cujos pais poderiam

---

[28] Registro de nascimentos.

exigir do registro um certificado de registro, o qual indicava os nomes, a cidadania dos pais e a data de nascimento.

XXIII.II ASSOCIATIONS[29]

Até ao final da *'Res publicae',* as associações eram geralmente formadas pela livre iniciativa privada, sem a necessidade de autorização prévia do Estado, sendo, 'de todo', necessária a personificação jurídica.

Por meio da *'Lex Iulia de colegiis'* (lex Iulia de collegiis, que limitava a liberdade de associação), aprovada na época de Augusto *(ano 21 a.C.)*, surgiu o advento de uma disposição que dissertou e estabeleceu três clausulas. Na *'primeira',* fez-se escrevinhar que todas as associações deveriam ser dissolvidas, exceto as de maior antiguidade e de notório reconhecimento no direito público. Na *'segunda',* as futuras associações deveriam requerer autorização individualizada do *'Senatus'* para a sua constituição. Na *'terceira',* fez-se necessário que o *'Princeps'* e, mais tarde, os governadores provinciais dessem o seu acordo à *'auctoritate senatoria',* levando-se em consideração que foi *'lá' no final do século I* que houve a reconstituição da liberdade de associação pelo Senado *(ano 8 a.C.)*, e as associações dissolvidas foram restituídas à legalidade.

Assim, o reforço gradual da capacidade das associações [30] no quadro das relações de propriedade e representação é uma constante durante todo o período clássico, embora não seja possível falar de um desenvolvimento uniforme da capacidade de todas essas entidades, o que acaba por conduzir a uma *equalização com a personalidade jurídica das cidades*. [31]

---

[29] *Associações*
[30] "Os colégios, sociedades ou qualquer outra corporação têm, como se fossem uma cidade, bens comuns, tesouro comum e um procurador ou fiduciário, através de quem, como numa cidade, o que deve ser feito e tratado em comum é tratado e feito" (D. 4. 1. 1).
[31] "Tal como uma acção pode ser concedida a favor de um município, reconhecendo os seus representantes como tendo legitimidade para a intentar, também eu acredito que uma acção deve ser concedida contra o município, que deve ser dirigida contra os seus representantes [...]". (D. 3. 4. 7. pr).

XXIII.III CRIMINA APPROPRIATIONIS BONORUM PUBLICORUM, FALSIFICATIO INSTRUMENTORUM PUBLICORUM SEU MONETAE ET USURPATIO PECUNIAE PUBLICAE[32]

O *'crimen peculatus'* consistia na apropriação e/ou no abuso, por um funcionário público e/ou indivíduo privado de bens públicos, sagrados e/ou religiosos, bem como a falsificação de moeda e/ou documentos públicos. Foi creditada a *'Augustus'* a adoção de uma lei, a *'Lex Iulia de peculato'* [33] [34] [35], que, corroborada pela *'lex de sacrilegiis'* (ano 8 d.C.), foi na realidade uma atualização *'legum',* à época aprovada a pedido de *'Iulius Cesar'*.

Inobstante, e também no domínio do crime de peculato, *Augustus* aprova uma *'lei rogatória'* em que especifica e regula o *'crime de residuis',* que consistia na retenção de dinheiro público, ou de bens públicos, destinados a um fim específico, que não foi tivesse sido dado o uso pretendido, inclusa a particularidade de que, em caso de morte do autor do ato criminoso, a ação criminosa poderia ser dirigida contra os herdeiros, na medida em que estes tivessem se beneficiado, *'de todo',* estipulando que, se o dinheiro público e/ou o bem público não fosse devolvido e aplicado ao fim previsto, após um período de um ano, a sanção pecuniária aplicada ao dinheiro público e/ou ao bem público seria três vezes o montante retido.

De outro bordo, a literatura ius/histórica discrimina também as lex iulia de vi publica et *lex Iulia de vi* private. Promulgadas no *ano de 17 a.C.,* redisciplinavam o crimen 'vis', identificando inicialmente dois tipos distintos de violência: a *'vis publica'*, que incluía toda *ação violenta realizada por particulares e/ou funcionários públicos, para impedir o desempenho regular de funções públicas,* incluindo a perturbação dos comícios eleitorais e *a imposição e cobrança arbitrária de impostos,* e a *'vis privatae',* que incluía todas *as ações violentas destinadas a perturbar a liberdade dos particulares, tendo como pena o confisco de um terço de seus bens.*

XXIII.IV LEGIS MILITARES

No *período republicano,* o *'civitae-fillius'* adquiriu e foi considerado por ocasião do serviço militar parte integrante do *'profecticium peculiar',* uma vez

---
[32] Crimes de apropriação de bens públicos, falsificação de documentos públicos ou moeda e apropriação indevida de dinheiro público.
[33] D. 48. 13. 2: "Pela Lei Julia de Peculação e retenção de dinheiro público está sujeito aquele que reteve uma quantia pública que lhe foi confiada para um fim para o qual não a gastou". (Paulus 5. 27).
[34] "Ele está sujeito à lei Julia de retenção que retém algo de uma quantia pública que recebeu por causa de renda, compra, conta de pensão ou qualquer outra causa". (D. 48. 13. 2).
[35] D. 48. 13. 2: "A pessoa condenada por esta lei é condenada a pagar três vezes o montante retido". (CJ 9. 28. 34).

que, nos momentos de crise que marcaram a transição da *'res publicae'* para o *'principatus'*, a importância dos bens militares aumentaram devido, por um lado, ao aumento dos salários e de doações aos soldados e, por outro lado, ao fato de o *'romanus exercitus'* ter se profissionalizado, com vistas à necessidade de integrar um número crescente de províncias. Tem-se em conta que havia um universo *'cultural'* de diferentes *'identitatis culturales'*, em especial, aquelas onde era frequentemente concedida a cidadania no momento do recrutamento.

'Augustus', agindo contra o *'tenorem rationem',* mas de forma a homenagear o *'propter militatem rerum',* foi concedendo aos soldados o poder de quebrar a rígida regra do *'ius civile'* em relação a *'castris adquiritum'* (aquisição de bens), no que diz respeito às relações de propriedade familiar, ainda que não houvesse, à época, a existência do *instituto castrense peculiar,* que concedia uma série de privilégios aos guerreiros *'castro'* militantes.

O *'proprium militare institum'*[36][37] (instituto jurídico peculiar castrense) foi criado a partir do *imperador Adriano,* que estendeu a concessão aos veteranos e graduados por meio de uma *jurisprudência clássica,* que tentou estabelecer uma ligação lógica entre todas as suas partes, distinta do *peculiar proficticium,* fazendo com que as *'famílias filius'* pudessem conceder um testamento em relação ao *'id quod em castris acquisiverit',* assim como *'lá'* na frente, as *'Instituições Justinianas'* fizeram consagrar.[38]

É provável que, em tempos primitivos, a peculiaridade consistisse numa soma de dinheiro ou num pequeno patrimônio, para que a sua administração fosse enquadrada no âmbito do *'creditum'* e, por conseguinte, das *'actiones adiecticiae qualitatis',* tendo-se, então, que o princípio da propriedade exclusiva do patrimônio familiar na pessoa das *'paterfamílias'* sofresse uma parcial derrogação no período clássico, uma vez, que esse instituto foi a favor dos filhos das famílias sujeitas à *'militaris disciplina',* o que teria constituído um *'ius singulare'* a partir de Augusto.

Dessa forma, era uma lei especial para certos grupos de pessoas, coisas ou relações jurídicas, distinguindo-se, por exemplo, da *lei sobre testamentos escritos por militares durante a campanha,* que se encontravam isentos das solenidades de redação testamentária e, portanto, se incluíam nas regras de benefícios que eram justificadas pelas *'aequitas ou utilitas',* que previam, portanto, a isenção

---

[36] "Chama-se peculiar porque é uma quantia modesta de pecunia, patrimônio, ou um pequeno patrimônio". (Ulpianus D. 15. 1. 5. 3).
[37] "A peculiaridade é um diminutivo de pecunia, portanto não significa *'pecus',* mas um pequeno patrimônio". (Bonfante, op cit).
[38] " [...] que o que um soldado sob a autoridade do seu pai adquiriu no campo, o seu próprio pai não pode tirar-lhe, nem os credores do seu pai podem vendê-lo ou persegui-lo, e que, quando o pai está morto, não se torna uma coisa comum com as coisas dos seus irmãos, mas é de facto propriedade daquele que o adquiriu no campo [...]". (D 2. 12. pr).

do cumprimento de certas formalidades, uma vez que a eticidade do termo deriva do fato de se constituir em uma vantagem, reconhecida por lei às pessoas que se encontrassem numa situação específica e, como regra geral, a solicitassem por meio do instituto do *'beneficium inventarii'.*

CAPITULUM XXIV

AUGUSTUS COMMUNIS REI PUBLICAE SPONSI[39]

LEGES IULIAE LEGISLAÇÃO PROPOSTA PELO PRÓPRIO AUGUSTO

(1)

.*'LEX IULIA DE IUDICIIS PUBLICIS PRIVATISQUE':* delineado entre disputas públicas e privadas e quais tribunais deveriam lidar com espécies de matérias,

(2)

.*'LEGES IULIAE DE PECULATU ET, DE SACRILEGIIS ET, DE RESIDUIS' (C&F D22):* três leis individuais e separadas, que tratam do uso indevido de fundos,

(3)

.*'LEX IULIA DE AMBITU' (18 A.C.) (C&F D22):* sobre o suborno eleitoral, penalizando o suborno na aquisição de cargos políticos,

(4)

.*'LEX IULIA DE ANNONA' (C&F D22):* importação e exportação controlada de grãos,

(5)

.*'LEX IULIA DE REPETUNDIS' (C&F D22):* extorsão,

(6)

---
[39] Leis de garantia de política comum.

.'LEX IULIA DE MAIESTATE' (C&F D23): *traição,*

(7)

.'LEX IULIA DE ADULTERIIS COERCENDIS' (C&F D23 E 28): *previa a punição dos condenados por adultério, 'quaestio', por meio de um 'tribunal', estabelecido para tratar especificamente deste assunto,*

(8)

.'LEX IULIA DE MARITANDIS ORDINIBUS' (EMENDADO POR LEX PAPIA POPPAEA EM 9 D.C.; C&F D15, 26-27, 29-31): *limitando o casamento através das fronteiras da classe social, por meio do casamento misto limitado entre pessoas de posição senatorial ou descendência com mulheres libertas e/ou atrizes e/ou suas filhas, que também previa penalidades para casamentos sem filhos e recompensas para casamentos que produziam três ou mais filhos (c&f d27 'o ius trium liberorum'), passando a ser vista como uma base indireta do concubinato, tendo sido posteriormente regulamentada por Justiniano,*

(9)

.'LEX IULIA DE ADULTERIIS COERCENDIS' (17 AC): *esta lei punia o adultério com banimento, em que os dois culpados eram enviados para ilhas diferentes (dum modo in diversas insulas relegentur), e parte de seus bens era confiscada, autorizando pais a matar filhas e seus parceiros em adultério, sendo que os maridos poderiam matar os parceiros em certas circunstâncias e eram obrigados a se divorciar das esposas adúlteras,*

(10)

.'LEX IULIA SUMPTUARIA' (C&F D17): *lei suntuária projetada para desencorajar gastos excessivos em itens de luxo,*

(11)

.*'LEX FUFIA CANINIA' (C&F D21):* oportunidades limitadas para as pessoas concederem liberdade aos escravos após sua morte,

(12)

.*'LEX AELIA SENTIA' (C&F D20):* regulamentou a alforria de escravos por pessoas enquanto elas ainda estavam vivas,

(13)

.*'LEX IULIA DE VICESIMA HEREDITATUM' (5 AD):* instituiu um imposto de 5% sobre as heranças testamentárias, isentando parentes próximos,

(14)

.*'LEX PAPIA POPPAEA' (9 D.C.):* para encorajar e fortalecer o casamento, é vista como parte integrante das leis julianas de Augusto, pois promoveu explicitamente a prole, dentro do casamento legal, discriminando também o celibato.

CAPITULUM XXV

LEX ROMAN ORIGINAL LEGES ROMANAE[40]

PRAESCRIPTA LEGES ROMANA[41]

A *história das Leis* está intimamente ligada ao desenvolvimento da civilização, como as *Leis do Egito antigo*, datada do ano de *3000 a.C.*, que continha um *Código Civil*, que foi dividido em *doze* livros e se baseou na tradição, retórica, igualdade social e imparcialidade, sendo conveniente lembrar-se que o antigo testamento remonta a *1280 a.C.* e assume a forma de imperativos morais como recomendações para uma boa sociedade.

Ao depois, tem-se que a *pequena cidade-Estado grega de Atenas*, no *século VIII a.C.*, foi a primeira sociedade a ser baseada na ampla inclusão de seus cidadãos. As antigas *'leis gregas'* continham as principais inovações constitucionais, no que diz respeito ao célebre e secular desenvolvimento da democracia ateniense, ainda que não possuísse uma ciência legal ou uma palavra única para *'Lei'*, obrigando-se, assim, em fidelizar a distinção de três vias: a *'Lei Divina'* (thémis), o *'Decreto Humano'* (nomos) e os *'Costumes'* (díkē).

A *'Lei Romana'* foi fortemente influenciada pela filosofia grega, mas suas regras detalhadas foram desenvolvidas por juristas profissionais e eram altamente sofisticadas. Ao longo dos séculos, entre a ascensão e o declínio do *'Romanus Imperium'*, a lei *(leges, leis, literatura)* foi adaptada para lidar com as situações sociais em mudança *('plebiscitos' – originário do conselho de plebeus)* e, como visto, sofreu grandes codificações sob *Teodósio II e Justiniano I*.

O *'scriptum ius'* e o *'não scriptum ius'*, ou seja, a *'lei escrita'* e a *'lei não escrita'*, que, na prática, diferiam por meio de sua criação, eram entabuladas de forma que a primeira (lei *'scriptum ius'*) era o corpo de leis estatutárias feitas pelo legislador, em que Advogados Romanos *(iurisconsultos)*, éditos dos magistrados *(magistratuum edicta)*, conselho do Senado *(senatus consulta)*, respostas e pensamentos de Juristas *(responsa prudentium)* e as proclamações

---
[40] Original das leis romanas.
[41] As disposições das leis romanas.

e crenças do imperador *(principum placita)* incluíam-se; e a segunda (*lei 'ius não scriptum'*) era o corpo de leis comuns, que surgiram a partir da prática habitual e se tornaram obrigatória ao longo do tempo.

Já o *'ius commune'* e o *'ius singulare'* era a Lei especial para certos grupos de pessoas, coisas ou relações jurídicas, uma vez que era entendida como uma exceção às regras gerais do sistema legal, como a *'lei'* sobre testamentos escritos por pessoas no serviço militar durante uma campanha, que eram isentas das solenidades geralmente necessárias, pois se diferenciavam dos testamentos em circunstâncias normais.

A *'publicum ius'* era interpretada como o *direito público*, que objetivava à proteção e aos interesses do *Estado romano*, bem como à descrição de normas legais obrigatórias (*ius cogens*) e aos regulamentos que não podem ser alterados e/ou excluídos por acordo.

A *'privatum ius'* visava a proteger os indivíduos, incluindo-se aí a *propriedade civil, o direito penal e o processo judicial privado (iudicium privatum)*, que fazia a inserção até mesmo dos delitos, com exceção dos mais graves, que eram processados pelo *Estado*.

Embora os códigos tivessem sido substituídos pelos costumes e pela Jurisprudência durante o início da Idade Média, a Lei Romana foi redescoberta em torno do século XI, quando estudiosos de direito medievais começaram a pesquisar os códigos romanos e adaptar os seus conceitos à lei canônica, dando origem à *'ius commune'*.

A *'ius commune'* proporcionou o advento das máximas legais, que, em *latim*, são chamadas de *'brocardos'* e foram compiladas com vistas a uma orientação legal. Ao depois, na Inglaterra medieval, os tribunais reais desenvolveram um corpo de precedentes, que mais tarde vieram a se tornar uma lei comum, chamada e conhecida por *'common law'*.

XXV.I CORPUS LEGUM ROMANUM EPIC [42, 43]

1. LEX ACILIA CALPURNIA

Foi uma lei romana *datada de 66 a.C., sob o* consulado *de* Mânio Acílio Glabrião *e* Caio Calpúrnio Pisão, *que multava os condenados por suborno e os inabilitava à perpetuidade para obter* magistraturas *e assistir ao* Senado; *além disso, concedia prêmios aos delatores.*[44]

2. LEX ACILIA DE INTERCALANDO

Ley establecida en la antigua Roma en el año 191 a.C., presentada por el cónsul Glabrión. Probablemente esta ley autorizó a los pontífices para decretar un período intercalar con el fin de evitar la deriva del calendario juliano lunar. si bien el historiador fulvius afirma que esta ley fue el primer ejemplo de intercalación en la historia romana, el historiador marco terencio varrón cita casos tempranos en el siglo V a.C., se afirma también que los decemviri fueron los primeros en intercalar, una práctica que podían haber aprendido de los etruscos.

3. LEX ACILIA REPETUNDARUM

Était une loi établie dans la rome antique *en 123 avant jc – il prévoit que les membres de l'ordre équestre (latin de equites) comme jurés dans les tribunaux supervisant la classe sénatoriale pour prévenir la corruption à l'étranger. equites qui ont gagné des contrats fiscaux ou présidaient les tribunaux ne pouvaient pas, à la différence des sénateurs, être poursuivis pour extorsion de fonds. la loi était extrêmement impopulaire au* sénat, *car il a soumis la classe sénatoriale à l'équestre inférieure. On croyait faire partie de* gaius gracchus *mesures de, même si elle ne portait pas son nom, ce qui suggère que gaius a porté son acte judiciaire chef au nom d' une autre tribune.* Cicéron *implique dans sa première* verrine oraison *que la mesure était l'œuvre du père de* manius acilius glabrio, le préteur *en charge des* extorsions *tribunaux en colombie – britannique 70.*

---

[42] World History Encyclopedia.
[43] *Corpo das leis romanas épicas.*
[44] Fonte: de puente y franco, antonio (1840). Historia de las leyes, plebiscitos y Senadoconsultos más notables desde la fundación de Roma hasta Justiniano.

4. LEX AEBUTIA DE FORMULIS

Lex aebutia de formulis era uma lei estabelecida na Roma Antiga por volta de 150 a.C., embora a data seja bastante incerta. Introduzida pelo magistrado sextus aelius, essa lei expandiu bastante o número de ações civis sob a jurisdição do pretor. [45]

5. LEX AEBUTIA DE MAGISTRATIBUS EXTRAORDINARIIS (LEY DE AEBUTIA SOBRE MAGISTRATURAS EXTRAORDINARIAS)

Fue una ley establecida en la antigua Roma a principios del siglo II a.C., aunque la fecha sigue siendo incierta. asimismo, es incierto si esta lex aebutia formaba parte de la lex aebutia de formulis. Presuntamente introducida por el magistrado sexto elio, esta ley prohibía al patrocinador de la legislación que creaba un cargo público (CURATIO AC POTESTAS, LIT. OFICIO DE CONFIANZA O PODER) ejercer ese cargo. Los colegas del patrocinador en su magistratura y sus parientes cercanos por sangre y matrimonio también fueron excluidos del nuevo cargo.

6. LEX AELIA ET FUFIA

Esta lei, junto ao lex aelia sentia, colocava limitações a alforrias, quanto ao número de escravos que podiam ser liberados de uma só vez. Alforrias acima de determinados limites não eram válidas.

7. LEX AELIA SENTIA

Lex aelia sentia de manumissionibus et conditione manumissorum (en español, ley elia sencia) era una ley romana, introducida por los cónsules sexto elio cato y cayo sencio saturnino en el año 4. Estaba preparada para contrarrestar el abuso de las manumisiones, sin distinción entre las realizadas por acto entre vivos o por causa de muerte y era más completa que la lex fufia caninia.

8. LEX AEMILIA DE CENSORIBUS

Lex aemilia, est une loi romaine présentée par le dictateur mamercus aemilius mamercinus et votée en 434 av. j.C. elle modifie la durée du mandat des censeurs qui passe de cinq ans à dix huit mois.

---

[45] Fontes primárias, Gaius, institutes 4.30 e Aulus Gellius 16.10.8.

9. LEX AMPIA

Permitiu Pompeo a usar a coroa da baía na ludi circenses.

10. LEX ANTONIA DE TERMESSIBUS

Lex antonia de termessibus era uma lei romana aprovada em 71 ou 68 a.C., por iniciativa da tribuna Gaius Antonius. O objetivo da lei era para formar uma aliança entre a cidade de Termessus e Roma.

11. LEX ANTONIA

Lex antonia (latim para lei de Antonino, *às vezes apresentada pluralmente como leges antoniae, leis de antonino) foi uma lei estabelecida na* Roma Antiga, em abril de 44 a.C., proposta por Marco Antônio e aprovada pelo Senado romano, após o assassinato de Júlio César. Ele aboliu formalmente a ditadura. Foi a segunda lei a fazê-lo (a primeira foi aprovada após a segunda guerra púnica, substituindo a ditadura pelo decreto final do Senado); no entanto, a lei anterior foi essencialmente anulada pelas subsequentes ditaduras de Sila e César.

12. LEX APPULEIA AGRARIA

Lex appuleia agraria era um romano introduzido por Lucius Appuleius Saturnino. Passou, durante sua tribuna em 100 a.C., a lei em causa à redistribuição de terras públicas e uma grão distribuir. Saturnino foi acusado de ter usado a força para aprovar o projeto e usado para pressionar sua vingança contra Metelo Numidicus.

13. LEX APPULEIA DE MAIESTATE

Lex cornelia de maiestate era um Direito Romanoque passou por sulla durante sua ditadura 81-80 a.C., usando a tribuna Cornelius. A lei, relativa ao controle de governadores e suas forças nas províncias, afirmou, entre outras coisas, que um governador não poderia deixar sua província durante seu tempo no escritório, com ou sem o seu Exército. A lei foi projetada para evitar a corrupção e rebelião de governadores, mas foi frustrada apenas quatro anos mais tarde, em 77 a.C., durante a revolta de Lépido, um ladino procônsul que deixou sua província de Gália Cisalpina com seu Exército e marchou para Roma.

14. LEX AQUILIA DE DAMNO

A lex aquilia era uma lei romana que dava indenização aos proprietários de propriedades feridas por culpa de alguém, estabelecida no século III a.C., na República Romana. Essa lei protegia os cidadãos romanos de algumas formas de roubo, vandalismo e destruição de propriedades.

15. LEX ATERNIA TARPEIA

Lex aternia tarpeia era um Direito romano, introduzido pelos cônsules Aulus Aternius Varus e Espúrio Tarpeio Montanus Capitolinus em 454 a.C., que passou durante o seu ano de mandato. A lei refere à regulamentação dos pagamentos de multas e penalidades.

16. LEX ATILIA MARCIA

La lex atilia marcia era una ley romana, introducida por los tribunos de la plebe Lucio Atilio Elio y Cayo Marcio Rútilo Censorino en el 311 a.C. La ley autorizaba al pueblo a elegir 16 tribunos militares para cada una de las cuatro legiones.

17. LEX ATINIA DE USUCAPIONE

A lex de atinia usucapione foi introduzido Por Gaius Atinius Labeo em 197 a.C. A lei tratou do usucapião, *a aquisição de um título ou direito de propriedade pela posse ininterrupta e indiscutível por um período prescrito. A lei impedia a aquisição de título de posse contínua de bens roubados.*

18. LEX AUFEIA

Ley romana del 124 a.C., conocida solo por un pasaje de gelio, aulo, que daba cuenta de un discurso de parte de Gaius Graco en contra de la misma. el autor de la ley es desconocido. La ley ha sido interpretada como una ratificación del asentamiento asiático de manio aquilio. sin embargo, nada en el pasaje apoya esta apreciación. El pasaje indica que la ley se aplicaba únicamente cuando mitrídates y nicomedes lo apoyaban. Es probable que graco estuviera tratando de reservar tierras para la tributacion romana en lugar de que los ingresos se destinasen a mitrídates.

19. LEX AUFIDIA DE AMBITU

O *rogatio aufidia de ambitu*, por vezes referido como o *lex aufidia de ambitu*, era um Direito romano proposto, destinado a punir o suborno eleitoral, ambitus. É conhecido a partir de uma carta de Cicero para Atticus e foi apresentada por Marcus Aufidius Lurco como tribuna dos plebs em 61 a.C. O rogatio foi aprovada pelo Senado, mas não foi votada pelo povo romano.

20. LEX AURELIA DE TRIBUNICIA POTESTATE

Lex aurelia de potestate tribunicia era uma lei introduzida pelo cônsul Gaius Aurelius Cotta *em 75 a.C. Esta lei deu antigos* tribunos da plebe o direito de realizar novas magistraturas, que haviam sido proibidos pelo Ditador Lucius Cornelius Sulla *alguns anos antes.*

21. LEX AURELIA IUDICIARIA

A *lex aurelia iudicaiaria era uma lei romana, introduzida pelo pretor Lucius Aurelius Cotta em 70 a.C. A lei definia a composição do júri do tribunal que investiga extorsão, corrupção e má conduta no cargo, o perpétuo quaestio de repetundis.*

22. LEX CORNÉLIA ET BAEBIA DE AMBITU (LEX BAEBIA DE PRAETORIBUS)

Lex baebia foi uma das muitas leis promulgadas durante a república romana para combater ambitus (suborno ou corrupção) no processo eleitoral. Há alguma confusão sobre a natureza exata desta lei, ou seja, se era de fato uma única lei ou duas. Lex baebia de praetoribus determinou a eleição de quatro e, então, seis pretores em anos sucessivos. Essa lei, no entanto, nunca foi observada. A segunda, lex baebia de ambitu, envolveu o combate à corrupção eleitoral. Ambas as leis tinham um propósito similar: foram defendidas pelo plebeian Cônsul M. Baebius Tamphilus, *em 181 a.C.*

23. LEX CECÍLIA DE CENSÓRIA

La lex caecilia de censoria (ley de Quinto Cecilio Metelo Escipión sobre censores) fue una ley romana propuesta Por Quinto Cecilio Metelo Escipión, cónsul romano en el 52 a.C., junto con Cneo Pompeyo Magno. Revocó una ley aprobada por el tribuno publio Clodio Pulcro en 58 a.C., que había establecido ciertas reglas para los censores en el ejercicio de sus funciones como inspectores de la moral pública (mores). También requirió la concurrencia de ambos censores para infligir la nota censoria. Durante el censo *(realizado una vez cada cinco años), los censores podían colocar una nota al lado del nombre de un ciudadano, generalmente por delitos como quiebra, cobardía o haber sido gladiador. Si un ciudadano tenía una nota colocada además de su nombre, estaba sujeto a una serie de sanciones, incluidas multas, exilio, asignación a una tribu inferior con fines de votación, o incluso la pérdida de su ciudadanía. Por lo tanto, al exigir la concurrencia de censores para la colocación de una nota, la ley estableció un control adicional sobre los poderes de los censores. Este fue típicamente el único acto que requería la concurrencia de ambos censores. Además, cuando un senador ya había sido condenado ante un tribunal ordinario, esta ley permitía a los censores sacarlo del Senado de manera sumaria.*

24. LEX CECÍLIA DE VECTIGALIBUS

O cecília lex de vectigalibus era um Direito romano, aprovada em 60 a.C. e proposta pelo pretor Cecílio Metelo Nepos, relativa à supressão de taxas portuárias na Itália. O Senado queria remover a lei 'nepos' a partir do projeto de lei e substituí-la por outra, mas essa tentativa falhou. As queixas contra taxas portuárias não eram tanto contra o próprio imposto, mas contra o comportamento do publicani durante suas coleções. Sob César, impostos sobre mercadorias importadas do exterior foram restabelecidos.

25. LEX CECÍLIA DIDIA

A lex caecilia didia foi uma lei posta em vigor pelos cônsules Q. Caecilius Metellus Nepos e Titus Didius no ano 98 a.C. e tinha duas disposições. A primeira era um período mínimo entre a proposta de uma lei romana e sua votação, e a segunda era uma proibição de disposições diversas em uma única lei romana. Esta lei foi reforçada pela lex junia licinia no ano 62 a.C., uma lei introduzida por Lucius Licinius Murena e Decimus Junius Silanus.

26. LEX CALPURNIA

A lex calpurnia, conhecida também como lex calpurnia de repetundis ou lex de rebus repetundis, foi patrocinada em 149 a.C. pelo tribuno da plebe Lúcio Calpúrnio Pisão Frúgio. Segundo ela, uma corte permanente com um pretor peregrino foi criada para vigiar os governadores provinciais. Os jurados eram todos de status senatorial. Seu objetivo era reduzir o crescente problema das extorsões nas províncias, como revelado pelo caso dos abusos de Sérvio Sulpício Galba, governador da Lusitânia. Os governadores tentavam compensar, durante seu mandato, seus serviços anteriores em Roma, que eram voluntários (não pagos) e, com esse fim, cobravam altos impostos dos locais. As penalidades eram provavelmente apenas pecuniárias e não incluíam o exsilium. Segundo Cícero, esta foi a primeira lei a tratar do assunto, e leis posteriores tornaram as penas mais pesadas ou alterando a composição do júri. Outras leis sobre o mesmo tema foram a lex junia (provavelmente 126 a.C.), a lex acilia repetundarum (123 a.C.), a lex servilia glaucia (100 a.C.), a lex cornelia de maiestate (81 a.C.) e a lex iulia de repetundis (59 a.C.). Esta lei também é famosa por ter criado a primeira corte permanente de Roma.

27. LEX CANULEIA

Lei canuleia (em latim, *lex canuleia) foi uma lei aprovada em 445 a.C., que passou a permitir o casamento entre plebeus e patrícios. Nela, estipula-se que os filhos nascidos dessa união deveriam seguir a condição do pai.*

28. LEX CASSIA TABELLARIA

As leis eleitorais da república romana (do latim, leges tabellariae) eram quatro, que introduziram o voto secreto para todas as assembleias populares na república. Todas elas foram introduzidas por tribunas e constituíram na tabellaria lex gabinia (ou lex gabinia) de 139 a.C., aplicando-se à eleição de magistrados; o tabellaria cassia lex de 137 a.C., aplicando-se aos júris, exceto em casos de traição; o lex papiria de 131 a.C., aplicando-se à aprovação de leis; e a Lex caelia de 107 a.C., que ampliou a lex cassia para incluir questões de traição. Antes das leis eleitorais, os eleitores anunciavam seus votos por via oral a uma caixa, essencialmente tornando cada voto público. As leis eleitorais reduziram a influência da classe aristocrática e ampliaram a liberdade de escolha para os eleitores. Eleições se tornaram mais competitivas. Contraintuitivamente, o voto secreto também levou a um aumento na corrupção, removendo a pressão social como meio de obtenção de votos.

29. LEX CASSIA DE SENÁTU

A *lex cassia de senatu* era uma lei romana, introduzida em 104 a.C., pelo tribunal Cassius Longinus. A lei excluía do Senado indivíduos privados de Império *pelo voto popular ou condenados por crime em assembleia popular (judicium populi).*

30. LEX CASSIA

31. LEX CASSIA TERENTIA FRUMENTARIA

Exigia a distribuição de milho entre os cidadãos pobres.

32. LEX CINCIA DE DONIS ET MUNERIBUS

É um plebiscito editado em 204 a.C., por proposta da tribuna da plebe M. Cincio Alimento. Ele esteve envolvido na regulamentação do fenômeno das doações (por isso também é conhecida como lex cincia de donis et muneribus). Previa a limitação de doações entre pessoas vivas, por exemplo, entre cônjuges (provavelmente com o objetivo de evitar que os ativos do pater familias *fossem fragmentados, em decorrência da disseminação de casamentos sine manu) e acima de determinado valor (ultra modum), desconhecido para nós, sempre com o objetivo de evitar a fragmentação de ativos. Outra disposição da lei tratava dos honorários advocatícios, estipulando que nenhum advogado poderia ter suborno pago antes de lidar com uma ação judicial.*

33. LEX CITATIONIS

A *lei das citações (lex citationum) foi uma* lei romana emitida em Ravena, em 426 d.C., pelo imperador, ou melhor, por sua mãe regente Galla Placidia Augusta, ao Senado e ao povo de Roma. Incluída em II na compilação da Lei de 438 (codex theodosianus 1, 4, 3) e a primeira edição do Codex Justinianus. Ela foi projetada para ajudar os juízes a lidarem com uma grande quantidade de escritos de juristas sobre um assunto e, assim, chegar a uma decisão. De acordo com o historiador jurídico Alan Watson, 'esta lei das citações marca um ponto baixo da jurisprudência romana', uma vez que (ele declara) a opinião correta deve ser encontrada contando cabeças, não escolhendo a melhor solução'. No entanto, 'não exibia nenhum instinto medíocre de estadista' e 'pode ser visto como uma tentativa de simplificar a adjudicação na prática. "em oposição à crescente ignorância e corrupção e injustiça onipresentes dos tempos". A autoridade foi dada a Ulpianus, Gaius, Paulus, Papinianus e Modestinus, visto que foram alguns dos juristas *de destaque do período clássico. As citações usadas pelos juristas também receberam autoridade. Se houvesse um conflito entre os juristas, a visão da maioria prevaleceria. No caso de um número par de pontos de vista de cada lado, o ponto de vista de Papinianus seria aplicado. Se Papinianus não expressasse opinião, o juiz estaria livre para usar seu próprio julgamento. Juristas menos clássicos também poderiam ser citados com a condição de que, pelo menos, dois manuscritos relevantes pudessem ser comparados para verificar sua citação adequada. Isso teria sido importante, especialmente, em situações em que os trabalhos dos juristas menores fossem escassos e, portanto, suspeitos.*

34. LEX CLAUDIA

A *Lex claudia de nave senatorum,* ou apenas *lex claudia,* foi uma lei aprovada em 218 a.C., proposta pelo tribuno da plebe quinto Cláudio, que determinava que nenhum senador ou filho de senador poderia possuir um navio marítimo capaz de carregar mais do que 300 ânforas. Como uma ânfora, equivalia a, aproximadamente, 3,78 litros, a lei tratava de navios com capacidade de, aproximadamente, sete toneladas.

35. LEX CLÓDIA

Leges clodiae (leis clodianas) foi uma série de leis (plebiscitos) aprovadas pelo conselho plebeu da república romana sob o tribuno Publius Clodius Pulcher, em 58 a.C. Clódio era membro da família patrícia (gens) Cláudio. A grafia alternativa de seu nome é, às vezes, considerada um gesto político. Com o apoio de Júlio César, que ocupou seu primeiro consulado em 59 a.C., Clódio foi adotado por uma família plebeia para se qualificar para o cargo de tribuna da plebe, que não era aberta aos patrícios. Clódio foi notoriamente um adversário ferrenho de Cícero.

36. LEX CORNELIA ANNALIS

Ley romana aprobada en el año 81 a.C. parece ser una ley que sancionaba los actos pasados de Lucio Cornelius Sulla Felix, como parte de un programa para fortalecer el Senado.

37. LEX CORNELIA DE MAIESTATE

O *lex cornelia de maiestate* era um romano, que passou por Sulla durante sua ditadura de 81 a 80 a.C., usando a tribuna Cornelius. A lei, relativa ao controle de governadores e suas forças nas províncias, afirmou, entre outras coisas, que um governador não poderia deixar sua província durante seu tempo no escritório, com ou sem o seu Exército. A lei foi projetada para evitar a corrupção e rebelião de governadores, mas foi frustrada apenas quatro anos mais tarde, em 77 a.C., durante a revolta de Lépido, um ladino procônsul que deixou sua província de Gália Cisalpina com seu Exército e marchou para Roma.

38. LEX CORNÉLIA DE SICARIIS ET VENEFICIIS

A lex cornelia de sicariis et veneficis (lei cornélia sobre apunhaladores e envenenadores) foi promulgada no ano 81 a.C., na reforma jurídica proposta por Lúcio Cornélio Sula. Ela estabeleceu a pena de morte como sanção a quem praticasse envenenamento e apunhalamentos à perda da vida de quem as sofria.

39. LEX DOMITIA DE SACERDOTIS

A lex domitia de sacerdotiis é uma lei romana de 104 a.C. j. - C. Embora o texto da própria lei não esteja ocorrendo, sabemos que mudou o processo eleitoral dos quatro maiores colégios sacerdotais de Roma. O seu nome vem de cnaeus domitius ahenobarbus, que está na origem do projeto de lei. Até então, os novos padres eram cooptados diretamente pelos membros dos colégios. Precedida por uma primeira tentativa de Caio Licínio Crasso, tribuno da plebe em 145 a.C., a lei de domícia tentou, em 104-103 a.C., democratizar o processo de nomeação de padres, conferindo à assembleia especial (17 das 35 tribos), responsável por designar ao grande pontífice, o direito de eleger todos os membros dos quatro maiores colégios (amplissima collegia). Os candidatos eram, no entanto, designados exclusivamente pelos próprios colégios sacerdotais. Sylla reverteu ao sistema anterior à lex domitia, mas, já em 63 a.C., a lex labiena, proposta pela tribuno da plebe tito labieno, novamente confiou às tribos a eleição dos membros dos quatro colégios principais.

40. LEI DAS XII TÁBUAS

Possuía o fundamento do Ius Civile e ficou em vigor até a época de Iustinianus. Teria sido redigida a pedido dos plebeus que se queixavam dos magistrados patrícios. Não é um código no sentido moderno do termo, nem um conjunto de leis, mas, sim, uma redução a escrito dos costumes romanos. É considerada até mesmo como fonte de todo o direito privado e, assim que publicada, passou a regular as relações do povo de Roma. Algumas coisas que mudaram foram: a solidariedade familiar foi abolida, mas a autoridade do chefe de família é mantida; a igualdade jurídica é reconhecida teoricamente; proibida a guerra privada; e instituído um processo penal. Assim, a LEX DUODECIM TABULARUM, OU SIMPLESMENTE DUODECIM TABULAE, constituía uma antiga legislação que está na origem do Direito Romano. Formava o cerne da constituição da república romana e do mos maiorum (antigas leis não escritas e regras de conduta). Conquanto os seus originais tenham se perdido, os historiadores reconstituíram parte do conteúdo nelas existentes, por meio de citações de autores dos mais diversos. Assim, com base nesses estudos, um esboço do conteúdo das tábuas pôde ser feito. TÁBUAS I E II, organização e procedimento judicial; TÁBUA III, normas contra os inadimplentes; TÁBUA IV, pátrio poder; TÁBUA V, sucessões e tutela, TÁBUA VI, propriedade; TÁBUA VII, delitos; TÁBUA VIII, direitos prediais; TÁBUA IX, direito público; TÁBUA X, direito sagrado; TÁBUAS XI E XII complementares.[46]

41. LEX FUFIA CANINIA

Na Roma Antiga, a lex fufia caninia (também furia e/ou fusia, ano 2 a.C.), foi uma das leis que assembleias nacionais tiveram que passar, depois que eles foram solicitados a fazê-lo por César Augusto. Esta lei, junto à lex aelia sentia, colocava limitações a alforrias, quanto ao número de escravos que poderiam ser liberados de uma só vez. Em termos numéricos, isso significava que um mestre que tinha três escravos apena poderia libertas dois; aquele que tinha entre quatro e 10, poderia liberar apenas metade deles; um com 11 a 30 só poderia libertar um terço deles, e assim por diante. Alforrias acima desses limites não eram válidas. As limitações foram estabelecidas no final da república e início do Império, numa altura em que o número de alforrias era tão grande que eles foram percebidos como um desafio para um sistema social que foi fundado sobre a escravidão.

---
[46] Fonte: Stf. Guimarães, Affonso Paulo – *Noções De Direito romano* – Porto Alegre: Síntese, 1999.

42. LEX GABINIA

Lex gabinia, ou lei gabínia, de 67 a.C., foi uma lei romana que concedeu ao General Pompeu poderes proconsulares extraordinários em todas as províncias romanas num território até 50 milhas romanas do mar Mediterrâneo. Ela foi proposta pelo tribuno da plebe Aulo Gabínio e ficou conhecida também como 'lex de uno imperatore contra praedones instituendo' ou 'lex de piratis persequendis'. O Senado temia conceder grandes poderes a um homem só, temendo o surgimento de outro ditador que tomasse o poder, como Sula havia feito 15 anos antes. Os tribunos, porém, conseguiram passar a lei na assembleia da plebe para que ele pudesse lutar contra os piratas cilícios.

43. LEX GABINIA TABELLARIA

La lex gabinia tabellaria (o ley gabinia tabellaria, que no debe confundirse con la') fue una ley romana aprobada en 139 a.C. a instancias del tribuno de la plebe Aulo Gabinio, aplicable a la elección de magistrados. Previó la introducción de boletas electorales del tipo de tabellae o tesserae especiales (de ahí el nombre) como una herramienta para indicar la preferencia electoral en cada votación, garantizando, al menos en teoría, el secreto del voto. Antes de las leyes de votación, los votantes anunciaban sus votos oralmente. las leyes de votación redujeron la influencia de la clase aristocrática y ampliaron la libertad de elección para los votantes. Las elecciones se volvieron más competitivas, pero la votación secreta también condujo a un aumento de sobornos al eliminar la presión social como medio para obtener votos.

44. LEX CORNELIA GELLIA

Gellia Cornelia es una ley romana datada el (681 de la fundación de roma), que dio a Pompeyo Magno poder discrecional para otorgar la ciudadanía romana, tras el derecho de consilium (de consilii sententia, cic. pro balb. 8, 14). Fue establecida bajo los Cónsules Lucio Gelio publícola y Gneo Cornelio Léntulo Clodiano; la ley reconoció genéricamente la condición de ciudadanos romanos a todos a los que pompeyo se la había otorgado, lo que había ocurrido básicamente en hispania.

45. LEX GENUCIA

Lex genucia (leges genuciae), ou lex genucia de feneratione, foi uma, ou mais de uma, lei aprovada em 342 a.C., pelo tribuno da plebe Lúcio Genúcio. Ela cobria diversos tópicos diferentes e é possível que tenha sido leis diferentes, todas conhecidas como 'lex genucia'. A lex genucia bania empréstimos com cobrança de juros (que logo caiu em desuso), como também proibia que um magistrado ocupasse duas magistraturas simultaneamente ou dentro de um intervalo de 10 anos. Finalmente, requeria que, pelo menos, um dos dois cônsules fosse um plebeu – a única das três que continuou a ser respeitada. O primeiro cônsul plebeu Lúcio Sêxtio Laterano foi eleito cônsul ainda antes da lex genucia, em 366 a.C., mas ele era de um ramo plebeu de uma gente patrícia. Lúcio Sêxtio Laterano (Laterano) foi o primeiro cônsul plebeu eleito no ano 366 a.C., junto do seu companheiro no consulado Lúcio Emílio Mamercino.

46. LEX HADRIANA

A *lex hadriana de agris rudibus et iis qui ante decem annos omissi sunt excolendis era o regulamento de Adriano para o cultivo de terras não cultivadas ou abandonadas por 10 anos. Foi um quadro normativo que regulava a exploração de terras imperiais no Norte da* África. Foi criada durante o reinado do imperador Adriano e assemelha-se à Lex Manciana no sentido de que a exploração das terras é realizada por colonos parceiros, por meio de intermediários entre eles e o tesouro imperial. Da Lex Hadriana, derivaram regulamentos de um âmbito geográfico específico, como o 'sermo procuratorum' ou a 'litterae procuratorum'.

47. LEX HIERONICA

A *lex hieronica era um sistema único de regulamentos relativos à tributação agrícola da* Sicília pela república romana. O sistema de tributação foi nomeado após o rei II de Syracuse. A disposição básica exige que os agricultores paguem 10 % da sua produção em impostos a Roma. É provável que a lex hieronica era uma apropriação do sistema de tributação de ambos hiero II do seu reino e o cartaginês sistema de tributação da Sicília ocidental. A data de criação da lei é incerta. Provavelmente, foi implementada em algum momento entre as duas primeiras guerras púnicas.

48. LEX HORTENSIA

A *lex hortensia de plebiscitiis, conhecida em português apenas como Lei Hortênsia, foi outorgada pelo* ditador Quinto Hortênsio, depois da terceira secessão da plebe da república romana em 287 a.C., que determinou que todas as resoluções aprovadas pelos plebeus no concílio da plebe (o plebiscito) adquirissem força de lei e, portanto, aplicassem para todos os cidadãos sem requerer a aprovação do Senado romano.

49. LEX DE IMPERIO VESPASIANI

A *lex de imperio vespasiani é uma* lei romana (senatoconsulto) aprovada pelo Senado, em 22 de dezembro do ano 69 d.C., e ratificada proforma pelos comícios, relativa à definição do poder e a prerrogativas do príncipe Vespasiano em relação às do próprio Senado. A lei é o único exemplo de documento oficial que confere poderes a um imperador. A parte que chegou até os dias atuais é apenas uma em um bronze inscrição, encontrado em 1347 pelo cola di rienzo na basílica de San Giovanni in Laterano e preservada nos museus capitolinos em Roma. A tabela inclui oito cláusulas distintas.

50. LEX ICILIA DE AVENTINO PUBLICANDO

A *lex icilia, conhecida como aventino publicando, é uma* lex publica aprovada em 456 a.C., pelos cônsules Spurius Verginio Tricosto Celiomontano e Marco Valerio Massimo Lettuca, sob proposta do tribuno da plebe Lúcio Icilio. Trata-se da cessão das terras públicas dos aventinos aos plebeus em propriedade privada, para que construam suas casas. Nasce, assim, um bairro plebeu compacto e unitário, centro da luta de classes plebeia nas décadas seguintes.

51. LEX IULIA DE CIVITATE LATINIS ET SOCIIS DANDA

A *lex iulia de civitate latinis danda, conhecida como lex iulia ou lei júlia, foi uma* lei romana aprovada em 90 a.C., pelo Cônsul Lúcio Júlio César, que estendeu a cidadania romana a todos os cidadãos das cidades italianas (socii), que não haviam participado da guerra social contra Roma. Esta lei foi complementada por outras duas no ano seguinte, das quais uma delas, a lex plautia papiria, contribuiu decisivamente para a pacificação final da península itálica.

52. LEX IULIA DE ADULTERIIS COERCENDIS

A lex iulia de adulteriis coercendis (18 a.C.) faz parte de um conjunto de leis, promulgadas por Augusto e conhecidas hoje de forma fragmentária, que constituíram uma tentativa de regulação do direito civil privado, entre as quais se encontra lex iulia de maritandis ordinibus (18 a.C.), que o imperador faz complementar, em 9 d.C., com a lex papia poppaea.

53. LEX IULIA DE AMBITU

Lex julia era uma lei romana antiga que foi introduzida por qualquer membro da família juliana. Na maioria das vezes, 'leis julianas', 'lex iulia' ou 'leges iuliae' se referem à legislação moral introduzida por Augusto em 23 a.C., ou a uma lei da ditadura de Júlio César, 'in casu', a lex iulia de ambitu (18 ac), que penalizava o suborno na aquisição de cargos políticos.

54. LEX IULIA DE MARITANDIS ORDINIBUS

A lei de Augusto sobre a regulamentação do casamento (18 A.C.) um plebiscito muitas vezes tratado em conjunto com a lei consular de papius e poppaeus (lex papia poppaea, 9 d.C.-juntas como lex iulia et papia), obrigava, principalmente, todos os cidadãos romanos a celebrarem casamento com o objetivo de produzir descendentes legítimos. Com esse objetivo, a lei provavelmente continha limites de idade estabelecidos para os quais se esperava que a pessoa estivesse casada, uma idade que provavelmente reflete a idade de fertilidade e uma extensa lista de recompensas e privilégios para aqueles que produzem filhos legítimos.

55. LEX IULIA DE REPETUNDIS

A lex iulia de repetundis é uma lei romana promulgada por Júlio César durante seu consulado em a.C., com o objetivo de coibir os crimes de suborno e extorsão por magistrados em exercício nas províncias.

56. LEX IULIA DE VICESIMA HEREDITATUM

A legge emanata in età augustea: Introdusse un 'imposta successoria pari al 5% del patrimonio ereditario e regolò, altresì, la procedura relativa all'apertura del testamento, stabilendo che le tabulæ testamentariæ (vedi testamentum) dovevano essere aperte dinanzi all'ufficio preposto alla riscossione dell'imposta'.

57. MUNICIPALIS LEX IULIA

La lex iulia municipalis fue una ley romana promulgada por Julio César en el año se encontró su texto inscrito en las llamadadas tablas de heraclea (tabulae heracleenses), descubiertas en 1732, en uno de los lados de la tablilla de bronce cerca del río cavone en el antiguo territorio de la ciudad de heraclea, y se conserva en el museo arqueológico nacional de Nápoles. Esta ley tiene un carácter general sobre la reorganización administrativa de la ciudad con algunas normas de carácter social. Con ella muchas ciudades y colonias asumieron el rango de municipium. Incluye algunas normas de circulación dentro de la urbe, tales como la regulación del tráfico y la prohibición a los carros que transporten mercancías de circular durante el día para descongestionar la ciudad ya con demasiado tráfico. De esta prohibición se excluyeron los carros que transportaran materiales utilizados en la construcción de templos u otros lugares de culto. Por estas normas, la Lex Iulia puede ser considerada como la precursora del actual código de circulación y transito. También encomienda a los ediles el mantenimiento de la limpieza de los lugares públicos, como el foro o las plazas. La ley, posiblemente no llegó a ser de ámbito particular para Roma sino que llegó a ser de carácter general para la función municipal, extendiéndose a diferentes áreas del imperio, como en hispania en particular, cuando Augusto la incorporó a los municipia hispaniae alrededor de los años 15 a.

58. LEX JUNIA LICINIA

Lei Júnia Licinia (lex junia licinia) era um dispositivo legal do antigo direito romano, produzido em 62 a.C., que confirmava a similar lei cecília didia (datada de), estabelecendo que uma proposta a ser votada pela assembleia popular deveria ser apresentada com antecedência de três semanas romanas (24 dias), com uma cópia depositada no erário, diante de testemunhas, para evitar falsificação. Essa lei foi promulgada no consulado de décimo Júnio Silano e Lúcio Licínio Murena.

59. LEX JUNIA NORBANA

Em Roma, a lex iunia norbana de 19 d.C. classificou todos os libertos em duas classes de acordo com seu modo de alforria: emancipados cidadãos (libertos que gozavam de cidadania romana) e emancipados latini (libertos que tinham apenas direitos latinos). A libertos seria concedido apenas direitos latinos, se a alforria do escravo não conseguiu cumprir qualquer das condições estabelecidas pela lex aelia sentia de 4 d.C., para que confiram cidadania romana. Isto desde que, para o liberto adquirir a cidadania romana, um escravo tinha de ser alforriado com a idade de 30 anos ou mais, o proprietário teve que ter a propriedade quiritary e a cerimônia teve de ser pública. Para os escravos com idade inferior a 30 anos, a alforria tinha de ser aprovada por um conselho especial. A alforria do escravo que tinha sido escravizado por causa de crimes criá-los-ia apenas para a posição de dediticii *(prisioneiros de guerra)*. Assim, *a lex iunia norbana fez os escravos que não eram elegíveis para os cidadãos romanos, como pela lex aelia sextia emancipados latinos. A lei manteve o dediticii. Uma cláusula da lei 'levou longe destes latini juniani, como eram chamados, a capacidade de fazer um testamento, tendo sob um testamento, e sendo tutores nomeados por um testamento'. Os institutos, que eram parte do* Corpus Iuris Civilis (corpo de direito civil) encomendadas por Iustinianus I, *no século VI, registraram que, em épocas anteriores, havia três forma de libertos: aqueles que se tornaram cidadãos romanos, aqueles que adquiriram liberdade inferior como latinos como pela lex junia norbana e aqueles que obtiveram ainda menos liberdade como dediticii como pela Lex Aelia Sentia. Este último Estado tinha deteriorado, e o latini havia se tornado raro até então. Os institutos também observaram que dois decretos corrigiam esta situação. Um aboliu as dediticii, e outros 'prestados todos os libertos cidadãos romanos sem fazer qualquer distinção em relação à idade, o modo de alforria, ou a autoridade do partido manumitting, como era anteriormente a prática'.*

60. LEX JUSTINIANA *(553 D.C. CORPUS IURIS CIVILES)*

61. LEX LICINIA MUCIA

A lex licinia mucia era uma lei romana que estabelecia uma 'quaestio' para investigar aliados latinos e italianos registrados como romanos nas listas de cidadãos. Foi estabelecida pelos cônsules Lucius Licinius Crassus e Quintus Mucius Scaevola pontifex em 95 a.C. Esta lei é considerada a causa da guerra social (91 a 88 a.C.).

62. LEX LICINIA POMPEIA

A lex pompeia licinia foi proposta em 55 a.C., pelos cônsules Gneo Pompeo Magno e Marco Licinio Crasso e estendeu por mais cinco anos o proconsulado na Gália para Júlio César, *conferido a ele pela lex vatinia de 59 a.C. As fontes divergem quanto à data de expiração do novo mandato, mas a opinião comum é que o prazo era 31 de dezembro de 50 a.C. ou 1 de março de 49 a.C.*

63. LEX LICINIA SEXTIA

A *lei licínia sêxtia (*lex licinia sextia; plural: leges liciniae sextiae) foi promulgada pelo Senado romano, que obrigava que, a cada ano, um dos dois cônsules *fosse um plebeu.*

64. LEX MAENIA

A lex maenia de patrum auctoritate é uma lei romana *de autoria e data incertas, que estabelecia que a auctoritas patrum deveria preceder e não mais seguir as operações eleitorais, estendendo-se, assim, aos comícios eleitorais o que lex publilia havia estabelecido para rogações legislativas. De fato, na república primitiva, todas as deliberações dos comícios eram submetidas à auctoritas patrum, isto é, a ratificação pela parte patrícia do Senado. As auctoritas foram exercidas para todas as deliberações da comitia: aprovação de leis, eleição de magistrados e sentenças; foram excluídos apenas os plebiscitos que ainda não tinham força de lei (eles o terão com a lex hortênsia, em 287 a.C.) e os atos de reunião com valor formal e não deliberativo. Por meio dessas leis, o poder dos patres foi reduzido, uma vez que resolveram que a ratificação deveria preceder, e não mais seguir, as operações legislativas e eleitorais dos comícios.*

65. LEX MENENIA SESTIA

A lex aternia tarpeia y la lex menenia sestia fueron dos leyes romanas *aprobadas entre 454 y 452 a.C. que disponen las condiciones de condena, autorizando a los* magistrados *castigar con multas (multa), sus modalidades y la fijación de una escala de precios según los cuales, la multa es evaluada.*

66. LEX MANCIANA

A lex manciana foi uma lex do direito romano para lidar com contratos de arrendamento de propriedades imperiais, nas conquistas romanas do Norte da África.

67. LEX MANILIA

A *lex manilia, ou lei manília* (lex manilius ou lex manilia de bello mithridatico), foi uma lei romana aprovada em 66 a.C., proposta pelo tribuno da plebe Caio Manílio e apoiada, entre outros, por Cícero (em sua 'de imperio cn. pompei'), que tentava obter os favores do poderoso Pompeu. Aprovada um ano depois da lex gabinia, ela concedeu a Pompeu o comando supremo da terceira guerra mitridática, contra o rei do ponto mitrídates vi, que vinha até então sendo conduzida por Lúcio Licínio Lúculo, que foi convocado de volta a Roma.

68. LEX MINUCIAA

A *lex minucia*, aprovada em 216 a.C., criou um novo triunvirato senatorial de 'mensari'. Ao contrário dos 'argentarii', que faziam negócios por conta própria, os mensarii eram um comitê de banqueiros públicos licenciados para emprestar dinheiro público, em troca de segurança para o Estado. Isso significava que, essencialmente, o dinheiro devia à própria República, e, se os devedores não cumprissem seus pagamentos, Roma assumiria o controle de seus bens como reparação. A nova lei foi uma medida projetada especificamente para arrecadar fundos durante tempos de crise do Estado, particularmente, na segunda guerra púnica, quando foi amplamente usada para pagar pela luta contínua e cada vez mais desesperada contra Aníbal.

69. LEI OGÚLNIA

A *lei ogúlnia (lex ogulnia)*, datada de 300 a.C., possibilitou aos plebeus o ingresso nos colégios sacerdotais. Recebeu este nome por causa dos dois tribunos da plebe que a propuseram, os irmãos Quinto Ogúlnio Galo, que seria cônsul em 269 a.C., e Cneu Ogúlnio Galo.

70. LEX OPPIA

A *lex oppia* era uma lei estabelecida na Roma Antiga, em 215 a.C., no auge da segunda guerra púnica, durante os dias da catástrofe nacional após a batalha de canas, e revogada em 195 a.C.

71. LEX OVINIA

A *lex ovinia, que limita a escolha de* senadores aos ex-magistrados curule (lex ovinia de senatus lectione), é uma lei romana apresentada e votada entre 339 e 312 a.C. Segue a leges publiliae philonis, que exige que um dos dois censores seja um plebeu. Essa nova lei transfere o poder de nomear novos senadores dos cônsules aos censores. Ela também permite que os censores decidam sobre a entrada de qualquer magistrado recém-eleito no Senado. Com os plebeus já ocupando muitos cargos, seu número no Senado provavelmente está aumentando rapidamente.

72. LEX PAPIA DE PEREGRINIS

Por proposta de certo Caius Papius tribuno do povo, todos os estrangeiros residentes em Roma, com exceção dos habitantes do país que agora leva o nome de Itália, foram expulsos sob o pretexto de que eram numerosos e não pareciam dignos de conviver com os romanos. Assim, a lex papia ('lei papiana' ou 'lei de papius'), também lex papia de civitate ('lei de papius sobre a cidadania') ou lex papia de peregrinis exterminandis ('lei de papius sobre estrangeiros a serem deportados'), do ano 65 a.C., em homenagem ao autor da lei, outro desconhecido Gaius Papius, tribuno do povo 65 a.C., não idêntico ao autor da lex papia sobre o desenho das vestais (gellius 1, 12, 11 f.), ou a lex papia sobre as reivindicações de herança do cartucho (gaius 3, 42). A lei cria a possibilidade de retirar a civitas (cidadania romana) de um peregrinus (um estranho aos cidadãos, ou seja, uma pessoa livre sem cidadania) e expulsá-los se os tiver adquirido ilegalmente ou de forma fraudulenta. Cícero cita e critica a lei: ' [...] ceteri non modo post civitatem datam, sed etiam post legem papiam aliquo modo in eorum municipiorum tabulas inrepserunt [...]'[47] ; ' [...] male etiam, qui peregrinos urbibus uti proibido eosque exterminant, ut pennus apud patres nostros, papius nuper [...][48].

73. LEX PAPIA POPPAEA

A *lex papia poppaea era um direito romano introduzido em 9 d.C., para encorajar e fortalecer* o casamento. Ela incluía disposições contra o adulté-

---

[47] TRADUÇÃO DO ORIGINAL – "alguns não só adoptaram a sua cidadania, mas também segundo a lex papia de alguma forma penetrou nas listas de cidadãos (tabulae) desses municípios (significando cidades gregas no sul da itália)" (pro archia 10).
[48] TRADUÇÃO DO ORIGINAL – "mau também, que proíbe estranhos de visitar as cidades e os bane, como pennus com nossos ancestrais, papius outro dia" (de officiis 3, 11, 47).

rio e o celibato e foi complementada e completada por Augustus 'lex julia de maritandis ordinibus de 18 a.C. e a lex iulia de adulteriis coercendis *de 17 a.C.'. A lei foi introduzida pelos suffect cônsules daquele ano, Marcus Papius Mutilus e Quintus Poppaeus Secundus, embora eles próprios não fossem casados.*

74. LEX PAPIRIA DE DEDICATIONIBUS

A *lex papiria de dedicationibus (a lei papirian quanto dedicatórias) foi criada na* Roma Antiga em torno de 304 a.C., embora a data seja incerta. De acordo com Cícero, era uma antiga lei introduzida pelos tribunos que proibiam a dedicação de um templo, para fins religiosos, ou de um altar sem a permissão da assembleia popular. No final do século III a.C., o procedimento legal para dedicar a um templo necessitava da introdução aparentemente necessária no Senado romano, referência da petição ao colégio de pontífices e depois proposta à assembleia popular, para aprovação final. Por meados do século II, a Lex Papiria provavelmente foi usada como precedente para decidir o que a aprovação era necessária dedicar uma estátua. O que não está claro é se a lex papiria se dedicava apenas a imperadores e outros magistrados de classificação pretoriana. Também não está claro se ela proibiu expressamente dedicatórias por magistrados de grau inferior, como os tribunos e os edis. Muito do que sabemos sobre a lei é devido à sua importância em ação de Cícero para desconsagração em 57 a.C., antes do colégio de pontífices. O oponente de Cicero, Clódio, tinha dedicado a casa de Cícero em Roma como um santuário para libertas. Cícero procurou alívio com o fundamento de que a dedicação de Clodius violou a lex papiria. A defesa de Clodius aparentemente foi que a lex clódia de exsilio ciceronis continha uma autorização suficiente para a dedicação.

75. LEX PAPIRIA JULIA

A *lex poetelia papiria, foi uma lei da* República Romana que aboliu o nexum, ou seja, o acordo pelo qual um devedor dava como garantia de um empréstimo a escravidão de si próprio (ou de um membro da família sobre o qual ele tinha autoridade, como uma criança), em nome do credor, em troca da extinção do débito (escravidão por dívida).

76. LEX DE PERMUTATIONE PROVINCIAE

As leges provinciae foram conjuntos de leis promulgadas, pela primeira vez, em 146 a.C., destinadas a auxiliar na regulamentação e na administração das províncias romanas. Escrita especificamente para cada província, a leges provinciae foi redigida pelo general vitorioso, com a ajuda de uma comissão de 10 legati, ou conselheiros, que geralmente eram de nível senatorial. Então, a carta foi promulgada, desde que aprovada pelo Senado.

77. LEX PETRONIA

Ante discrepancia de los jueces sobre la libertad personal del reo, disponía que se lo libertara. Prohibía, además, salvo casos extremos, que los esclavos rebeldes o malhechores fueran echados a las fieras del circo.

78. LEX PLAUTIA DE REDITU LEPIDANORUM

The named lex plautia de reditu lepidanorum had been with us during a century. The sertorian war and the partial descomposition of the sulla's world, make unlikely the thesis of g. rotondi. This rogatio isns't a plebiscitum sensu strictu, but probably a lex, perhaps, data; Its chronology is between 74 and 73 b. c. It's possible that a lex explained how de reditu lepidanorum didn't exist, is better to think of lex plautia de reditu exulum postquam mortem sullae.

79. LEX PLAUTIA JUDICIÁRIA

Escolheu jurados de outras classes, não apenas dos equites.

80. LEX PLAUTIA PAPIRIA LEX PLAUTIA PAPIRIA DE CIVITATE SOCIIS DANDA

Foi um plebiscito romano decretado durante a guerra social em 89 a.C., proposto pelos tribunos da plebe M. Plautius Silvanus e C. Papirius Carbo. A lei concedeu cidadania romana *às comunidades italianas que já haviam se rebelado contra Roma durante a guerra.*

81. LEX POETELIA PAPIRIA *(326 AC)*

A *lex poetelia papiria foi uma lei da* república romana que aboliu o nexum, ou seja, o acordo pelo qual um devedor dava como garantia de um empréstimo a escravidão de si próprio (ou de um membro da família sobre o qual ele tinha autoridade, como uma criança), em nome do credor em troca da extinção do débito (escravidão por dívida).

82. LEX POMPEIA DE TRANSPADANI LEX POMPEIA DE TRANSPADANIS

Foi uma lei romana promulgada pelo cônsul romano Pompeio Estrabão em 89 a.C. Foi uma das três leis introduzidas pelos romanos durante a guerra social (91-88 a.C.) entre Roma e seus socii (aliados), quando alguns dos aliados itálicos de Roma rebelaram-se e travaram guerra contra ela por causa de sua recusa em lhes conceder a cidadania romana. Essa lei tratava das comunidades locais em Transpadana, a região ao Norte do rio Pó (e possivelmente algumas comunidades da Ligúria, ao Sul deste rio, ao longo de seu curso Oeste). Concedeu direitos latinos (ius latii) a esses povos como uma recompensa por se aliarem a Roma durante a guerra social. Isso deu aos habitantes da região os benefícios legais associados a esses direitos, que antes eram restritos às cidades do lácio (terra dos latinos), que não haviam sido incorporadas à república romana e aos cidadãos das colônias latinas, e *incluíam o ius commercii (direito ao comércio), 'um privilégio concedido às colônias latinas de ter relações contratuais, de negociar com cidadãos romanos em igualdade de condições e de usar a forma de contrato disponível para os cidadãos romanos', que também permitia contratos e comércio em condições iguais com cidadãos de outras cidades latinas; o ius connubii (direito de casar), que era o direito de celebrar um casamento reconhecido por lei, em que o ius connubii de ambas as partes era necessário para a validade do casamento. Mais tarde, foi estendido a cidadãos de comunidades estrangeiras 'quer geralmente, quer por concessão especial'. No caso dos direitos latinos, tornou legal os casamentos entre cidadãos de diferentes cidades latinas; o ius migrationis (direito de migrar), no qual se encontrava incluso o direito de manter o nível de cidadania caso o indivíduo se mudasse para outra cidade. Em outras palavras, facilitou a migração pela aquisição da cidadania de outra cidade latina. Além disso, a lei concedia a cidadania romana aos magistrados (funcionários) das cidades locais, tendo essa medida sido precedida pela* lex iulia de civitate latinis et socii danda de 90 a.C., que concedeu a cidadania romana a todos os cidadãos das cidades italianas que não se rebelaram contra Roma, e a lex plautia papiria de civitate sociis danda, *que concedeu a cidadania romana aos italianos comunidades que se rebelaram contra Roma durante essa guerra.*

83. CIVIUM CAPITA LEX DE PORCIA A LEX PORCIA I *(LEX DE PORCIA CAPITA CIVIUM)*

Foi proposta pelo tribuno da plebe Públio Pórcio Leca em 199 a.C. e estendeu o direito de provocatio para mais mil passos fora da cidade de Roma, para os cidadãos romanos nas províncias romanas e para os soldados romanos.

84. LEX PORCIA DE TERGO CIVIUM LEX PORCIA II *(LEX DE PORCIA DE TERGO CIVIUM)*

Foi proposta por catão o velho, um dos cônsules de 195 a.C., e ampliava o direito de provocatio contra flagelações.

85. LEX PORCIA AS LEIS PÓRCIAS *(LEGES PORCIAE)*

Foram três leis romanas que ampliaram os direitos da Lei Valéria. Elas foram todas apresentadas por membros da gente pórcia, no início do século II a.C. Acabaram com a execução sumária de cidadãos na zona rural e nas províncias e criaram a possibilidade de um cidadão se salvar de uma sentença de morte por exílio voluntário. Contudo, elas parecem não ter sido efetivas na proteção dos cidadãos contra a vara do centurião, pois Tácito menciona que surras severas continuaram a ocorrer até a época do principado.

86. LEX PROVINCIA LEX POMPEIA DE PROVINCIIS

Foi uma lei promulgada no final da república romana, que determinava o tempo mínimo que deveria durar entre um romano deixar o cargo de pretor ou cônsul e poder exercer o mesmo cargo (ou seja, propretor e procônsul) em uma província.

87. LEX PUBLILIA *(LEX PUBLÍLIAS)*

Foi um conjunto de leis cujo objetivo era aumentar o poder político da plebe romana no período republicano. São chamadas assim por causa de seus proponentes, o tribuno da plebe Volerão Publílio e o cônsul Quinto Publílio Filão), *Atribui-se ao cônsul Quinto Publílio Filão a aprovação de três outras leis que beneficiaram os plebeus em 339 a.C., as chamadas leges publiliae ou leges publiliae philonis, isto é, uma lei afirmando que um dos dois* censores deveria obrigatoriamente ser plebeu, uma lei limitando o papel da assembleia das cúrias (comitia curiata) na ratificação de propostas a serem submetidas à assembleia das centúrias (comitia centuriata) e uma lei obrigando todos os cidadãos romanos a obedecerem as decisões da assembleia da plebe. Embora não haja disputa de que Quinto Publílio seja o responsável pelas duas primeiras, a terceira parece ser uma duplicação de uma medida posterior, aprovada em 287-286 a.C. por Quinto Hortênsio (a lex hortensia) e considerada por alguns autores como sendo fictícia.

88. LEX PUBLILIA *(LEX PUBLILIA 471 A. C.)*

A lex publilia voleronis, que transferiu o poder de eleger os tribunos da plebe da assembleia das centúrias para a assembleia das tribos e permitiu que novas leis fossem propostas por eles, foi proposta por Volerão Publílio e aprovada em 471 a.C. Publílio também garantiu que a assembleia das tribos fosse organizada por distritos (as tribos), com cada um deles lançando um único voto decidido por maioria de seus membros. Os quatro distritos no interior da muralha serviana foram chamados de 'tribos urbanas', enquanto as terras conquistadas depois disso foram divididas em 16 novos distritos, as 'tribos rústicas' (ou 'tribos rurais'). Um vigésimo-primeiro distrito chamado "crustuminiano" foi criado no lugar onde a plebe se reunia, para se chegar a um número ímpar de tribos e evitar empates.

89. LEX PUPIA

O Senado não podia reunir-se em comitiales dies.

90. LEX REGIA LEGES REGIAE *(LEIS REAIS)*

As leges regiae eram leis romanas primitivas, que historiadores clássicos, como Plutarco, mencionaram que foram introduzidas pelos reis de Roma. Embora algumas vezes questionados, os estudiosos geralmente aceitam que as leis se originaram muito cedo na história romana, mesmo no período do reino romano. Assim que as primeiras leis romanas, que historiadores clássicos como Plutarco mencionaram, foram introduzidas pelos reis de Roma. Embora, às vezes questionados, os estudiosos geralmente aceitam que as leis (ou suas fontes finais) se originaram muito cedo na história romana, mesmo no período do reino romano. Por exemplo, pesquisas recentes descobriram fragmentos, até então desconhecidos, citados por escritores antigos, e algumas mudanças foram feitas sobre a atribuição aos vários reis. A posição do rei durante todo o período régio foi a de chefe político, militar, religioso e judiciário da comunidade, mesmo que as funções reais fossem delegadas e confiadas a seus muitos auxiliares.

91. LEX ROSCIA

A lex roscia foi introduzida em 49 a.C., pelo pretor Lucius Roscius Fabatus, em nome de Júlio César. Concedeu cidadania romana às populações de Transpadana, a área da Gália Cisalpina a Norte do rio Pó. Em 89 a.C., esses povos já haviam recebido direitos latinos com a lex pompeia de transpadanis. Com essa lei, Júlio César procurou garantir o apoio da população de Transpadana na corrida para a guerra civil contra Pompeu. Uma das legiões mais leais de César foi a legio x equestris, em grande parte recrutada entre a população de Gallia Cisalpina (222 a.C.). A área passou por décadas de 'romanização' desde a subjugação dos insubrians. Como resultado da lex roscia, as colônias romanas e latinas, como mediolanum e ticinum, tornaram-se municipia romanas. Isso deu um impulso significativo à urbanização dessa região.

92. THEATRALIS LEX ROSCIA

A lex roscia theatralis era uma lei romana de 67 a.C., que reservava 14 fileiras de bons assentos no teatro para membros da ordem equestre. Foi patrocinada pelo tribuno Roscius Otho. Os equites, ou 'cavaleiros', que tinham esse privilégio não eram presumivelmente todos aqueles que preenchiam os requisitos de propriedade do censo para admissão na ordem, mas, sim, aqueles que tinham o direito ao 'cavalo público', um grupo menor e mais elitista.

93. LEX RUBRIA *(LEX RUBRIA DE GALLIA CISALPINA)*

É o título moderno usual dado ao fragmento de uma estátua romana em uma placa de bronze encontrada na antiga cidade de Veleia, em 1760, a parte sobrevivente da qual trata das disposições e restrições à jurisdição local na Gália Cisalpina (CIL XI 1146; I 2 592; Fira I 19; Estatutos Romanos, no. 28). Um pequeno fragmento adicional encontrado em veleia (CIL XI 1144; I 2 601, incluído na edição dos estatutos romanos) está geralmente associado a ele, e permanece uma questão de debate se o assim chamado fragmentum atestinum (CIL I 2 600 ; Estatutos Romanos, no. 16) *representa uma cópia de uma parte diferente da mesma lei. A tabuinha principal de veleia é numerada IV e contém os capítulos 19 a 23 da lei. A Lei da Tabuinha de Veleia é geralmente, embora não totalmente, segura, associada à lex rubria tribuniciana não atestada, que é duas vezes mencionada nas fórmulas de amostra para ensaios locais incluídos nela (COL. I, Linhas 29 e 38). A partir dessas referências, a lex rubria deve ter incluído outros regulamentos relativos ao papel dos magistrados municipais. Um tribuno com este nome não é atestado em outro lugar.*

94. LEX SACRATA

A lex sacrata é uma lei romana emitida após a primeira secessão da plebe em 494 a.C.. Estabelecia que os tribunos da plebe eram sagrados e invioláveis (sacrossancti) e quem violasse essa lei era condenado a entregar seus bens à deusa Deméter.

95. LEI ESCANTÍNIA

A lei escantínia (lex scantinia) é uma lei romana *que penalizava crimes sexuais (stuprum) contra os menores do sexo masculino nascidos livres (ingenuus ou praetextatus). A lei também pode ter sido usada para penalizar cidadãos adultos do sexo masculino, que voluntariamente assumissem o papel passivo em relações sexuais com outros homens. Destinava-se a proteger os cidadãos contra o abuso sexual (stuprum), mas não proibia o comportamento homossexual como tal, desde que o parceiro passivo não fosse um cidadão romano. O uso principal da lei escantínia parece ter sido político; para atacar adversários políticos cujos estilos de vida estivessem abertos a críticas por serem homossexuais passivos ou pederastas ao estilo grego. A lei pode ter classificado o stuprum contra menores como um crime capital, embora subsistam dúvidas. Em vez disso, pode ter-se aplicado uma multa substancial, uma vez que as execuções de cidadãos romanos só muito raramente eram decretadas pelos tribunais nos tempos da* república. *A fusão da lei escantínia com restrições posteriores sobre comportamentos sexuais levou, por vezes, a afirmações erradas de que os romanos tinham leis e sanções severas contra a homossexualidade em geral.*

96. LEX SEMPRONIA AGRARIA

A lex semprônia agraria, que reconhecia o controle sobre as terras públicas (ager publicus) ao Estado, especialmente as terras conquistadas em tempo de guerra. A nova lei estabelecia especificamente que nenhum cidadão poderia possuir mais do que 500 jugera (cerca de 125 hectares) de terras públicas, e todas as terras além desse limite seriam confiscadas. Leis similares mais antigas eram ignoradas, e os ricos proprietários de terras costumavam utilizar prepostos fraudulentos para adquirir as terras que depois lhes seriam transferidas diretamente.

97. LEX SERVÍLIA CAEPIO

A lex servilia caepionis del reintroduce nel collegio giudicante della quaestio perpetua de repetundis, il tribunale permanente chiamato a giudicare della concussione dei magistrati romani nelle province, i senatori. La quaestio perpetua de repetundis era stata istituita con la lex calpurnia del e successivamente la composizione del collegio giudicante era stata variata.

98. LEX SERVÍLIA GLAUCIA DE REPETUNDIS LEX CALPURNIA

Conhecida também como lex calpurnia de repetundis, ou lex de rebus repetundis, foi uma lei patrocinada em 149 a.C., pelo tribuno da plebe Lúcio Calpúrnio Pisão Frúgio. Segundo ela, uma corte permanente com um pretor peregrino foi criada para vigiar os governadores provinciais. Os jurados eram todos de status senatorial. O seu objetivo era reduzir o crescente.

99. LEX TERENTIA CASSIA LEX CASSIA TABELLARIA (137 BC)

Introduced secret votes in court jury decisions lex cassia de senatu (104 bc); required any senator to be expelled from the senate if they had been convicted of a crime, or if their power (imperium) had been revoked while serving as a magistrate lex cassia (44 bc?) ; allowed julius caesar to add new individuals to the patrician *(aristocratic) class lex cassia terentia frumentaria (73 bc)*, required the distribution of corn among the poor citizens.

100. LEX TITIA LEI TÍTIA *(LEX TITIA)*

Foi uma lei romana de 27 de novembro, que concedeu a Marco Antônio, Otávio e Lépido o direito de governar o Estado romano, por um período de cinco anos. É comumente conhecida como a lei que formalizou e legalizou o segundo triunvirato, pois o primeiro triunvirato, formado por Júlio César, Pompeu e Crasso, existiu apenas informalmente.

101. LEX TREBONIA II

A lex trebonia foi aprovada em 55 a.C., durante o segundo consulado conjunto de Marcus Licinius Crassus e Gnaeus Pompeius Magnus. Patrocinada pelo tribuno trebonius, a legislação concedia a cada cônsul cessante um comando proconsular de cinco anos.

102. LEX TREBONIA I

A lex trebonia foi uma lei aprovada em 448 a.C. para proibir os tribunos da plebe de colegas que cooptaram para preencher vagas. O seu objetivo era impedir que os patrícios pressionassem os tribunos para nomear colegas que simpatizassem ou fossem escolhidos da aristocracia.

103. LEX TULLIA

Os candidatos a funcionários públicos costumavam organizar shows espetaculares antes das eleições para ganhar o favor da multidão. No ano 63 a.C., o Senado emitiu uma lei, por iniciativa do Cônsul Marcus Tullius Cicero, 'lex tullia', na qual ele proibia a candidatura a qualquer pessoa que, durante os dois anos anteriores, organizasse jogos. Além disso, por tal ato, era punido com 10 anos de exílio. Também foi proibido 'alugar' a si mesmo 'aliados'. Não sabemos exatamente quem pagou, se foi um candidato ou um aliado em potencial que prometeu apoio para bônus futuros. Hoje, chamamos isso de lobby. César, no entanto, se beneficiou de Gaius Scribonius Curio, que ofereceu peças caras com o dinheiro das conquistas gaulesas.

104. LEX URSONENSIS

A lex ursonensis é a carta de fundação da colônia cesariana iulia genetiva em urso, perto de osuna (província de Sevilha, Andaluzia), no Sul da Espanha.

Uma cópia de seu texto foi inscrita em bronze, sob os flavianos, partes das quais foram descobertas em 1870/71. A lei original abrangia nove tabuinhas com três ou cinco colunas de texto cada e compreendia mais de 140 seções (rubricae). Desses, quatro comprimidos sobreviveram, incluindo as seções 61-82, 91-106 e 123-134. Restos são mantidos no museu arqueológico nacional da Espanha, em Madrid. A carta foi aprovada pela assembleia *como uma lei proposta provavelmente por Marco Antônio após o assassinato de Júlio César.*

105. *LEX VALERIA LEIS VALÉRIAS-HORÁCIAS (LEGES VALERIAE HORATIAE)*

Foram três leis particularmente favoráveis à plebe romana atribuídas, segundo a tradição, aos dois cônsules em 449 a.C., Lúcio Valério Potito e Marco Horácio Barbato, logo depois do colapso do segundo decenvirato depois da segunda secessão da plebe. É possível, mas menos provável, que elas tenham sido autoria dos dois cônsules em 509 a.C., Públio Valério Publícola e Marco Horácio Púlvilo. A *lex valeria horatia de plebiscitis estabelece que qualquer resolução aprovada em* plebiscitos, *ou seja, na* assembleia popular, seria vinculativa e obrigatória para todos os cidadãos. Essa tese, no entanto, é pouco crível de acordo com a doutrina, já que, na época, a plebe não tinha acesso às cortes, ou seja, estava fora da vida pública. Esta eficácia geral só foi de fato reconhecida em 287 a.C. pela lex hortensia de plebiscitiis. *A lex valeria horatia de provocatio, ainda segundo a tradição, instituiu o direito conhecido como* provocatio, um instituto jurídico do direito romano que impedia que um condenado à morte pudesse transformar a pena capital em outra pena sem antes a aprovação da assembleia popular. Todavia, são conhecidas, pelo menos, três leges valeriae de provocatione, uma (lex valeria de provocatio) de 509 a.C., uma em 449 a.C. e outra em 299 a.C., cada uma, obviamente, aprovada por um valério diferente. Segundo a tese majoritária na doutrina, as primeiras duas são meras conjecturas, e o provocatio só foi de fato criado em 300 a. C.. Com a *Lex valeria horatia de tribunicia potestate, que por vezes também é datada em 509 a.C., foi estabelecida a* sacrossantidade (sacrosanctitas), ou seja, a inviolabilidade pessoal dos representantes da plebe: tribunos, edis e decênviros.

106. LEX VALERIA

107. LEX VALERIA CORNELIA

A *lex valeria-cornelia* de 5 d.C. foi uma lei de reforma do sistema eleitoral romano, decidida durante o principado por Octaviano Augusto. Instituiu um sistema de séculos mistos com a tarefa de votar nos cônsules e pretores (daí os chamados 'destinatários') dos cônsules e pretores, que seriam então validados por tradicionais comícios centúrias.

108. LEX VALERIA HORATIA

109. LEX VATINIA LEX VATINIA

(APROVADA PROVAVELMENTE EM MAIO OU INÍCIO DE JUNHO DE 59 A.C.)

Também conhecida como *lex vatinia de provincia cesaris*, ou *lex vatinia de imperio cesaris*, era a legislação que concedia a Gaius Julius Cesar o governo das províncias da Gália Cisalpina e Ilíria por cinco anos. Foi nomeado após e proposto, na assembleia tribal, pelo Tribuno Plebeu Publius Vatinius. Junto disso, também deu a ele as três legiões já presentes na província e o privilégio de nomear seus próprios legados.

110. LEX VILLIA ANNALIS ROMA ANTIGA

A lex villia annalis era uma lei aprovada em 180 a.C., que regulamentava os requisitos de idade mínima para candidatura a diferentes cargos públicos dentro do cursus honorum.

111. LEX VOCONIA LEX VOCONIA *(LEI VOCONIANA)*

Foi uma lei estabelecida na Roma Antiga, em 169 a.C. Introduzida por q. voconius saxa com o apoio de Vatão, o velho, voconius sendo tribuno do povo naquele ano. Esta lei proibia àqueles que possuíam propriedades avaliadas em 100 mil asnos (ou talvez sestércios), de fazer uma mulher sua herdeira. Esse limite particular não era arbitrário, mas, aparentemente, a qualificação de propriedade tradicional para admissão à classe mais alta na comitia centuriata e, portanto, a qualificação mínima para a ordem equestre. Além disso, proibia legados extraordinários em testamento de valor superior ao da herança dos herdeiros ordinários. Essa intenção desta legislação, de acordo com gelliusera suntuosa, na medida que limitava a riqueza disponível às mulheres, que se presumiam gastá-la em bens de luxo inúteis. A lei se aplicava apenas às heranças testamentárias e não afetava a lei da sucessão intestinal das mulheres, embora, posteriormente, se limitasse a herdar até o terceiro grau. A lex voconia foi evitada por meio de evitar o registro no censo, o que acarretou a perda de alguns direitos civis, ou pela forma romana comum de confiança conhecida como 'fideicommissum'. A segunda disposição foi essencialmente anulada pela Lex Falcidia. A legislação de Augusto, em particular, a Lex Papia Poppaea, relaxou a primeira disposição também, garantindo direitos plenos de herança às mulheres casadas que eram mães de três filhos (se nascidas livres) ou de quatro filhos (se fossem libertas).

CAPITULUM XXVI

'ROMANAE FAMILIAE' ASPECTUS CIVILIS FAMILIAE ROMANAE

('HOMINIS ROMANI' 'PERSONA ROMANAE', 'FAMILAE ROMANA', 'STATUM FAMILIA', 'IURE COMMUNI' ET ASPECTUS CIVILIS FAMILIAE ROMANAE)

'HOMINIS ROMANI'

'PERSONA ROMANAE',

Em Roma, o princípio da existência da pessoa física começava com o nascimento com vida, que, separado do claustro materno, deveria possuir forma humana, e a sua extinção se daria com a morte, que, de igual monta ao nascimento, deveria ser provada.

Para os romanos, o ser humano nascia para a aquisição de direitos determinados, isto é, os direitos sucessórios. Sujeitos à condição de nascer com vida, iniciava a capacidade jurídica, dando o condão da cidadania romana, a *'Conditio'* que permitia a titularidade de direitos e a contração de obrigações.

Assim, para o Direito romano, a estrutura da pessoa romana encontrava-se dentro de uma realidade dual, ou seja, a pessoa física e a pessoa moral, pois havia uma diferença importante entre o homem e a pessoa. O homem era sacerdotal de alma racional que residia no corpo humano, e a pessoa era considerada homem *'tão somente'* em certo estado, pois, para Roma, nem todo o ser humano era considerado pessoa.

Entretanto, em outra forma de pensar, para Roma, o vocábulo *'pessoa'* designava também, em um sentido mais estrito, a dramatização de um personagem, tal qual usavam os atores em cena, na compreensão e no emprego de um sentido figurado, face a expressão do papel que um indivíduo, normalmente um *'homem',* poderia representar na sociedade, sem se questionar, em momento algum, a sua capacidade jurídica.

Para possuir a personalidade completa, era necessário reunir três elementos de distinção, referenciados como o *'Persona status'* [49]. Para isso, exigia a aquisição do *'Libertatis status',* que significava ser livre e não escravo, bem como do *'Civitati status',* que significava ser 'cidadão romano' e não peregrino, e do *'Familae status ou sui iuris',* que significava ser chefe de família. Por esses, complementava-se a capacidade de labutar, que era a aptidão permissionária para o exercício de direitos, ou seja, para o exercício de *'per si'* dos seus direitos.

Assim, na *'Roman antiqua',* o *'Libertas statum'* era oriundo daquele nascido no seio de família romana e de pai livre, que, na realidade, era quem realmente possuía o domínio do estado de liberdade.

O *'Civitas statum'* era a condição *'civitae',* 'de todo', imprescindível para a aquisição da capacidade jurídica plena, que permitia que o cidadão amparasse as suas relações jurídicas pelo direito civil (*civil – cives – cidadão*), que, como visto, se aplicava *'tão somente'* a cidadãos romanos, sendo-lhes outorgado o acesso ao *'Cursus honoris'* e, por consequência, ao *'Publicum officium'.*

A titularidade do *'Romanum statum civitas'* era dada, então, a quem nascia de casamento válido pelo *'Ius civile'* e/ou de *'mãe oriunda de família cidadã',* que agregou, em época outra, todos aqueles cidadãos e/ou povos que, por ventura, receberam a cidadania por força de lei ou por vontade do imperador (*'Imperium'* de caracala ano 212 d.C.). Este, de forma assente, concedeu cidadania romana a todos os que viviam em território romano, não só por uma questão de ordem política interna, como também por uma questão de política econômica.

Nesse desiderato, era *'de todo lógico'* que, para o Direito romano, o conceito de *'Persona'* estava ligado a uma comunidade, ou seja, àquilo que é comum a todos e de interesses comuns a todos, normalmente a família. A propriedade por sua vez, se encontrava ligada a essa comunidade e possuía, por objetivo, formar o patrimônio, que era o conjunto de bens destinado a um grupo familiar.

---

[49] Fernández de Buján, A., *Derecho Privado romano*, 3.ª edic., Madrid, Iustel, 2010, p. 192. "Afirma que en el Derecho romano de los primeros siglos, sólo tenía plenitud de derechos aquella persona en la que concurriesen, al propio tiempo, las condiciones de varón, libre, ciudadano y cabeza de familia, lo que le lleva a afirmar que, en Derecho romano, la palabra persona, en sentido estricto, no equivale a sujeto de derechos, más allá de las personas que se encontrasen en la posición señalada. Esta concepción empezó ya a cuestionarse en la época clásica, lo que se manifestó en una atenuación en sus exigencias y en un reconocimiento de derechos a personas en quienes no concurrían estos requisitos, evolución que llega a sus últimas consecuencias en época justinianea. Con el término capax se alude en el lenguaje jurídico romano a la idoneidad de una persona para ser titular de derechos y obligaciones en relaciones concretas, así: en D. 47. 2. 3, capax doli o culpae, hacía referencia a la aptitud del sujeto para ser considerado responsable de actos propios realizados con culpa o dolo; en D. 9. 2. 5. 2, iniuriae capax, se analiza la capacidad del loco, del infante y del impúber para responder del daño causado etc.".

Entendia-se, nesse contexto, que todos os bens eram de todos e, assim sendo, de uma família, pois a simbologia do vocábulo *'Pater'* representava desde sempre o *'patrimônio',* e a simbologia do vocábulo *'Mater',* o *'matrimônio',* que, na obediência etiológica da dicção do *'Munus',* se tinha, por conseguinte, a constituição da cabeça do casal, que levava a obrigatoriedade da tarefa e a obrigação de administrar a propriedade privada, bem como o núcleo familiar.

De outro lado, a estrutura da pessoa romana (*'personna'* – *'cidadão'* – *'cível'*) estava dentro de um grupo e de uma realidade, que começava com o *'Caput'*, isto é, o cabeça da família, ou, em outras palavras, o *'Pater-famílias',* [50] [51], o *'Padre',* o *'Pai',* o *'Chefe de família',* o *'Pater sacerdos', pois,* como tal, era também considerado um *'sacerdote famílae',* a exemplo dos *'imperadores',* considerados *'Sumo pontífices'.*

Dada a importância que possuía a família para a sociedade romana, não havia igualdade entre homens e mulheres, pois todos se encontravam sob o poder do ancestral mais velho ainda vivo. A família objetivava 'tão somente' a proteção desse núcleo e a sua conservação como unidade sócio-política-econômica e religiosa.

Isso porque, após o homem dominar a ordem jurídica e a propriedade privada, vigorou, na Roma Antiga, o modelo de família patriarcal (*'pater famílias'*), onde a ele se submetiam todos os integrantes daquele organismo social, a saber, a mulher, os filhos, os netos, bisnetos e seus respectivos bens, inclusive, os escravos, além dos *'clientes',* que por sua vez, eram estrangeiros ricos, que, ao chegarem a uma nova localidade, evitavam se juntar à plebe, oferecendo proteção econômica a um *'Roman Pater Famílae',* em troca de sua permanência.

Essa unidade familiar possuía um caráter sagrado, o *'Herctum famíliae',* que abrigava o altar, o fogo sagrado, o túmulo e as demais referências sacras da família, que não poderiam serem alienadas nem abandonadas, pois, quando o *'Pater famílias'* enterrava os seus antepassados, a eles lhes rendia veneração e culto, e assim recebiam a proteção dos deuses para seu cultivo e seu rebanho na Roma pagã.

---

[50] Sampaio, Ângela Oliveira; Venturini, Renata Lopes Biazotto, *Uma breve reflexão sobre a família na Roma Antiga, VI jornada de estudos antigos e medievais,* Uem/pph. "Dentro da soberania incontestável do pater famílias, a família é o meio natural em que a criança romana deve crescer e se formar. A função de transmissão dos valores cabia sempre à mãe, que quando não podia desempenhar esta função, transferia a tarefa para outro membro de idade madura, apto na transferência dos ideais de moral e severidade. No primeiro plano, está a necessidade de formar a consciência da criança do jovem, e ampará-lo com um sistema de valores morais, reflexos de um tenaz estilo de vida". (*nas lições de* MACHADO, João Luís Almeida. *A vida em família na antiguidade clássica.* Campos do Jordão: Editor do Portal Planeta Educação, 2007.)

[51] "Daí, nos escritos dos jurisconsultos romanos, a palavra 'paterfamilias' normalmente é usada para designar simplesmente o sujeito de direito, devendo ser traduzido simplesmente como 'pessoa' e não pela expressão 'pai de família', o que é inadequado". (*cfe.* Bonfante, lc, I, p. 7).

XXVI.I 'FAMILAE ROMANA',

A família romana [52] era reputada como um grupo de pessoas [53] que vivia submetido ao poder doméstico de um mesmo *'pater familias'* (*'potestas do pater familias'* / *'potestad'*)*e*, como tal, era conceituada como *'Familae agnaticia'*, sendo, pois, considerada um organismo jurídico-político, no qual o espírito e os princípios do Direito romano eram reconhecidos na concepção autoritária da família fortemente unificada no chefe, que gozava de pleno poder sobre os filhos e a esposa, na concepção estreitamente individualista da propriedade e na ampla liberdade de contratar e testar.

A capacidade jurídica de cada dependia da posição que o homem livre e o cidadão romano ocupavam dentro da família, o que, *'de todo'*, era fundamental para a determinação desta.

Inicialmente, havia os *'filhos legítimos'*, [54] de um ou outro sexo, e os descendentes também legítimos, de seus filhos varões e de seus netos varões, sendo seguidos de *'pessoas de qualquer procedência'*, que o *'pater'* recebia em sua família na posição jurídica de filhos ou netos, mediante procedimentos de adoção.

De outro modo, sujeitos à autoridade do *'pater de família'*, encontrava-se a *'mulher'*, que, ao se casar com algum dos *'varões'* submetidos ao seu poder, a eles adquiria a qualidade de irmã agnaticia de seus filhos.

De outra monta, não existia paridade jurídica e/ou política para a mulher romana na Antiguidade, [55] em relação aos homens, ainda que, em

---

[52] "A família romana não é decorrência de vínculos de sangue; é, antes, uma estrutura jurídica (*iure proprium familiam dicimus plures personas, quae sunt sub unius potestate aut iure subiectae*). Assim, Ulpiano: A denominação de 'família' se refere também à significação de alguma corporação que está compreendida ou no direito próprio de seus indivíduos, ou no que é comum a toda cognação. Por direito próprio chamamos família a muitas pessoas que, ou por natureza, ou de direito, estão sujeitas ao poder de um só, por exemplo, o pai de família, a mãe de família, o filho de família, a filha de família, e os demais que seguem em lugar destes, como os netos e as netas e outros descendentes. Porém se chama 'pai de família' o que tem o domínio da casa; e com razão é chamado com este nome, ainda que não tenha filho; porque não designamos só a pessoa dele, senão também seu direito". (Ulpianus, d. 50, 16, 195, 2).

[53] FILÓ, Maurício da Cunha Savino. *O Tribunato da Plebe na República Romana: aportes ao constitucionalismo brasileiro contemporâneo*, Tese de Doutorado, UFSC., 2018. "Em razão disso, a família se apresentou (em muitos aspectos) como uma miniatura da futura urbe, cujo pater a organizava, com poderes absolutos, para ser uma unidade militar, composta por ele mesmo e sua esposa, pela casa e demais propriedades, pelos filhos, netos, noras, escravos e (posteriormente) clientes" (apud DURANT, 1971, p. 46-48).

[54] FILÓ, Maurício da Cunha Savino. *O Tribunato da Plebe na República Romana: aportes ao constitucionalismo brasileiro contemporâneo*, Tese de Doutorado, UFSC., 2018. Em primeiro lugar, consideravam-se, na família, os filhos e netos, depois, a esposa do pater, depois, as esposas dos descendentes desposadas de acordo com as formas previstas pelo costume (cum mano) e os escravos (apud VALDITARA, 2008, p. 3).

[55] CANTARELLA e *A calamidade ambígua*, Madrid, 1991, p. 209. "En el derecho romano, en particular, los hombres se consideraban en grado de administrarse a sí mismos y sus propios intereses al alcanzar la edad púber. Por ello, aunque estuviesen libres de la *patria potestas*, estaban sometidos a tutela hasta que cumplían catorce años. Pero las mujeres – como establecieron las XII Tablas – estaban sometidas a tutela perpetua" – em livre tradução – "No Direito romano, em particular, os homens eram considerados capazes de administrar a si mesmos e seus próprios interesses ao atingir a puberdade. Por esta razão, mesmo estando livres da *pátria potestas*, estavam sujeitos à tutela até os quatorze anos. Mas as mulheres – como estabelecido pelas XII Tábuas – estavam sujeitas à tutela perpétua".

seus escritos, *'Ulpianus'* tenha centrado na base do próprio *'Ius naturale'* (direito natural),[56] uma teoria oposicionista nesse sentido, quando discorreu acerca da inclusão das mulheres na união com os homens.

De qualquer forma, a situação das mulheres em Roma passou despercebida no campo do direito, social, econômico e familiar, porém em franca vantagem em relação a outras cidades da Antiguidade, ainda que não houvesse uma igualdade de direitos, haja vista que as mulheres romanas possuíam um maior ímpeto no trabalho de cuidar da educação dos filhos, com a qualidade de domínio do *'Mater familias'* (mãe de família) que possuíam.

Podemos perceber que a educação da criança romana foi fundamental, como uma razão natural ligada à lógica, que deduz a realidade objetiva das coisas a partir da *'equidade',* que serviu de base para que os juristas romanos, nesse sentido, também adequassem o direito escrito positivo às necessidades das relações humanas, pois o *'ius'* deveria ser ensinado em todos os ângulos, com o fito de se alcançar a justiça.

No *'viés'* romano, a educação dos filhos, em especial, no espírito essencial da *'Res publicae',* era cultivado, conservado, orientado, transmitido e salvaguardado no sentido de preservação desta, como a maior fortaleza do espírito do Direito romano, que conseguiu difundir-se no tempo e no espaço, por meio de um trabalho cotidiano, forjado em valores da sociedade, com estímulo ao desenvolvimento e crescimento da coisa pública, num difusor dos valores cívicos e éticos que todo o cidadão romano deveria possuir, tal qual as palavras de *'cícero orator',* ao afirmar *'que toda criança nascida, dela já fazia parte e a efetivação da educação, consagrava-se a partir da virtude, daquele momento de importância da história romana'.*

Ao depois, a função educativa visava à consciência e ao empenho de ensinar à criança a magistral importância em ser um cidadão romano,[57] que eram depositários da honra dos seus antepassados e do dever de preservação da *'Historiae Romanae'.*

Entrementes, a *'Familae Romanae'*[58] era, então, compreendida como uma linhagem de parentela diversas, prioritariamente, oriunda da linha do

---

[56] "O direito natural é o que a natureza ensinou a todos os animais, visto que este direito não é típico da raça humana, mas comum a todos os animais, que são nascidos na terra ou no mar, e também pássaros. Daí vem a conjunção do masculino e do feminino, que chamamos de casamento, daí a procriação de crianças, daí a educação; pois também vemos outros animais, mesmo bestas, são governados pelo conhecimento deste direito". (Digesto Livro 1, Título 1, Fragmento 1, Segmento 3).

[57] "Além de tudo isso, a natureza também nos ensina, pais amorosos, que levamos as mulheres com a coragem e com a desejo de procriar filhos, que com a denominação de filhos entendem-se todos os que descendem de nós; porque não podemos chamar netos com um nome mais doce do que o de filho. Pois bem, a gente engendra e dá à luz filhos ou filhas para isso, para sair com os seus descendentes ou a sua memória duradoura de nós no tempo". (Digesto do Livro Calistrato 50, Título 16, Fragmento 220, Segmento 3).

[58] "A denominação de 'família' se refere também à significação de alguma corporação que está compreendida ou no direito próprio de seus indivíduos, ou no que é comum a toda cognação. por direito próprio chamamos família a muitas pessoas que, ou

varão até o sexto grau, mas que permitia a outros o ingresso, que se efetivava por meio de uma série de premissas determinantes, posicionadas de forma ordenada, tais quais:

1. *por nascimento: os filhos legítimos, isto é, os filhos havidos do matrimônio, bem como os filhos legítimos do varão, submetidos à sua 'potestad';* [59]
2. *por legitimação: aqueles vindos de um concubinato, que, como tal, era considerado como um fato jurídico, no qual duas pessoas de diferentes sexos mantinham relações sexuais com certo grau de estabilidade e duração, sendo, portanto, similar a um gênero de vida, a todas aquelas unidas por um vínculo matrimonial, ainda que sem a presença da condicionante do 'affectio maritalis';*
3. *por decreto imperial;*
4. *pelo direito de registrar um filho ilegítimo em um órgão (curiae) comicial cidadão;*
5. *pelo matrimônio 'cum manu', em que a mulher que contraia esse tipo de matrimônio, junto ao seu patrimônio, passava a formar parte da família de seu marido e/ou do 'pater familia' de seu marido, caso este fosse um 'alieni iuris';*
6. *por adoção e/ou arrogação, que era o ato pelo qual um estranho ficava agregado a uma família romana, submetendo-se à 'patria potestad do pater', na condição de 'filius familia', seja como filho, seja como neto, entendendo-se que, se esse estranho fosse um 'alieni iuris', tal situação se denominava adoção, e se fosse independente, 'sui iuris', tal situação se denominava 'arrogação'.*

---

por natureza, ou de direito, estão sujeitas ao poder de um só, por exemplo, o pai de família, a mãe de família, o filho de família, a filha de família, e os demais que seguem em lugar destes, como os netos e as netas e outros descendentes. Porém se chama 'pai de família' o que tem o domínio da casa; e com razão é chamado com este nome, ainda que não tenha filho; porque não designamos só a pessoa dele, senão também seu direito". (Ulpianus, D 50, 16, 195, 2).

[59] "O que temos falado a respeito do fato que aquele que nasce de uma cidadã Romana e de um peregrinus, entre os quais não existe matrimônio, nasce peregrinus, é estabelecido pela Lei Mincia. Esta dispõe, também, que este segue a condição do genitor mais desavantajado. A mesma lei, de fato, dispõe que, quando, ao contrário, um peregrinus tenha pego como esposa uma cidadã Romana com a qual não existia matrimônio, aquele que nasce de uma tal união seja peregrinus. A Lei Mincia é particularmente oportuna neste caso: na ausência desta lei, de fato, seria indevido derivar um outro status. Já o que nasce daqueles entre os quais não existe matrimônio aquista o status da mãe, segundo o direito das gentes. Mas, é supérflua aquela parte da lei onde vem estabelecido que, de um cidadão romano e de uma peregrinus, nasce um peregrinus. Este, de fato, seria peregrinus segundo o direito das gentes também na ausência de tal lei. Isto vale somente para as nações e as gentes estrangeiras, mas também para quantos são chamados Latini, que tinham próprios povos e próprias cidades e eram contados entre os peregrini. Pelo mesmo motivo, ao contrário, nasce um cidadão romano de um Latino e de uma cidadã Romana, seja o matrimônio contraído em base a Lei Elia Senzia seja de outro modo. Mas, alguns tiveram que, de um matrimônio contraído em base a Lei Elia Senzia, nascesse um Latino, já que se considerava que, neste caso, o matrimônio entre eles fosse concedido pelas Leis Elia Senzia e Iunia e que, sempre, o matrimônio faz com que aquele que nasce siga o status do pai. Quando, ao invés, o matrimônio tenha sido contraído de outro modo, aquele que nasce, segundo o direito das gentes, segue o status da mãe, e é, por tanto, cidadão Romano. Mas, segundo o direito vigente em base a um senatoconsulto emanado por proposta do divo Adriano, aquele que nasce de um Latino e de uma cidadã Romana é de qualquer modo cidadão Romano" (Gai. Inst. 1, 78-80).

Tem-se, pois, que a situação familiar do *'Civitas roman'* alternava-se tanto como chefe absoluto de família (*pater potestas*) como abaixo do poder deste, em que aos primeiros se outorgava a titularidade da capacidade plena, sendo assim considerados como *'pessoas sui iuris'*, e aos segundos, ao dependerem exclusivamente da figura do *'pater'*, deixavam de possuir o atributo para a titularidade da capacidade jurídica completa e eram considerados *'pessoas alieni iuris'*.

De outro lado, não formavam parte dessa familia, ainda que, com e/ou sem vínculos biológicos e/ou parentesco de sangue e/ou matrimônio, os entes eram assim discriminados:

1. *a sua 'mulher' e seus descendentes legítimos, quando o matrimônio houvesse sido celebrado 'sine manu', ou seja, o casamento dado sem a subordinação da mulher à família do marido, pois, nesse modelo de casamento, a mulher tinha a permissão de usufruir de seus bens sem nenhuma forma de dominação;*
2. *os 'descendentes ilegítimos';*
3. *os 'descendentes legítimos', que juridicamente houvessem saído da 'família agnaticia', seja para constituir vínculo como 'pater '(emancipado), seja para entrar em outra família como sujeitos à 'autoridade do pater', tanto por 'adoção', como pelo matrimonio 'cum manu', onde as filhas e/ou netas, na condição de esposas, eram colocadas sob o controle legal do marido;*
4. *os descendentes legítimos ou ilegítimos das filhas e netas, pois, para Roma, as mulheres eram, nesse sentido, aquelas que poderiam interromper a 'agnação', que só era transmissível pelos varões;*
5. *os filhos vendidos por seu 'pater' a um estranho.*

Justamente por isso, faz-se necessário observar que a *'cognatio'* era prioritariamente o parentesco por laços biológicos e/ou de sangue, em que a *'familia'* possuía importância em certos aspectos, como em relação aos impedimentos para contrair matrimonio.

A *'cognatio'* se distinguia pela linhagem, que poderia ser reta e/ou colateral, por meio de um critério de graduação.

A *'linha reta'* era substancializada como a série de indivíduos engendrados de forma escalonada, uns pelos outros, como os avós, pais, filhos e netos.

A *'linha colateral'* era a constituição dos parentes, que não descendiam uns dos outros, senão pelo tronco em comum, como tios, primos, sobrinhos e irmãos, de que, comungados com a gradação, se obtinha o desenho da unidade de medida essencial, em relação ao parentesco e ao número de gerações que separavam um parente do outro.

XXVI.II 'MULIER IN ANTIQUIS ROMAM',[60]

O Império Romano foi uma das potências mais importantes da história da humanidade e, a sua extensão, estrutura e poder foram reconhecidos por diferentes civilizações séculos após séculos, uma vez, que os romanos caracterizaram-se por criar as bases de instituições judiciais, governamentais, militares e até religiosas, que com pretensão 'épica' deduzida fundou-se em matéria de considerável complexidade, fazendo com que na Roma Antiga a esfera pública correspondia ao homem, ou seja, ao exército, ao sacerdócio, à gestão da produção e à ação política, onde este mesmo homem poderia participar de assembleias, votar e, se sua posição econômica permitisse, apresentar-se como candidato aos cargos e, funções do 'cursus honoris', sendo que por evidente dedução a esfera privada, qual seja, a esfera doméstica, pertencia às mulheres, 'desde já', entendendo-se que não era fácil ser mulher a época, porque Roma adotou um modelo de sociedade patriarcal onde a mulher era custodiada[61] pelos homens, que como visto, ocupavam os espaços de poder e onde qualquer possível transgressão deste modelo era concebida como uma ameaça à ordem estabelecida.

Restando inequívoco que o consuetudo da época não ganhava exame de empatia junto a mulher, porque excedia a pretensão de impor algo dentro da balança do justo, tem-se entretanto a revelia de muitos, que as mulheres ocupavam um lugar de destaque na Roma Antiga, em comparação com outras sociedades, pois poderiam serem consideradas matronas, prostitutas, sacerdotisas ou até mesmo imperatrizes, mesmo que fossem consideradas inferiores, tal qual, as épicas 'roman leges' determinavam, pois quedavam-se serem legalmente igual aos filhos, porque não partilhavam dos mesmos direitos que os homens, ainda que dependendo de sua origem e classe social, gozassem de privilégios diversos, uma vez, que o ideal feminino em Roma era representado pela matrona, a mulher casada, pois era o casamento[62] e,

---

[60] A Mulher na Roma Antiga
[61] POMEROY, S., Diosas, rameras, esposas y esclavas. Mujeres en la Antigüedad clásica, 3ª edición, Akal, Madrid, 1999, p. 172.
[62] Ley del año 18 a.C. que, junto con la Lex Papia Poppaea del año 9 d.C. y promulgadas por Augusto, trataron de favorecer la natalidad y el matrimonio. Prohíben que los ciudadanos ingenuos contraigan matrimonio con mujeres de mala fama, a los Senadores y a sus hijos y también el matrimonio con sus libertas. Además, las mujeres romanas tenían el deber de casarse, desde los 20 a los 50, y los varones romanos desde los 25 a los 60 años. Los que enviudaban o se divorciaban tenían que contraer matrimonio de nuevo, salvo que gozasen del ius liberorum. Si las acataban eran recompensados con privilegios mientras que, por otro lado, preveían sanciones para los célibes, quienes no podían adquirir nada que se les hubiera atribuido

mais tarde, a maternidade, que dignificava a mulher, entendendo-se que as qualidades esperadas de uma matrona eram a fidelidade e, a submissão ao marido, bem como, a castidade, a modéstia, a prudência, a honestidade, a austeridade nos costumes e, a laboriosidade, símbolos da virtude doméstica e da patroa perfeita.

Neste cenário face a definições abstratas e, indefiníveis sob perspectivas plurais, assoma-se então o fato, de que a principal função da mulher casada, era de possuir filhos, sendo que quanto maior a intensidade numérica de gestações, maior era a sua reputação, em especial, quando nas classes altas era essencial perpetuar a linhagem e, forjar alianças políticas e sociais, concretizando como referência o fato de que nas 'domus' [63] [64], qual sejam, casas de famílias ricas, a mulher era dona, senhora, pedagoga, onde a ela era confiado tudo o que diz respeito ao bom funcionamento da vida quotidiana, em assim sendo, a alimentação, o vestuário, a organização do trabalho dos escravos, a educação das filhas e filhos, tornando-se ela própria transmissora dos valores tradicionais ainda que como visto, 'de todo', ela dependia da autoridade do 'pater familiae', pois havia o translado da sua autoridade para o varão logo após o casamento.

A suficiência probatória relativa a 'estoriae' da 'mulier in antiquis romam', fazem referência a excertos históricos que sob a ótica dados amparam os dispositivos da antiga cronologia romana, pois de fato, deve-se compreender que a 'familiae' era a base da estrutura social sob o sistema patriarcal[65], onde o homem era o membro mais importante do núcleo, pois era ele que adotava decisões, exercia o poder sobre os demais membros (pater potestas),[66] previa e decidia o futuro dos seus sucessores,[67] podendo até mesmo divorciar-se de forma legal, com a solicitação da cessão matrimonial permitida a ambos, 'de todo', com a particularidade de que o varão

---

por testamento, y para los casados, sancionados con la mitad, cuando no tenían hijos, aunque contaba con excepciones. Esta legislación no logró alcanzar sus objetivos por lo que, con el tiempo cayó en desuso hasta que fue derogada en el Bajo Imperio.

[63] D'Aloja 2016, p. 655 y 658

[64] Hemelrijk 2004; Zaccaria 2003.

[65] Ciudadano romano, varón, sui iuris bajo cuya potestas se encuentran todos los integrantes del grupo familiar (los aliena iuris: Filii familias, uxores in manu, liberi in mancipio). Es el jefe absoluto del grupo familiar y el único que puede obligar con su voluntad el patrimonio familiar. Ulp. 50, 16, 195, 2 define: "paterfamilias appellatur, qui in domo dominium habet... quamvis filium non habeat" (se llama pater familias al que tiene el dominio "poder" en la casa, aunque no tenga hijos; hijos y esclavos adquieren para el pater, son como dice gráficamente Gayo una continuación del bolsillo del pater).

[66] Poder absoluto cuya titularidad corresponde al pater familias de por vida sobre todos los que formaban parte de la familia, componiéndose de los siguientes derechos: ius vendendi, ius exponendi, ius vitae necis y ius noxae dandi. La historiografía romana lo presenta como un poder despiadado y casi antinatural que se fue dulcificando. Tenía un aspecto esencialmente potestativo, un poder originariamente personal y real que fue diferenciándose en potestas- manus-mancipium según se ejercitase sobre los hijos y descendientes in potestate, sobre la esposa o sobre los esclavos y personas libres adquiridas in causa mancipi.

[67] Una reflexión sobre el diferente uso del tiempo entre hombres y mujeres y sobre las actividades femeninas en la sociedad antigua en Mirón Pérez 2001, para la cultura griega, y en Martínez López 2002 y López Medina 2008 para el caso romano.

poderia 'logo após' casar-se imediatamente e, a viraga por assim dizer, era obrigada a esperar por um ano, em razão da obrigatoriedade do lapso de tempo neste sentido, para que fosse certificado de que não havia gestação em curso, uma vez que em Roma, os filhos pertenciam ao pai.

A existência de dados de incompatibilidade entre si nos elementos da 'historiae roman' e, de um elemento histórico em relação ao(s) outro(s), fazem com que proposições conciliáveis venham a consistir na afirmação ou na negação simultâneas de algo, contudo, não podendo deixar de olvidar-se e, portanto de levar-se em consideração, que as mulheres romanas encontravam-se relacionadas com a mitologia, a religião e a força materna, comungado, com a sedução de verdadeiras musas inspiradas no espírito dos atraentes e poderosos centauros, que escondiam perigos e ameaças, sem qualquer dubiedade de temáticas discordantes , que impeçam a integral compreensão e a completa efetividade de seu conteúdo, neste sentido.

.A espécie de matéria vocacionada, leva a crer, que o papel das mulheres na Roma Antiga centrava-se na família, suscetível de serem conhecidas até mesmo de forma excêntrica, pois a sua atribuição deveria ser a de procriar e, ampliar a dinastia familiar, administrando a casa e se encarregando das tarefas domésticas, até porque, o acesso que possuía à educação era limitado até à idade do casamento, que como visto alhures, tinha-se que as meninas poderiam casar a partir dos doze anos de idade, e os meninos a partir dos catorze anos de idade, compreendendo-se que a mulher solteira não era bem vista, mas que ainda assim pertencia legalmente ao 'pater', sendo que passava a pertencer ao marido[68] que deveria recebe-la face a 'causa do casamento', em especial, quando menor, (condição cum manu), ainda que 'de todo', corrobora-se com o fato de que esta foi uma prática cotidiana durante a República, a qual, entrou em desuso no Império.

Na pirâmide da estratificação social, comportamental e familiar, de forma corolário e, sob o prisma da verossimilhança, fazem-se presentes fórmulas da gestão histórica, juntamente com outros instrumentos, de que as mulheres possuíam os mesmos direitos que as crianças e, na época do casamento elas poderiam escolher entre continuar sob o domínio da família

---

[68] En latín sponsalia, son la promesa de futuro matrimonio. En el siglo I d.C. los esponsales se celebraban a través de dos stipulationes entre el pater familias de la mujer y el futuro marido, obligándose el primero a entregar a la hija y el segundo a recibirla in matrimonii causa, derivándose sanción pecuniaria en caso de incumplimiento por cualquiera de las dos partes. En Derecho clásico era un compromiso más moral que jurídico. Pero, en el Derecho postclásico, cambió al verse influenciado por el cristianismo. De este modo, los esponsales fueron concedidos como creadores de un vínculo obligatorio entre los futuros esposos y sus parientes, y de otro personal entre los futuros esposos.

paterna ou do marido, porém em ambos os casos, renunciavam aos seus direitos e, inobstante também poderiam ser negociadas como propriedade.

Desta forma, a regulação de que se cogita tem reflexos nas relações jurídicas, quando uma mulher romana se casava e, adquiria o primeiro filho, 'de todo', ela tornava-se matrona, onde acentuava a sua responsabilidade na criação e, educação da prole, bem como, na herança de valores marcadamente dentro do lar, dentro de um mesmo sodalício que consolidava a sua incomunicabilidade, com exceção feita as famílias abastadas, onde a matrona poderia sair de casa, podendo participar de eventos com os maridos e, compartilhar ideias e, outros ensinamentos com outras mulheres, vez que, a linhagem de origem lhe outorgava maiores privilégios, tornando-se pois pessoas cultas e, mais socialmente preparadas, assim sedimentando a sua condição.

No mesmo bordo, a regulação outorgada dentro da estrutura romana, preservando a solidez 'épica' no resguardo da sua confiança, não permitia 'salvo' raríssimas exceções que as mulheres pudessem participar de esferas ideológicas, ainda que com o 'avançar dos tempos', viessem a alcançar um maior destaque e, liberdade, como por exemplo no campo religioso, onde desempenharam 'até mesmo' um papel de liderança na expansão do Cristianismo, no qual ingressavam na esfera pública através da religião, ainda que em Roma o sacerdócio fosse predominantemente masculino.

D'outro bordo, em um arquétipo de maior dimensão, onde almejava-se a fidelidade de estilo, mais do que à literalidade das expressões, haviam mulheres de elevado status social que se destacavam no cenário da política, dos negócios e, da cultura, embora fosse comum que as meninas que possuíssem a possibilidade de receber educação não estudassem além dos doze anos de idade, ainda que assim houvessem mulheres instruídas entre os aristocratas cujos pais ou maridos detinham uma postura mais clarificada.

Entre as diferentes tarefas desempenhadas pelas mulheres romanas, com a correlação de fundamentos que dão causa a conformidade histórica, o que, por óbvio, viabiliza, e, enaltece o escrito 'épico' discursivo, é de destacar-se as funções relacionadas com os trabalhos de manutenção e cuidado, porque entendia-se que eram típicas do seu gênero, em especial, a de parteira por estar ligada à maternidade, tudo comungado, àquelas que nutriam e, amamentavam a criança recém-nascida, (amas de leite), principalmente no caso das escravas que permaneciam na família e atuavam como amas à medida que o infante ou a menina cresciam.

A hipótese vertente, também dá conta, de uma posição de respaldo, que referenda disposições costumeiras épicas, no que diz respeito ao trabalho em torno da tecelagem, que foi outra função da mulher romana, onde se registrou como sendo atividades femininas simbolicamente ligada à 'romana femina', que como tal, diversificava-se para trabalhos de fiandeira, costureira ou cerzidora, vendedora de telas e tecidos e, outros mais específicos como a bordadeira de ouro, a tintureira roxa ou a mulher do fabrico e da pesagem da lã.

Não obstante, a lavra da 'historiae' epigrafada dentro do lastro legal, tem-se o cumprimento de 'junturas' que nos dizem, que além dos centros urbanos, as mulheres também participavam do trabalho rural, vez que, o funcionamento dos vilarejos era inviável sem a participação feminina, que iam desde pequenas propriedades familiares até grandes latifúndios, onde exerciam a colheita sazonal de azeitonas e, uvas ou tarefas diárias ligadas ao campo e, ao cuidado dos animais.

É incontroverso também que a alusão da matéria, entreveja outros personagens envolvidos, dentro de premissas históricas assentadas na sua confecção, que dá conta, da existência de atrizes[69], mímicos e dançarinos quando o teatro era uma arte reservada aos atores, conjugando com a prostituição[70] que era outro cenário em que as mulheres trabalhavam como garçonetes, além de oferecerem seus serviços sexuais.

Adorna-se também o advento das gladiadoras, quais sejam, as lutadoras femininas de arena[71], que foram documentadas desde a época da dinastia Júlio-Claudiana, ainda que como dito, a figura pública das mulheres no topo do poder nunca possuiu um papel oficial.

A agregação, da vestigial, e, intransponível saga da verdade real, obriga-se a dizer que não se encontra na história de Roma, nenhuma soberana que reclusou o poder por seus próprios méritos, ou, até mesmo através da legitimação do culto imperial, pois como dito, não lhes era concedido direitos políticos legalmente, pois somente interviam quando o seu conjuge precisavam de poder e ambição suficientes para alcançá-lo, tão somente, às classes mais altas da sociedade.

Por assim dizer, as proibições expressas 'épicas' em relação à mulher na política, não propendeu as aludidas determinações, pois não só as mulheres tiraram partido do estatuto de homem, mas os próprios homens, conscien-

---

[69] Leppin 2011.
[70] Guzzo, Scarano Ussani 2009, p. 9-26 y 113-120; McGinn 2011; D'Aloja 2016, p. 653 y 660.
[71] Lasheras González 2015, p. 121.

tes da sua grande influência, pois eram elas que formavam boas amizades para promover a carreira pública de seus maridos, fazendo com que as limitações impostas não tivessem qualquer influência para que as mulheres conseguissem mudar a política.

XXVI.III 'COGNATITICA FAMILIA', 'GENITALIS FAMILIA', 'FAMILIA EX COGNATIONE'[72]

Entendia-se por *'familia cognaticia'* o parentesco por consanguinidade natural, ou seja, as pessoas vinculadas pela procriação e pelo nascimento. Era composto por um tronco comum de duas linhas: a linha reta, que eram aqueles que descendiam uns dos outros, podendo ser o ascendente, o descendente, como pai, filho, neto, bisneto; e a linha colateral, que eram aqueles que não descendiam uns dos outros, porém possuíam um tronco comum, como os irmãos.

Também formavam parte da *'familia cognaticia'* a avó, a mãe, a filha, a irmã, a tia paterna, o tio materno, a tia materna, a filha do paterno tio, filho e filha da tia paterna, filho e filha do tio materno, filho e filha da tia materna, e seus descendentes.

'FAMILIA GENTILICIA'

Entendia-se por *'familia gentilicia'* o conjunto de pessoas que tinham em comum a mesma base que a familia agnaticia, ou seja, a gens. No entanto, são considerados graus mais distantes, desde que os envolvidos se sintam relacionados.

'FAMILIA POR AFINIDADE'

Entendia-se por familia por afinidade aquela composta por um dos cônjuges e/ou o agnado e/ou os cognatos do outro, sendo que, para contar os graus, a instrumentalização se dava como se um dos cônjuges ocupasse o lugar do outro em sua família.

XXVI.IV LEGAL STATUS OF SUI IURIS ET ALIENI IURIS[73]

---

[72] Familia Cognaticia, Familia Gentilicia, Familia por Afinidade.
[73] Condição jurídica dos 'sui iuris' e dos 'alieni iuris'.

No direito privado, em princípio, somente *os 'sui iuris'* possuíam plena capacidade ou personalidade jurídica. É exatamente por isso que se constrói o conceito de que o direito privado romano épico era o direito do *'pater familias'*.

Com a maturidade dos tempos, concretizaram-se teorias, com vistas a se analisar os modos relativos à capacidade jurídica, *'sui iuris'* e *'alieni iuris',* que foram balizadas entre o *'ius publicum'* e *'ius privatum'.*

Para o *'ius publicum',* não existia diferença nos critérios de um *'sui iuris'* e de um *'alieni iuris',* que, ao reverso do *'ius privatum',* foram normatizados por meio de uma série de preceitos.

Para o *'ius privatum',* o *'sui iuris'* possuía personalidade jurídica plena, destacando-se a razão de que o *'direito do paterfamilias épico',* à luz do *'direito privado romano',* foi verdadeiramente romano, ainda que deva compreender-se que uma lenta mudança se desenvolveu em todas as áreas do direito privado romano, onde *'in casu'* foi desenhada uma personalidade do *'filiusfamilias',* com traços cada vez mais destacados, donde o primeiro deles era o direito ao casamento (*'ius conubii'*), excetuando-se o varão maior de 14 anos e a mulher maior de 12 anos, que, por serem considerados *'alieni iuris'* necessitavam da autorização do *'pater'* para contrair matrimônio.

Ao depois a discussão acerca do direito de ação (*'ius actionem'*), em que os *'alieni iuris'* careciam de capacidade para poder intervir em juízo, seja como demandante, seja como demandado, ainda que, com o tempo, tivesse se estabelecido uma série de modificações, privilegiando o *'alieni iuris varão',* com a possibilidade de reconhecer uma *'relativa'* capacidade obrigacional deste, não só quando da criação e oferta dos pecúlios, mas também quando do advento das ações de qualidade agregadas (*'actiones adiecticia qualitatis'*), que, oriundas dos *'editos dos pretores',* faziam com que estes respondessem pelas dívidas contraídas.

A introdução dos pecúlios deu espaço e certa autonomia aos filhos de família, pois o *'pater'* (*'pater dominus'*) poderia entregar *'parte',* ou seja, uma *'certa quantidade de bens ao seu filho',* passando a ser este quem os administrava, como uma espécie de reserva profética, isto é, de *'peculium prophectio'.*

O *'peculium prophectio'* abre o caminho para terminar com a incapacidade de trabalho dos *'alieni iuris',* pois, na prática, ainda que o pecúlio e/ou universo de bens pertencesse ao *'pater',* era estimado como bem próprio do filho, que em assim sendo proporcionava a este uma *'relativa'* independência econômica.

Por assim dizer, o *'pater'* aproveitava os frutos de um negócio celebrado pelo seu filho, mas não respondia pelas dívidas conglomeradas por este, o que conduzia a situações de injustiça, especialmente para os casos em que este *(filho)* atuava com autorização expressa ou tácita daquele *(pater)* o que determinava a intervenção dos pretores, por meio das *'actiones adiectitia qualitatis'*.

Inobstante, tem-se que a argumentação alusiva ao direito ao comércio (*'ius comercium'*) era temerária, eis que os *'alieni iuris'*, ainda que fossem considerados cidadãos romanos e homens livres, continuavam a não possuir capacidade jurídica (*eis que relativa*) e, assim, se encontravam impossibilitados de adquirir propriedades, de ser titulares de qualquer classe de direitos reais e/ou de credores/devedores, porque não possuíam *'patrimônio próprio'*.

Isso porque havia uma exigência e, portanto, uma disposição expressa no *'roman ius civil épico'*, a qual determinava que toda e qualquer aquisição efetuada pelos *'alieni iuris'*, se porventura houvesse, *'lá'* se agregavam ao patrimônio do *'pater'*, também tornando defeso a estes outorgar testamento, ainda que pudessem adquirir heranças e legados com a autorização do *'pater'*.

Por assim dizer, tem-se que:

1. *'SUI IURIS'*[74] *era a pessoa que tinha plenos poderes, isto é, aquele indivíduo que possuía a completa capacidade jurídica de gozo, era independente do 'pátrio poder' e preenchia o sentido completo do termo, pois era dotado da capacidade de adquirir direitos e contrair obrigações.*

Contudo, deve-se observar que, antes do século II a.C., o cidadão romano 'sui iuris púber' tinha plena capacidade para atuar, porém percebendo que a plenitude da capacidade 'prematura' era prejudicial e, o 'puer romanus' costumava ser vítima de engano pela inexperiência.

Dessa forma, introduz-se, em 191 a.C., a 'lex Laetorio de circunscriptione adolecentium', estabelecendo-se, assim, um novo limite de idade: 25 anos. Com a denominação de menor adulto, conferia-se a esses o direito de anular o ato praticado com adultos, caso houvesse a implicação de qualquer desvantagem financeira.

---

[74] *Sujeito de direitos – do latim – 'sui' – eu – 'iuris' – direitos*

2. **'ALIENI IURIS'** *eram as pessoas que dependiam do 'pater família',* [75] *ou seja, os filii familaes* [76]*,* [77]*netos, noras, esposas, que se encontravam sujeitos ao 'pater potestas' (1. patrio potestas – direito do pai – o pai tinha o pátrio poder – e o pátrio direito sobre todos da família e seus bens – 2. o 'alieni iuris' era o cidadão não emancipado – não tinha capacidade – quem tinha capacidade então era o seu pai – ou seja – o pater famílias – que tinha todos os poderes, independentemente da idade e condição sociopolítica-financeira do filho – 3. estava submisso àquela 'potestas' – entretanto, o credor de um filiusfamilias poderia, na vida do paterfamilias, demandar aquele e obter a sua condenação, tal qual um princípio referido por Gaius* [78] *– 4. se condenado, a ação executiva (actio iudicati) só poderia ser intentada quando, saindo da patria potestas, se tornar independente, como observamos também em Paulo* [79]*), onde tudo aquilo que adquirissem no campo patrimônio, era de propriedade exclusiva do 'pater familae', que era o único capaz de possuir propriedades, adicionando-se o fato de que, ainda assim, possuíam a plena capacidade no que diz respeito aos direitos públicos. Podiam votar e serem votados para as magistraturas, lograr a incorporação nas fileiras das legiões romanas e casar-se, desde que com o consentimento do 'pater'.*

---

[75] SAMPAIO, Ângela Oliveira; VENTURINI, Renata Lopes Biazotto, *Uma breve reflexão sobre a família na Roma antiga*, VI Jornada de estudos antigos e medievais, Uem/Pph. "Os parentes do pai, que definia a identidade dos filhos e estabelecia os vínculos de herança, nome, culto, residência, eram severos. Os tios e avós paternos eram distantes e exigentes. os parentes do lado materno, sem vinculações institucionais, já que as crianças não herdavam bens, nome, culto e residência da mãe, estabeleciam relações muito mais ternas com seus afilhados, netos e sobrinhos". (apud FUNARI, Pedro Paulo Abreu. *Roma: Vida Pública e Vida Privada*, São Paulo: Atual, 1993).

[76] Justo, Antônio dos Santos, *'A obrigação natural no Direito Romano. Marcas romanas em alguns direitos contemporâneos'*, Lex Ml, 2015, 'D. 41. 1. 10. 1 (Gai. 2 inst.): " [...] ipse qui in potestate alterius est, nihil suum habere potest" – tradução do texto original – "Quem está sob a potestas de outrem não pode ter nada seu' – Embora este texto refira expressamente a situação dos escravos, aplica-se também aos filiifamilias que se encontram sob a patria potestas dos seus patresfamilias". (Vide A. Santos Justo, Direito privado romano, IV, Direito da família, em Studia Iuridica 93, Coimbra, 2008, p. 137; e J. Iglesias, Obligaciones naturales, em Derecho romano de obligaciones. Homenaje al Profesor José Luis Murga Gener, Madrid, 1994, p. 137).

[77] Sampaio, Rodrigo de Lima Vaz, *A Capacidade Patrimonial na Familia Romana Peculia e Patria Potestas,* Intervenção realizada no XIII Congreso Internacional y XVI Congreso Iberoamericano de Derecho romano – O Direito de Família, de Roma à Atualidade (seus Anais, p. 103-128). "FUMAGALLI, Marcella Balestri. *Persone e famiglia*. cit. (nota 1), p. 453. Essa antiga regra significaria que os *filii* podem realizar qualquer ato jurídico, desde que com exclusiva vantagem ao *pater* e pelo *ius honorarium* (esses *debita* serão considerados, pelo *ius civile*, obligationes naturales, relevantes, no plano jurídico, principalmente pela *soluti retentio*). Mas, também cfe. MARRONE, Matteo. *Istituzioni* cit. (nota 13), p. 248 (= § 98), para o qual a sujeição não significava que, uma vez adulto, o *filius* (varão) não adquiria plena capacidade de direito público, podendo votar nas assembleias populares, serem eleitos como magistrados e senadores e depois, ocupar cargos imperiais. E também, sejam os *filii*, como as filiae, poderiam se casar, bastando o consenso inicial do *pater*".

[78] Justo, Antônio dos Santos, *'A obrigação natural no Direito Romano. Marcas romanas em alguns direitos contemporâneos'*, Lex Ml, 2015, D. 44. 7. 39 (Gai. 3 ad ed. prov.): "Filius familias ex omnibus causis tamquam pater familias obligatur et ob id agi cum eo tamquam cum patre familias potest" – tradução do texto original – "O filho de família obriga-se por todas as causas como se fosse independente e, por isso, pode ser demandado como se fosse pater familias" (Cfe. também: I. 3. 19. 6. Vide F. Senn, *Les obligations naturelles. La leçon de la Rome antique*, cit., p. 169).

[79] Justo, Antônio dos Santos, *'A obrigação natural no Direito Romano. Marcas romanas em alguns direitos contemporâneos'*, Lex Ml, 2015, D. 14. 5. 5 pr. (Paul. 30 ad ed.): "Si filius familias vivo patre conventus et condemnatus sit, in emancipatum vel exheredatum postea iudicati actio in id quod facere potest danda est" – tradução do texto original – "Se o filho de família fosse demandado e condenado vivendo o seu pai, a acção executiva deve ser dada posteriormente, contra o emancipado ou deserdado por quanto possa pagar".

XXVI.V ACQUISITIONES PATRIAE POTESTAS[80]

A *'pátria potestas'* [81] era o poder absoluto que o *'pater familiae'* [82]exercia sobre todos os descendentes legítimos pela linha do varão, qualquer que fosse a sua idade e posição social, acoplado aos adotados e estrangeiros arrogados, que davam margem a fazer com que pudessem levar todo o seu grupo familiar.

Assim, a *'patria potestas'* era a expressão mais acabada da estrutura autoritária da família no período arcaico e possuía carácter absoluto, ainda que fosse progressivamente moderada em seu exercício, por considerações religiosas e éticas, pois era uma instituição cuja exclusividade era romana.

Foi um sistema criado pelo *'ius romani'*, que permitia o exercício de soberania do *'pater'* sobre a sua esposa e seus escravos, estabelecendo prioritariamente a integração do poder exclusivo do *'pater familiae'* sobre os filhos, com o nascimento e a adoção.

Nessas formas reconhecidas de aquisição do *'patria potestas'*, o filho legítimo, que era concebido por meio de *'iustum matrimonium'* ou *'iustae nuptiae'*,[83] entrava na *'potestas'* de seu *'pater natural'*, caso fosse este um *'sui iuris'*, e/ou na *'potestas'* de seus 'avós', caso fosse este um *'pater familias'*, que possuía o encargo de pai natural.

---

[80] Aquisição da *'pátria potestas'*.
[81] SAMPAIO, Rodrigo de Lima Vaz. *A Capacidade Patrimonial na Família Romana Peculia e Patria Potestas*, Intervenção realizada no XIII Congreso Internacional y *XVI Congreso Iberoamericano de Derecho romano – O Direito de Família, de Roma à Atualidade* (seus Anais, p. 103-128). "Observar que os poderes inerentes à *patria potestas* não podem mudar seja a liberdade, seja a cidadania do *filius*. cfe. VOLTERRA, Edoardo. Famiglia (diritto romano). *Enciclopedia del Diritto*, Milano, v. 16, 1967. p. 742. Deve-se também lembrar de Siete Partidas 4, 17 pr. e 1 ("Del poder que han los padres sobre los fijos, de qual natura quier que sean"), ou seja, tanto sobre filhos legítimos (Siete Partidas 4, 13), como ilegítimos (Siete Partidas 4, 15), respectivamente: "Poder et señorio han los padres sobre los fijos segunt razon natural et segunt derecho: lo uno porque nascen dellos, et lo al porque han de heredar lo suyo. Onde pues que en el título ante deste fablamos de los fijos legitimos et de todos los otros, de qual natura quier que sean, queremos aqui decir deste poderio que han los padres sobrellos: et mostrar qué cosa es: et en quántas maneras se puede entender esta palabra: et como debe seer establescido: et qué fuerza ha" e "Qué cosa es el poder que ha el padre sobre sus fijos et sobre sus nietos – Patria potestas en latin tanto quiere decir en romance como el poder que han los padres sobre los fijos: et este poder es uno de los mayores que los homes pueden haber sobre otro; ca señaladamente los que viven et se judgan segunt las leyes antiguas derechas que fecieron los filósofos et los sabior por mandado et por otorgamiento del pueblo, et hanlo sobre sus fijos, et sobre sus nietos et sobre todos los otros de su linage, que descenden dellos por la liña derecha, et que son nascidos del casamiento derecho".
[82] FILÓ, Maurício da Cunha Savino. *O Tribunato da Plebe na República Romana: aportes ao constitucionalismo brasileiro contemporâneo*, Tese de Doutorado, UFSC., 2018. "O pater familias exercia funções familiares, educacionais, industriais, governamentais, morais e religiosas com um vínculo indestrutível, cuja essência era a linha paterna infinita, incrementada pela adoção *(adoptio)* de novos membros, inclusive do escravo liberto pela manumissio" (apud NORONHA, 1994, p. 163).
[83] Garcia, Grecia Sofía Munive, *Los esponsales en la antigua Roma y sus reminiscencias en la legislación mexicana actual*, articulo, Universidad la Salle. "A pesar de que actualmente se consideran en diversos manuales de Derecho romano los términos iustum matrimonium y iustae nuptiae como sinónimos, para los antiguos romanos, ambos términos tenían una diferencia fundamental. El término nuptiae (el cual siempre se enuncia en plural dela primera declinación), hace referencia únicamente a la condición de la mujer casada, ya que solamente la mujer puede ser nubilis o "casadera", es aquella que nubet 'se casa' o es nupta o 'casada'; los ritos y ceremonias iniciales de la unión no son nuptiae, sino la posesión de la mujer ya casada. El término matrimonium hace referencia a la situación del hombre, el cual consigue a una mujer para que funja como madre (mater) para poder formar una nueva familia y ser la cabeza de ésta (patefamilias). Ambos términos, aunque en principio denotaban diferentes situaciones, con el paso del tiempo, han llegado a fusionarse y a usarse con el mismo significado". (cfe. D'Ors, A., *Derecho Privado romano*, 7ª. edición, Pamplona, Ediciones Universidad de Navarra, 1989, p. § 219).

É de se observar que o Direito romano não reconhecia uma prova da paternidade legitima, mas reconhecia, a esses efeitos, a presunção endossada pela autenticidade do matrimônio.

Da mesma forma, esse direito clássico não conheceu uma regra precisa a respeito do tempo da concepção, mas reputava como legítimos aqueles nascidos aos seis meses antes da celebração do matrimônio e/ou dentro dos 10 dias posteriores ao divórcio e/ou com a morte do *'pater'*. Observa-se, contudo, que o cálculo temporal baseado nos 180 dias mínimos de gestação foi formulado na *Grécia Antiga* e admitido na *tradição Romana*.

A legitimação de um filho nascido dentro do tempo previsto dependia do reconhecimento paterno, entendendo-se, porém, que, em relação a filhos adotados, não se conhecia um procedimento de legitimação fora do procedimento legal de adoção.

Caso um *'pater'* negasse o reconhecimento de um filho, o *'pretor épico*, dispunha de um meio convencionado como *'praeiudicium',* com vistas ao favorecimento de mulheres casadas e/ou divorciadas, no sentido de obrigar o pater e/ou marido a reconhecer os seus filhos.

Assim, a *'potestas'* era fator aglutinante do grupo familiar, por meio de um vínculo que se caracterizava por ser notadamente jurídico e não biológico, pois era fundado na ideia de autoridade, e recebia denominações diversas, de acordo com a classe do indivíduo ao qual se exercia o poder.

Uma dessas denominações era o *'manus',* ou seja, um tipo de casamento romano antigo, no qual havia duas formas: o *'cum manus'* e o *'sine manus'*. No primeiro, a esposa era colocada sob o controle legal do marido; e no segundo, ela permanecia sob o controle legal de seu pai.

Já o *'mancipium'* era um instituto do direito antigo, em que se ostentava o poder sobre outro homem livre, que lhe havia sido entregue *'in mancipi',* com vistas a garantir uma obrigação por conta de uma dívida e/ou um delito cometido. Na lei romana, a *'mancipatio'* era conceituada como um contrato verbal solene pelo qual a propriedade de certos tipos de bens, chamados *'res mancipi',* era transferida.

A *'dominica potestas'* era o conceito dado a quem exercitava o poder absoluto, com todas as suas atribuições sobre outro homem, cuja vida se podia, *'neste caso',* dispor, uma vez que, por ser uma instituição regulada pelo *'ius civil',* possuía a influência do *'direito das gentes',* pois a inclusão da escravidão, mesmo que contrária ao direito natural, era aceita pela *'lei dos povos'* em vigor.

Possuía o caráter absoluto e limitado na verdade, pela ação dos censores e da opinião pública. Nessa amplitude de poderes, permitia-se que o *'senhor'* fosse autorizado a dispor da vida de seu servo, que poderia puni-lo, abandoná-lo, sem assim obter a liberdade e/ou aliená-lo como qualquer outra coisa *'in commercium'*.

'Gaius' preleciona o conceito sobre esse poder absoluto [84] em relação aos escravos (*servi aut nascuntur aut fiunt*), com a supremacia sobre a vida e a morte, indistintamente, se homem e/ou mulher. Esses eram considerados como coisas, uma vez que em Roma, ao admitir a escravidão, *'escravos e escravas'*[85] não eram consideradas pessoas. Mediante a tutela da lei e dos costumes, somente os homens que eram cidadãos romanos poderiam desfrutar dos direitos de ordem instrumental peculiar à sociedade.

Tem-se, pois, que, no Direito romano, como em toda a Antiguidade clássica, um ser humano podia ser livre ou escravo (*liber aut servus*).

Entretanto, apenas os livres possuíam capacidade legal, sendo necessário estabelecer o que era e quem eram os escravos, qual a situação jurídica de cada e como poderiam deixar de ser escravos, até porque havia escravos que nasciam escravos e/ou eram inclusos na escravidão depois de nascerem livres, e/ou, por nascimento, aquelas crianças cuja mãe era escrava no momento do parto. A partir do *século II a.C.*, admitiu-se que, quando a mãe fosse escrava no momento do parto, a criança nasceria livre, desde o período de gestação.

As razões pelas quais um nascido livre se tornava escravo eram várias, uma vez que os romanos consideravam alguns como aceitos por todos os povos (*iure gentium*) e outros peculiares ao povo romano (*iure civili*). Neste último, a origem era quase sempre o cativeiro bélico, pois todo inimigo feito prisioneiro e cuja vida era preservada tornava-se um escravo, sendo, em princípio, um *'servus publicus'*, isto é, um escravo do Estado romano e, ao depois, quando vendidos por este (*emptio sub corona*), passavam a ser propriedade de quem os comprou, havendo uma equivalência da mesma regra, ao *'civis romanus'* (cidadão romano) e/ou *romanus miles'* (soldado romano), que se tornasse prisioneiro do inimigo.

---

[84] "Os escravos estão sujeitos às 'potestas' de seus donos (dominus). Este poder é do 'ius gentium' já que podemos observar de uma forma geral em todos os povos que os donos têm um poder de vida e morte sobre os seus escravos, e que tudo o que adquirem, é adquirido pelos seus donos (dominus)". (em livre tradução, Gayo Institutas, 52).

[85] Peix, D'ors Pérez, *Postl in pace*, em Rev. de Fac. de D. de Madrid, 1942. "Nas fontes, o escravo é designado pelas expressões genéricas: servus, mancipium, ou simplesmente homo ou puer, dependendo da idade. O escravo: ancilla, serva. Mas existem denominações especiais para algumas classes de escravos: *verna* (escravo nascido na casa do dominus), *servus publicus* (pertencente a uma civitas), *vicarius* (aquele que faz parte do peculium de outro escravo, que se chama ordinarius). Nos exemplos dos jurisconsultos clássicos, são geralmente designados pelos nomes de '*Stichus*', '*Hermodorus*' e/ou '*Panphilus*'. No Corpus Iuris, o *'ius postliminii'*, na medida em que há a recuperação da condição pessoal, aplica-se também àqueles que retornam de uma cidade estrangeira que não está em guerra com Roma. Tal concepção do *'postliminium in pace'*, como noção jurídica, é uma extensão bizantina, ou pelo menos pós-clássica".

A *'manumissão'* era o ato jurídico pelo qual o proprietário concedia liberdade ao escravo, por meio de duas modalidades: as *'alforrias solenes e não solenes'*, que se diferenciavam não apenas na forma, mas também nos seus efeitos. As *'alforrias solenes'* eram numeradas, como as *'manumissio vindicta'*, *'manumissio censu'* e *'manumissio tentamento'*, oriundas do direito antigo. Foi agregada a outra que possuiu o seu advento na *era romano-bizantina,* ou seja, a *'manumissio in ecclesia'*.

Por assim dizer, o *'instituto da manumissão'* consistia na obtenção da liberdade, por meio de modos rituais, solenes e legais de concessão, que eram catalogados como: o *'censo'*, em que o dono do escravo o inscrevia entre os homens livres na época do recenseamento periódico e obrigatório; a *'vindicta'*, em que o senhor e o escravo compareciam perante o magistrado, e o lictor tocava a cabeça do servo com uma varinha, declarando-o livre; o *'testamento'*, em que dele constava a frase *'que meu escravo seja livre'*; as *'per epistolam'*, que era uma carta dirigida ao interessado, onde o senhor declarava, entre amigos, *'inter amicos'*, que serviam de testemunhas, a sua intenção de libertar um escravo que lhe pertencia; e a *'per mensam'*, em que a concessão se efetivava depois do cerimonial da ceia.

Lá à frente e já na época clássica, houve a evolução dos costumes, que deu origem à transformação da família *'patria potestas'*, onde se permitiu um melhor entendimento da vida jurídica privada familiar, pois este *'novel'* entendimento foi despojado do perfil de extremidade que caracterizava a sua origem.

XXVI.VI ADOPTATIO[86]

Para adotar legalmente uma criança na *Roma Antiga,* exigia-se que o *'civitae'* fosse romano, uma vez que a adoção era o ato pelo qual um estranho, *'alieni iuris'*, se agregava a uma família romana, submetendo-se à *'patria potestad del pater'*, como *'filius familia'*, tanto em situação de submissão imediata como *filho,* como em situação de submissão mediata como *neto*.

Existia, na Roma Antiga, uma série de formalidades e requisitos para a adoção, que eram sistematicamente ordenados mediante critérios [87].

---

[86] Adoção.
[87] "Generalis enim adoptio duobus modis fit: aut principis auctoritate, aut magistraius imperio. principis auctoritate adopramus eos, qui sui iuris sunt; quae spedes adoptionis dicitur arrogatio, quia et is, qui adoptat, rogatur, id est interrogatur, an velit eum, quem adoptaturus sit, iustum sibi filium esse, et is, qui adoptatur, rogatur, an id fieri patiatur. imperio magistratus adoptamus eos, qui in potestate parentis sunt, sive primum gradum liberorum obtineant, qualis est filius, filia, sive inferiorem, qualis est nepos, neptis, pronepos, proneptis. § 1. Illud utriusque adoptionis commune est, quod et hi, qui generare non possunt, quales sunt spadones, adoptare possunt. § 2. Hoc vero proprium est eius adoptionis, quae per principem fit, quod is, qui liberos in

As formalidades se desenvolviam por meio de duas fases. Na *primeira*, o *'alieni iuris'* era liberado da *'patria potestad',* ao qual estava submetido por meio do instituto da *'mancipium',* que era um contrato formal solene para a transferência de certos bens e, portanto, o procedimento legal para a elaboração de testamentos, emancipação dos filhos de seus pais e a adoção. Na *segunda*, fazia-se constituir pelo instituto da *'in iure cessio',* que era um modo derivado de aquisição da propriedade e nele o novo *'pater'* insertava a reivindicação do seu direito de *'patria patestad',* como se este lhe pertencesse há muito tempo.

No que diz respeito aos requisitos, a apresentação destes se dava, *'tão somente',* pela indispensabilidade da vontade de ambas as partes, para o ato de adoção.

Os efeitos da adoção são aqueles de uma *'capitio deminutio minima'* *(consistia em uma pessoa deixar de pertencer à determinada família, sem perda de liberdade ou cidadania), pois* o adotado passa de uma família a outra, variando de nome, direitos hereditários e todos os demais necessários à consagração do instituto. Lá na frente, no período de *'Iustinianus',* a 'adoção' se efetivava, *'tão somente',* mediante o comparecimento diante do magistrado.

Nesse cenário histórico, deve-se comungar que os requisitos da adoção buscaram certa semelhança com a paternidade natural, na qual se exigia, inicialmente, que o adotante tivesse 18 anos a mais que o adotado, seguido do consentimento deste, sendo defeso adotar os castrados.

De outra monta, havia a distinção entre a *adoção plena,* que se dava quando a adoção era instrumentalizada por meio de um ascendente consanguíneo, seja paterno, seja materno, que provocava os mesmos efeitos da adoção antiga: a *'capitis deminutio mínima'* e a submissão à *'patria potestad'* do adotante e a *adoção semiplena,* que era o procedimento feito por outras pessoas, que não aquelas mencionadas. Seu efeito fundamental era conceder ao adotado, *'tão somente',* o direito à herança *'ab intestato',* que significava a

---

potestate habet, si se arrogandum dederit, non solum ipse potestati arrogatoris subiicitur, sed et liberi eius in eiusdem fiunt potestate tanquam nepotes" – em tradução original do texto – "A adoção em geral ocorre de dois modos: pela autoridade do príncipe ou pelo poder do magistrado. Pela autoridade do príncipe, adotamos aqueles que são de direito próprio, espécie de adoção que se chama arrogação, porque se pergunta ao adotante se quer que o adotando seja realmente seu filho legitime e ao que vai ser adotado se consente que isso se faca. Pelo poder do magistrado, adotamos aqueles que estão sob o pátrio poder de pais, sejam eles de primeiro grau, isto e, filhos e filhas, sejam de grau inferior, como netos, netas, bisnetos e bisnetas. § I. Uma coisa em comum a ambas as espécies de adoção: quem não pode gerar, como é o caso dos eunucos, pode adotar. § 2. Mas é o próprio da adoção que se faz pela autoridade do príncipe que aquele que tem filhos sob seu pátrio poder caso se dê em arrogação, não só ele se submete ao poder de quem o arroga mas também seus filhos, agora na condição de netos do arrogador" (Gaius Libro I. Institutionum, Titulus VII de *Adoptionibus et Emancipationibus et allis modis, quibus potestas solvitur, consoante,* tribunal regional federal da 1ª região – escola de magistratura federal da 1ª região, 2010, tradução do livro I do digesto do Corpus Iuris Civilis, 'léxico traduzido do digesto do corpus iuris civilis').

aceitação de que não havia, por parte do *'de cujus',* uma declaração final da vontade legando os seus bens.

XXVI.VII AD ROGAÇÃO[88]

É o ato jurídico pelo qual um *'sui iuris'* entra na submissão da *'potestad pater familias'* outra, na posição de um filho. Possuía, como requisitos obrigatórios, uma petição do arrogante e do arrogado, que era dirigida à *'comitia curiata',* solicitando o seu *'referendum'* para efetivar a arrogação. Na *republica épica Romana, 'ao depois',* esse ato foi substituído por uma formalidade efetuada na presença de *30 lictores,* que eram os representantes das *trinta cúrias.*

No instituto da arrogação,[89] o arrogado deixava de ser um *'sui iuris',* para galgar a condição de filho, submisso à *'potestad do arrogante'.* Sua própria família também ingressava na nova *'família agnaticia',* junto do seu patrimônio, bem como com os direitos transmissíveis dos quais era titular, que, como tal, passavam ao domínio do arrogante. Também se extinguia as dívidas e as obrigações do arrogado, obrigando os interessados a fazerem valer os seus direitos mediante a *'integrum restitutio pela capitis deminutio'.*

À época de *'Justinianus',* foram dispostas ao instituto uma série de medidas modificativas, sendo proibido arrogar a quem se encontrava na faixa etária de 60 anos[90], bem como quem possuía filhos, era pobre em relação a quem

---

[88] *Arrogação.*

[89] ERNOUT, A; MEILLET, A. *Histoire des Mots.* Dictionnaire étymologique de la langue latine: 4. Ed. Paris: klincksieck, 1985. p. 430. "Arrogação era a adoção de pessoa sui iuris, feita na assembleia, e criava um vínculo agnatício. Em contraposição à cognação (parentesco cosanguíneo, que significa 'nascer de', idéia de geração natural), agnação, que é civil (não natural), de onde deriva de uma 'agregação', porque agnação significa 'nascer junto a'. Era o princípio dominante na regulação da família, da herança, das tutelas e da manus (poder marital advindo de uma convenção feita com a esposa). Augusto agnou Tibério, filho de Lívia; seus sucessores mantiveram, no geral, tal prática, associando ao poder o sucessor e adotando-o para os fins jurídicos. Exceção bastante conhecida é o caso de Cômodo, filho de Marco Aurélio pelos dois parentescos".

[90] "Nee ei permittitur arrogare, qui tutelam vel curam alicuius administravit, si minor viginti quinque annis sit, qui arrogatur; ne forte eum ideo arroget, ne rationes reddat. Item inquirendum est, ne forte turpis causa arrogandi subsit. § 1. – Eorum duntaxat pupillorum arrogatio permittenda est his, qui vel naturali cognatione, vel sanctissima affectione ducti adoptarent, ceterorum prohibenda, ne esset in potestate tutorum et finire tutelam, et substitutionem a parente factam extinguere. § 2. – Et primum quidem excutiendum erit, quae facultates pupilli sint, et quae eius, qui adoptare eum velit, ut aestime tur ex comparatione earum, an salubris adoptio possit pupillo intelligi; deinde, cuius vitae sit is, qui velit pupillum redigere in familiam suam; tertio, cuius idem aetatis sit, ut aestimetur, an melius sit de liberis procreandis cogitare eum, quam ex aliena familia quemquam redigere in potestatem suam. § 3. – Praeterea videndum est, an non debeat permitti ei, qui vel unum habebit, vel plures liberos, adoptare alium; ne aut illorum, quos iustis nuptiis procreaverit, deminuatur spes, quam unusquisque liberorum obsequio paret sibi; aut qui adoptatus fuit, minus percipiat, quam dignum erit eum consequi. § 4. – Interdum et ditiorem permittetur adoptare pauperiori, si vitae eius sobrietas ciara sit, vel affectio honesta nee incognita. § 5. – Satisdatio autem in his casibus dari solet" – em tradução original do texto – "Não é permitido arrogar a quem teve a tutela ou curatela de uma pessoa, se a arrogado tem menos de vinte e cinco anos, pois é possível que o objetivo do arrogador seja escapar da prestação de contas. Deve-se também investigar se a motivo da arrogação não tem, por finalidade, algum motivo torpe. § 1. A arrogação de tutelados só deve ser permitida aqueles que querem adotar motivados ou por parentesco natural ou por profunda afeição, excluídos os demais casos, para que não fique ao arbítrio dos tutores não só extinguir a tutela como também tornar sem efeito a substituição testamentária feita pelo ascendente. § 2. É preciso, antes de tudo, que se conheça o patrimônio do tutelado e de quem pretende adota-lo, para que, comparados, seja possível saber se a adoção é vantajosa para o tutelado; depois, conhecer a vida de quem quer trazer o tutelado para integrar sua família; em terceiro lugar, sua idade, para saber se não seria melhor pensar em gerar filhos do que submeter a seu pátrio poder

era rico, os tutores e seus pupilos e o pai natural relativo aos filhos havidos de uma concubina. *'De todo',* compreende-se que havia uma disposição na qual os bens do arrogado permaneciam constituídos em pecúlio.

XXVI.VIII CURA ET CURA[91]

(INSTITUTOS QUE VISAVAM AO CUIDADO DOS INTERESSES DE ALGUÉM, BEM COMO, À PROTEÇÃO DO PATRIMÔNIO)

A *'tutela*[92] [93]*surgiu no ius roman'*[94] como uma outorga de nomeação de um membro da família a outro, com o fito de evitar a dilapidação de um patrimônio. Trata-se de um instituto relativo à propriedade, e não necessariamente à proteção e vigilância de uma pessoa. O vocábulo é oriundo do substantivo latino *'tutela ae',* que significa, em um *primeiro momento,* proteção, defesa, mantença e preservação de algo e/ou alguém e, em um *segundo momento,* o poder conferido pela *'lex civil'* a uma pessoa, para que ela proteja outra que seja incapaz, por razões de idade ou sexo, para os atos de consentimento, bem como de negócios da vida civil e outros.

A *tutela na lei romana* era uma figura legal, pela qual havia a concessão de uma proteção, concedida a menores[95] e mulheres, como sendo um poder dado a uma pessoa livre, com o objetivo de proteger outra, que, devido à sua *'tenra'* idade, não o poderia fazer.

A função primária do tutor não era cuidar do tutelado, mas, sim, da administração de seus bens, eis que eram essas subscintas à *'interpositio auctoritatis'* e *'gestio do patrimônio pupilar',* uma vez que a *'tutela'* era considerada

---

pessoa de outra família. § 3. Deve-se, além disso, verificar se é conveniente permitir a quem é pai de um só filho ou de muitos adotar outro, para que ou não diminua a expectativa de herança dos filhos legítimos que a ela fazem jus pela obediência ou o adotado perceba menos do que lhe deveria tocar. § 4. As vezes se permitira ao mais pobre adotar o mais rico se for manifesta sua austeridade de vida ou sua afeição seja honesta e publicamente conhecida. § 5. É costume, nesses casos, exigir-se caução". (Ulpianus Libro XXVI, ad Sabinum, Titulus VII de *adoptionibus et emancipationibus et allis modis, quibus potestas solvitur, consoante,* tribunal regional federal da 1ª região – escola de magistratura federal da 1ª região, 2010, tradução do livro I do digesto do Corpus Iuris Civilis, *'léxico traduzido do digesto do corpus iuris civilis').*

[91] Tutela e Curatela
[92] D. 26. 1. 1 pr.: "(Paulus libro 38 ad edictum). –Tutela est, ut Seruius definit, uis ac potestas in capite libero ad tuendum eum, qui propter aetatem sua sponte se defendere nequit, iure ciuili data ac permissa".
[93] D. 26. 1. 1. 1: "(Paulus libro 38 ad edictum). –Tutores autem sunt qui eam uim ac potestatem habent, exque re ipsa nomen ceperunt: itaque appellantur tutores quasi tuitores atque defensores, sicut aeditui dicuntur qui aedes tuentur".
[94] ALVES, José Carlos Moreira – *Direito Romano.* RJ, Ed. Forense, 2003, vol. 2, p 325. "A tutela é, como define Sérvio, a força e o poder sobre o homem livre, dados e permitidos pelo direito civil, para proteger aquele que, por causa da idade, não se pode defender por si mesmo".
[95] JUSTO, Santos A, *O Pensamento Jusnaturalista no Direito romano,* Revista Direito e Desenvolvimento, João Pessoa, v. 4, n. 7, p. 239-312, jan/jun 2013. "Sed impuberes quidem in tutela esse omnium civitatium iure contingit, quia id naturale rationi conveniens est, ut is qui perfectae aetatis non sit, alterius tutela regatur [...]" – em livre tradução – "No que se refere aos impúberes, acontece que, segundo o direito de qualquer Estado, estão sob tutela, pois por razão natural é conveniente que aquele que não chegou à idade adulta se reja pela tutela de outro [...]" (Gaius 1, 189).

um cargo público, para o qual o principal requisito para o seu exercício era de que o *'outorgado'* fosse um *'homem romano púbere'*.

A concessão deveria ser dada ao filho legítimo de uma família,[96][97] com vistas à instrumentalização da *'tutoria'*, uma vez que a autoridade parental nomeada não afetaria a *'ordem privada familiae'*, até porque o *'tutor'* nomeado também não poderia recusar a função atribuída, embora tivesse a permissão para invocar *'motivos outros'* com vistas às escusas previstas por lei.

O sistema jurídico romano limitava a capacidade com vistas à concessão do *'benefício'* da tutela a todos os *'civitae sui iuris'* que se encontravam na condição de *'pré-púberes'*, ou seja, aqueles que ainda não haviam atingido a idade da puberdade, bem como as *'mulheres'*, os *'afetados por doenças mentais'* que não possuíam a capacidade de compreender e querer (*'furiosi e mentecapti'*), os *'pródigos'*, que eram aqueles que esbanjavam o patrimônio familiar, e os *'minoiris'*, aqueles que não tinham atingido os 25 anos de idade.

Essas condições eram assim denominadas para realçar o *'poder do paterfamilia'* (*potestas, manus, ius*). Sob alguns aspectos, era apresentado não só como um poder de guarda sobre essas pessoas, mas também como uma função de proteção dessas, ligada e/ou não à sua hereditariedade.

Os *poderes do tutor eram muito amplos,* pois as suas atribuições eram amplas e integravam uma responsabilidade acentuada, comungada a todo um rol de ações na sua atuação. Ele concretizava como se fosse o dono do tutelado e possuía como obrigação o dever de efetivar integralmente o interesse da tutela pelo qual havia sido nomeado.

Os *'sui iuris'* possuíam a capacidade jurídica e, portanto, a titularidade das relações jurídicas, mas não a capacidade de agir, ou seja, não possuíam o poder de realizar atos voluntários, os quais o *sistema jurídico reconhecia como o poder de constituir, modificar ou extinguir relações jurídicas,* o que fez com que a *'roman lex antigua'* tivesse encontrado essa instituição para o atendimento de sua função.

---

[96] HIRONAKA, Giselda M. F. Novaes; TARTUCE, Flávio; SIMÃO, José Fernando, *Direito de Família e das Sucessões – temas atuais*. São Paulo: Método, 2009. p. 197. "A família, como todo e qualquer agrupamento humano, se sustenta e se orienta por relações de poder. e este era exercido com exclusividade pelo homem, porque a ele cabia o sustento material da família. em grande parte, os casamentos se mantinham por causa da dependência econômica da mulher em relação ao marido. e essa mesma dependência justificava o exercício ditatorial do poder do marido sobre a esposa e os filhos". (*apud* SANTOS, Romualdo Baptista dos. Responsabilidade Civil na Parentalidade).

[97] COULANGES, Numa Denis Fustel. *A cidade antiga: Estudo sobre o culto, o direito, as instituições da Grécia e de Roma*. Tradução de Jonas Camargo Leite e Eduardo Fonseca. São Paulo: Helmus, 1975. p. 70. "Graças à religião doméstica, a família era um pequeno corpo organizado, pequena sociedade com o seu chefe e o seu governo. Coisa alguma, na nossa sociedade moderna, nos dá idéia deste poder paternal. Naqueles tempos, o pai não é somente o homem forte protegendo os seus e tendo também a autoridade para fazer-se por eles obedecer: o pai é, além disso, o sacerdote, o herdeiro do lar, o continuador dos antepassados, o tronco dos descendentes, o depositário dos ritos misteriosos do culto e das fórmulas secretas da oração. Toda a religião reside no pai".

De outro lado, quando havia a morte do *'pater familias'*, esse conceito se desfazia, e cada um dos *'filii famílias'* tornava-se um *'sui iuris'*. As mulheres e os pré-púberes, 'de todo', se encontravam em uma situação particular, pois, mesmo ainda o fosse um *'sui iuris',* a sua capacidade de agir não era reconhecida, cabendo ao *'heres',* isto é, o sucessor do falecido *'pater familia',* dentro da extensão limitada de sua *'potestas',* o papel de proteger as mulheres e os pré-púberes, bem como o controle de seus ativos.

A *'Lei das XII Tábuas'* concedeu, pela primeira vez, ao *'pater familia'* o poder de designar em testamento uma pessoa que não fosse o herdeiro como guardião e, consequentemente, o poder de tutela, sem que pertencesse à linhagem da hereditariedade.

A curadoria, aparentemente, também foi criada na época da *'Lei das tábuas',* para loucos e pródigos, porém abrangendo vários institutos, pois tinha o propósito eminentemente patrimonial de administrar e/ou auxiliar os bens de uma pessoa jurídica, da qual havia sido retirada a capacidade limitada de agir.

Destarte, a *'tutela'* e a *'curatela romana'* eram duas instituições que atendiam a tais funções, ainda que fossem institutos originalmente diferentes uns com os outros, mas que, *'ao depois',* tenderam a se fundir em dois poderes que se exercem sobre as pessoas.

Inobstante, ainda que os *'sui iuris'* não possuíssem a capacidade de entender e discernir as premissas, bem como as formalidades essenciais para administrar *(tanto em relação aos 'incapacitados normais' – incluso até mesmo a própria autoridade parental – como aos 'incapacitados anormais – maiores de idade – surdos-mudos – que não pudessem ser compreendidos por escrito)* e gerenciar adequadamente o seu próprio patrimônio, fazia-se necessária a intervenção do tutor no negócio do menor, na linha de continuidade dentro dos mais diversos canais.

Também havia a particularidade de, que quando houvesse a ausência total de capacidade *(que poderia ser total ou parcial, tinha-se que a sua origem era geralmente baseada em razões de idade, sexo, doença mental, prodigalidade e, até mesmo, as questões de falecimento do 'pater familiae'),* o *'alieni iuris'* passaria à condição imediata de *'sui iuris'* e, portanto, adquiria simultaneamente a capacidade jurídica para o gozo e para o exercício de atribuições.

XXVI.IX GENERA CUSTODIAE[98]

---
[98] *Tipos de tutela.*

A *'tutela'* [99] é uma instituição do *'ius civile'*, que se conceituava como uma função protetora, uma vez que consiste em proteger aquelas pessoas que não estão sob a *'pátria potestas'* e não possuem possibilidade de defesa. Por conseguinte, 'de todo', dividiam-se em três classes, que assim eram *catalogadas:*

1) A TUTELA LEGÍTIMA

É assim chamada em alusão ao preceito contido na *'Lei das XII Tábuas',* tal qual as lições de Gaius. (D 1. 15547) [100]

'In casu', há de se observar que há uma relação com pessoas sequentes, ou seja, *os 'herdeiros sui', que são os que estavam sob seu poder no momento de sua morte', os 'prope agnatus', ou seja, o 'agnato próximo', que é uma pessoa que, junto do falecido, foi encontrada em alguma ocasião sob a 'patria potestas' de um 'paterfamilias comum', e os 'Gentios', isto é, 'membros de um grupo familiar maior'.*

Por conseguinte, é de se entender que esse tipo de tutela corresponde a um *'macho púbere' e/ou, a um 'agnatus próximo',* tendo em conta que o *'tutor legítimo'* assim o é em razão do parentesco de agnação, não podendo renunciar à tutela nem se destituir dela. Caso essa venha a se extinguir, extingue-se também a tutela legítima.

2) A TUTELA TESTAMENTÁRIA

---

[99] Bosch, María José Bravo, *El lenguaje discriminatorio en la antigua Roma y en la españa actual*, Profesora Titular de Derecho romano en la Universidad de Vigo. "Sabemos que no existió un único tipo de tutela, sin varios, cuya división según su origen ha sido objeto de debate por parte de la doctrina. Con todo, de forma habitual se tiende a clasificar los tipos de tutela en tres posibles (reflejados ya en la cita anterior de BERGER) la tutela testamentaria, la legítima y la dativa: La testamentaria, ordenada en el testamento por quien ejerce la patria potestad o la *manus* sobre la mujer; la legítima, a falta de tutor testamentario, que compete a los agnados, a los gentiles, o al manumisor y sus hijos; la dativa, posterior a las anteriores, que procede a falta de tutor testamentario o legítimo, conferida por el magistrado a instancia de la mujer, con la exigencia de que el tutor propuesto esté presente". (vid. al respecto, L. SANZ MARTÍN, *Estudio y comentario de las diferentes clases de tutela mulierum a tenor de lo referido en las fuentes jurídicas romanas. Funciones y responsabilidad del tutor mulierum*, en Revista General de Derecho romano 15, 2010, p. 4 ss) – em livre tradução – "Sabemos que não houve um único tipo de tutela, sem várias, cuja divisão segundo sua origem tem sido objeto de debate pela doutrina. No entanto, geralmente há uma tendência a classificar os tipos de tutela em três possíveis (refletidos já na citação anterior de BERGER): tutela testamentária, legítima e dativa: A testamentária, ordenada em testamento pela pessoa que exerce o poder paternal ou a *mão* sobre a mulher; a legítima, na falta de tutor testamentário, que compete aos agnatos, aos gentios, ou ao alferes e seus filhos; a dativa, posterior aos anteriores, que proceda na ausência de tutor testamentário ou legítimo, conferido pelo magistrado a pedido da mulher, com a obrigatoriedade da presença do tutor proposto" (*vide. A este respeito,* L. SANZ MARTÍN, *Estudo e comentário sobre os diferentes tipos de tutela mulierum de acordo com o referido nas fontes jurídicas romanas. Funções e responsabilidades do tutor mulierum,* 'in' General Review of Roman Law 15, 2010, p. 4 ss).

[100] Gaius. D 1. 15547: "Em virtude da Lei das XII Tábuas, os agnados são tutores daqueles que não têm tutor testamentário, e são chamados de legítimos', entendendo-se que o 'vínculo agnatício', é aquele oriundo de uma relação que existe entre duas pessoas que tem um antepassado comum através da descendência na linha masculina direta".

É aquela por vontade do testador, em que o *'pater'* estabelece, em seu testamento, que os *'filhos pré-púberes'*, com sua morte, se tornarão *'sui iuris'*. Este tipo de tutela assume um papel de complementaridade ao que se espera como testamentária, uma vez que pode ocorrer mesmo quando a vontade é ineficaz, desde que o *'pretor'* respeitasse as nomeações testamentárias.

No entanto, o *'guardião testamentário'* poderia renunciar livremente à tutela, ao contrário do *'guardião legítimo'*. Não apenas um *'cives romanus'* poderia ser nomeado *'guardião testamentário'*, mas, até mesmo, um *'alieni iuris'* e um *'pré-púbere'*. Nessa última hipótese, o *'pretor'* nomeava um *'guardião substituto'*, até que o *'guardião testamentário'* tivesse a capacidade para o seu exercício, que, como tal, seria nomeado sob condição ou mandato.

3) A TUTELA DATIVA OU ATILIANA

O seu advento se inicia no *'século III a.C.'*, coincidindo com o esforço bélico de guerra que Roma realizou por ocasião da *Segunda Guerra Púnica*. Por meio da *'Lex Atilia'*, a jurisdição é atribuída ao *'Praetor Urbanus'*, não só no que diz respeito a todas as formas de tutela, mas também para que, de acordo com a maioria dos *'tribunos da plebe'*, nomeassem tutores para aquele 'sui *iuris impuberes'* que não os possuíssem, consagrando-se o nome dessa classe de tutores como de *'tutor Atiliano'*.

Há de se considerar que, socorrendo-se da *'Lex Atilia de Tutore de 210 a. C.'*, até mesmo a Mulher poderia exigir que o *pretor urbano* lhe nomeasse um tutor para garantir a seus atos jurídicos todas as condições formais de validade. Essa prática, durante o Império, se estendeu a todas as províncias, pois, pela mera formalidade, se considerava que os atos que eram praticados exclusivamente pela mulher [101] não lhes dava o direito de intentar ações para se ressarcirem de danos sofridos por gestão imprudente ou desonesta da tutela.

4) TUTOR DATIVUS

Tutor nomeado pelo magistrado.

5) ACTIO DE RATIONIBUS DISTRAHENDIS

---

[101] "Mulier non concedatur aliqua actio ex custodia, cum custodi negotibus cupilis vel discipulis negotionem habeant, ad publitatem horum recipiendam, actionem custodiendam commendunt" – em livre tradução – "A mulher não é concedida nenhuma ação decorrente da tutela, enquanto os guardiões fazem negócios dos pupilos ou alunos, e devem ser responsáveis após a puberdade destes, comprometendo-se com uma ação guardiária". (Gaius).

Ação penal contra o tutor em caso de desonestidade, boa-fé e interesse do tutelado.

6) *CURA FURIOSI*

Curatela do louco furioso [102] [103] mediante a administração de seus bens.

7) *CURA PRODIGI*

Curatela do pródigo [104] era o indivíduo que esbanjava o seu patrimônio e/ou dispunha dele sem medição de consequências, realizada por meio do *'bonorum interdictio'*.

8) *CURA MINORUM*

Curatela eventual dos púberes menores de 25 anos, que pediam um curador, por exigência das pessoas que com eles apresentavam receio de contratar, em razão das disposições da *'Lex Laetoria'*.

9) *TUTELA DO EMPREGADOR*

Libertos, escravos e alforriados possuíam o seu patrão como *'tutor'* e, após a sua morte, essa função era delegada aos seus descendentes.

---

[102] Fernández de Buján, A., *Derecho Privado romano*, 3.ª edic., Madrid, Iustel, 2010, p. 219. "La denominación de furiosus, para designar a la persona mentalmente enajenada, parece obedecer a que, en los primeros tiempos, sólo se había previsto la situación de aquellos casos que revestían una especial gravedad o agresividad. No se preveía una declaración formal de incapacitación, y la intervención del magistrado en el nombramiento del curador exigiría una constatación previa de la existencia real de la enfermedad mental".

[103] Fernández de Buján, A., *Derecho Privado romano*, 3.ª edic., Madrid, Iustel, 2010, p. 219. "La enajenación mental incapacita, de forma absoluta, a la persona que la padece, tanto en el ámbito civil como en el de la responsabilidad penal. La curatela nombrada para la persona con enfermedad mental alcanza, tanto al ámbito personal como al patrimonial del incapaz, llegando a equipararse en este sentido su posición con la del infante. El enfermo mental, demens o insanus, no puede ni contraer matrimonio, ni otorgar testamento, si bien la enajenación sobrevenida, ni disuelve el matrimonio, ni anula el testamento ya otorgado (D. 27. 10. 7 pr. ; I. 2. 12. 1). De hecho, en la época postclásica se estableció, con carácter general, la regla de la capacidad de obrar de las personas con enfermedad mental durante sus períodos de lucidez, y al mismo tiempo, se dispuso que, los momentos en los que las personas mentalmente sanas, perdieran circunstancialmente la lucidez, se asimilan, a efectos de incapacidad de obrar, a la posición jurídica de las personas que padecen de demencia".

[104] Fernández de Buján, A., *Derecho Privado romano*, 3.ª edic., Madrid, Iustel, 2010, p. 219. "El curador del pródigo se encarga de la gestión y administración de los bienes del incapacitado, al que se le permite realizar actos de comercio que mejoren su condición, pero no actos jurídicos que impliquen enajenaciones, gravámenes, ni contraer obligaciones, interdictio bonorum (D. 27. 10. 1 pr. ; D. 27. 10. 10 pr. ; D. 46. 2. 3)".

10) TUTELA DO ASCENDENTE EMANCIPADOR

Destinada para o ascendente ao emancipar seu filho.

11) TUTELA DOS IMPÚBERES

Essa classe de tutela firmava-se na vontade do testador, *'tutela testamentaria'*, e na determinação da lei, *'legítima'*, bem como na nomeação por parte de um magistrado *'tutela dativa'*.

12) TUTELA LEGÍTIMA

Essa tutela era deferida na ausência de um *'tutor testamentário'*, de acordo com a convocação de regência da matéria de sucessão, que ocorria em não haver qualquer espécie de testamento, uma vez que a *'Lei das XII Tábuas'* conferia a tutela ao parente mais próximo na linhagem masculina e, a sua falta, aos *'gentios'*, isto é, aos pertencentes à mesma *'gens'* do falecido.

13) TUTELA DAS MULHERES

Nos tempos clássicos, as mulheres *'sui iuris'* estavam sujeitas à tutela comum da puberdade e/ou à tutela especial da mulher (*tutela mulierum*), caso já tivessem atingido a puberdade. As mulheres virgens eram uma exceção à regra, por serem consagradas aos deuses, bem como as ingênuas e livres que tinham três ou mais filhos, desde que em gozo do direito de guarda, conferido pela *'Lex Iulia'*.

Por outro lado, no *instituto de regência da tutela da mulher,* entre outras, era defeso ao tutor, *por exemplo,* contrair matrimônio com a tutelada, [105] fazendo com que as mulheres que se encontravam sob esta tutela possuíssem uma liberdade limitada para a contração de atos da vida civil e para consagrar negócios por conta própria.

No início, a *'tutela poderia ser testamentária e/ou legítima',* ou seja, aquela *'tutela'* que era a primeira a ser concedida pelo testamento do titular do poder paternal, em que o tutor proposto possuía como função dar autoridade para certos atos praticados pela mulher [106] (*alienação res mancipi, in iure*

---

[105] "Tutor factam pupillam suam nec ipse uxorem ducere nec filio suo in matrimonio adiungere potest" – em livre tradução – "O próprio tutor não pode tomar por esposa a sua pupila instituída, e nem unir ao seu filho en matrimonio". (D. 23, 1, 15).
[106] J. Iglesias, *Direito romano*, 12ª ed., Barcelona 1999, p. 364. "La función del tutor no es otra que la prestar su *auctoritas* – y siempre *in presenti* – a los siguientes actos celebrados por la mujer: 1. Enajenación de *res mancipi*. 2. In iure cesio. 3. Acceptilatio.

cessio, testamento). Para o Direito romano, a *'mulher púbere e sui iuris'* possuía relativa capacidade de agir, ou seja, poderia praticar aqueles atos que não acarretassem a diminuição de seu patrimônio.

De outro lado, a *'tutela mulierum'* foi perdendo força, quando a *'agnação' (parentesco de consanguinidade por linha masculina)* perdeu importância como vínculo civil e o *'manus'* como poder absoluto do marido *(mão do 'pater, chefe, ou 'paterfamilias' e tem nome de 'materfamilias')*. O parentesco natural *(cognação)* passou a valer em matéria de sucessão e tutela, consignando-se que, na época de *'Augustus',* [107] com a *'Lex Iulia',* a mulher que gozava do *'ius liberorum'* estava dispensada da tutela, agregando-se ao fato de que, no tempo de *'Justinianus',* nenhuma menção é feita à tutela das mulheres.

XXVI.X CURATEL[108]

Eram definidas como uma *instituição de direito civil,* que permitia representar e auxiliar toda e qualquer pessoa que em virtude de uma causa particular ou acidental, não poderia gerenciar o seu patrimônio. As formas mais antigas de *'curatela'* eram conhecidas como a *'curatela furiosi' (relativa aos doentes mentais)*, a *'curatela prodigi' (em relação aos pródigos)* e a *curatela minorum (em relação aos menores),* em especial, quando a *'Lei das XII Tábuas'* confiava essas *'curadorias'* ao *'agnados' e/ou* aos *'gentios',* em relação àqueles que não possuíam um *'pater ou tutor'*.

Nos tempos clássicos, em que faltava o tutor legal e/ou não havia o tutor testamentário, o *'pater'* poderia designar o curador por testamento, desde que aceito pelo pretor. Esse curador, em relação aos doentes mentais, possuía como função cuidar da administração de seu patrimônio, em semelhança a todos aqueles pródigos, declarados incapazes de dispor livremente de seus bens.

---

4. *Aditio hereditatis*. 5. *Testamento.* 6. *Manumisiones.* 7. *Constitución de dote.* 8. *Asunción de toda clase de obligaciones.* 9. *Legis actio y iudicium legitimum.* 10. *Conventio in manum mediante coemptio.* 11. *Permiso a la liberta para quedar en contubernio con un esclavo ajeno"* – em livre tradução – "Sublinha que em nenhum caso a função do tutor, não é outra à de prestar a sua *'auctoritas'* – sempre presente à legalidade de certos atos celebrados pela mulher: 1. Alienação da *res mancipi*. 2. *In iure cesio*. 3. Aceitação. 4. Adição hereditária. 5. Vontade. 6. Manumissões. 7. Constituição do dote. 8. Assunção de todos os tipos de obrigações. 9. Ação legislativa julgamento legal. 10. *Um contrato está em mãos* por meio de uma *compra*. 11. Permissão para que o liberto tenha intimidade com um escravo estrangeiro".

[107] J. EVANS GRUBBS, *Women and the Law in the Roman Empire: A Sourcebook on Casamento, Divórcio e viuvez*, Londres-Nueva York, 2002, p. 24: "Augustus, as part of his promotion of marriage and procreation, granted women who served the state by child – bearing the ius (trium) liberorum" – em livre tradução – "Augusto, como parte de sua promoção do casamento e da procriação, concedeu às mulheres que serviam o Estado, por filho, o *ius (trium) liberorum*".

[108] Curatela.

A curatela do menor surge, aproximadamente, no *século II a.C.* e foi instituída pela *'Lex Plaetoria'* com o objetivo de proteger os jovens que, ao atingirem a puberdade, eram ludibriados nos negócios por sua inexperiência. Essa proteção foi adicionada pela *'Lei Honorária',* na qual o pretor concedia a *'exceptio plaetoria'* para o caso em que a parte contrária exigia legalmente a realização do negócio, com a possibilidade de o curador ser voluntariamente solicitado pelo menor, para a concretização de determinado negócio. Nessa situação, encontravam-se os *'pré-púberes', 'sui iuris'* e as *'mulheres púberes sui juris'.*

XXVI.XI PATER FAMILIAE POTESTAS[109]

Os poderes do *'pater familia',* [110] em sua concepção primitiva, englobava uma lógica normativa, distribuída por meio de uma larga essência. Assim, ele era partilhado por meio de uma formulação própria, que ordenava o *'familae imperium'.*

Inicialmente, havia o *'ius vitae necisque',* que era o direito de vida ou morte sobre os *'filius',* que, assim constituía a expressão extrema do poder absoluto do *'pater familias'.* O abuso deste direito, sem o pronunciamento de um *'iudicum domesticum',* acerca da culpabilidade dos filhos, foi mais tarde reprimido com a sanção sacral, tendo sido definitivamente abolido no *século IV, com o imperador Constantino.*

Ao depois, havia o *'ius vendendi',* que era o direito de venda, que, por meio do instituto da *'mancipiato',* poderia o *'pater familias'* vender os seus filhos, que se encontravam abaixo do poder do *'mancipio accipiens',* em uma situação denominada *'in mancipio',* que era um dos modos de aquisição derivada da propriedade, em que se conservava a liberdade e só podiam liberar-se por meio da *'manumissio',* ou seja, a renúncia de quem detinha o poder sobre *'outrem',* que recaía sobre a *'patria potestas'.*

---

[109] Poderes do *'pater familia'.*
[110] Garcia, Grecia Sofía Munive, *Los esponsales en la antigua Roma y sus reminiscencias en la legislación mexicana actual,* articulo, Universidad la Salle. "El paterfamilias o cabeza de familia, considerado como el primero de la familia (princeps familiae) y como el amo o señor de la "casa" (in domo dominium habet), poseía un poder tan grande que podía celebrar actos solemnes en representación de la hija o del hijo de familia (filiafamilias/filiusfamilias) sin la necesidad de que éste se encontrase presente, aunque, para algunos asuntos, necesitaba del consentimiento y de la voluntad expresa de los hijos. Su poder era ilimitado sobre las personas que tenía bajo su potestad y tenía sobre estos derecho de vida o muerte (vitae necisque potestas) y sólo la costumbre y la tradición social podían limitar un poco el poder del cabeza de familia. Sólo él tenía derecho a disponer de la propiedad familiar". (Vid. Berger, op. cit., s. v. Paterfamilias).

Ao depois, havia o *'ius exponendi'*, que era o direito de exposição e consistia no direito de expor ou abandonar os recém-nascidos, que poderiam ficar em situação de *'mancipio'* de quem desejasse educá-los.

Do ponto de vista patrimonial, os efeitos da *'patria potestad'* são especialmente relevantes no âmbito do direito privado, eis que os *'filii familias'* carecem de capacidade jurídica plena.

Importa destacar que, à concepção do *'ius publicae'*, a *'patria potestas'* não se limitava integralmente a atividade daqueles que a ela se encontravam submetidos. Alcançada a idade adulta, poderiam votar nas assembleias populares e alcançar a *magistratura e/ou Senado*. À luz do *'ius privatae'*, poderiam realizar atos jurídicos, em virtude da sua capacidade laboral. Os efeitos dos atos lícitos realizados radicavam-se no patrimônio do *'pater'*, quando implicavam um benefício e/ou utilidade para este, isentando dessa obrigação quando perdido um direito e/ou o nascimento de uma obrigação.

De outro lado, a *Historiae ordinis familiae Romanae* também nos indica que o *'ius'*, que era o vocábulo de início de uma ação, com vistas a se pedir *'iustitia'*, só poderia ser orquestrado por quem representasse o grupo, ou seja, quem era dotado da capacidade de ação. O direito de ascender e ter acesso ao juiz era dado ao cabeça da família, em razão da dotação de importância hierárquica, na conjugação da *'família romanae'*.

XXVI.XII *'FAMILAE IURE COMMUNI'*

Na *'Roma antigua'*, a família era vista como a coletividade dentro de um lar, da casa, do patrimônio, da junção de bens e tudo o mais que era necessário para o bom funcionamento dessa entidade, que não se subordinava ao Estado, pois era voltada à continuidade e ao seguimento da sua linhagem.

A família *'iure communi'* abraçava um conjunto de pessoas reunidas em vários grupos, cada um chefiado por um paterfamilias. [111] Encerravam uma só família, fincando-se a valoração da filiação, em especial, para fins de sucessão dos bens patrimoniais. [112] O primogênito do sexo masculino

---

[111] FILÓ, Maurício da Cunha Savino. *O Tribunato da Plebe na República Romana: aportes ao constitucionalismo brasileiro contemporâneo*, Tese de Doutorado, UFSC., 2018. "A morte de um pater famílias causava grande repercussão social, pois a constituição da urbe era realizada com base na unidade familiar, que tinham nos Patres não só a responsabilidade pela administração dos bens de todos os membros de sua família até a sua morte, mas também grande autoridade moral. Rocher (1984, p. 109), salienta a gravidade do parricidium e do perduellio para a subsistência da civitas".

[112] FILÓ, Maurício da Cunha Savino. *O Tribunato da Plebe na República Romana: aportes ao constitucionalismo brasileiro contemporâneo*, Tese de Doutorado, UFSC., 2018. Para Ribas Alba (2015, p. 28), na época primitiva, a família possuía uma espécie de personalidade jurídica, sendo que a morte do pater famílias não possuía o condão de tornar alienável o patrimônio familiar, somente se substituía o administrador dos bens.

herdava as propriedades do *'pater familias'*, fazendo com que o *instituto do* ius commune passasse a ser compreendido como uma *lei geral ordinária*, pois, à medida que o *Direito romano* evoluiu para os sistemas jurídicos modernos, o conceito do *'ius singulare'* foi abandonado em razão da prevalência daquele. Era, então, assim aplicado a todos os casos e, indubitavelmente, comungando à aplicação geral das regras inerentes aos membros de uma comunidade.

Entretanto, convém ressaltar o instituto dos *'caducae'*, que eram *bens e/ou porções hereditárias* que, por várias razões, não haviam sido adquiridos pelos chamados a possuí-los. Assim sendo, dados o obstáculo e/ou a impossibilidade de natureza legal, de todo eram *inicialmente* atribuídas ao *'aerarium populi romani'* e, *ao depois*, ao *'fiscus caesaris'*, ficando agregado ao conceito da *'bona vacantia'* e/ou *'hereditas'*, ou seja, uma regulamentação própria às questões relativas aos herdeiros civis e/ou possuidores do *'bonorum pretoriano'*.

A *'communi iure'* era formada, *'inicialmente'*, pelas pessoas vinculadas ao laço de parentesco civil do pai (*'agnação'*), que, como visto, era a afinidade civil, na qual não se levava em conta o laço sanguíneo, pois não importava se eram ou não seus descendentes. O nome era o elo de pertinência entre seus integrantes, pois a *'família gentílica'* era descendente de um só antepassado em comum. *'Ao depois'*, a *'communi iure'* também acabou sendo formada pelos *'gens'* e/ou *'gentiles'*, ainda que o nome fosse o elo de pertinência entre seus integrantes, pois a *família gentílica* era descendente de um só antepassado comum.

Entretanto, o aparecimento das *'gens'* (*que era encontrada tanto na 'Roma Antiga', quanto na 'Grécia Antiga', sob a denominação de 'ghénos')*, na *'familae communi iure'*, foi um fator de grande contribuição para o fim do casamento entre consanguíneos, à medida que se descobriam as vantagens das uniões entre pessoas não aparentadas. Isso, por si só, se tornou um fator de vasta predominância e favorabilidade estrutural, por exemplo, com o aumento de um número maior de indivíduos saudáveis, a diminuição do isolamento, o fim da restrição dos grupos consanguíneos e a ampla liberdade de se casar fora do seu grupo.

Inobstante, a influência gentílica, ao provocar uma escassez da *'mulier romana'* disponível para o casamento, levou o *'homen romanus'* a procurar parceiras em outras *'gens'*, o que, 'de todo', sustentou a transição do casamento *'endogâmico'* (*praticado entre os membros do mesmo grupo*) para o casamento *'exogâmico'* (*praticado entre grupos diferentes*).

Nesse âmago, o *'civis romanus'*, ao fazer parte de um grupo, também fazia parte de uma comunidade, que possuía interesses comuns. A delonga do tempo levou à formação da *'romana societás'*, interpretada como a *'mútua cooperação familiar'*, a *'propriedade'* e a *'vontade de servir à família'*, em preterição ao *'animus de lucro'*.

Para o *Direito romano*, a propriedade sempre estava ligada a uma comunidade, que tinha por objetivo formar o patrimônio da família (*1. pater=patrimônio – 2. mater = matrimônio*), que assim era valorado como uma *'rés'*, ou seja, uma *'coisa'* que se incorporava ao conjunto de bens destinado a todos de uma família, que não desaparece quando se usa, porque está presente e, por se encontrar incluso a um grupo de pessoas (*civitas*), tinha como preceito fundamental o *domínio*, ou seja, o *'domus'* de cada um (*senhor da casa*) e de todos, porém prevalecendo o entendimento de que o verdadeiro *'domus' e* senhorio da coisa é *'DEUS'* e SÓ *'DEUS'*, porque é ele que possui a integralidade do domínio de cada e de todos, por excelência.

Assim, para os romanos, o *'dinheiro'*, por exemplo, não era considerado patrimônio, haja vista que este não era considerado *'exatamente'* como uma *'rés'*, uma vez que deixava de estar presente, desaparecendo toda vez que se usava. Isso porque estabelecia uma ponte divergente entre *a obrigação do 'sacrum' (a reverencia ao templo) e do 'profano' (a praça, o mercado, o consumo e a ganância).*

As diversas conquistas e a consequente expansão do *'Romanorum Imperium'*, por meio, da longevidade dos tempos, levaram *'Roma'* a uma potência entre os países épicos, que por conseguinte, deu margem à evolução do direito *'familiae'* romano, onde a figura do *'pátria potestas'* abrandou as suas características de rigidez, com um notável e visível processo de humanização da prole.

Os integrantes da *'familiae roman'* passaram a ser percebidos como seres humanos, dotados de personalidade jurídica, eivados dos sentimentos inclusos à pessoa física e com atenção as necessidades básicas cotidianas. Isso, por assim dizer, acabou por ser fruto do desmembramento da *'potestas pater familias'*, em relação ao *'manus'* sobre a mulher, a *'patria potestas'* sobre os filhos, a *'dominica potestas'* sobre os escravos e o *'dominium'* sobre as demais coisas corpóreas.

XXVI.XIII CIVILIS ET NATURALIS EXTINCTIO INDIVIDUALIUM[113]

EXTINÇÃO CIVIL

---

[113] *Extinção civil e natural das pessoas físicas.*

A *situação e/ou status jurídico* de um *'homem romano'*, e/ou *'civitae romano'*, poderia variar devido a uma particular instituição jurídica criada pelo Direito romano, que se denominava *'capitis diminutio' (capital diminuído)*, [114] entendida como a diminuição da personalidade e de capital, que implicava a mudança do *'status libertatis'*, do *'status civitati'* e do *'status de familae'*.

A *'capitis diminutio máxima'* tem lugar quando se perde o *'status libertatis'*. A *'persona'*, deixando de ser *'livre'*, passava a ser escravo, e/ou por meio de outras maneiras de ser considerado um escravo depois do nascimento. Esse era o mais alto grau de diminuição da capacidade, pois não só se perdia a liberdade, como também o status de *'civitate família'*, acarretando uma série de mudanças em sua situação patrimonial e no *sistema jurídico de proteção* do *'ius civile'* e do *'ius honorarium'* em relação a este.

A *'capitis diminutio média'* era a perda do *'status civitae'*, ou seja, a perda da cidadania romana, que se dava por meio da deportação ou quando o cidadão, voluntariamente, abandonava a sua cidadania de origem. Isso implicava a subtração do *'status'* de *'familae romana'*, fazendo com que os seus bens fossem repassados aos seus credores e ao Estado, no caso da expatriação.

A *'capitis diminutio mínima'*, que se extinguia por *adoção, abrogação, legitimação e/ou emancipação*, que produzia o nascimento de uma nova família, em que aquela pessoa deixava de pertencer a *uma 'família agnatícia'* da qual tomava parte, conservava a condição de cidadão livre, como a mulher que contraia matrimônio *'cum manu'*. Por assim dizer, ela deixava de pertencer à sua família agnatícia e passava a tomar parte da família de seu marido, e o patrimônio ia para o pai que acolheu esses novos membros nessa família agnática.

Para os *Romanos,* a falta de capacidade constituía-se na *'incapacidade'*, tanto de fato como de direitos, e poderia ser absoluta como relativa, pois havia os incapazes de direito absolutos e relativos, que era quando a pessoa romana, *'homo romanus'*, não possuía capacidade jurídica para o exercício de obrigações e aptidão legal para ser titular de direitos, em seu todo e/ou de forma relativa.

As causas modificativas da capacidade de direito baseavam-se na transgressão ao *'honor civil'*, quando o *'civis'* cometesse qualquer espécie de delito, tanto na *'religio'*, caso fosse acusado de infâmia, como na *'socialis*

---

[114] FILÓ, Maurício da Cunha Savino. *O Tribunato da Plebe na República Romana: aportes ao constitucionalismo brasileiro contemporâneo*, Tese de Doutorado, UFSC, 2018. "É tão forte a figura da família para os romanos que a ocorrência da capis deminutio (perda de um membro da família) pela emancipatio (de um filho ou escravo) era analisado pela perspectiva do pater, e não da civitas, que ganhava um novo sujeito capaz para atos jurídicos". *(apud* VALDITARA, p. 4-5).

conditione', onde se juntava a uma família de plebeus pelo casamento, e na *'mutatione inscriptio',* que era a mudança de seu domicílio.

Não obstante, as causas modificativas da capacidade de fato e/ou exercício de direitos *(obrar)* relacionavam-se também com idade, ou seja, *púberes* que eram os infantes maiores acima de 7 anos *(incapacidade relativa – maior infância – puberdade próxima) e/ou impúberes* que eram os menores infantes *(incapacidade absoluta – menor infância – idade até 7 anos),* em relação a sexo, enfermidades mentais ou corporais e/ou prodigalidade.

EXTINÇÃO NATURAL

A extinção natural das pessoas físicas é a morte e com ela se extinguem os seus direitos. Por assim dizer, nascem os direitos de seus herdeiros.

A morte de uma pessoa deve ser provada por quem pretenda algum direito sobre o patrimônio da pessoa falecida. No *Direito romano,* não existiram meios especiais de prova, admitindo-se, entretanto, alguns casos de presunção de precedência de morte, como quando várias pessoas são mortas em uma mesma catástrofe.

XXVI.XIV DE CAUSIS IURISDICTIO MODIFICANS[115]

Na terminologia do Direito romano, o sujeito de direito é designado com o vocábulo *'pessoa',* que se conceituava como todo ser e/ou entidade com *capacidade para direitos e obrigações,* desde que lhe fossem reunidos os requisitos necessários para que lhe pudessem ser atribuídas as faculdades e/ou os poderes que constituíam direitos subjetivos, como o fito de ser constrangido ao cumprimento de deveres.

Atente que essa aptidão para a aquisição e consequente titularidade de direitos e obrigações era designada pela expressão *'iures facultatem' (capacidade jurídica),* que se poderia definir, *'ao todo',* como um *ser* consciente, com fulcro, em fontes mais antigas. *'De todo',* há o necessário entendimento de se constar que o termo *'caput'* (*'cabeça'*) era utilizado por meio de uma figura de linguagem *(metonímia),* para designar o sujeito com capacidade jurídica.

Por ser uma espécie de capacidade genérica e/ou essência abstrata da personalidade, também utilizada para dar o cunho de *'aptidão'* para

---
[115] *Causas modificatórias da capacidade jurídica.*

um tipo específico de negócio jurídico, tanto no sentido de capacidade específica, como concreta, existiam, em Roma, certas causas que não extinguiam a capacidade, mas tão somente a limitavam. Por exemplo, a *idade*, que era uma condicionante em que se sopesava a inépcia para o exercício de direitos e, junto a tantas outras, ilustrava o inventário de classificação categórica, que, ordenado à época, se divida nas faixas etárias e suas condicionantes propriamente ditas, na *enfermidade mental, na prodigalidade, na exiguidade de honorabilidade, no sexo, na religião e na quase escravidão.*

Assim, em Roma, era de suma importância a situação do sujeito perante a família, pois o *'status familiae'* determinava a capacidade dele, pois, se o cidadão não fosse emancipado e o *'paterfamilias'* estivesse vivo, o *'civitae'* não possuía capacidade, e quem a possuía era o seu pai. O *'pater'* possuía todos os poderes e, por consequência, o *'dominus'* integral, independentemente da idade do filho.

Para a completa *'capacidade jurídica de gozo'*, era preciso o individuo ser independente do pátrio poder (*patria potestas, ou seja, o direito do pai que comungava com o 'pátrio direito' sobre todos da família*), porque a família na *Roma Antiga* era tudo, que incluía até mesmo os *'semoventes', a 'mão de obra escravocrata', os 'objetos', os 'bens móveis', os 'bens imóveis', a 'mulher', os 'filhos' e os 'clientes'*. O *'civitae roman'* não poderia fazer nada sem a permissão do *'pater famílias',* inclusos os institutos cíveis do matrimônio, como os da separação conjugal e outros, que era independente da posição que o *'civitae'* ocupava na sociedade, bem como ao fato de que os inimigos vencidos, cujos direito e independência não tivessem sido reconhecidos, eram, *'pois',* privados do uso de seu direito de origem.

Não bastasse, a capacidade de obter bens e de contrair obrigações também era de exclusividade do *'pater familae'*, pois este era o único capaz de possuir propriedades, desde que não estivesse submetido ao *'pater potestas'* de outra pessoa, comungando-se ao fato de que possuir *'cidadania romana'* era condição imprescindível para a *aquisição da capacidade jurídica plena* para todas estas finalidades, cujo o reconhecimento se dava não pelo fato do *'civitae'* nascer em *'territorium romanum',* mas, sim, pelo fato de o *'civitae'* possuir um *'romanus antecessor'* e/ou nascer em uma *'romanus familae'*, uma vez que o vínculo era de *'consaguinidade',* e não de *'territorialidade'.*

CAPITULUM XXVII

'NATUS', 'SENECTUS', 'PUBERTAS','AEGRITITAS MENTIS', 'SEX','PRODIGALITAS' HONORABILITAS', 'RELIGIO', 'FERE SERVITIUM' [116]

1. NASCITURO

O nascituro era aquele que haveria de nascer, entendendo-se que este só poderia ser sujeito de direito caso fosse beneficiar-se de uma herança, quando a sua condição jurídica já remontava à sua própria concepção, e/ou em casos extremos, quando fosse adiada a pena de morte aplicada à mãe, para ao depois que o concebido tivesse nascido.

2. NASCITURUS PRO IAM NATO HABETUR QUOTIENS DE EIUS COMMODIS AGITUR

Era uma máxima jurídica que protegia o filho concebido, como se tivesse nascido para todos os efeitos que lhe fossem favoráveis.

3. IDADE/ IMPÚBERES

Os impúberes eram todos aqueles que haviam alcançado a condição fisiológica para a procriação. À época clássica, esta qualidade se mensurava quando o menino homem alcançava a idade até 14 anos, e a menina mulher, quando alcançava a idade até 12 anos. Se não possuíssem ainda o alcance dessas idades, encontrar-se-iam submetidos à responsabilidade de um tutor, se fossem considerados *'sui iuris'*.

4. IDADE/INFANTES

De outro bordo, havia a cisão fracionária dos infantes, que se iniciava por aquele que era menor impúbere até os 7 anos de idade e, portanto, absolutamente

---

[116] *Nascituro, Idade, Puberdade, Enfermidade Mental, Sexo, Prodigabilidade, Honorabilidade, Quase Escravidão, Religião.*

incapaz de realizar atos jurídicos. Até porque as suas declarações careciam de eficácia e, 'de todo', eram inimputáveis, ou seja, à luz da lei, não cometiam atos delitivos, levando-se em conta que as atividades necessárias para o exercício de direitos e obrigações que possuíam e que integravam o seu patrimônio eram instrumentalizadas por um tutor, quando esses eram considerados *'sui iuris'.*

Nessa cisão, o *infante maior* era o menor, entre os *8 e os 12 e/ou 14 anos de idade,* que poderia realizar por si todo e qualquer ato que não acarretasse um benefício patrimonial, pois, para isso, precisaria da representatividade de seu tutor.

Assim, o infante maior poderia expressar a sua vontade, ainda que de forma inexperiente, e o tutor desempenhava única e exclusivamente, o reforço da vontade do infante com a sua autoridade.

5. IDADE/ PÚBERES

Os púberes eram aqueles meninos homens maiores de 14 anos e meninas mulheres maiores de 12 anos, *'sui iuris',* que, pelo *Direito romano,* eram plenamente capazes para a realização de toda classe de atos jurídicos.

Entretanto, a plena capacidade para a realização de toda e qualquer classe de atos jurídicos produziu uma série de inconvenientes. Houve uma diminuição na total autonomia jurídica desses, que foi circunscrita 'tão somente' à liberdade para o matrimônio e o testamento, haja vista que, para todos os demais negócios jurídicos, se adotou uma série de medidas protetoras, nas quais se estabeleceu a obrigação de se nomear um curador para aconselhar e presenciar a lavra de negócios jurídicos, que acabou por impor uma divisão entre *púberes menores de 25 anos* e *cidadãos maiores de 25 anos.*

6. IDADE/PÚBERES MENORES DE 25 ANOS/MENOR ADULTO

O conceito de *'puber'* menor de 25 anos, e/ou o menor adulto, surgiu com o advento da *'La lex laetorio de circsunscriptione adolecentium'* (ano 191 a.C.), para evitar prejuízos oriundos das inexperiências destes menores.

Ao mesmo tempo, o texto da *lei* concedia o direito ao menor adulto de ingressar com uma ação, para anular todo e qualquer negócio jurídico, que lhes pusessem em desvantagem patrimonial, obrigando o *pretor* a conceder ao menor demandante uma proteção excepcional em Juízo, objetivando o rebate dos prejuízos causados. Já no final da república, esses poderiam exigir também a restituição integral da *'rés,'* alegando terem sido prejudicados.

Disso resultou o alvoroço conceitual de que os menores *'sui iuris'* eram plenamente capazes, pois poderiam deixar sem efeitos negócios jurídicos efetivados, pois, entre outras, se valiam dos remédios jurídicos determinados pelo *pretor*.

Esse movimento *'publicístico'* provocou a recusa de cidadãos maiores em celebrar negócios com cidadãos menores, resultando, então, na visível limitação dos menores púberes *'sui iuris'* em efetivar pactos de comercialização, e/ou mercância, salvo se estivessem assistidos por um curador nomeado.

7. ENFERMIDADE MENTAL

A análise desse cenário remete ao estudo de duas circunstâncias épicas, isto é, aqueles considerados *'furiosos,'* que possuíam faculdades mentais alteradas, mas que, contudo, apresentavam intervalos de franca lucidez, que permitiam considerar válidos os atos celebrados nesses intervalos; e o *'mentecapto,'* que era o deficiente mentalmente desordenado e, portanto, alienado.

Em *Roma*, a enfermidade mental era entendida como toda e qualquer alteração mental que provocava um obscurecimento e/ou perturbação da inteligência e da volatilidade, uma circunstância necessária para a realização de atos jurídicos, haja vista que os enfermos mentais eram considerados pessoas incapazes e que exigiam a assistência de um curador.

Deve-se levar em conta a *pertinência da curatela*, eis que a função do curador, à princípio, era essencialmente patrimonial, ainda que tivesse o dever de velar pela pessoa mentalmente doente, que recebia dele o necessário para a sua manutenção. O enfermo mental, por ser absolutamente incapaz, não era capaz de cometer delitos, e os seus atos jurídicos eram considerados nulos. Assim sendo, necessitava da autorização do curador para a realização de toda e qualquer espécie de negócio.

Também não eram sujeitos de direito e, portanto, eram considerados incapazes os *surdos-mudos,* que não podiam celebrar a *'stipulatio,'* que era uma promessa de contrato verbal abstrato, os *cegos*, que não podiam testar por escrito, os *impotentes e castrados,* em que o primeiro não poderia contrair matrimonio, e o segundo não podia adotar.

8. PRODIGALIDADE

O pródigo era a pessoa que arruinava seus bens, sem motivo justificado, revelando um gasto capaz de comprometer seu patrimônio, pois dissipava os seus bens, muito mais do que o necessário, acarretando a possibilidade do decreto de interdição e proibindo-se, em especial, todo e qualquer ato de comércio.

Por ser considerado uma incapacidade relativa, havia a autorização para que viesse a realizar atos de benefício patrimonial, até porque havia o entendimento de que esses conservavam a sua capacidade intelectual.

9. FALTA DE HONORABILIDADE

O perdimento da honra e a diminuição do conceito social poderiam levar a uma limitação da capacidade jurídica, pois, em *Roma,* a atuação de determinados delitos e o não cumprimento de certas obrigações acarretavam o prognóstico da *infâmia,* que poderia ser declarada por um *censor,* por um *cônsul e/ou* por um *pretor.*

A *infâmia* impedia o acesso às magistraturas, bem como o poder de votar nos comícios, de atuar em juízo no lugar do outro e de desempenhar certas funções no *Direito privado,* como de ser *tutor e/ou curador.*

Também poderia perder a honorabilidade, pelo fato de exercer certas profissões e/ou ofícios, como *gladiador e/ou artista de teatro,* bem como a viúva, que contraía matrimônio, antes de cumprir um ano da dissolvição de seu matrimônio anterior, e os bígamos.

10. SEXO

Para *Roma Antiga,* a mulher era considerada incapaz, ainda que fosse *'sui iuris' e/ou* maior de vinte e cinco anos, tanto no âmbito do direito público, onde não possuía qualquer espécie de direitos, como no âmbito do direito privado, pois, ainda que neste possuísse autorização para trabalhar, se encontrava submetida a uma tutela perpétua, em razão de ser considerada fragilmente física, o que a impedia, ao mesmo tempo, de cumprir a árdua tarefa de chefe de família e de funções outras que, muitas vezes, a tornava vítima de engano.

De outro lado, na *Roma clássica,* essa linha de entendimento acerca da condição da mulher, começou a ser debelada pelos juristas, pois o conceito de incapacidade passou a ser visto como injustificável. Isso porque a natureza da tutela perpétua modificou-se com o tempo. Se, no começo, era muito estrita, obrigando-a ser submissa ao seu tutor, tempos depois, transformou-se em uma instituição a favor dela. A ela, deu-se faculdades para remover o tutor, propondo a designação de outra pessoa, quando desapareceu definitivamente, no *ano de 410 d.C.*, em razão da *constituição de Honório e Teodósio*, que concedeu o *'ius liberorum'* a todas as mulheres.

11. RELIGIÃO

Até o *advento do Império de Constantino,* não havia diferenças de capacidade entre as pessoas por motivo de religião, que, permaneceu até a inserção do *'CRISTIANISMO'* como religião oficial, onde se estabeleceu normas que diminuíram em certos casos a capacidade de hereges, judeus e pagãos, em exercer cargos públicos e/ou possuir escravos cristãos. Os *judeus* não poderiam contrair matrimônio com *mulheres cristãs.*

12. COMORIENCIA

A extinção da pessoa física era a morte, ou seja, o fato natural da extinção da vida humana. Com a morte de um cidadão romano, surgiam efeitos jurídicos e, algumas vezes, dificuldades quando se tinha que chamar diversas pessoas que haviam morrido ao mesmo tempo, por questões qualquer, e então não era possível provar quem morreu primeiro, quando se considerava que todos haviam morrido ao mesmo tempo.

13. REQUISITOS DA PERSONALIDADE

Para tê-lo, os romanos estabeleceram três requisitos: o *'status libertatis',* o *'status civitatis'* e o *'status familiae'.*

  a. **STATUS LIBERTATIS,** ser livre e não escravo, ou seja, referia-se a um *'não escravo',* pois era *'tão somente'* um homem privado de liberdade pelo Império da lei, destinado a ser um homem livre.
  b. **STATUS CIVITATIS,** ser romano e não estrangeiro.
  c. **STATUS FAMILIAE,** ser independente do *'patria potestas'.*

14. NATUREZA JURÍDICA DO ESCRAVO

O escravo era considerado uma pessoa e uma *'res' (coisa)*, ao mesmo tempo, e se encontrava incluso no rol de pessoas *'alieni iuris in potestate'*. Quando catalogado como uma rés, era suscetível de fazer parte do património de uma pessoa, bem como de ser valorizado em dinheiro, entendendo-se que ele não possuía *capacidade patrimonial, patrimônio, capacidade processual,* pois não poderia agir em juízo, nem por si mesmo nem como representante de outrem, bem como não podia casar-se, ainda que permitida a união entre *escravos e/ou escravos livres,* que era designada como *'contubernio'.*

15. CAUSAS DA ESCRAVIDÃO

Por nascimento, quando o filho da mulher escrava nascia escravo, sendo que os filhos nascidos dentro do matrimonio seguiam a condição igual à do pai e, fora do matrimônio, seguiam a condição da mãe, em que, inobstante, se admitia o *'favor libertatis'*, que possuía como requisito o fato de que, se a mãe esteve livre em algum momento da gravidez, a criança também nasceria livre.

De outro lado, os prisioneiros feitos na guerra eram escravos da República, *'servi publici'*, que poderia mantê-los e/ou vendê-los a particulares *'venditio sub corona'*, sendo que aqueles que eram postos à escravidão por causa de uma penalidade, *'servi poenae'*, não possuíam um *'senhor'* e eram, *'tão somente'*, escravos da *'poena'.*

16. CAUSAS DA EXTINÇÃO DA ESCRAVIDÃO

Por disposição da *Lei, porém* nas concepções voltadas ao *'direito civil'*, havia:

17. MANUMISSIO CENSU

O escravo era inscrito no censo como cidadão, com o consentimento de seus donos.

18. MANUMISSIO VINDICTA

O amo se apresenta perante o magistrado, acompanhado do escravo e de um terceiro *'adsertor libertatis'*, para celebrar a *'in iure cesio'*, dando aso para, desta forma, haver uma espécie de julgamento fictício (*instituto da 'vindicatio in libertatem'*), no qual o anunciante e o representante do escravo declaram solenemente que o escravo é livre. Ao tocá-lo com uma varinha *(vindicta ou festuca)*, o senhor deles não o contradiz, e o magistrado confirma a sua liberdade *'addictio'*.

19. MANUMISSIO TESTAMENTO

Quando o *dominus* prevê em seu testamento a liberdade de um escravo, por exemplo, *'Stichus servus meus liber esto'* (que Estico meu escravo seja livre), ou *'Stichum servum meum liberum esse iubeo'* (Ordeno que meu escravo Estico seja livre), e/ou alforriado, que será chamado *'Libertus Orcinus'*.

20. MANUMISSIO IN SACROSANCTIS ECCLESIIS

Por influência do *Cristianismo, mais uma forma é adicionada nos tempos pós-clássicos de Constantino,* onde um escravo poderia ser alforriado perante o bispo e a assembleia dos fiéis da Igreja, através das formas pretorianas e/ou do direito honorário.

Nas concepções voltadas ao *'direito honorário',* havia:

21. MANUMISSIO INTER AMICOS.

A *expressão inter amicos* 'não significava que a alforria ocorreu na presença de amigos, mas foi realizada *'inter dominum et servum ut inter amicos'*, ou seja, *'entre senhor e escravo, como entre amigos'*.

22. MANUMISSIO PER EPISTULAM

Quando o *'dominus'* escrevia ao seu escravo, dando-lhe a liberdade.

23. MANUMISSIO PER MENSAM

É uma forma que aparece na época pós-clássica, por influência do Direito Helenístico, que consistia no convite do *'dominus'* ao seu escravo, para que este se sentasse à mesa.

24. STATUS CIVITATIS

Somente aqueles que gozavam da cidadania romana possuíam capacidade em relação aos atos do *'ius publicum',* quanto do *'ius privatum'*, porque o *Direito romano* protegia apenas os membros da civitas *(cives)*. Em relação ao *'status civitatis'*, as pessoas foram divididas em três classes: *cidadãos, estrangeiros e/ou peregrinos (peregrini) e latinos.*

25. STATUS FAMILAE

Era a situação em que um homem e cidadão livre encontrava-se em relação a uma determinada família, onde a diferente posição que ele ocupava influenciava a personalidade e/ou capacidade jurídica, no sentido de adicionar e/ou diminuir privilégios, pois essa capacidade era plena quando o homem era livre e cidadão *(sui iuris)* e não estava sujeita ao poder de outra pessoa *(paterfamilias)*, e, por conseguinte, diminuía quando esse era um *'alieni iuris'*, que era a pessoa sujeita ao poder de um *'sui iuris'*.

26. QUASE ESCRAVIDÃO

Em *Roma*, havia pessoas que poderiam encontrar-se no contexto de situações que, sem desmerecer a sua capacidade de negócios, limitavam a sua capacidade jurídica, pois eram categorias de pessoas inclusas em múltiplos e diversos contextos e clausulavam semelhança com à dos escravos, assim, nominando-os:

1. *o devedor insolvente, desde o momento processual em que o magistrado o entregava ao credor, até o momento em que este viesse a saldar a sua dívida.*
2. *pessoas livres vendidas por seu 'pater familias' dentro de Roma e/ou entregues em reparação a um delito cometido; dentro do contexto patrimonial, eram considerados como escravos, entendendo-se que essa nova condição socia, impedia-os de celebrar certos atos jurídicos.*
3. *servos da gleba, no baixo Império.*
4. *gladiador, que arrendava os seus serviços, prometendo deixar queimar-se, sujeitar e/ou morrer com o ferro.*
5. *cidadão romano, resgatado por um terceiro, mediante uma quantidade de dinheiro; só recuperaria seu antigo 'status' pagando ao libertador, o qual confiou o seu resgate, conceituando-se como uma exceção ao princípio da responsabilidade patrimonial.*

REFERÊNCIAS BIBLIOGRÁFICAS

Tribunal Regional Federal da 1ª Região – Escola de Magistratura Federal da 1ª região, 2010, tradução do livro I do digesto do Corpus Iuris Civilis, 'léxico traduzido do digesto do corpus iuris civilis', t. II, 2, § 20.

'Ulpianus', dig, I, I, 1, século III).

"La importancia del Derecho romano como elemento integrador en la formación y cultura europea en palabras de Koschaker, P., Europa und das Römische Recht, Berlin, C. H. Beck 1947, p. 352.

Rainer, J. M., Das römische Recht in Europa, Wien, Manz, 2012, p. 4 y ss, (Id. Stein, P., Roman Law in European History, Cambridge, Cambridge Universoty Press, 1999, p. 130), Id. Caravale, M., Alle origini del Diritto europeo. Ius commune, droit commun, common law nella dottrina giuridca della prima età moderna, Bolonia, Monduzi, 2005, p. 181 y ss".

Saldanha, Daniel Cabaleiro, apontamentos para uma idéia de justiça em Roma, Anais do XVIII Congresso Nacional do Conpedi, 2009. . (cfe. CUSHING, L. S. An introduction to the study of Roman Law. Boston: Little Brown and Company, 1854. p. 120 et seq).

SANTOS, Washington dos. Dicionário Jurídico Brasileiro. p. 82.

Saldanha, Daniel Cabaleiro, apontamentos para uma idéia de justiça em Roma, Anais do XVIII Congresso Nacional do Conpedi, 2009. (cfe. preâmbulo das 'Institutas de Iustinian').

BIONDI, B., Around the Romanity of the Modern Civil Process, BIDR 42, Roma, 1934, p. 430:

Garcia, Maria Olga Gil, A congruência da sentença no processo civil romano, Estudos da congruência da sentença nos procedimentos de Direito romano, 2020. (apud BIONDI, B., Around the Romanity of the Modern Civil Process, BIDR 42, Roma, 1934, p. 430.

Saldanha, Daniel Cabaleiro, História e teoria das fontes do Direito romano, Dissertação de Mestrado, Faculdade de Direito, UFMG. (cfe. CUSHING, 1854. p. 120 et seq).

E. Gabba, em Entretiens sur l'Antiquité Classique, tomo XIII. Les origines de la république romaine (Vandoeuvres-Genéve, 1966), p. 133 s. (a seguir citado: Entretiens XIII); W. Pabst, Quellenkritische Studien zur inneren römischen Geschichte der alteren Zeit bei T. Livius und Dionys von Halikarnass (Diss. Innsbruck, 1969). Para Fabio Pictor, leia especialmente A. Alföldi, Early Rome and the Latins (Ann Arbor, 1965), p. 123 seg. (em alemão: Das frühe Rom und die Latiner (Darmstadt, 1977), p. 119f. Sobre a pesquisa de A. Alföldi sobre o início *da história de Roma, ver também seu Römische Frühgeschichte. Kritik und Forschung seit 1964 (Heidelberg, 1976), HP Kohns corretamente enfatiza em sua resenha da 1ª edição alemã deste livro (Vierteljahresschr. f. Soz. -u. Wirtschaftsgesch. 64, 1977, p. 409f.).*

M. Pallottino, Aufstieg und Niedergang der Römischen Welt (citado a seguir ANRW) I 1 (Berlin-New York, 1972), p. 22s., com bibliografia nas p. 46 seg. Para o resto, consultar em particular H. Müller-Karpe, Vom Anfang Roms (Heidelberg, 1959); do mesmo, Zur Stadtwerdung Roms (Heidelberg, 1962); E. Gjerstad, Early Rome, I-VI (Lund, 1953-73); do mesmo, Opusc. ROM. 3, 1961, p. 69 seg.; e suas Legends and Facts of Early Roman History (Lund, 1962); FE Brown, em Entretiens, XIII, p. 45 seg.

Maman, Tobias Scheffer, precedentes no direito brasileiro. A tradição jurídica ocidental entre instrumentos, métodos e história, tese de mestrado, ufrs, 2014. (apud JHERING, R. O espírito do Direito Romano. p. 11).

Instituições: U. v. Lübtow, Das Römische Volk. Sein Staat und sein Recht (Frankfurt AM, 1955); E. Meyer, Römischer Staat und Staatsgedanke4 (Zurique, 1975); id., Einführung in die antike Staatskunde 4 (Darmstadt, 1980), p. 151 seg. Para a República procure também esp. F. De Martino, Storia della costituzione romana, I-III (Nápoles, 1951-64), e J. Bleicken, Die Verfassung der Römischen Republik2 (Paderborn, 1978), onde as camadas sociais que carregam as instituições também são descritas em detalhes (cfe. sobre isso, AN Sherwin-White, Gnomon 51, 1979, p. 153f.).

TEIXEIRA, Ivana Lopes, Plínio, o antigo, e a descrição de Roma como capital do mundo (mediterrâneo?) Texto apresentado no III Encontro do Laboratório de Estudos do Império romano e Mediterrâneo Antigo, LEIR-MA/USP. (Cf 37 §201-202, Plínio descreve a cidade de Roma e suas artes em inúmeras passagens, e nas páginas finais do livro 37, último da HN, quando escreve)".

Saldanha, Daniel Cabaleiro, apontamentos para uma idéia de justiça em Roma, Anais do XVIII Congresso Nacional do Conpedi, 2009.

GLANCEY, Jonathan. A História da Arquitetura. São Paulo: Ed. Loyola, 2007.

Ulpianius – D. 50. 16. 198 – conceito de 'praedia urbana'.

Teixeira, Ivana Lopes, Plínio, o antigo, e a descrição de Roma como capital do mundo (mediterrâneo?) Texto apresentado no III Encontro do Laboratório de Estudos do Império romano e Mediterrâneo Antigo, LEIR-MA/USP.

Pollio, Marco Vitruvius, De Architectura, um estudo de arquitetura em dez volumes escrito entre 27-16 aC., Enciclopédia Livre Universal em espanhol, Arquitetura romana (2010, 14 de setembro), Recuperado da encyclopedia. us. es 'Firmitas ou solidez:Patetta,

Luciano, *Historia de la arquitectura antología crítica, p. 19." (De Architetctura. Libro I, Ediciones de Rtte y Bibliofilia, Madrid, 1973, traducción Carmen Andreu págs. 1, 7, 8, 10 y 11).*

Teixeira, Ivana Lopes, *Plínio, o antigo, e a descrição de Roma como capital do mundo (mediterrâneo?) Texto apresentado no III Encontro do Laboratório de Estudos do Império romano e Mediterrâneo Antigo, LEIR-MA/USP (Cicerus, Marcus Tullius. De Legibus. Op. cit. I, 6).*

Tribunal Regional Federal da 1ª Região – Escola de Magistratura Federal da 1ª Região, 2010, tradução do livro I do digesto do Corpus Iuris Civilis, 'léxico traduzido do digesto do Corpus Iuris Civilis', Paulus libro XIV: ad Sabinum).

Dig. 50, 17, 1.

Tribunal Regional Federal da 1ª Região – Escola de Magistratura Federal da 1ª Região, 2010, tradução do livro I do digesto do Corpus Iuris Civilis, 'léxico traduzido do digesto do Corpus Iuris Civilis', Regularum, Ulpianus libro I.

Celso, en D. I, 1.

(D. I, 1, 1).

(D, I, 1, 10).

D. I, 1, 3.

D. I, 1, 4.

ABBAGNANO, Nicola. *Dicionário de Filosofia*. 5. ed. São Paulo: Martins Fontes, 2007. p. 989.

A. Alföldi, *Atti della Accademia Nazionale dei Lincei, Classe di Scienze morali, storiche e filol., Rendiconti, VIH, 27, 1972 (1973), p. 307 f., especialmente, Die Struktur des voretruskischen Römerstaates (Heidelberg, 1974).*

COMPARATO, Fábio Konder. *Ética: Direito, Moral e Religião no mundo moderno*. São Paulo: Companhia das Letras, 2006.

C. 10. 40 (39). 7. (Dioc. Max.).

Binder, *Die Plebs (Leipzig, 1909); W. Hoffmann-H. Siber, RE XXI (1951), col. 73 seg. 'Sobre o nascimento e a estrutura da plebe romana primitiva, ver também I Hahn, Oikumene 1, 1976, p. 47s, bem como J-C. Richard, Les origines de la plebe romaine Essai sur la formação du dualisme patricio-plebeien (Roma, 1978). cfe. também a bibliografia da obra versada sobre a clientela na nota 11'.*

SCHÄFER, Gilberto, A atividade de pretor romano: antecedentes remotos do processo de sumularização, Revista da AJURIS, v. 40, n. 132, Dezembro 2013. In: WOLKMER, Antonio Carlos (Org.). Fundamentos de história do direito. 4. ed. Belo Horizonte: Del Rey, 2007. p. 121-153. ISBN 978-85-7308-916-5, p. 121-127):

Tribunal Regional Federal da 1ª Região – Escola de Magistratura Federal da 1ª Região, 2010, tradução do livro I do digesto do Corpus Iuris Civilis, 'léxico traduzido do digesto do Corpus Iuris Civilis', Ordem Equestre (T. II, 2, § 47).

SCHÄFER, Gilberto, A atividade de pretor romano: antecedentes remotos do processo de sumularização, Revista da AJURIS, v. 40, n. 132, Dezembro 2013. IN FACCHINI NETO, Eugênio. Estrutura e funcionamento da Justiça norte-americana. Revista da Ajuris, n. 113, p. 176-177, mar. 2009).

E. Bayer, em ANRW I 1, p. 305s. Sobre as condições sociais nas cidades gregas da Itália, ver. E. Lepore, em Recherches sur les social structure dans l'antiquité classique (Paris, 1970), p. 43 s. e além disso, o Atti do 12. Convegno di studi sulla Magna Grecia, Economia e società nella Magna Grecia 1972 (Nápoles, 1973).

MAXIMILIANO, Carlos. Hermenêutica e aplicação do direito. 19. ed. Rio de Janeiro: Forense, 2004.

E. Sachers, Paterfamilias, RE XVIII (1949), col. 2121s. cfe. E. Burck, Die altromische Familie, in Das neue Bild der Antike II. Roman (Leipzig, 1942), p. 5 seg vid. uma síntese em JP V. D. Balsdon, Roman Women. History and Habits (Londres, 1962) (em alemão, Die Frau in der römischen Antike, München, 1979).

Tribunal Regional Federal da 1ª Região – Escola de Magistratura Federal da 1ª Região, 2010, tradução do livro I do digesto do Corpus Iuris Civilis, 'léxico traduzido do digesto do Corpus Iuris Civilis', Paterfamilias, T. VI, 4);

GARCIA, Grecia Sofia Munive, Los esponsales en la antigua Roma y sus reminiscencias en la legislación mexicana actual, articulo, Universidad la Salle.

MAXIMILIANO, Korstanje. "Formas de ocio en Roma: desde la dinastía Julio-Claudia (Octavio Augusto) hasta la Flavia (Tito Flavio Domiciano)", El Periplo Sustentable, No. 15, julio-diciembre, 2008;

Joaquín Pérez Valdescasas. "El urbanismo de la antigua Roma", Contribuciones a las Ciencias Sociales, marzo 2010.

Cristina Delgado Linacero. "Pan y circo. Los juegos romanos del circo y del anfiteatro", Historia 16, No. 279, 1998, p. 96.

Tribunal Regional Federal da 1ª Região – Escola de Magistratura Federal da 1ª Região, 2010, tradução do livro I do digesto do Corpus Iuris Civilis, 'léxico traduzido do digesto do Corpus Iuris Civilis', Titulo II, Dig, II, 2, § 1).

BRITÂNICA ONLINE.

Plutarco, César XVII, 2-3.

Tribunal Regional Federal da 1ª Região – Escola de magistratura federal da 1ª região, 2010, tradução do livro I do digesto do Corpus Iuris Civilis, 'léxico traduzido do digesto do Corpus Iuris Civilis', Titulo II, Digesto, T. II, 2, § 18.

cfe. R. Syme, The Roman Revolution, Oxford, 1939, p. 33-35; E. S. Gruen, The Last Generation of the Roman Republic, Berkeley, 1995, p. 83-88.

(cfe. Veléio Patérculo, História Romana II, 42).

Plutarco, César II, 5-7).

Suetônio, O Divino Júlio IV, 1.

(cfe. Suetônio, O Divino Júlio LXXIV, 1).

Plutarco, A Vida de Marco Antônio 25. 5-28. 1, 29. 2º século AD G.

ALVES, José Carlos Moreira. Direito romano, v. I, 13. ed. rev. Rio de Janeiro: Forense, 2002, p. 29-30:

('in' plínio, cartas, livro x tradução das epístolas trocadas entre plínio, o jovem, e trajano notas introdutórias e tradução: thiago david stadler).

Suarez Piñeiro, A. M, 'César un político popular', Revista de ideas y formas políticas de la Antigüedad Clásica 9, 1997, p. 249-275.

Saldanha, Daniel Cabaleiro, apontamentos para uma idéia de justiça em Roma, Anais do XVIII Congresso Nacional do Conpedi, 2009. Cf tradução Oeuvres de Tite- Live (Histoire romaine). Trad. M. Nisard. Tome I. Paris: 1864. s/e. p. 110-169, bem como a edição moderna por FLOBERT, A. Tite-Live. Histoire romaine. Livres I-V. Traduction nouvelle. Garnier-Flammarion: Paris, 1995.

Saldanha, Daniel Cabaleiro, apontamentos para uma idéia de justiça em Roma, Anais do XVIII Congresso Nacional do Conpedi, 2009. (Tito Lívio. ab urbe condita, op. cit. III, 34).

Meira, Sílvio. Curso de Direito Romano: edição fac-similada. São Paulo: LTr, 1996. p. 35-36(D. I, II, 2, 1, 2).

SCOPACASA, Rafael. 'Poder popular e expansão da República romana', 200-150 a.C. Topoi, Rio de Janeiro, v. 19, n. 37, p. 80-101, jan. /abr. 2018. p. 81.

ALVES, José Carlos Moreira – Direito Romano. RJ, Ed. Forense, 2003, p. 123, 124, vol. 2.

MOUSOURAKIS, George. A Legal History of Rome. p. 1.

Suetônio, O Divino Augusto LXXXIX, 1-3.

(cfe. Veléio Patérculo, História Romana II, 59).

(cfe. Suetônio, O Divino Augusto II, 1-3).

(cfe. Veléio Patérculo, História Romana II, 59).

(cfe. Tac. Ann. I, 11, 4; Suet. Diu. Aug. 101, 6; Dio LVI, 33, 2).

BRUNT, P. A. "The 'Fiscus' and its Development", JRS 56, 1966, p. 75-91. " (Dio LXXI, 33).

Tribunal Regional Federal da 1ª Região – Escola de Magistratura Federal da 1ª Região, 2010, tradução do livro I do digesto do Corpus Iuris Civilis, 'léxico traduzido do digesto do Corpus Iuris Civilis', Tribuno (T. II, 2, § 20).

(D. 1, 1, 11, Paulo).

GIORDANI, Mário Curtis, Iniciação ao Direito romano, Ed Lumen Iuris, 3ª Edição – 1996. (CELSO, D. 1. 3. 18).

SANTOS, Maria do Rosário Laureano, Aspectos culturais da concepção de justiça na Roma antiga, Cultura, Vol. 30, 2012, p. 141-147 (apud Peter Stein, Roman Law in European History, Cambridge).

DE MAMAN, Tobias Scheffer, precedentes no direito brasileiro. A tradição jurídica ocidental entre instrumentos, métodos e história, tese de mestrado, ufrs, 2014.

DE MAMAN, Tobias Scheffer, precedentes no direito brasileiro. A tradição jurídica ocidental entre instrumentos, métodos e história, tese de mestrado, ufrs, 2014. (Cf VARANO, Vicenzo; BARSOTTI, Vittoria. La Tradizione Giuridica Occidentale – texto e materiali per um confronto civil law common law. v. I 4. ed. Torino: G. Giappichelli Editore, 2010. p. 270, 271, de modo que, quando nos referirmos a "common law", estamos fazendo referência ao common law da Inglaterra).

Tribunal Regional Federal da 1ª Região – Escola de magistratura federal da 1ª região, 2010, tradução do livro I do digesto do Corpus Iuris Civilis, 'léxico traduzido do digesto *do Corpus Iuris Civilis', Título II da origem do direito e de todas as magistraturas e da sucessão de jurisconsultos, Pomponius, libro singulari Enchiridii).*

COULANGES, F. de. *A Cidade Antiga*. São Paulo: Martin Claret, 2005. p. 378, 379.

SANTOS, Maria do Rosário Laureano, *Aspectos culturais da concepção de justiça na Roma antiga*, Cultura, Vol. 30, 2012, p. 141-147.

Talamanca, M., *Instituzioni di Diritto romano*. Milano, Giuffrè, 1990, p. 296-298.

FILÓ, Maurício da Cunha Savino. *O Tribunato da Plebe na República Romana: aportes ao constitucionalismo brasileiro contemporâneo*, Tese de Doutorado, UFSC., 2018. (apud PARICIO; BARREIRO, 2014; GIUDICE, 2016).

RUGGIERO, Roberto de, *Instituições de Direito Civil*, Madrid, Espanha, Barral, 1929, Tomo I, p. 111.

(JULIANO, cfe. D. 1. 3. 32).

(JULIANO, cfe. D. 1. 3. 35).

(Justiniani Institutiones, I, 1, 2).

JUSTO, Santos, A, *'O Pensamento Jusnaturalista no Direito Romano'*, Revista Direito e Desenvolvimento, João Pessoa, v. 4, n. 7, p. 239-312, jan/jun 2013. (apud CRUZ, Direito romano (cit. 46-47) e JUSTO, A Evolução do Direito romano no vol. comemorativo do 75º. tomo do Boletim da Faculdade de Direito (BFD) da Coimbra Editora, Coimbra, 2003).

COULANGES, 2005, p. 378-379.

SALDANHA, Daniel Cabaleiro, *apontamentos para uma idéia de justiça em Roma, notes for an idea of justice in rome*, XVIII Congresso Nacional do CONPEDI, SP, novembro de 2009 (Cf Ulpianus, Dig, I, 1, 1).

SANTOS, Maria do Rosário Laureano, *Aspectos culturais da concepção de justiça na Roma antiga*, Cultura, Vol. 30 / 2012, 141-147.

(Institutas, I, 1, 1).

CURTIS, Giordani Mário, *Iniciação ao Direito romano*, 3ª edição, Ed lumen iuris. (apud Matos Peixoto, Curso de Direito romano, p. 205).

FILÓ, Maurício da Cunha Savino. *O Tribunato da Plebe na República Romana: aportes ao constitucionalismo brasileiro contemporâneo*, Tese de Doutorado, UFSC., 2018. (apud Nicolete, 1991, p. 76-78).

"Ius est ars boni et equi" (Dig, I, 1, 1).

(Ulpianus, Dig, I, I, 1).

(Gayo en Instituciones 1, 2)

D 1. 1. 1. pr. (ulpiano):

D. 1. 1. 10. 1 (ulpiano):

D. 11, 1, 4, 1:

D. 8. 4. 13. pr. (ulpiano):

D. 50. 16. 24 (gayo):

D. 50. 17. 62 (juliano): "

D 50. 17. 128 (paulo):

FILÓ, Maurício da Cunha Savino. (apud CHAMOUNT, 1968; PETIT, E. H. J., 2003, p. 43; PETIT, P. 1971).

Castellanos, Antonio Ruiz, Derecho de gentes y política religiosa, A justiça na antiguidade, ed. Cultura, Revista de história e teoría das idéias, vol 30, 2012.

(cfe. J. Scheid, 1991).

FILÓ, Maurício da Cunha Savino. O Tribunato da Plebe na República Romana: aportes ao constitucionalismo brasileiro contemporâneo, Tese de Doutorado, UFSC., 2018. (apud VALDITARA, 2008, p. 22). Também nesse sentido DURANT (1971, p. 21) e PETIT E. H. J. (2003, p. 43).

CURTIS, Giordani Mário, Iniciação ao Direito romano, 3ª edição, Ed lumen iuris. (apud MONIER, Manuel élémentaire de droit romain, p. 4. Von Iherimg, depois de acentuar que o povo romano, desde sua aparição, traz consigo a antítese do fas e do jus, caracteriza a distinção entre ambos; O Espírito do Direito romano, I, p. 192).

(Lívio, 5. 52).

Livio, ibidem, y Cicerón, De Republica 2. 5; 10;17

(Celso D. I, 1. 1).

(D. I, 1, 1).

(D, I, 1, 10).

(D. I. 1, 3).

JUSTO, Santos, A, *O Pensamento Jusnaturalista no Direito romano*, Revista Direito e Desenvolvimento, João Pessoa, v. 4, n. 7, p. 239-312, jan / jun 2013. (vide FÉLIX SENN, *de La Justice et Du Droit*, Recueil Sirey, Paris, 1927).

SANTOS, Maria do Rosário Laureano, *Aspectos culturais da concepção de justiça na Roma antiga*, Cultura, Vol. 30 | 2012, 141-147. (Cícero, Tratado da República).

SANTOS, Maria do Rosário Laureano, *Aspectos culturais da concepção de justiça na Roma antiga*, Cultura, Vol. 30 | 2012, 141-147. (Cícero, Tratado da República).

GAYO, Inst. IV, 71. D. 14, 3, 1: (D. 14, 3, 11, 5).

Caminha, Vivian Josete Pantaleão, *A eqüidade no direito contratual: uma contribuição para o debate sobre o tema*, Tese de Doutorado, UFRS, 2010(BARZOTTO, O direito ou o justo [...], p. 175-176).

Caminha, Vivian Josete Pantaleão, *A eqüidade no direito contratual: uma contribuição para o debate sobre o tema*, Tese de Doutorado, UFRS, 2010. (CUMYN, La validité du contrat [...], p. 58).

García Garrido, M., *Casuismo y Jurisprudencia Romana. Pleitos famosos del Digesto*, Madrid, 1973, Álvarez Suarez, U., *Instituciones de Derecho romano – I. Introducción histórica. Conceptos fundamentales. Hechos y negocios jurídicos*.

(Cf. Diniz, Maria Helena. *Dicionário Jurídico*. São Paulo: Saraiva, v. 2).

C. 3, 1, 8.

D. 50, 17, 90.

(D. I, 1, 10)

Ulpiano – D. 1. 1. 10. 2:

Gai, Institutiones, 1, 1.

Celsus, anunciado por Ulpiano: Dig. I, 1, 1.

JUSTO, Santos, A, *O Pensamento Jusnaturalista no Direito romano*, Revista Direito e Desenvolvimento, João Pessoa, v. 4, n. 7, p. 239-312, jan / jun 2013. (apud VILLEY, *Deux Conceptions du Droit Naturel Dans L'antiquité*).

Saldanha, Daniel Cabaleiro, *apontamentos para uma idéia de justiça em Roma*, Anais do XVIII Congresso Nacional do Conpedi, 2009. (Cfe. BONFANTE, P. *Instituciones de Derecho Romano*. Trad. Luis Bacci e Andrés Larrosa. Madrid: Editorial Réus, 1929. p. 6).

Saldanha, Daniel Cabaleiro, apontamentos para uma idéia de justiça em Roma, Anais do XVIII Congresso Nacional do Conpedi, 2009. (Cfe. BONFANTE, 1929, p. 6).

ARNO, Dal Ri Jr; LUCIENE Dal Ri, Civis, hostis ac peregrinus – Representações da condição de homem livre no ordo iuris da Roma Antiga, Pensar, Fortaleza, v. 18, n. 2, p. 328-353, Mai. /Ago. 2013. Catalano (1974, p. 146): D. 1. 1. 7. Pr (Papiniano, D. 1. 1. 7. 1).

D. l. 2. 2. 5.

D. 1. 2. 2. 12.

BIONDI, Biondo. Il Diritto Romano. p. 120.

"Propter Utilitatem Publicam" (D. 1. 1. 7. 1).

(Caio, 1, 1).

CURTIS, Giordani Mário, Iniciação ao Direito romano, 3ª edição, Ed lumen iuris. (apud MATOS PEIXOTO, op cit, p. 249, considera o jus gentium positivo).

MOUSOURAKIS, G. A Legal History of Rome. London. New York: Routledge, 2007. p. 49-50.

Dig 1. 1. 1 – Ulpiano, Institutas, lV 1.

Gayo, institutiones 1. 1.

De republica et legibus III 22.

Las leyes 1. 10. 28-29.

Cícero, Disputas Tusculanas; Igualmente la definición de Gayo, Digesto, 1. 1. 9.

Dig 1. 1. 1 – Ulpiano, Institutas, lV 1).

BONFANTE, 1896. p. 20.

Gai 2. 10.

Gai 2. 11.

Iustinianus I. 2. 1. 6.

BIONDI, Biondo. Il Diritto Romano. Bologna: Licinio Cappelli, 1957. Storia di Roma v. 20. p. 133.

D. 2. 14. 38 (Papiniano): "el derecho público no puede ser alterado por los pactos de los particulares".

D. 50. 17. 45. 1 (Ulpiano): "el pacto de los particulares no deroga el derecho público".

"Privatum quod ad singulorum utilitatem" – em livre tradução – "Direito privado é aquele que se refere à utilidade dos particulares; este é, aquele que regula suas diferentes relações e atividades".

Ulpianus – Digesto I, 19, 29.

Iurisconsulto, T. II, 2, § 35 e ss, consoante obra editada pelo Tribunal Regional Federal da 1ª Região – Escola de magistratura federal da 1ª regiao – 2010, tradução do livro I do digesto do Corpus Iuris Civilis, 'léxico traduzido do digesto do Corpus Iuris Civilis'

D. 1. 1. 1. 2 (Ulpiano)

D. 2. 14. 38 (Papinianus, libro secundo quaestionum): "Ius publicum privatorum pactis mutari non potest".

D. 50. 17. 45. 1 (Ulpianus, libro trigensimo ad edictum): " [...] Privatorum conventio iuri publico non derogat".

D. 2. 14. 27. 3 (Paulus, libro tertio ad edictum): "Illud nulla pactione effici potest, ne dolus praestetur: quamvis si quis paciscatur ne depositi agat, vi ipsa id pactus videatur, ne de dolo agat: quodpactumproderit".

D'. 27. 1. 30. 3 (Papinianus, libro quinto responsorum): "Patronus impuberi liberto quosdam ex libertis tutores aut curatores testamento dedit. quamvis eos idóneos esse constet, nihilo minus iure publico poterunt excusan, ne decreto confirmentur".

D. 14. 1. 1. 20 (Ulpianus, libro vicensimo octavo ad edictum).

D. 2. 14. 27. 4.

D. 2. 14. 27. 4.

"El derecho natural (Iustiniani; Institutas; I, 2).

Iustiniani; Digesto I, 19, 29, Ulpianus.

JUSTO, Santos, A, O Pensamento Jusnaturalista no Direito romano, Revista Direito e Desenvolvimento, João Pessoa, v. 4, n. 7, p. 239-312, jan / jun 2013. (ULPIANO – D. 1, 1, 1, 3).

Dig 1. 1. 1 – Ulpiano, Institutas, IV 1.

CURTIS, Giordani Mário, Iniciação ao Direito romano, 3ª edição, Ed lumen iuris. (O estudo do Direito Natural constitui um dos aspectos mais importantes da Filosofia Cristã.

A noção do Direito Natural como direito de procedência divina é tradicional na Igreja. S. Paulo, Rom. 2, 14-15)

ULPIANUS, D. 1. 1. 4

JUSTO, Santos, A, O Pensamento Jusnaturalista no Direito romano, Revista Direito e Desenvolvimento, João Pessoa, v. 4, n. 7, p. 239-312, jan / jun 2013. (LEGAZ Y LACAMBRA, 297).

JUSTO, Santos, A, O Pensamento Jusnaturalista no Direito romano, Revista Direito e Desenvolvimento, João Pessoa, v. 4, n. 7, p. 239-312, jan / jun 2013. (VILLEY, Deux Conceptions du Droit Naturel Dans L'Antiquité).

D. 1. 2. 2. 5, POMPONIO

D. 1. 2. 2. 12, POMPONIO

D. 1. 3. 16; PAULO PAULUS, LIBRO SINGULARI DE IURE SINGULARÍ

D. 1. 3. 14; PAULO PAULUS, LIBRO LILI AD EDICTUM

D. 1. 3. 15, SALVIO JULIANO; SALVIUS IULIANUS, LIBRO XXVII DIGESTORUM

Sampaio, Rodrigo de Lima Vaz, A Capacidade Patrimonial na Família Romana Peculia e Patria Potestas, Intervenção realizada no XIII Congreso Internacional y XVI Congreso Iberoamericano de Derecho romano – O Direito de Família, de Roma à Atualidade (seus Anais, p. 103-128). (Ulp. 29 ad ed., D. 15, 1, 5, 3)

D 29. 1. 2, Gaius, libro quinto décimo ad edictum provinciale

Sampaio, Rodrigo de Lima Vaz, A Capacidade Patrimonial na Família Romana Peculia e Patria Potestas, Intervenção realizada no XIII Congreso Internacional y XVI Congreso Iberoamericano de Derecho romano – O Direito de Família, de Roma à Atualidade (seus Anais, p. 103-128). 'FITTING, Hermann. Das Castrense Peculium in seiner Geschichtlichen Entwicklung und heutigengemeinrechtlichen Geltung (1871). Amsterdam: Scientia, 1969. p. 11-13 (= § 2). (Inst. 2, 12 pr. e UE 20, 10). LA ROSA, Francia. I peculii speciali in diritto romano. Milano: Giuffrè, 1953 TALAMANCA, Mario. Istituzioni di diritto romano. Milano: Giuffrè, 1990. 122 cfe. também FUMAGALLI, Marcella Balestri. Persone e famiglia nel diritto romano. Digesto delle Discipline Privatistiche – Sezione Civile, Torino, v. 13, 1995. p. 453; e GUARINO, Antonio. Diritto privato romano (1971). 12. ed. Napoli: Jovene, 1988. p. 544-545 (= § 40)'.

D 24. 1. 1, Ulpianus, libro trigésimo secundo ad Sabinum

D. 29. 7. 2. 2 JULIANUS, libro trigésimo séptimo digestorum

D. 41. 2. 23. 1, JAVOLENUS, libro primo epistularum

D. 4. 6. 1. 1 J, ULPIANUS, libro duodécimo ad edictum

D. 50. 17. 68 Y 69, PAULUS, libro singulari de dotis repetitione

C. J. 6. 30. 22)

D. 29. 2. 98, SCAEVOLA, libro vicessimo sexto digestorum

MADEIRA, H. M. F. (org.). Digesto de Justiniano, liber primus – introdução ao direito romano. Tradução Hélcio Maciel França Madeira. 6. ed. São Paulo: Revista dos Tribunais, 2012. (Juliano, D. 1. 3. 32).

MADEIRA, 2012. (Juliano, D. 1. 3. 32).

D. 50. 13. 1. 11. Ulpianus Libro VIII de ómnibus Tribunalibus:

De Ruggiero, E. Dizionario Epigráfico di antichitá romane. "Advocatus significa etimológicamente llamado en auxilio. Como sinónimos del mismo se encuentran los de patronus, orator, causidicus, en el siglo IV iuris peritus y scholasticus, causarum actor, togatus". I. A-B. Roma, 1961. p. 116-117. En la página 117 señala las fuentes literarias en las que se utiliza el término patronus (Cic. De or. 1, 36 segg. 2, 14; pro Cluent. 40 ; top. 17; pro Balb. l; pro Rose. Am. l seg. ; pro lege Man. l etc. cfe. Plaut. Menaech. 4, 2, 16 segg. Terent. Eun. 4, 32 etc – Advocatus: Cic. pro Quinct. 1, 2, 21. 2, 5, 8, 30: Top. 17, 65; pro Caec. 27, 77: pro Cluen. 19. 40; pro Muren. 2-4; ad fam. l, \4\ de Or. 2, 74; pro Sull. 29; de off. 1, 10 etc. cfe. Plaut. Paen. 3, 6, 11; Cas. 3, 3, 5; Bacch. 3, 2, 27. Terent. Eun. 2, 3, 48; Phorm. 2, 1, 82 etc). La utilización indistinta de ambos términos y la de causidicus aparece en el Imperio (Quint. 4, 1, 7. 45 seg; 6, 3, 78; 10, 1, 111; 11, 1, 19; 12, 1, 13. 3, 6. 7. 4. Sen. De ira 2, 7; ep. 94. 109; de morte Claud. 14; de Clem. 1, 9. Tac. dial. 1; ann. 11, 5. 6. Plin. ep. 6, 33, 3;7, 23. Dig. 3, l, l, 4;l, 16, 9, 5, 6. Iul. Vict. Ars. Reth. 25 etc.) más tarde, en el siglo IV se utiliza inris peritus (Edict. Dioclet. de pret. rer. C. III p. 831, c. 7, 72). Dial. 1; Pli. Ep. 3, 4; Dig. 3, 1, 1, 4; 50. 13. 1. 10.. Apocol. 14; Tac. Ann. 11. 5; Quintil. 11, 1, 19; Dig. 47, 15, 1, 1; D. 47, 15, 3, 2. De orat. 1, 49; Oraí. 5; Quintil. 12, 1, 25-26; Juven. Saí. 7-8; Mart. 1, 98; 2, 64; Suet. Claud. 16; C. I. 1. 6 4886, 9240; Cod. Just. 2, 6, 6. Wissowa Realencyclopadie der classischen altertumswissenschaft. Stuttgart, 1893. p. 436 – 437. Crook, J. A. Legal Advocacy in the Román World. London, 1995. p. 40, 122 y ss; 146 y ss. Alvarez Suarez, U: Curso de Derecho Romano. Madrid, 1955. p. 224. N. 163. Rodríguez Ennes, L: "La remuneración de la oratoria forense". Ob. Cit. p. 351 Vid. p. 352353

CURTIS, Giordani Mário, Iniciação ao Direito romano, 3ª edição, Ed lumen iuris. (PROCHAT, Reynaldo. Curso Elementar de Direito Romano. São Paulo, Cia. Melhoramentos Ed, vol. i, 2. ª ed, p. 223)

Panero Gutiérrez, R, La experiencia jurídica de Roma. Su proyección en el umbral del S. XXI. Valencia, 1998. p. 20. Bretone, M, 'Giurisprudenza e oratoria nella tardia república'. Poder político y Derecho en la Roma Clásica. Madrid, 1996. p. 57. Redondo, J, 'La técnica de los juristas romanos'. Madrid, 1987. Iglesias, J, Derecho Romano. Historia e Instituciones. 11ª ed. Barcelona, 1998. P. 5, n°. 3; 54. N. 46. y 90. n°. ll y Reinoso, F. "Iuris auctores (Reflexiones sobre la jurisprudencia romana y el jurista actual)". Estudios de derecho romano en honor de Alvaro D'Ors. Pamplona, 1987. P. 981 y ss.

D. 50. 13. 1. 11. Ulpiano. Libro VIH de Omnibus Tribunalibus. Vid. Panero Gutiérrez, R, En donde expone el significado del término patronus y su evolución. La experiencia jurídica de Roma. Valencia, 1998. p. 20. Rodríguez Ennes, L, La remuneración de la oratoria fornese.

VILLEY, Michel. A Formação do Pensamento Jurídico Moderno. São Paulo: Martins Fontes, 2005. p. 72.

FONSECA, João Francisco Naves da, O Advogado em, O Advogado em Roma, Doutrina, Ed Lex Magister. (introdução à história do direito, n. 4. 3. 1," (Sistema del Derecho romano Actual, t. i, n. xix, p. 71). (AZEVEDO, LUIZ CARLOS)

Saldanha, Daniel Cabaleiro, apontamentos para uma idéia de justiça em Roma, Anais do XVIII Congresso Nacional do Conpedi, 2009.

SANTOS, Igor Moraes, Direito e Justiça em Ulpiano: reflexões sobre o justo dos gregos aos romanos. (cfe. ULPIANO, I, 1, 10, §1. cfe. "honeste vivere, alterum non laedere, suum cuique tribuere". Cuerpo del derecho civil romano: Instituta digesto, cit, p. 199, também reproduzido em INSTITUTIONES, I, 1, §3. "iuris praecepta sunt haec: honeste vivere, alterum non laedere, suum cuique tribuere").

SANTOS, Igor Moraes, Direito e Justiça em Ulpiano: reflexões sobre o justo dos gregos aos romanos. (SALGADO, Joaquim Carlos. A Ideia de Justiça no Mundo Contemporâneo: Fundamentação e Aplicação do Direito como maximum ético. Belo Horizonte: Del Rey, 2006)

SANTOS, Igor Moraes, Direito e Justiça em Ulpiano: reflexões sobre o justo dos gregos aos romanos. (DIG. I, 3, 14. Paulo, cfe. Cuerpo Del Derecho Civil Romano: Instituta – Digesto, cit., p. 210)

BARZOTTO, Luis Fernando. Prudência e Jurisprudência – uma reflexão epistemológica sobre a jurisprudentia romana a partir de Aristóteles. (cfe. ZAGREBELSKY, Gustavo. El Derecho Dúctil. Trad. Marina Gascón. Madrid: Editorial Trotta, 1995, p. 123)

BARZOTTO, Luis Fernando. Prudência e Jurisprudência – uma reflexão epistemológica sobre a jurisprudentia romana a partir de Aristóteles. p 9.

SANTOS, Igor Moraes, Direito e Justiça em Ulpiano: reflexões sobre o justo dos gregos aos romanos. (JULIANO. D. I, 3, 15. cfe. Cuerpo del Derecho Civil Romano: Instituta, Digesto, cit.,

ULPIANO. D. I, 1, 10, § 2 Inst – DIG (cfe. Cuerpo del Derecho Civil Romano: Instituta – DIG, p. 199).

HERKENHOFF, João Baptista, Direito Natural e Temas Preliminares no Estudo do Direito. Concepção Ética do Direito, 2007. LIBERATORE Apud NADER, Paulo. Introdução ao Estudo do Direito. Rio de Janeiro: Forense)

HERKENHOFF, João Baptista, Direito Natural e Temas Preliminares no Estudo do Direito. Concepção Ética do Direito, 2007. (ALIGHIERI, Dante apud NADER, Paulo. Introdução ao Estudo do Direito. Rio de Janeiro: Forense)

SANTOS, Igor Moraes, Direito e Justiça em Ulpiano: reflexões sobre o justo dos gregos aos romanos. (ULPIANO D. I, 1, 10, §I; Inst. I, 1, 1. cfe. Justiniano. Cuerpo del Derecho Civil Romano: Instituta, Digesto, trad D. Ildefonso l. García del Corral. Barcelona: Kriegel, Hermann y Osenbrüggen, 1889. t. i. p. 5 e 199)

Papinianus, Titulus III de legibus senatusque consultis et longa consuetudine, libro I, Deflnitio, consoante obra editada pelo Tribunal Regional Federal da 1ª Região – Escola de magistratura federal da 1ª região, 2010, tradução do livro I do digesto do Corpus Iuris Civilis, 'léxico traduzido do digesto do Corpus Iuris Civilis'

Caminha, Vivian Josete Pantaleão, A eqüidade no direito contratual: uma contribuição para o debate sobre o tema, Tese de Doutorado, UFRS, 2010. (Iturraspe, Interpretacion [...], p. 39-40).

SALDANHA, Daniel Cabaleiro, XVIII Congresso Nacional do CONPEDI, SP, Novembro de 2009 (CICERUS, Marcus Tullius – tradução francesa de APPHUN, Charles – Cicéron, de la Republique des lois. Paris: Garnier, 1932, 'in' Apontamentos para uma idéia de justiça em Roma, notes for an idea of justice in rome.

SALDANHA, Daniel Cabaleiro, XVIII Congresso Nacional do CONPEDI, SP, Novembro de 2009. (CICERUS, Marcus Tullius. De Legibus).

SALDANHA, Daniel Cabaleiro, XVIII Congresso Nacional do CONPEDI, SP, Novembro de 2009. (CICERUS, Marco Túlio, De Legibus. op. cit. i, 6, 'in', Apontamentos para uma Idéia de Justiça em Roma, notes for an Idea of Justice in Rome).

VILLEY, Michel. A Formação do Pensamento Jurídico Moderno. p. 73-74.

Dig ulpianus, libra 1, Institntionum.

'Ulpianus', dar a cada um o que é seu.

'Imperium potestas'.

GIORDANI, Mário Curtis, Iniciação ao Direito romano, Ed Lumen Iuris, 1996. (apud PEIXOTO, José Carlos Matos. Curso de Direito Romano. Partes Introdutória e Geral, Rio de Janeiro, Haddad Editor, 1960, 4. ª ed. revista e acrescentada, p. 205)

'Aonde está a sociedade está o direito'.

'Dar-me os fatos, dar-te-ei o direito'.

'Imperium', 'Consules', 'Senatus'.

(Ulpianus libra 1. 'Institntionum in Domini Nostri Sacratissimi Principis Iustiniani Iuris Enucleati ex Omni Vetere Iure Collecti Digestorum seu Pandectarum', pars prima i llber primus, titulus de iustitia et iure, consoante obra editada pelo Tribunal Regional Federal da 1ª Região – Escola de magistratura federal da 1ª regiao – 2010, tradução do livro I do digesto do Corpus Iuris Civilis, 'léxico traduzido do digesto do Corpus Iuris Civilis', T. II, 2, § 18)

FLAMBER T e Romanización y Ciudadanía, lecce, 2009, p. 40-41.

BRANDÃO, Paulo de Tarso, A Tutela Judicial dos novos direitos: em busca de uma efetividade para os direitos típicos da cidadania, UFSC., 2000. (apud GUSMÃO, Paulo Dourado de. Introdução ao Estudo do Direito. 10. Ed. Rio de Janeiro: Forense, 1984, p. 181)

BRANDÃO, Paulo de Tarso, A Tutela Judicial dos novos direitos: em busca de uma efetividade para os direitos típicos da cidadania, UFSC., 2000. (ASCENÇÃO, José de Oliveira. O Direito: Introdução e Teoria Geral, Uma Perspectiva Luso-Brasileira. Lisboa: Ed Fundação Calouste Gulbenkian, 1978, p. 283)

ANGELIN, Karinne Ansiliero, Dano Injusto como Pressuposto do Dever de Indenizar, Usp SP, 2012. (ULPIANUS, Inst., D. 1, 1, 1, 2)

Bosch, María José Bravo, Las Magistraturas Romanas como Ejemplo de Carrera Política. (apud A. Fernández de Buján, Derecho Público Romano. Recepción, Jurisdicción y Arbitraje, 12 ed. Pamplona, 2009, p. 247-248,)

La influencia del cristianismo sobre las instituciones jurídicas es un tema con grandes aporías; vid. con lit. L. De Giovanni, Istituzioni, scienza giuridica, codici nel modo tardoantico. Alle radici di una nuova storia (Roma 2007), p. 282 y ss; add. Torrent, Derecho público romano y sistema de fuentes (Madrid 2008) 475

(D. 1 § 2 (1. 1).

(ULPIANUS D. 6. 1. 1)

Rajput, Shelal Lodhi, unfolding the contributions of greek & roman philosophers in natural law school of jurisprudence ', Symbiosis International (Deemed) University.

ULPIANUS D. 1, 1, 1, 4

(GAIUS 1, 1)

I. 1, 2, 2 ulpianus, cfe. igualmente: I. 1, 5 pr. D. 1, 1, 4; 1, 5, 4 pr 1; 12, 6, 64; 16, 3, 31 pr. 50, 17, 32. vide Gaudemet, o. c. 462; Koschembahr, Lyskowski, o. c. 481-482, 489 e 496-497; apud Burdese, o. c. 417, Talamanca, Mario, Istituzioni di Diritto romano, Dott. a. Giuffrè Editore Milão, 1990, 51-52.

"Quod natura omnia animalia docuit" – em tradução livre – "o que a natureza ensinou a todos os animais" (ULPIANUS, D. 1 § 3 1. 1).

Chamoun, Ebert. Instituições de Direito romano, p. 29

Justo, Santos, A, Revista Direito e Desenvolvimento, João Pessoa, v. 4, n. 7, p. 239-312, jan/jun 2013. (GAIO I, 1)

D. 1, 1, 6 PR. ULPIANO

VICTOR Cathrein, S. J., Filosofia dei derecho. el derecho natural el positivo, 6. a ed., Instituto Editorial Réus, Madrid, 1950, p. 176

PRÉVIDE, Isadora Bernardo, O de republica, de cicero: natureza, política e história, USP 2012, cfe. de Legibus, I, 19. " (Das Leis. Tradução, Introdução e Notas por Otávio T. de Brito. São Paulo: Editora Cultrix. p. 40-41).

Ulpianus, "utpote quum jure naturali omnes liberi nascerentur" – em livre tradução – "todos os homens nasceram livres".

INSTITUTAS; d 64 12. 6; d 4§ 1 (1. 5)

D 9 (1. 1) cfe. GAIO, INST. I, 1

Cfe. PAULUS d. 11 (1. 1)

"Quo gentes humana e utuntur" – em tradução livre – "Que as nações humanas usam" (ULPIANUS, D. 1 § 4 (1)).

Gaius D 164.

ALONSO, José Luis. 'Customary law and legal pluralism in the Roman Empire: The status of peregrine law in Egypt: Customary law and legal pluralism in the Roman Empire'. The Journal of Juristic Papyrology, Warschau, v. 43, p. 351-404, 2013. p. 362.

GAYO 1. 1.

VON Mayr, historia dei derecho romano, 'in' " Filosof Dei Derecho", capo vi § (LIV. II, CAPO V – em sentido contrário diz CATHREIN).

FILÓ, Maurício da Cunha Savino. O Tribunato da Plebe na República Romana: aportes ao constitucionalismo brasileiro contemporâneo, Tese de Doutorado, UFSC., 2018. (Cfe. Ribas Alba, 2009 b, p. 51).

DINIZ, Marcos Paulo, Direitos das obrigações: uma abordagem dos aspectos evolutivos desde o início da humanidade. (Cfe. Costa, Elder Lisbôa Ferreira. História do Direito: de Roma à História do Povo Hebreu Muçulmano: a Evolução do Direito Antigo à Compreensão do Pensamento Jurídico Contemporânea. Belém: Unama, 2007).

GUBERT, Roberta Magalhães, Nova teoria das fontes: da diferença ontológica entre fonte normativa e norma jurídica. Universidade do Vale do Rio dos Sinos, São Leopoldo, 2017. (Cfe. GILISSEN, J. Introdução Histórica ao Direito. Trad. A. M. Botelho Hespanha e L. M. Macaísta Malheiros. 3. ed. Lisboa: Calouste Gulbenkian, 2001. p. 80).

DINIZ, Marcos Paulo, Direitos das obrigações: uma abordagem dos aspectos evolutivos desde o início da humanidade. (Cfe. Meira, Silvio. A Lei das XII Tábuas. 3. Ed. Forense, Rio de Janeiro, 1973).

Livio, 2013, 3. 34.

Cfe. Corpus Iuris Civiles

GUBERT, Roberta Magalhães, Nova teoria das fontes: da diferença ontológica entre fonte normativa e norma jurídica. Universidade do Vale do Rio dos Sinos, São Leopoldo, 2017. (apud GILISSEN, 2001, p. 90.).

Paulo, Resumo: Lib. 50, Tit. 16, Seg. 163.

Coma Fort, José María, *Sobre los límites de la potestad jurisdiccional de los magistrados romanos*, Anuario da Facultade de Dereito da Universidade da Coruña, 2001, 5: 269-288. *(Cfe. Palazzolo, La "propositio in albo" cit., p. 2437).*

Coma Fort, José María, *Sobre los límites de la potestad jurisdiccional de los magistrados romanos*, Anuario da Facultade de Dereito da Universidade da Coruña, 2001, 5: 269-288. *La devaluación de la lex Cornelia se explica con diversas hipótesis: abrqgación, desuso de los magistrados, carácter de lex impeifecta. Coinciden en esta falta de eficacia: P. KRUGER, Geschichte der Quellen des romischen Rechts2 (Leipzig, 1912) p. 34 nt. 7 [en contra, G. PUGLIESE. "Actio" e diritto subiettivo (Milano, 1939) p. 134 nt. 3]; B. BIONDI, Diritto e processo nella legislazione giustinianea (1931), en Scritti giuridici 11 (Milano, 1965) p. 534 nt. 2; GIOMARO, Per lo studio della "lex Comelia de edictis" [...] cit., p. 324 s. ; G. MANCUSO. "Praetoris edicta". Rifiessioni terminologiche e spunti per la ricostruzione dell'attivita edittale del pretore in eta repubblicana, en AUPA 37 (1983) p. 397 ss. ; ID.. "Decretum praetoris", en SDH/63 (1997 vere 1998) p. 388 s. ; M. TALAMANCA, L'origine del processo formulare, en Lineamenti di storia di diritto romano2 (Milano, 1989) p. 146; ID., /stituzioni di diritto romano (Milano, 1990) p. 303; G. PROVERA, rec. Pinna Parpaglia, Per una interpretazione della "lex Comelia de edictis praetorum" del 67 a.C., en SDH/ 54 (1988) p. 454; R. MARTINI. "Causae cognitio" pretoria e "lex Comelia de iurisdictione", en "Praesidia libertatis". Garantismo e sistemi processuali nell'esperienza di Roma Repubblicana. Atti del convegno internazionale di diritto romano. Copanello 7-10 giugno 1992 (Napoli, 1994) p. 240; N. PALAZZOLO, Intervento, en "Praesidia libertatis" [...] cit., p. 253. Reconocen cierta eficacia a la lex Cornelia: PUGLIESE. "Actio" e diritto subiettivo cito p. 134; A. METRO, La "lex Comelia de iurisdictione" alla luce di Dio Cass. 36. 40. 1-2, en /URA 20 (1969) p. 500 nt. 4: "il fatto che la lex Cornelia intese porre remedio ad una situazione contingente potrebbe essere sufficiente, a mio avviso, a spiegare [...] perché di tale legge [...], siano rimaste cosi poche tracce nelle fonti"; A. GUARINO, La formazione dell'Editto perpetuo, en Aufstieg und Niedergang der romischen Welt //-13 (Berlin-New York, 1980), p. 71 nt. 37 [=en Le ragioni del giurista (Napoli, 1983) p. 472 (473) nt. 37]; BUTI, /l "praetor" e le formalita introduttive del processo formulare (Napoli, 1984) p. 185 nt. 164; por último GALLO, Un nuovo approccio [...] cit., p. 24 (25) nt. 66 y p. 57 (=L' "officium" del pretore [...] cit., p. 82 (83) nt. 66 y p. 123 s.). Una postura neutral en SCHULZ, Prinzipien [...] cito p. 156 (tr. esp. cito p. 250): "Eine Lex Cornelia vom Jahre 67 v. Chr. soll die rechtliche Bindung der Pratoren an ihr Edikt ausgesprochen haben, in welchen Umfange freilich, ist uns nicht bekannt". En todo caso, la sanción, si la imp onía, es desconocida; uid. F. WIEACKER, Romische Rechtsgeschichte 1 (München, 1988) p. 463 nt. 12.*

Coma Fort, José María, Sobre los límites de la potestad jurisdiccional de los magistrados romanos, Anuario da Facultade de Dereito da Universidade da Coruña, 2001, 5: 269-288. (cfe. F. Serrao, La "iurisdictio" del pretore peregrino, Milano, 1954, p. 154).

GIORDANI, Mário Curtis. Iniciação ao direito romano, p. 147.

Giomaro, Anna Maria, Per lo studio della lex cornelia de edictis del 67 a.C. : la personalità del tribuno proponente, gaio publio cornelio, Giuffre, 1999.

Coma Fort, José María, Sobre los límites de la potestad jurisdiccional de los magistrados romanos, Anuario da Facultade de Dereito da Universidade da Coruña, 2001, 5: 269-288.

Cfe. A. Guarino, Storia del diritto romano, Nápoles, 1987, p. 272, y "Edictum Perpetuum", en Pagine di diritto romano IV, Nápoles, 1994, p. 211-217, esp. p. 211. N. Palazzolo. "La 'propositio in albo' degli 'edicta perpetua' e il 'plebiscitum Cornelium' del 67 a.C. ", en Sodalitas. Scritti in onore di A. Guarino, V, Nápoles, 1984, p. 2434-2437.

CÍCERO, 1853, p. 405.

Encyclopedia jurídica omeba, Buenos Aires, Argentina, 1982, Volume XII p. 751.

SOUZA, Dominique Monge Rodrigues de, As cortes de justiça senatorial e imperial na cidade de Roma nos relatos de tácito e de plínio, o jovem (séculos I – II d.C.), Unesp, 2019. (apud JOHNSTON, David. Roman Law in Context. New York, Cambridge: Cambridge University Press, 1999).

Celsus libro XXVI, Digestorum, consoante obra editada pelo Tribunal Regional Federal da 1ª Região – Escola de magistratura federal da 1ª região, 2010, tradução do livro I do digesto do Corpus Iuris Civilis, 'léxico traduzido do digesto do Corpus Iuris Civilis'.

Celsus, Digestorum, Livro XXIX, consoante obra editada pelo Tribunal Regional Federal da 1ª Região – Escola de magistratura federal da 1ª região, 2010, tradução do livro I do digesto do Corpus Iuris Civilis, 'léxico traduzido do digesto do Corpus Iuris Civilis'.

Paulo, libro singular, ad Legem Cinciam, consoante obra editada pelo Tribunal Regional Federal da 1ª Região – Escola de magistratura federal da 1ª região, 2010, tradução do livro I do digesto do Corpus Iuris Civilis, 'léxico traduzido do digesto do Corpus Iuris Civilis'.

Paulus libro LIV, ad Edictum, consoante obra editada pelo Tribunal Regional Federal da 1ª Região – Escola de magistratura federal da 1ª região, 2010, tradução do livro I do digesto do Corpus Iuris Civilis, 'léxico traduzido do digesto do Corpus Iuris Civilis'.

Iulianus, libro XXVII, Digestorum, consoante obra editada pelo Tribunal Regional Federal da 1ª Região – Escola de magistratura federal da 1ª região, 2010, tradução do livro I do digesto do Corpus Iuris Civilis, 'léxico traduzido do digesto do Corpus Iuris Civilis'.

CONSELHEIRO JÚNIOR, João José Pinto, *Cursü Elementar de Direito romano*, Lente de Direito romano, Faculdade de Direito do Recife, Ed typographia econômica, 1888 (apud MONTESQUIEU).

Bravo, Gonzalo, *Historia de la Roma antigua*, Alianza Editorial, Madrid, 1998.

Patricii, Populus, Plebs, T. II, 2, §§ 8 e 24, consoante obra editada pelo Tribunal Regional Federal da 1ª Região – Escola de Magistratura Federal da 1ª Região, 2010, tradução do livro I do digesto do Corpus Iuris Civilis, 'léxico traduzido do digesto do Corpus Iuris Civilis'.

BÖTTCHER, Carlos Alexandre, *Iudicet Iudicarive Iubeat: Reflexões sobre as origens do Processo Civil romano e da Bipartição*, USP, 2012: (D. 1. 2. 2. 1).

FILÓ, Maurício da Cunha Savino. *O Tribunato da Plebe na República Romana: aportes ao constitucionalismo brasileiro contemporâneo*, Tese de Doutorado, UFSC., 2018.

FILÓ, Maurício da Cunha Savino. *O Tribunato da Plebe na República Romana: aportes ao constitucionalismo brasileiro contemporâneo*, Tese de Doutorado, UFSC., 2018. (VALDITARA, 2008, p. 20)". Segundo Ribas Alba (2009b, p. 83):

FILÓ, Maurício da Cunha Savino. *O Tribunato da Plebe na República Romana: aportes ao constitucionalismo brasileiro contemporâneo*, Tese de Doutorado, UFSC., 2018. (apud PETIT, E. H. J., 2003, p. 36-37).

Fustel de Coulanges, Numa Dionísio, *A cidade antiga* (tradução espanhola de Alberto Fano, Madrid, Edaf, 1986, p. 181).

Saldanha, Daniel Cabaleiro, *apontamentos para uma idéia de justiça em Roma*, Anais do XVIII Congresso Nacional do Conpedi, 2009 (Sobre a Lex Regia, cfe. Dig. 1, 4, 1 e Inst. Gaio I, 5 e GALLO, Fillipo. *Interpretazione e formazione consuetudinaria del diritto romano*. Torino: Giappichelli, 1993, p. 60).

"Chamados pelos romanos de *Mores Maiorum; jus non scriptum, consuetudo*", segundo Silvio Meira (Ib. idem. p. 35).

"*Omnes populi qui legibus et moribus reguntur*' – em livre tradução – 'todos os povos são governados por leis e costumes". (Caius – Inst. I, 1).

Digest, 1, 2, 2, 2.

CARMIGNANI, Maria Cristina. A Aequitas *e a Aplicação do Direito em Roma*. Revista da Faculdade de Direito da Universidade de São Paulo. *São Paulo, v. 104, p. 115-129, jan/dez 2009. 'Revista Forense – Volume 431 – Noções do Processo Civil romano e a Utilização da Aequitas como Fonte do Direito. Um foco no processo formulário, Márcio Bellocchi – 10. 09. 2002 – disponível em Gen Juridico.*

FILÓ, Maurício da Cunha Savino. O Tribunato da Plebe na República Romana: aportes ao constitucionalismo brasileiro contemporâneo, Tese de Doutorado, UFSC, 2018. (apud AHRENS, 1897, p. 38-39). cfe. Fustel de Coulanges, Numa Dionísio, cit. (nº 5), p. 184.

FILÓ, Maurício da Cunha Savino. O Tribunato da Plebe na República Romana: aportes ao constitucionalismo brasileiro contemporâneo, Tese de Doutorado, UFSC.

2018. (JUSTINIANO, 2005, Livro I, D. 1. 1. 1. 1, p. 17).

GIORDANI, Mário Curtis, Iniciação ao Direito romano, Ed Lumen Iuris, 1996.

FILÓ, Maurício da Cunha Savino. O Tribunato da Plebe na República Romana: aportes ao constitucionalismo brasileiro contemporâneo, Tese de Doutorado, UFSC., 2018. 2005, p. 24, D. 1. 2. 2. 2).

GIORDANI, Mário Curtis, Iniciação ao Direito romano, Ed Lumen Iuris, 1996. (cfe. MATOS Peixoto, José Carlos. Curso de Direito Romano. Partes Introdutória e Geral, Rio de Janeiro, Haddad Editor, 1960, 4.ª Ed. revista e acrescentada, p. 70).

Digesto, no Titulo III do Livro I, fontes do direito civil romano, título comum de leges, consoante obra editada pelo Tribunal Regional Federal da 1ª Região – Escola de Magistratura Federal da 1ª Região, 2010, tradução do livro I do digesto do Corpus Iuris Civilis, 'léxico traduzido do digesto do Corpus Iuris Civilis', Titulo III.

BONFANTE, Pietro. Storia del Diritto Romano. 1934. p. 91-92.

DÍAZ BAUTISTA, Antonio. 'La Republica Romana. Anales de Derecho', Murcia, v. 4, p. 177-186, 1983. p. 177.

"Bravo, Gonzalo, Historia de la Roma antigua, Alianza Editorial, Madrid, 1998.

FILÓ, Maurício da Cunha Savino. O Tribunato da Plebe na República Romana: aportes ao constitucionalismo brasileiro contemporâneo, Tese de Doutorado, UFSC., 2018. (cfe. RIBAS ALBA, 2009, p. 113-114).

LIVIUS, Titus. The History of Rome. London: J. M. Dent & Sons, 1905.

LIVIUS, Titus. The History of Rome. London: J. M. Dent & Sons, 1905. v. 1.

FILÓ, Maurício da Cunha Savino. *O Tribunato da Plebe na República Romana: aportes ao constitucionalismo brasileiro contemporâneo*, Tese de Doutorado, UFSC., 2018. (LOPES, 2014, p. 46). (FERRAZ, 1989, p. 27), (cfe, BRETONE, 1998, p. 31).

BUJAN, Antonio Fernandez de. *Direito público romano*, Madrid, 2004, 7ª ed., p. 224-225. Videira.

Fernandez de Bujan, Antonio. *Direito público romano*, Madrid, pag 226, 7ª ed, 2004.

Fernandez de Bujan, Antonio. *Direito público romano*, Madrid, pag 225, 7ª ed, 2004.

França Madeira, H. M. *Digesto de Justiniano livro I*, São Paulo, RT, 2000, p. 88.

BUJAN, Antonio Fernandez de. *Direito público romano*, Madrid, 2004, 7ª ed., p. 224-225.

VOLTERRA, Edoardo, *Istituzioni di diritto privato romano*, Roma, 1972, p. 280, Videira. (cfe. BASÍLIA ELIACHEVITCH. *La personnalité juridique en droit privé romain*, Paris, 1942, p. 40 ss; D. 18. 1. 6 pr (Pomp., 9 ad Sabinum); D. 43. 8. 2. 4-5 (Ulp., 68 ad ed.); D. 18. 1. 72. 1 (Pap., 10 Quaestionum).

Gai., II. 3

Gai., II. 8

Gai., II. 4

Digesto livro 1, título 1, fragmento 1, seção 4

Digesto livro 2, título 14, fragmento 38

Institutas livro 1, paragráfo 1, segmento 4

Institutas libro 1, título 1, fragmento 2

Institutas libro 1, título 1, fragmento 4

Digesto de ulpiano, libro 43, título 14, fragmento 1

Digesto de ulpiano, libro 50, título 16, fragmento 17 (cfe. interpretação do texto de Rodrigues, Nuno Simões, *Dos conflitos de ordens ao Estado patrício – plebeu*, Universidade de Lisboa)

Título II, 2, §§ 4 e 5, consoante obra editada pelo Tribunal Regional Federal da 1ª Região – Escola de Magistratura Federal da 1ª Região, 2010, tradução do livro I do digesto do Corpus Iuris Civilis, 'léxico traduzido do digesto do Corpus Iuris Civilis').

GUANDALINI JUNIOR, Walter. *Uma teoria das fontes do Direito Romano: genealogia histórica da metáfora*. Revista da Faculdade de Direito UFPR, Curitiba, pr, Brasil, v. 62, n.

1, jan/abr. 2017, p. 9-31. (Instituições – Direito Privado Romano. Tradução J. A. Segurado Campos. Lisboa: Fundação Calouste Gulbenkian, 2010).

FILÓ, Maurício da Cunha Savino. O Tribunato da Plebe na República Romana: aportes ao constitucionalismo brasileiro contemporâneo, Tese de Doutorado, UFSC., 2018.

Título II, 2, § 2, consoante obra editada pelo Tribunal Regional Federal da 1ª Região – Escola de Magistratura Federal da 1ª Região, 2010, tradução do livro I do digesto do Corpus Iuris Civilis, 'léxico traduzido do digesto do Corpus Iuris Civilis'

BOSCH, María José Bravo, Professora titular de Direito romano na Universidade de Vigo (Espanha), Las Magistraturas Romanas como ejemplo de Carrera Política. (apud, F. Lamberti, Romanización y Ciudadanía)

GILISSEN, John. Introdução Histórica ao Direito. 2. ed. Lisboa: Fundação Calouste Gulbenkian, 1995.

Castellanos, Antonio Ruiz, Derecho de gentes y política religiosa, A justiça na antiguidade, ed. Cultura, Revista de história e teoría das idéias, vol 30, 2012.

MOUSOURAKIS, 2007. p. 41.

MONTAGNER, Airto Ceolin. 'A Formação de Roma e os Primórdios da Literatura Latina'. Principia, Rio de Janeiro, n. 24, p. 9-17, 2012. p. 10.

FILÓ, Maurício da Cunha Savino. O Tribunato da Plebe na República Romana: aportes ao constitucionalismo brasileiro contemporâneo, Tese de Doutorado, UFSC., 2018". (PARICIO; BARREIRO, 2014). (VALDITARA, 2008, p. 100).

GIORDANI, Mário Curtis, Iniciação ao Direito romano, Ed Lumen Iuris, 1996.

GILISSEN, John. Introdução Histórica ao Direito. 2. ed. Lisboa: Fundação Calouste Gulbenkian, 1995. p. 83.

FILÓ, Maurício da Cunha Savino. O Tribunato da Plebe na República Romana: aportes ao constitucionalismo brasileiro contemporâneo, Tese de Doutorado, UFSC., 2018.

LOBRANO, Giovanni, A Teoria da Respublica (fundada sobre a 'sociedade' e não sobre a 'pessoa jurídica' no corpus juris civiles de Justiniano (Digesto 1. 2-4) Gai. 1. 3 e Just. Inst. 1. 2. 4:

FILÓ, Maurício da Cunha Savino. O Tribunato da Plebe na República Romana: aportes ao constitucionalismo brasileiro contemporâneo, Tese de Doutorado, UFSC., 2018".

CONSELHEIRO JÚNIOR, João José Pinto, Cursü Elementar de Direito romano, Lente de Direito romano, Faculdade de Direito do Recife, Ed typographia econômica, 1888.

Cfe. SANTOS JUSTO, A., *Direito Privado romano I, Parte Geral (Introdução. Relação Jurídica. Defesa dos Direitos)*, 5.ª edição, Coimbra, Coimbra Editora, 2011, p. 89, nota 351.

BELLOCCHI, Márcio, Noções do Processo Civil romano e a Utilização da Aequitas como Fonte do Direito. Um Foco no Processo Formulário, Revista Forense, Volume 431, 10. 09. 2002 (Na lição de MEIRA, Silvio Augusto de Bastos. História e fontes do Direito romano, Saraiva, 1966)

CARMIGNANI, Maria Cristina. A Aequitas *e a Aplicação do Direito em Roma*. Revista da Faculdade de Direito da Universidade de São Paulo. São Paulo, v. 104, p. 115-129, jan/dez 2009. 'Revista Forense – Volume 431 – Noções do Processo Civil romano e a Utilização da Aequitas como Fonte do Direito. Um foco no processo formulário, Márcio Bellocchi, 10. 09. 2002, disponível em Gen Juridico.

BÖTTCHER, Carlos Alexandre, Iudicet Iudicarive Iubeat: Reflexões sobre as origens do Processo Civil romano e da Bipartição. USP 2012. (Livius. 7. 1. 6)

CARMIGNANI, Maria Cristina. A Aequitas *e a Aplicação do Direito em Roma*. Revista da Faculdade de Direito da Universidade de São Paulo. São Paulo, v. 104, p. 115-129, Jan/Dez 2009. 'Revista Forense – Volume 431 – Noções do Processo Civil romano e a Utilização da Aequitas como Fonte do Direito. Um foco no processo formulário, Márcio Bellocchi, 10. 09. 2002, disponível em Gen Juridico.

DIAS, Handel Martins. O Processo Formulário. Revista da Faculdade de Direito da USP, São Paulo, v. 108, p. 169-195, Jan/Dez 2013, Revista Forense – Volume 431 – Noções do Processo Civil romano e a Utilização da Aequitas como Fonte do Direito. Um foco no processo formulário, Márcio Bellocchi – 10. 09. 2002 – Disponível em Gen Juridico.

CARMIGNANI, Maria Cristina. op. cit., p. 123, nota rodapé 41, Revista Forense – Volume 431 – Noções do Processo Civil romano e, a Utilização da Aequitas como Fonte do Direito. Um Foco no Processo Formulário, Márcio Bellocchi – 10. 09. 2002 – disponível em Gen Juridico.

CARMIGNANI, Maria Cristina. op. cit., p. 119, nota rodapé 25, Revista Forense – Volume 431 – Noções do Processo Civil romano e, a Utilização da Aequitas como Fonte do Direito. Um Foco no Processo Formulário, Márcio Bellocchi – 10. 09. 2002 – disponível em Gen Juridico.

GUANDALINI Junior, Walter. Uma teoria das fontes do Direito Romano: genealogia histórica da metáfora. Revista da Faculdade de Direito UFPR, Curitiba, PR, Brasil, v. 62, n. 1, Jan. /Abr. 2017, p. 9-31. [papiniano] (cfe. Madeira, 2012, p. 23) (D. 1. 1. 7. [papiniano]) (Madeira, Hélcio Maciel França (org). Digesto de Justiniano, Liber Primus – Introdução ao Direito Romano. tradução Hélcio Maciel França Madeira. 6. Ed. São Paulo: Revista dos Tribunais, 2012)

PAPIANUS, Cfe. D. 1. 1. 7

ULPIANUS D. 6 1. 1

JUSTO, Santos, A, O Pensamento Jusnaturalista no Direito romano, Revista Direito e Desenvolvimento, João Pessoa, v. 4, n. 7, p. 239-312, Jan/Jun 2013 (Cfe. D. 1, 1, 6 pr. ULPIANUS)

Dias, Hendel Martins, O processo formulário, R. Fac. Dir. Univ. São Paulo v. 108 p. 169 – 195 jan. /dez 2013. (Cfe. TUCCI; AZEVEDO, 2001a, p. 31-32). Sobre a biografia de Gaio, veja-se COSTA, Moacyr Lobo da. Gaio: estudo biobibliográfico. São Paulo: Saraiva, 1989".

Cfe. GAIUS, Inst. I, 1, d. 9(I. 1)

Cfe. PAULUS D. 11 (1. 1))

TABOSA, Agerson. Direito Romano. Fortaleza: Ed Imprensa Universitária – UFC., 1999, p. 103, Revista Forense – volume 431 – Noções do Processo Civil romano e a Utilização da Aequitas como Fonte do Direito. Um Foco no Processo Formulário, Márcio Bellocchi – 10. 09. 2002 – Disponível em Gen Juridico.

Dias, Hendel Martins, O processo formulário, R. Fac. Dir. Univ. São Paulo v. 108 p. 169 – 195 jan. /dez 2013.

Titulo X, consoante obra editada pelo Tribunal Regional Federal da 1ª Região – Escola de Magistratura Federal da 1ª Região, 2010, tradução do livro I do digesto do Corpus Iuris Civilis, 'léxico traduzido do digesto do Corpus Iuris Civilis'

C. VARELA, Los Administradores de Roma desde el origen de la ciudad hasta Justiniano.

BIONDI, 1957. p. 120.

Segundo Max Kasern (1996, p. 183), 'iurisdictio' é o poder soberano concedido aos magistrados judiciais para defenderem as obrigações privadas. (Cabral, Gustavo César Machado, Mudanças políticas e estruturais na função jurisdicional em Roma, repositório ufc, 2012)

PAIM, Gustavo Bohrer, Breves notas sobre o Processo Civil romano – Temas atuais do Processo Civil – Revista Eletrônica – Volume 1 – Numero 3 – Setembro 2011. (cfe. CRUZ E TUCCI, José Rogério; AZEVEDO, Luiz Carlos de. Op. cit., p. 112)

PAIM, Gustavo Bohrer, Breves notas sobre o Processo Civil romano – Temas atuais do Processo Civil – Revista Eletrônica – Volume 1 – Numero 3 – Setembro 2011. (cfe. Kaser, Max, op cit, p. 36)

Dig, T XIV, consoante obra editada pelo Tribunal Regional Federal da 1ª Região – Escola de Magistratura Federal da 1ª Região, 2010, tradução do livro I do digesto do Corpus Iuris Civilis, 'léxico traduzido do digesto do Corpus Iuris Civilis'

BONFANTE, Pietro. Storia del Diritto Romano. 4. ed. Milano: Dott. A. Giuffrè, 1958. v. 1. p. 279-280.

FILÓ, Maurício da Cunha Savino. "O Tribunato da Plebe na República Romana: aportes ao constitucionalismo brasileiro contemporâneo, Tese de Doutorado, UFSC., 2018.

Título II, Dig, 1', II, 2, § 17, consoante obra editada pelo Tribunal Regional Federal da 1ª Região – Escola de Magistratura Federal da 1ª Região, 2010, tradução do livro I do digesto do Corpus Iuris Civilis, 'léxico traduzido do digesto do Corpus Iuris Civilis'

BOSCH, María José Bravo, Professora titular de Direito romano na Universidade de Vigo (Espanha), Las Magistraturas Romanas como ejemplo de Carrera Política. (vid. Al Respecto, A. Viñas, Instituciones Políticas y Sociales de Roma: Monarquía y República, cit. p. 157-158)

BOSCH, María José Bravo, Professora titular de Direito romano na Universidade de Vigo (Espanha), Las Magistraturas Romanas como ejemplo de Carrera Política. (cfe. C. Varela, El Estatuto Jurídico Del Empleado Público en Derecho romano, Madrid, 2007, p. 72)

BOSCH, María José Bravo, Professora titular de Direito romano na Universidade de Vigo (Espanha), Las Magistraturas Romanas como ejemplo de Carrera Política. (cfe. F. Lamberti, Romanización y Ciudadanía)

CICERÓN, pro sestio, 25, 55:

CICERÓN, de officiis, 3, 31, 3:

TITO LIVIO, 39, 42, 6:

CICERÓN: pro cluentio, 42, 120:

CICERÓN: pro cluentio, 42, 119:

ID, 46, 131:

CICERÓN, pro cluentio, 43, 122:

Tribunal Regional Federal da 1ª Região – Escola de Magistratura Federal da 1ª Região, 2010, tradução do livro I do digesto do Corpus Iuris Civilis, 'léxico traduzido do digesto do Corpus Iuris Civilis', Título II, Dig, 1' II, 2, § 21 e 26

Tribunal Regional Federal da 1ª Região – Escola de Magistratura Federal da 1ª Região, 2010, tradução do livro I do digesto do Corpus Iuris Civilis, 'léxico traduzido do digesto do Corpus Iuris Civilis', T XIII

Tribunal Regional Federal da 1ª Região – Escola de Magistratura Federal da 1ª Região, 2010, tradução do livro I do digesto do Corpus Iuris Civilis, 'léxico traduzido do digesto do Corpus Iuris Civilis', Titulus XIII de officio quaestoris, Ulpianus, libro singulari de officio Qnaestoris

Tribunal Regional Federal da 1ª Região – Escola de Magistratura Federal da 1ª Região, 2010, tradução do livro I do digesto do Corpus Iuris Civilis, 'léxico traduzido do digesto do Corpus Iuris Civilis', T. II, 2, § 20

BOSCH, María José Bravo, Professora titular de Direito romano na Universidade de Vigo (Espanha), Las Magistraturas Romanas como ejemplo de Carrera Política. (Cfe. A. Fernández de Buján, Derecho Público Romano. Recepción, Jurisdicción y Arbitraje)

Cfe. de Republica, I, 63, Cicero, Marcus Túlio.

Saldanha, Daniel Cabaleiro, apontamentos para uma idéia de justiça em Roma, Anais do XVIII Congresso Nacional do Conpedi, 2009.

FILÓ, Maurício da Cunha Savino. O Tribunato da Plebe na República Romana: aportes ao constitucionalismo brasileiro contemporâneo, Tese de Doutorado, UFSC., 2018. (VALDITARA, 2008, p. 102-103).

PAOLO, Colliva. (apud Bobbio et al. (orgs). Dicionário de Política. Brasília: UNB, 1996. p. 986).

FILÓ, Maurício da Cunha Savino. O Tribunato da Plebe na República Romana: aportes ao constitucionalismo brasileiro contemporâneo, Tese de Doutorado, UFSC., 2018. (PILATI, 2011, p. 3; PARICIO; BARREIRO, 2014, p. 68-69)

FILÓ, Maurício da Cunha Savino. O Tribunato da Plebe na República Romana: aportes ao constitucionalismo brasileiro contemporâneo, Tese de Doutorado, UFSC., 2018." (LOPES, 2014, p. 46).

Bravo, Gonzalo, Historia de la Roma antigua, Alianza Editorial, Madrid, 1998,

PEREIRA, Maria Helena da Rocha, Os feitos do divino Augustus (Antologia da Cultura Latina Romana). Coimbra: Universidade de Coimbra, 1986, p. 120-121. ('in' Santos, Maria do Rosário Laureano, Aspectos culturais da concepção de justiça na Roma antiga, Cultura, Vol. 30 | 2012, 141-147)

CABRAL, Gustavo César Machado, Do ordo à cognitio mudanças políticas e estruturais na função jurisdicional em Roma, Revista de Informação Legislativa – Brasília a. 49 n. 194 abr. /jun. 2012. (cfe. Ulpianus, D. 1. 4. 1).

GUANDALINI Junior, Walter, Uma teoria das fontes do Direito Romano: genealogia histórica da metáfora, Revista da Faculdade de Direito UFPR, Curitiba, PR, Brasil, v. 62, n. 1, jan. /abr. 2017. (D. 1. 4. 1. [ulpiano], cfe. Madeira, Hélcio Maciel França (org) Digesto de Justiniano, Liber Primus, Introdução ao Direito Romano. Tradução Hélcio Maciel França Madeira. 6. Ed. São Paulo: Revista dos Tribunais, 2012)

Carmignani, Maria Cristina, A aequitas e a aplicação do direito em Roma, Revista da Faculdade de Direito da Universidade de São Paulo v. 104 p. 115 – 129 jan. /dez. 2009. (D. 1. 4. 1. 1. Ulp. 1 Inst)

Titulus IV de Constitutionibus Principum, Ulpianus libro I, Institutionum, consoante obra editada pelo Tribunal Regional Federal da 1ª Região – Escola de magistratura federal da 1ª região, 2010, tradução do livro I do digesto do Corpus Iuris Civilis, 'léxico traduzido do digesto do Corpus Iuris Civilis'

BONFANTE, Pietro. Storia del Diritto Romano. 1958. p. 285. (Cfe. MOUSOURAKIS, George. A Legal History of Rome. p. 56-57).

BRETONE, Mario. História do Direito romano 'ius' Civilis no Direito Civil Brasileiro (Lisboa: Editorial Estampa, 1998. p. 31, A influência do corpus iuris em uma assembleia provincial apud, de Melo, José Messias Gomes, Revista de Direito Fibra Lex Ano 3, nº 3, 2018)

Suetonio, Augustus, 35, 1; Dio 52, 42, 1 s y 54, 14, 1

POMPONIUS. Libro singulari enchiridii. In: JUSTINIANO. Digesto, Liber Primus: introdução ao Direito Romano. 3. ed. 'Constare non potest ius, nisi sit aliquis iuris peritus, per quem possit cottidie in melius produci." Tradução de: Hélcio Maciel França Madeira. São Paulo: Revista dos Tribunais; Osasco: Centro Universitário FIEO, 2002. p. 24-43. p. 29.

DIG 4. 4. 16. 5 – ULPIANUS 11 ad ed

DIG 4. 4. 17 – Hermogenianus 1 iuris epit

CONSELHEIRO JÚNIOR, João José Pinto, Cursü Elementar de Direito romano, Lente de Direito romano, Faculdade de Direito do Recife, Ed typographia econômica, 1888.

CRETELLA Junior, José, Curso de Direito Romano. Rio de Janeiro, Ed. Forense, 1998, p. 67-68.

CLAVERO, B. Publicação do Artigo Propriedades na Sociedade Romana: A forma protetiva baseada no caso concreto – publicada on line – 'Roman properties in society: a case based *on form protective concrete' – Institucion Historica del Derecho. Madrid: Marcial pons Ediciones Jurídicas, 1992. Di Pietro" (1996, p. 29).*

Flavius Valerius CONSTANTINUS, Constantino I ou Constantino, o Grande, nasceu em Naissus, Mésia, em 337 e faleceu em 337, em Nicomédia. Foi o primeiro imperador romano a se converter ao cristianismo.

DE MAMAN, Tobias Scheffer, precedentes no direito brasileiro. A tradição jurídica ocidental entre instrumentos, métodos e história, tese de mestrado, ufrs, 2014. (apud Lemerle, op. cit., p. 31).

'Edictum Mediolanensis'

Flavius Valerius Constantinu

Gaius Valerius Licinianus Licinius Augustus

DE MAMAN, Tobias Scheffer, precedentes no direito brasileiro. A tradição jurídica ocidental entre instrumentos, métodos e história, tese de mestrado, ufrs, 2014. (apud Lemerle, op. cit., p. 4)

Paim, Gustavo B, Breves Notas sobre o Processo Civil romano – temas atuais do processo Civil – revista eletrônica – volume 1 – numero 3 – setembro 2011. (apud BIONDI, Biondo. Il diritto romano Cristiano, t. I. Milano: Giuffrè, 1952, p. 2)

Paim, Gustavo B, Breves Notas sobre o Processo Civil romano – temas atuais do processo Civil – revista eletrônica – volume 1 – numero 3 – setembro 2011. (apud BIONDI, Biondo. Il diritto romano Cristiano, t. I. Milano: Giuffrè, 1952, p. 4-5)

Maciel, José Fabio Rodrigues; Aguiar, Renan. 2010. P 87, Coleção Roteiros Jurídicos. História do Direito. 4ª ed. São Paulo: Editora Saraiva, 2010, Revista Científica do Curso de Direito, Fag.

Justo, Antônio dos Santos, 'A obrigação natural no Direito Romano. Marcas romanas em alguns direitos contemporâneos ', Lex Ml, 2015.

EVANS, James Allan. "The Emperor Justinian and the Byzantine Empire". Westport; London: Greenwood, 2005. p. XIII–XIV.

Todos os escritos e escrituras da 'roman antiqua' dão conta de que Iustiniano (483 d. C a 565 d. C), imperador Bizantino, concebeu, ordenou e dissertou o Código Iustinianus, que se deu com a epítome do Digesto, das Institutas e das Novelas, que assim constituíram o Direito romano, ou seja, as leis que asseguravam ao roman populus o domínio do mundo, no seu governo no período de 527 d. C a 565 d.C., tornando-o verdadeiro protagonista no marco da evolução da ambitude jurídica.

Flávio Pedro Sabácio Justiniano, nascido em Taurésio, em 483, e morto, em 565, em Constantinopla, foi imperador do Império romano do Oriente e determinou a elaboração do Corpus Juris Civilis.

Isaia, Cristiano Becker, A herança romana no direito processual civil e a necessária releitura constitucional do processo na plataforma democrática de direito, Revista de Direitos Fundamentais e Democracia, Curitiba, v. 11, n. 11, p. 124-148, jan. /jun. 2012. (Cfe. Justinianus I, 2000, p. 6)

Paim, Gustavo B, Breves Notas sobre o Processo Civil romano – temas atuais do processo Civil – revista eletrônica – volume 1 – numero 3 – setembro 2011. (nas lições de ALVES, José Carlos Moreira. Op. cit., p. 49)

Carmignani, Maria Cristina, A aequitas e a aplicação do direito em Roma, Revista da Faculdade de Direito da Universidade de São Paulo v. 104 p. 115 – 129 jan. /dez. 2009. (Cfe. Constituição Tanta, 21)

Isaia, Cristiano Becker, A herança romana no direito processual civil e a necessária releitura constitucional do processo na plataforma democrática de direito, Revista de Direitos Fundamentais e Democracia, Curitiba, v. 11, n. 11, p. 124-148, jan. /jun. 2012.

Pezella, Maria Cristina Cereser, Reckziegel Janaína, Propriedades na Sociedade Romana: A forma protetiva baseada no caso concreto. (apud Orestano, 1963, p. 630-631)

WIEACKER, Franz. História do Direito Privado Moderno. 4. ed. Lisboa: Fundação Calouste Gulbenkian, 2010, p. 311

Caminha, Vivian Josete Pantaleão, A eqüidade no direito contratual: uma contribuição para o debate sobre o tema, Tese de Doutorado, UFRS, 2010. (Cfe. Lopes, José Reinaldo de Lima. O Direito na História: lições introdutórias. 3 ed. São Paulo: Atlas, 2008, p. 44).

Isaia, Cristiano Becker, A herança romana no direito processual civile a necessária releitura constitucional do processona plataforma democrática de direito, Revista de Direitos Fundamentais e Democracia, Curitiba, v. 11, n. 11, p. 124-148, jan. /jun. 2012. (apud Verger, Jacques. Cultura, Ensino e Sociedade no Ocidente nos Séculos XII e XIII. Tradução de Viviane Ribeiro. Bauru: Edusc, 2001)

PAIM, Gustavo B, Breves Notas sobre o Processo Civil romano – temas atuais do processo Civil – revista eletrônica – volume 1 – numero 3 – setembro 2011. (apud BRETONE, Mario. Op. cit., p. 279)

Digesto 1. 1. 1 – Ulpiano, Institutas, IV 1.

Iustinianus – Prefácio Institutas

'Juris epitomarum'.

'De adulteriis, De officio aedilium, Definitiones, Quaestiones, Responsorum'

'De differia dotis, De enucleatis casibus, De heurematicis, De inofficios testamento, De manumissionibus, De poenis, De praescriptionibus, De ritu nuptiarum, Differentiarum, Excusationes, Pandectarum, Regulae, Responsorum'.

Álvaro D'ors, Direito Privado romano, 5ª ed. revisado, Ed. Universidad de Navarra SA, Pamplona, 1983, p. 77 n.. 2. "Escrito ou pelo menos iniciado antes da redação do édito perpétuo".

'Ad Minicium, Ad Urseium Ferocem, De ambiguitatibus, Digesta'.

'Quaestiones'

'Ad Legem Iuliam et Papiam, Apud Iulianum, Digestorum, Regulae Pomponii notat, Responsa'

'Digestorum, Quaestionum, Quaestionum publice tractatarum, Regulae, Responsorum'

'Ad edictum, Ad edictum aedilium currulium, Ad legem Aeliam Sentiam, Ad legem Cinciam, Ad legem Falcidiam, Ad legem Fufiam Caniniam, Ad legem Iuliam, Ad legem Iuliam et Papiam, Ad Neratium, Ad orationem divi Severi, Ad orationem divi Severi et Comodi, Ad Plautium, Ad regulam catonianam, Ad Sabinum, Ad Senatus Consultum Libonianum, Ad Senatusconsultum Claudianum, Ad Senatusconsultum Orphitianum, Ad Senatusconsultum Silanianum, Ad Senatusconsultum Tertullianum, Ad Senatusconsultum Tertullianum et Orphitianum, Ad Senatusconsultum Turpillianum, Ad Senatusconsultum Velleianum, Ad Vitellium, Brevis edicti, De adsignationes libertorum, De adulteriis, De apellationibus, De assignatione libertorum, De censibus, De cognitionibus, De conceptione formularum, De concurrentibus actionibus, De dotis repetitione, De excusationibus tutelarum, De forma testamenti, De gradibus, et affinibus, et nominibus eorum, De inofficioso testamento, De Instructo et Instrumento, De instrumenti significatione, De intercessionibus feminarum, De iudiciis publicis, De iure fisci, De iure codicillorum, De iure libellorum, De iure patronatus, De iure singulari, De iuris et facti ignorantia, De liberali causa, De libertatibus, De libertatibus dandis, De officio assessorum, De officio consulis, De officio praefecti urbi, De officio praefecti vigilum, De officio proconsulis, De poenis militum, De poenis omnium legum, De Portionibus quae liberis damnatorum conceduntur, De secundis tabulis, De Senatusconsultis, De septemviralibus iudiciis, De tacitis fideicommissis, De usuris, De varris lectionibus, Decretorum, Digestorum Iuliani notat, Epitomarum Alfeni Digesto-

rum, Fideicommissorum, Imperiales sententiae in cognitionibus prolatae, Institutiones, Manualium, Quaestiones, Regulae, Responsorum, Sententiae'

'Ad edictum aedilium currulium, Ad edictum provinciale, Ad edictum urbicum, Ad formulam hypothecariam, Ad legem Glitiam, Ad legem Iuliam et Papiam, Ad legem XII tabularum, Ad Senatusconsultum Orfitianum, Ad Senatusconsultum Tertullianum, De casibus, De manumissionibus, De verborum obligationibus, Institutiones, Regulae, Rerum quotidianarum sive aureorum'.

'Ad edictum, Ad edictum aedilium currulium, Ad legem Aeliam Sentiam, Ad legem Iuliam et Papiam, Ad Sabinum, De adulteriis, De appellationibus, De censibus, De officio consulis, De officio curatoris reipublicae, De officio praefecti urbi, De officio praefecti vigilum, De officio praetoris tutelaris, De officio proconsulis, De officio quaestoris, De omnibus tribunalibus, De sponsalibus, Disputationum, Excusationum, Fideicommissorum, Institutiones, Opinionum, Pandectarum, Regulae, Responsorum'. Cfe. A tradição jurídica romano-canônica, México, FCE, 1980, p. 25-26).

GUTIÉRREZ-ALVIZ Y ARMARIO, Faustino. Diccionario de Derecho Romano. p. 160, 196, 513. (Institutas 'Preâmbulo')

Digesto 1. 1. 1 – Ulpiano, Institutas, IV 1.

ISAIA, Cristiano Becker, A herança romana no direito processual civile a necessária releitura constitucional do processo na plataforma democrática de direito, revista de direitos fundamentais e democracia, Curitiba, v. 11, n. 11, p. 124-148, jan / jun 2012. (Justiniano I. Institutas do imperador Justiniano. Manual Didático para uso dos Estudantes de Direito de Constantinopla, elaborado por ordem do imperador Justiniano, no ano de 533 d.C. Tradução de J. Cretella jr. São Paulo: rt, 2000, Justiniano I, 2000, p. 6)

Melo, José Messias Gomes de, A influência do corpus iuris civilis no direito civil brasileiro, Revista de Direito FIBRA Lex, Ano 3, nº 3, 2018. (cfe. CORREA, Alexandre; SCIASCIA, Gaetano. Manual de Direito Romano. São Paulo: Revista dos Tribunais, 1988. p. 303).

Melo, José Messias Gomes de, A influência do corpus iuris civilis no direito civil brasileiro, Revista de Direito FIBRA Lex, Ano 3, nº 3, 2018. (cfe. LORENZO, Wambert Gomes Di. As interpolações no Corpus Juris Civilis. In Direito & Justiça v. 37, n. 1, p. 17-24, jan./jun. 2011. p. 20).

"Constitutio principis est quod imperator decreto vel edicto vel epistula constituit" – em tradução livre – "A constituição imperial é o que o imperador ordena por decreto ou por carta". (Gaius).

PAIM, Gustavo B, Breves Notas sobre o Processo Civil romano – temas atuais do processo Civil – revista eletrônica – volume 1 – numero 3 – setembro 2011. (apud BIONDI, Biondo. Il Diritto romano, Cristiano, T. II. Milano: Giuffrè, 1952, p. 117)

PAIM, Gustavo B, Breves Notas sobre o Processo Civil romano – temas atuais do processo Civil – revista eletrônica – volume 1 – numero 3 – setembro 2011. (apud BIONDI, Biondo. Il Diritto romano, Cristiano, T. II. Milano: Giuffrè, 1952, p. 113)

De Maman, Tobias Scheffer, Precedentes no direito brasileiro. A tradição jurídica ocidental entre instrumentos, métodos e história, Tese de Mestrado, UFRS, 2014. (apud Biondi, op. cit., p. 10 e 168-180).

PAIM, Gustavo B, Breves Notas sobre o Processo Civil romano – temas atuais do processo Civil – revista eletrônica – volume 1 – numero 3 – setembro 2011. (apud Merryman, John Henry. La Tradición Jurídica Romano-Canónica. 7. Ed. tradução para o espanhol de Eduardo l. Suárez. México: Fondo de Cultura Econômica, 2002)

Justo, Antônio dos Santos, 'A obrigação natural no Direito Romano. Marcas romanas em alguns direitos contemporâneos'

Justiniano, Flavius Petrus Sabbatius, Institutas, 3, 13, pr.

DINIZ, Marcous Paulo, Direitos das Obrigações: Uma Abordagem dos Aspectos Evolutivos desde o início da Humanidade. (nas lições de, Farias, Cristiano Chaves de; Rosenvald, Nelson. Direito das Obrigações. 3. Ed. Rio de Janeiro: Lumen Juris, 2008).

BRANDT, Felipe Barbosa; DA ROCHA, Renata Ferreira Os Elementos da responsabilidade objetiva prevista na lei anticorrupção, UCB, 2022. (Cfe. GAGLIANO, Pablo Stolze; PAMPLONA FILHO, Rodolfo. Novo curso de direito civil: responsabilidade civil. 19. ed. São Paulo: Saraiva Educação, 2021, v. 3)

DINIZ, Marcous Paulo, Direitos das Obrigações: Uma Abordagem dos Aspectos Evolutivos desde o início da Humanidade. (Nas lições de Meira, Silvio. A Lei das XII Tábuas. 3. Ed. Rio de Janeiro: Forense, 1973).

ALVES, José Carlos Moreira – Direito Romano. RJ, Ed. Forense, 2003, vol. 2., p. 27.

Ferreira, Flávio Henrique Silva, O destino do Senatus Consultum Macedonianum no Brasil, Revista de informação legislativa, ano 50, número 199, jul/set 2013. (Paraphrasis institutionum, Lib. IV, Tit. VII, 7 (THEOPHILUS, 2010 apud Zimmermann, 1996, p. 177-178).

Ferreira, Flávio Henrique Silva, O destino do Senatus Consultum Macedonianum no Brasil, Revista de informação legislativa, ano 50, número 199, jul/set 2013. (transcrito do *original, Ulp. D. 14, 6, 1 pr. : "cum inter ceteras sceleris causas macedo, quas illi natura administrabat, etiam aes alienum adhibuisset, et saepe materiam peccandi malis moribus praestaret, qui pecuniam, ne quid amplius diceretur incertis nominibus crederet: placere, ne cui, qui filio familias mutuam pecuniam dedisset, etiam post mortem parentis eius, cuius in potestate fuisset, actio petitioque daretur, ut scirent, qui pessimo exemplo faenerarent, nullius posse filii familias bonum nomen expectata patris morte fieri").*

ANGELIN, Karinne Ansiliero, Dano injusto como pressuposto do dever de indenizar, Usp, SP, 2012. *"Nunc transeamus ad obligationes. Quarum summa diuiosio in duas species diducitur; omnis enim obligatio uel ex contractu nascitur uel ex delicto" (cfe. Gaius. 3, 88)*

PAULO, Digesto, 44, 7

Chaves, Antônio, Caso fortuito ou de força maior, USP, 1965.

Chaves, Antônio, Caso fortuito ou de força maior, USP, 1965.

Plauto, Truc. 214: "namfundi et aedis obligatae sunt ob amoris praedium".

Paricio, Javier Serrano, 'Las fuentes de las obligaciones en la tradición gayano-justinianea', en el legado jurídico de Roma, Marcial Pons Ediciones Jurídicas y Sociales, S. A.; 1ª edição, 2010.

Perozzi, 'le obbligazioni romane', p. 350; albertario, corso di diritto romano. le obbligazioni (milán, 1947) p. 139; schulz, classical roman law (oxford, 1951) p. 466; scherillo, lezione sulle obbligazioni (milán, 1961) p. 241; biscardi. "postille gaianae", en atti del simposio romanistico. gaio nel suo tempo (nápoles, 1966) p. 22 ss. ; longo. "I quasi delicta. actio de effusis et deiectis. actio de positis ac suspensi", en studi sanfilippo iv, p. 403, quadrato, le institutiones nell'insegnamento di gaio. omissioni e rinvii (nápoles, 1979); paricio, los cuasidelitos. observaciones sobre su fundamento histórico (madrid, 1987) p. 23. contra, vid. por todos, wolodkiewicz. "obligationes ex variis causarum figuris. ricerche sulla classificazione delle fonti delle obbligazioni nel diritto romano clásico", en risg xcvii (1970) p. 130 ss., con bibliografía: "la summa divisio delle obbligazioni é la distinzione piú importante (sotto un aspetto classificativo), ma non esclude, entro quella distinzione altre categori che il giurista teniendo conto della semplicitá della lezione, non voleva trattare in modo piú particolareggiato", y zimmermann, the law of obligations. roman foundations of the civilian tradition (cape town-wetton-johannesburgo, 1990) p. 14.

En fuentes posteriores a Gayo, la división contrato-delito aparece en Ulpiano, D. 5, 1, 18; 5, 1, 57; 14, 5, 4; 46, 1, 8; 50, 16, 12 pro y Paulo, D. 5, 3, 14. Con todo, no falta quien haya sostenido que la distinción contrato-delito debe retrotraerse a la época de Servio Tulio (En tal sentido de pronuncia Albertario, Corso di Diritto romano, cit., p. 141, con base en

Dionisio de Halicarnaso), pasando porque fue ideada en época republicana (Así, PEROZZI. "Le obbligazioni romane", cit., p. 350, nt. 1; Riccobono. "Dal diritto romano clásico al diritto moderno: la dottrina delle obligationes quasi ex contractu", en Annali Palermo III-Iv (1917) p. 275; Arango-Ruiz, Istituzioni, cit., p. 293, hasta llegar a considerar que fue una creación propia de Gayo influido por la filosofia griega (Schulz, Classical, cit., p. 467, le siguen Zimmermann, The Law of Obligations, cit., p. 10 y Talamanca, La filosofia greca e il diritto romano 11 (Roma, 1977) p. 204, nt. 579). (Justinianus, Flavius Petrus Sabbatius, Institutas do imperador Justiniano, Ed. Edipro, 2001, p. 70.).

Rodríguez, Arturo Solarte, Los actos ilícitos en el derecho romano, Vniversitas, núm. 107, 2004, p. 692-746, Pontificia Universidad Javeriana Bogotá, Colombia. (cfe. Camacho de Los Ríos, Fermín, op. cit., p. 144 y sigs.).

Moraes, Mota Marcel, As raízes romanas do contrato, cidp. pt. revistas, 2019. v. SAVIGNY, Friedrich Karl von. ob. cit., p. 338-339. Sobre o caráter compreensivo da obrigação, v. CORDEIRO, António Menezes. Tratado de direito civil: direito das obrigações. 2. ed. Coimbra: Almedina, 2012. v. VI. p. 23-48, BIRKS, Peter. The Roman law of obligations. Oxford: Oxford University Press, 2014. p. 2-5, BRUTTI, Massimo. Il diritto privato nell'antica Roma. 3. ed. Torino: Giappichelli, 2015. p. 426).

Moraes, Mota Marcel, As raízes romanas do contrato, cidp. pt. revistas, 2019. (Cfe. CORDEIRO, António Menezes. ob. cit., 2015. p. 99)

Moraes, Mota Marcel, As raízes romanas do contrato, cidp. pt. revistas, 2019. (KASER, Max; KNÜTEL, Rolf; LOHSSE, Sebastian. ob. cit., p. 49. Itálico no original. Traduzimos. No original: "auch für den Vertrag, die erklärte Einigung zweier oder mehrerer Personen über einen angestrebten Rechtserfolg, haben die Römer weder einen technischen Namen noch eine Theorie").

ALVES, José Carlos Moreira, Direito romano, RJ, Ed. Forense, 2003, vol. 2., p. 123-124.

"Provisiones librari debent, aerarium impleri, debitum publicum minui, arrogantia magistratuum publicorum moderari et moderari, et auxilium in aliis regionibus secari debet, ne Roma decoquatur et homines laborare discant. iterum pro re publica vivi inpensa" – em livre tradução – "o orçamento deve ser equilibrado, o tesouro deve ser reabastecido, a dívida pública deve ser reduzida, a arrogância dos funcionários públicos deve ser moderada e controlada, e a ajuda a outros países deve ser cortada para que Roma não vá à falência e, as pessoas devem aprender a trabalhar novamente em vez de viver às custas do estado". (Marco Tulio Cícero, orador romano, ano 55 a.C.)

Moraes, Mota Marcel, As raízes romanas do contrato, cidp. pt. revistas, 2019. (apud JUSTO, A. Santos. ob. cit., 2017b. p. 98. Ademais, v. ALVES, José Carlos Moreira. ob. cit., p. 541, CRETELLA JÚNIOR, José. ob. cit., p. 199, ROLIM, Luiz Antonio. ob. cit., p. 241.)

"Na sponsio, o credor pergunta ao garante se ele promete dar o mesmo que o credor prometeu, e ele responde 'prometo'. Na fidepromissio, a pergunta é a mesma, e o garante responde que promente fielmente. Na fideiussio, o credor pergunta se garante, sob palavra, a prestação, ao que o garante responde que dá a garantia, sob palavra".

"A respeito da noção, das características e do efeito da stipulatio, vide Biondi, Biondo, Contratto e «stipulatio». Corso di lezioni, Milano, Dott. A. Giuffrè Editore, 1953, p. 267-270, 293-301 e 345-359 – onde o A. afirma que não se dever falar de forma, «giacchè i verba non erano forma ma elemento generatore della obligatio», julgando preferível «parlare di struttura piuttosto che di forma»; Cruz, Sebastião, Da «solutio», I – Épocas arcaica e clássica, Coimbra, ed. do aut., 1962, p. 132 e 217-219, e Direito romano, I – Introdução. Fontes, 4.ª ed., Coimbra, ed. do aut., 1984, p. 303-307; D'Ors, Derecho Privado romano, 10.ª ed., Pamplona, Eunsa, 2004, p. 511-515 e 521-525; Pastori, Franco, Appunti in tema di «sponsio» e «stipulatio», Milano, Dott. A. Giuffrè Editore, 1961, p. 207-208, 225-228 e 231-238; Arangio-Ruiz, Vincenzo, «Sponsio» e «stipulatio» nella terminologia romana, in BIDR 65 (1962), 198-200 e 213-221; Grosso, Giuseppe, Il sistema romano dei contratti, 3.ª ed., Torino, G. Giappichelli Editore, 1963, p. 127-131; Wolf, Joseph Georg, «Causa stipulationis», Köln/Wien, Böhlau, p. 1-2; Kaser, Max, Das römische Privatrecht, I – Das altrömische, das vorklassische und klassische Recht, München, Beck, 1971, p. 538-542; Castresana, Amelia, La estipulación, in Derecho romano de obligaciones. Homenaje al profesor José Luis Murga Gener, Madrid, Centro de Estudios Ramón Areces, 1994, p. 439 e segs. ; Zimmermann, Reinhard, The law of obligations, cit., p. 68-75 e 91-93; Sánchez Collado, Elena, «In ambiguis contra stipulatorem». El «favor debitoris» en los negocios jurídicos, in La responsabilidad civil. De Roma al Derecho moderno. IV Congreso Internacional y VII Congreso Iberoamericano de Derecho romano, Burgos, Universidad de Burgos, 2001, p. 765-766; e Cura, António Alberto Vieira, «Mora debitoris» no Direito romano clássico, cit., nota 259". (Cfe., por ex., Biondi, Biondo, Contratto e 'stipulatio', cit., p. 269)

"Sobre a qualificação da stipulatio como 'contrato verbal', que assenta no fato de a obrigação ser contraída 'verbis', isto é, mediante palavras proferidas oralmente" (cfe. Gaius III, 89, que Justiniano seguiu, em I. 3, 13, 2, Gaius III, 92, D. 44, 7, 1, 1, D. 44, 7, 1, 7 e D. 45, 1, 5, 1), ainda que a iurisprudentia clássica não deixasse de tomar em consideração o consenso das partes, a voluntas, que os verba exteriorizavam (cfe. D. 2, 14, 1, 3, D. 45, 1, 83, 1 e D. 45, 1, 137, 1) (Cf Cura, António Alberto Vieira, 'Fiducia cum creditore'. Aspectos gerais, in BFDUC., Suplemento XXXIV (1991), p. 91, e 'Mora debitoris' no Direito romano clássico, cit., nota 264)

Moraes, Mota Marcel, As raízes romanas do contrato, cidp. pt. revistas, 2019. (cfe. KASER, Max; KNÜTEL, Rolf; LOHSSE, Sebastian. ob. cit., p. 50)

Justinianus, Flavius Petrus Sabbatius – Institutas do imperador Justiniano. Ed. Edipro, 2001, p. 157.

Biondi Riccobono, Salvatore, Corso di Diritto Romano. Formazione e sviluppo del Diritto romano dalle XII Tavole a Giustiniano, II, Milano, Dott. A. Giuffrè Editore, 1933, p. 181; Arias Ramos, José/Arias Bonet, Juan Antonio, Derecho romano, II, 17.ª ed., Madrid, Edersa, 1984, p. 584; e Kaser, Max, Das römische Privatrecht, I, cit., p. 538.

"A circunstância de a stipulatio ser um contrato abstrato (em virtude de o promissor ficar vinculado com a resposta afirmativa e congruente à interrogatio feita pelo stipulator – cfe. Gaius III, 92, e III, 102, D. 44, 7, 1, 7, D. 44, 2, 52, 2, D. 45, 1, 1, 1-4 e D. 45, 1, 5, 1 –, sem que fosse mencionada a causa, a relação substancial que as partes pretendiam efectivar por meio desse contrato) não significa que não exista uma causa determinante da vinculação do promitente, pois, como afirma Biondi, 'nessuno dice spondeo senza una ragione'; no entanto, ela não é requisito de existência ou de validade do negócio, que produz sempre os mesmos efeitos 'indipendentemente dalla causa e qualunque sia la causa". (cfe. Biondi, Biondo, Contratto e 'stipulatio', cit., p. 22, 248, 270-276, 324-335 e 341-345; Cruz, Sebastião, Direito romano, cit., p. 307; Guarino, Antonio, Diritto Privato romano, 10.ª ed., Napoli, Editore Jovene, 1994, p. 847-849 e 853-857; D'Ors, Derecho Privado romano, cit., p. 513; Fuenteseca, Pablo, Derecho Privado romano, Madrid, ed. do aut., 1978, p. 228 e 230-232; e Sacconi, Giuseppina, Ricerche sulla «stipulatio», Torino, Editore Jovene, 1989, p. 32-37, 71-100 e 101-138).

GIBBON, Edward. Declínio e queda do Império romano. São Paulo: Companhia das Letras, 2005.

ALVES, José Carlos Moreira, Direito romano, RJ, Ed. Forense, 2003, vol. 2., p. 118.

Moraes, Mota Marcel, As raízes romanas do contrato, cidp. pt. revistas, 2019. (apud JUSTO, A. Santos. Direito privado romano: direito das obrigações. 5. ed. Coimbra: Coimbra editora, 2017b. v. II. Direito privado romano: parte geral (Introdução. Relação jurídica. Defesa dos direitos). 6. ed. Coimbra: Coimbra editora, 2017a. v. I. cfe. p. 49)

Gaius IV, 62.

BIONDI, Biondo. Il Diritto Romano. Bologna: Licinio Cappelli, 1957.

Saliente-se que algumas constituições imperiais referem-se igualmente a 'bonae fidei contractibus': pelo menos, uma de Maximino (ano 236), contida em C. 2, 3, 13 – "In bonae fidei *contractibus ita demum ex pacto actio competit, si ex continenti fiat: nam quod postea placuit, id non petitionem, sed exceptionem parit"* –, *e duas de Diocleciano e Maximiano (uma do ano 285 e outra do ano 290), uma conservada em C. 2, 53, 3 – "In contractibus, qui bonae fidei sunt, etiam maioribus officio iudicis causa cognita publica iura subveniunt"* – *e outra em C. 2, 40, 3 – "In minorum persona re ipsa et ex solo tempore tardae pretii solutionis recepto iure moram fieri creditum est, in his videlicet, quae moram desiderant, id est in bonae fidei contractibus et fideicommissis et in legato".*

García del corral, Idelfonso L (compilador). Cuerpo del Derecho civil romano. Digesto. Primera Parte. Barcelona: Jaime Molinas Editor, 1889, p. 114.

GARCÍA DEL CORRAL, Idelfonso L *(compilador). Cuerpo del Derecho civil romano. Digesto. Primera Parte. Barcelona: Jaime Molinas Editor, 1889, p. 114 (Cfe. Donellus, Hugo, Commentaria de Iure Civili, Liber XIII. Caput VI, in Opera Omnia, tomo III, Lucae, Typis Joannis Riccomini, 1763, col. 814-815)*

Digesto compendiado por Paulo, libro III, cfe. GARCÍA DEL CORRAL, Idelfonso L (compilador). Cuerpo del Derecho civil romano. Digesto. Primera Parte. Barcelona: Jaime Molinas Editor, 1889, p. 962)

GARCÍA DEL CORRAL, Idelfonso L *(compilador). Cuerpo del Derecho civil romano. Digesto. Primera Parte. Barcelona: Jaime Molinas Editor, 1889, p. 958)*

GARCÍA DEL CORRAL, Idelfonso L (compilador). Cuerpo del Derecho civil romano. Digesto. Primera Parte. Barcelona: Jaime Molinas Editor, 1889, p. 115).

Cfe. Donellus, Hugo, Commentaria de Iure Civili, Liber XIII. Caput VI, cit., col. 814-815).

Cfe. Cura, António Alberto Vieira, 'Mora debitoris' no Direito romano clássico, cit., p. 340

D. 43, 32, 1, 4: (Ulpianus, D. 43, 32, 1, 4)

Cfe. Gallo, Filippo, Sulla presunta estinzione del rapporto di locazione, cit., p. 1206.

Cfe. Montel, Alberto, Padova, "Para quem a palavra 'petitio' não tem o significado de 'richiesta', mas, antes, o de acção". (Cf Cedam, 1930, p. 16-17)

Cfe. Cura, António Alberto Vieira, 'Mora debitoris', Direito romano clássico, Lisboa, Fundação Calouste Gulbenkian, 2011, p. 99.

'Cf'. Elefante, A., «Interpellatio» e «mora», cit., p. 31 e nota 10 da mesma.

Marciano, D. 22, 1, 32pr

"Hugo Donellus interpreta o D. 22, 1, 32 pr. no sentido de que a mora do devedor não se verifica 'somente em virtude da circunstância do atraso' ('ex dilatione rei sola'), 'devido, apenas, ao próprio atraso' ('ex ipsa sola dilatione') ou 'em virtude do próprio momento tardio do cumprimento' ('ex ipso tempore tardae solutionis'), mas 'em virtude de falta da pessoa' ('ex vitio personae') ou 'quando na pessoa daquele que difere o cumprimento' (ou seja, do devedor) 'tenha sobrevindo alguma culpa, a fim de que possa ser dito que, se não cumprir, o atraso lhe é imputável' ('si qua culpa in persona eius qui differt, accesserit, ut dici possit esse quod ei imputetur, si non solverit'); em suma, 'por causa de falta e culpa da pessoa' ('ex vitio et culpa personae'), em virtude de 'depender da pessoa do devedor o facto de não dar ou não fazer atempadamente o que deve' ('per eum stare, aut fieri, quominus suo tempore det, aut faciat'). (cfe. Donellus, Hugo, Commentarii de iure civili, Liber XVI, cap. II. De mora, §§ II, V, VII e IX, in 'Opera Omnia', tomo IV, cit., cols. 612 e 615-616 [§ II. '[...] Idque est omnino quod dicitur in L. mora, in prin. D. de usur. moram non ex re fieri, sed ex persona. Id enim valet, non fieri moram ex dilatione rei sola, aut ut hoc explicatur alibi, ex ipso tempore tardae solutionis, [...]. Sed ex persona, id est, ex vitio personae, seu si qua culpa in persona eius qui differt, accesserit, ut dici possit esse quod ei imputetur, si non solverit'. § V. '() Redeundum enim est semper ad definitionem illam superiorem, moram fieri non ex re, sed ex persona, id est, vitio & culpa personae'. § VII. '() quod Marcianus definit, moram non ex re fieri, id est, ex ipsa sola dilatione, sed ex persona, id est, culpa & vitio personae. d. L. Mora, D. de usur. ()'. § IX. '() moram hic fieri non ex re, sed ex persona: [...] mora fit ex vitio & culpa personae ()'] e 'Commentarius ad titulum Digestorum de Usuris, & Mora», §§ 2-3 (onde, certamente por lapso do impressor, D. 22, 1, 32 pr. é atribuído a Papinianus, o que se verifica também nos §§ 15 e 45), 5, 6 e 15, in 'Opera Omnia', Tomo X, Lucae, Typis Joannis Riccomini, 1766, cols. 1431 e 1435 [§§ 2-3. '() quod Papinianus moram non ex re fieri, sed ex persona. L. mora, de usuris. Ut sit sensus, non statim qui non solvit, moram facere, quanquam verum sit, cum res ipsa differatur, in re moram inesse hoc ipso, quod non solvitur, cum debeatur: sed ita, si sine caussa id faciat; si per eum fiet, stabitve, quominus solvat; si sit denique in eo aliquid, quod ipsi, qui non solvit, id est quod personae eius queat imputari. [...]'. § 5. '[...] Et recte mora non in re ipsa, quae debetur, sed ex persona fieri dicitur. ()'. § 6. 'Neque vero in mora esse recte dicitur, per quem non stat, quominus suo tempore rem solvat, quam debet'. § 15. '() Huc usque igitur in his omnibus probe constat illa regula iuris, & Papiniani, nullam intelligi moram ex re, sed ex persona tantum. Ex persona autem hoc esse, cum per debitorem fit, quominus solvat ()')".

"Este ilustre jurisconsulto humanista (Jacques Cujas em francês) afirma, na verdade, que 'a mora existe, propriamente, quando o devedor não tenha obedecido à interpelação, isto é, se não cumpre', que 'com propriedade, a interpelação produz a mora e não parece ter provocado, propriamente, mora aquele que não é interpelado' e que é por isso que dizemos que 'a mora é produzida in personam e não in rem: que a mora é originada em virtude da interpelação e não por causa do próprio facto do atraso, não de pleno direito'. Cujácio ressalva, porém, a possibilidade de, algumas vezes, o devedor incorrer em mora 'rei ipsa' – o que, utilizando as suas palavras, equivale, precisamente, a ser constituído em mora sem interpelação ('sine interpellatione'), 'ex solo tempore tardae solutionis' ('somente a partir do tempo do cumprimento retardado') ou 'ex procrastinatione sola, ex die solvendae pecuniae, vel ex tarditate solutionis' ('somente em virtude da demora, a partir do dia de pagar a quantia de dinheiro ou a partir do atraso no cumprimento') –, ainda que nesses casos nem sempre se trate de verdadeira mora. A interpelação é vista, pois, como o modo normal de constituição em mora. Cfr. Cujacius, Jacobus, 'Commentarius in Lib. II Quaestionum Aemilii Papiniani'. 'Ad L. I de Usuris', in 'Opera Omnia', tomo IV, Neapoli, Michaelis Aloysii Mutio, 1722, col. 47 – 'Mora proprie est, si interpellationi debitor non obtemperavit, hoc est, si non solvat. Et moram proprie creat interpellatio, nec videtur proprie moram fecisse, qui non interpellatus est. Et hoc est, quod dicimus, moram fieri in personam, non in rem: moram contrahi ex interpellatione, non ex re ipsa, non ipso jure' () 'Aliquando tamen fit mora re ipsa, quae tamen proprie non est mora, ut significat l. 87. §. usuras, ff. de leg. 2. l. 32 hoc t. mora fit re ipsa minoribus 25. annis beneficio Praetoris, hoc est, quidquid debetur minoribus 25 annis, in eo non praestando, moram facere videtur debitor, etsi non interpelletur, ex Constitutione D. Severi, quae in hoc § significatur illo verbo, Hodie'; 'Recitatio ad Lib. II Codicis'. 'Ad titulum XL. In quibus causis in integrum restitutio necessaria non est', in «Opera Omnia», tomo X, Neapoli, Michaelis Aloysii Mutio, 1722, col. 904 – '() ex mora, id est, ex interpellatione, cujus proprie contemptus est mora in personam' () 'Minoribus 25. annis datum hoc est constitutione Severi, ut eis fiat mora ipso jure, id est, ex sola tarditate solutionis, [...]: nam haec est improprie mora; quae non interveniente interpellatione, finitur tempore'; 'Observationum et emendationum liber vigesimus secundus Pandectarum', in 'Opera Omnia', tomo III, Neapoli, Michaelis Aloysii Mutio, 1722, col. 657.

D. 45, 1, 127

D. 50, 17, 88

A respeito dos vários juristas com o nomen Scaevola, vide Cruz, Sebastião, Direito romano, cit., p. 376, 383-385, 397 e 458; e Kunkel, Wolfgang, Herkunft und soziale Stellung der römischen Juristen, Weimar, 1952, p. 10, 12, 14, 18 e 217-219.

García del corral, Idelfonso L (compilador). Corpo de Direito Civil Romano. Digest. Primeira Parte. Barcelona: Editor Jaime Molinas, 1889, p. 115. § 5.

Tribunal Regional Federal da 1ª Região – Escola de Magistratura Federal da 1ª Região, 2010, tradução do livro I do digesto do Corpus Iuris Civilis, 'léxico traduzido do digesto do Corpus Iuris Civilis', Titulus VII, de divisione rerum et qualitate, Ulpianus, libro LXVIII, ad Edictum

Tribunal Regional Federal da 1ª Região – Escola de Magistratura Federal da 1ª Região, 2010, tradução do livro I do digesto do Corpus Iuris Civilis, 'léxico traduzido do digesto do Corpus Iuris Civilis', Titulus VII de divisione rerum et qualitate, Gaius libro II, Institutionum)

Tribunal Regional Federal da 1ª Região – Escola de Magistratura Federal da 1ª Região, 2010, tradução do livro I do digesto do Corpus Iuris Civilis, 'léxico traduzido do digesto do Corpus Iuris Civilis', Titulus VII de divisione rerum et qualitate, Marcianus, libro III, Institutionum.

Tribunal Regional Federal da 1ª Região – Escola de Magistratura Federal da 1ª Região, 2010, tradução do livro I do digesto do Corpus Iuris Civilis, 'léxico traduzido do digesto do Corpus Iuris Civilis', Titulus VII de divisione rerum et qualitate, Marcianus, libro III, Institutionum

Gaius Libro Quadragésimo Primeiro, II, Digesto, Corpus Iuris Civiles, Tomo III

Vid. BELLOCCI, N., La struttura della fi ducia. Rifl essioni intorno alla forma del negozio dall'epoca arcaica all'epoca classica del diritto romano, Nápoles, Jovene, 1983.

JORDANO BAREA, J. B. Origen y vicisitud de la fi ducia romana, Coimbra, 1948, págs. 38 y sigs. atribuye a su olvido muchas perplejidades dela doctrina moderna sobre el negocio fi duciario.

Supone MORO SERRANO (cit. p. 722)

SARGENTI, Vid. SARGENTI, Manlio, Il´de Agri Cultura´ di Catone e le Origine Dell´Ipoteca Romana, em SDHI XXII (1956), p. 162.

Vid. DI PIETRO/ LAPIEZA ELLI, ob. cit., p. 249; e SANFILIPPO, ob. cit., p. 276.

Medeiros, Rosangela Viana Zuza; Schmidt, Alice Krämer Iorra, Breve análise da hipoteca como garantia real, XXIV Encontro Nacional do Conpedi, UFS, Direito Civil Contemporâneo, 2015, Aracajú, Sergipe.

Cabral, Gustavo César Machado, Mudanças políticas e estruturais na função jurisdicional em Roma, repositório ufc, 2012. (apud Kaser, 1996, p. 448).

Cabral, Gustavo César Machado, Mudanças políticas e estruturais na função jurisdicional em Roma, repositório ufc, 2012. (Ulpianus, D. 1. 4. 1).

Júnior, Walter Guandalini, Uma teoria das fontes do Direito Romano: genealogia histórica da metáfora, Revista da Faculdade de Direito UFPR, Curitiba, PR, Brasil, v. 62, n. 1, jan. /abr. 2017.

Júnior, Walter Guandalini, Uma teoria das fontes do Direito Romano: genealogia histórica da metáfora, Revista da Faculdade de Direito UFPR, Curitiba, PR, Brasil, v. 62, n. 1, jan. /abr. 2017. (Lívio, 2013, 3. 34)

Júnior, James Meira Nascimento; Bianchi, Patrícia Nunes Lima. Reflexão sobre o Estudo do Direito romano, Ed. Publica Direito. Com. Br. (Tito Lívio 3, 34, Pomp. de Enrich. d. 1, 2, 2, 4, Trad. Port. E. M. A. Madeira, A Lei das XII Tábuas)

Pezza, L. Storia del Diritto Romano. Roma: Concorsi per tutti, 1991.

Filó, Maurício da Cunha Savino. O Tribunato da Plebe na República Romana: aportes ao constitucionalismo brasileiro contemporâneo, Tese de Doutorado, UFSC., 2018. (apud ROULAND, 1997, p. 34).

SCHULZ, F. History of Roman Legal Science. Oxford: Clarendon Press, 1953. Sobre las Doce Tablas, "consideradas como un producto de la jurisprudencia de los pontifices".

G. TERENTILIUS ARSA, magistrado junto ao Senado em defesa dos direitos e interesses da plebe.

Charles Bartlett, História Romana e Historiografia do Direito romano, Jan 2018, Fonte: Oxford Classical Dictionary.

Conselheiro Junior, João José Pinto, Lente de Direito romano, Cursü Elementar de Direito romano, Faculdade do Recife, 1888.

Cassio Dione. Storia Romana. Traduzione di Alessandro Stroppa. Milano: Bur, 1998

Fonseca, João Francisco Neves da, O Advogado em Roma. (cfe. Hélcio Madeira, História da Advocacia: Origens da Profissão de Advogado no Direito romano, esp. p. 29-30').

Melo, José Messias Gomes, de, A influência do corpus iuris civilis no direito civil brasileiro, Revista de Direito Fibra Lex, ano 3, nº 3, 2018. (Bretone, Mario. história do Direito Romano. lisboa: editorial estampa, 1998. p. 31)

Filó, Maurício da Cunha Savino, O Tribunato da Plebe na República Romana: aportes ao constitucionalismo brasileiro contemporâneo, Tese de Doutorado, UFSC., 2018. (Meira, 1983, p. 386). (apud Ferraz, 1989, p. 22).

Ortega Carrillo De Albornoz, Antonio, *De los delitos y de las sanciones en la Ley de las XII tablas*, Secretariado de Publicaciones de la Universidad de Málaga, Málaga, 1988; Arangio-Ruiz, Vicente, *Historia del derecho romano*, traducción de la 2ª edición italiana, 5ª edición, Instituto Editorial Reus S. A., Madrid, 1994; Fernández de Bujan, Antonio, *Derecho público romano y recepción del derecho romano en Europa*, 3ª edición, Civitas, Madrid, 1998.

Gelio, Aulo, *Noches áticas*, t. II, libro vigésimo, cap. I, Biblioteca Clásica, t. CLXIX, Librería de Perlado, Páez y Ca., Madrid, 1921.

Böttcher, Carlos Alexandre, *Iudicet Iudicarive Iubeat: reflexões sobre as origens do processo civil romano e da bipartição*, Usp 2012. (Cic. Sest. 65)

Diniz, Marcous Paulo, *Direitos das obrigações: uma abordagem dos aspectos evolutivos desde o início da humanidade*. (apud Costa, Elder Lisbôa Ferreira. *História do Direito: de Roma à história do povo hebreu muçulmano: A evolução do Direito antigo à compreensão do pensamento jurídico contemporânea*. Belém: Unama, 2007; Meira, Silvio. *A Lei das XII Tábuas*. 3. Ed. Rio de Janeiro: Forense, 1973).

Revista Científica do Curso de Direito, Fag. (apud Maciel, José Fabio Rodrigues; Aguiar, Renan. 2010. P 80, Coleção Roteiros Jurídicos. *História do Direito*. 4ª ed. São Paulo: Editora Saraiva, 2010)

Vieira, Jair Lot (supervisão editorial). *Código de Hamurabi:Código de excertos (livros oitavo e nono); Lei das XII Tábuas* (Série Clássicos). Bauru: Edipro, 1994

Altavila, Jayme de. *Origem do Direito dos Povos*. 9. ed. São Paulo: ícone, 2001.

Ruiz, Arangio, *Historia del Derecho romano 3*, trad. esp. Pelsmaeker (Madrid, 1975). p. 274.

Pomponius D. 1. 22. 12

Papinianus em D. 1. 1. 7. pr

Baquero, María-Eva Fernández, docente de processo civil romano da universidade de Direito romano de granada.

Cfe. Suetonio, *Vida de Augusto*, 34 L, Roma 18 a.C.

Coelho Fernando, *Corpus Iuris Civiles: uma tradução do Livro IV do Digesto hermeneuticamente fundamentada*, UFSC., Florianópolis, 2018. (Dig 4. 2. 7. 1 Ulpianus 11)

Veyné, Paul, *Roman society*, Madrid, Mondadori, 1991.

Coelho Fernando, *Corpus Iuris Civiles: uma tradução do Livro IV do Digesto hermeneuticamente fundamentada*, UFSC., Florianópolis, 2018. (Dig 4. 2. 8 Paulus 11 ad ed)

Augusto, Serm. 51:22. cfe. Treggiari, op. cit., p. 263:49.

Modestino, D. 48. 5. 35 (34), pr., 1.

D. 48. 5. 9(8), pr. Papiniano

Lex Papia Poppaea, 9 d.C., juntos como lex Iulia et Papia 9 d.C., c f d 15, 26-27, 29-31

Cf D 27

Bérenger, A. "Formation et compétences des gouverneurs de provinces dans l'Empire romain", DHA 30/2, 2004, p. 35-56. "Le cens...", cit. p. 190. Un examen exhaustivo de los tributos directos e indirectos en la Hispania alto imperial en Muñiz Coello, El sistema fiscal... cit. p. 169-261. cfe. también Ozcáriz Gil, La administración... cit. p. 204-214. cfe. Lo Cascio. "Le tecniche..." cit., p. 41-42.

"Lex est quod populus iubet atque constituit" – em livre tradução do original – "É a lei que o povo ordena e nomeia" (Gaio, Instituições I 3).

"Communis rei publicae sponsio" – em livre tradução do original – "Garantia de política comum" (Papinianus, Digest 1. 3. 1).

Cfe. Suetônio.

D. 4. 1. 1

D. 3. 4. 7. pr

D. 48. 13. 2: (Paulus 5. 27)

D. 48. 13. 2

D. 48. 13. 2: (CJ 9. 28. 34)

Ulpianus D. 15. 1. 5. 3.

Bonfante, op cit

D 2. 12. pr

World History Encyclopedia

Fonte: de puente y franco, antonio (1840). Historia de las leyes, plebiscitos y Senadoconsultos más notables desde la fundación de Roma hasta Justiniano.

Fontes primárias, Gaius, institutes 4.30 e Aulus Gellius 16.10.8.

Fonte: Stf. Guimarães, Affonso Paulo – Noções De Direito romano – Porto Alegre:

Síntese, 1999

TRADUÇÃO DO ORIGINAL – "alguns não só adoptaram a sua cidadania, mas também segundo a lex papia de alguma forma penetrou nas listas de cidadãos (tabulae) desses municípios (significando cidades gregas no sul da itália)" (pro archia 10)

TRADUÇÃO DO ORIGINAL – "mau também, que proíbe estranhos de visitar as cidades e os bane, como pennus com nossos ancestrais, papius outro dia" (de officiis 3, 11, 47).

Fernández de Buján, A., Derecho Privado romano, 3.ª edic., Madrid, Iustel, 2010, p. 192.

Sampaio, Ângela Oliveira; Venturini, Renata Lopes Biazotto, Uma breve reflexão sobre a família na Roma Antiga, VI jornada de estudos antigos e medievais, Uem/pph. (nas lições de MACHADO, João Luís Almeida. A vida em família na antiguidade clássica. Campos do Jordão: Editor do Portal Planeta Educação, 2007.)

Cfe. Bonfante, lc, I, p. 7.

Ulpianus, d. 50, 16, 195, 2.

FILÓ, Maurício da Cunha Savino. O Tribunato da Plebe na República Romana: aportes ao constitucionalismo brasileiro contemporâneo, Tese de Doutorado, UFSC., 2018. (apud DURANT, 1971, p. 46-48).

FILÓ, Maurício da Cunha Savino. O Tribunato da Plebe na República Romana: aportes ao constitucionalismo brasileiro contemporâneo, Tese de Doutorado, UFSC., 2018. (apud VALDITARA, 2008, p. 3).

CANTARELLA e A calamidade ambígua, Madrid, 1991, p. 209.

Digesto Livro 1, Titulo 1, Fragmento 1, Segmento 3.

Digesto do Livro Calistrato 50, Titulo 16, Fragmento 220, Segmento 3.

Ulpianus, D 50, 16, 195, 2.

Gai. Inst. 1, 78-80.

SAMPAIO, Ângela Oliveira; VENTURINI, Renata Lopes Biazotto, Uma breve reflexão sobre a famíliae na Roma antiga, VI Jornada de estudos antigos e medievais, Uem/Pph. (apud FUNARI, Pedro Paulo Abreu. Roma: Vida Pública e Vida Privada, São Paulo: Atual, 1993).

Justo, Antônio dos Santos, 'A obrigação natural no Direito Romano. Marcas romanas em alguns direitos contemporâneos', Lex Ml, 2015, 'D. 41. 1. 10. 1 (Gai. 2 inst.): (Vide A. Santos Justo, Direito privado romano, IV, Direito da família, em Studia Iuridica 93, Coimbra, 2008, p. 137; e J. Iglesias, Obligaciones naturales, em Derecho romano de obligaciones. Homenaje al Profesor José Luis Murga Gener, Madrid, 1994, p. 137).

Sampaio, Rodrigo de Lima Vaz, A Capacidade Patrimonial na Familia Romana Peculia e Patria Potestas, Intervenção realizada no XIII Congreso Internacional y XVI Congreso Iberoamericano de Derecho romano – O Direito de Família, de Roma à Atualidade (seus Anais, p. 103-128). "FUMAGALLI, Marcella Balestri. Persone e famiglia. cit. (nota 1), p. 453.

Justo, Antônio dos Santos, 'A obrigação natural no Direito Romano. Marcas romanas em alguns direitos contemporâneos', Lex Ml, 2015, D. 44. 7. 39 (Gai. 3 ad ed. prov.): (Cfe. também: I. 3. 19. 6. Vide F. Senn, Les obligations naturelles. La leçon de la Rome antique, cit., p. 169).

Justo, Antônio dos Santos, 'A obrigação natural no Direito Romano. Marcas romanas em alguns direitos contemporâneos', Lex Ml, 2015, D. 14. 5. 5 pr. (Paul. 30 ad ed.):

Sampaio, Rodrigo de Lima Vaz, A Capacidade Patrimonial na Familia Romana Peculia e Patria Potestas, Intervenção realizada no XIII Congreso Internacional y XVI Congreso Iberoamericano de Derecho romano – O Direito de Família, de Roma à Atualidade (seus Anais, p. 103-128).

FILÓ, Maurício da Cunha Savino. O Tribunato da Plebe na República Romana: aportes ao constitucionalismo brasileiro contemporâneo, Tese de Doutorado, UFSC., 2018. (apud NORONHA, 1994, p. 163).

Garcia, Grecia Sofia Munive, Los esponsales en la antigua Roma y sus reminiscencias en la legislación mexicana actual, articulo, Universidad la Salle. (cfe. D'Ors, A., Derecho Privado romano, 7ª. edición, Pamplona, Ediciones Universidad de Navarra, 1989, p. § 219).

Gayo Institutas, 52.

Peix, D'ors Pérez, Postl in pace, em Rev. de Fac. de D. de Madrid, 1942

BONFANTE, P. Instituciones de Derecho Romano. Trad. Luis Bacci e Andrés Larrosa. Madrid: Editorial Réus, 1929.

BURDESE; MARTINEZ SARRION, A. Manual de Dereccho Publico Romano. Barcelona: Bosch, 1972.

COULANGES, F. de. A Cidade Antiga. São Paulo: Martin Claret, 2005.

CUSHING, L. S. *An introduction to the study of Roman Law*. Boston: Little Brown and Company, 1854.

FERREIRA, Aurélio Buarque de Holanda. *Novo Dicionário Aurélio da Língua Portuguesa*. 2. ed. Rio de Janeiro: Nova Fronteira, 1986.

FLOBERT, A. *Tite-Live. Histoire romaine. Livres I-V. Traduction nouvelle*. Garnier-Flammarion: Paris, 1995.

GILISSEN, J. *Introdução Histórica ao Direito*. Trad. A. M. Botelho Hespanha e L. M. Macaísta Malheiros. 3. ed. Lisboa: Calouste Gulbenkian, 2001.

GIORDANI, M. C. *Iniciação ao direito romano*. Rio de Janeiro: Lumen Juris, 1991.

MADEIRA, H. M. F. (org.). *Digesto de Justiniano, liber primus – introdução ao direito romano*. Tradução Hélcio Maciel França Madeira. 6. ed. São Paulo: Revista dos Tribunais, 2012.

MOUSOURAKIS, G. *A Legal History of Rome*. London. New York: Routledge, 2007.

SALGADO, J. C. *A idéia de Justiça no Mundo Contemporâneo: fundamentação e aplicação do Direito como maximum ético*. Belo Horizonte: Del Rey, 2006.

SCHULZ, F. *History of Roman Legal Science*. Oxford: Clarendon Press, 1953.

Gaius Libro I. Institutionum, Titulus VII de Adoptionibus et Emancipationibus et allis modis, quibus potestas solvitur, consoante, tribunal regional federal da 1ª região – escola de magistratura federal da 1ª região, 2010, tradução do livro I do digesto do Corpus Iuris Civilis, 'léxico traduzido do digesto do corpus iuris civilis'

ERNOUT, A; MEILLET, A. *Histoire des Mots. Dictionnaire étymologique de la langue latine*: 4. Ed. Paris: klincksieck, 1985. p. 430.

Ulpianus Libro XXVI, ad Sabinum, Titulus VII de adoptionibus et emancipationibus et allis modis, quibus potestas solvitur, consoante, Tribunal Regional Federal da 1ª região – Escola de Magistratura Federal da 1ª região, 2010, tradução do livro I do digesto do Corpus Iuris Civilis, 'léxico traduzido do digesto do corpus iuris civilis'

D. 26. 1. 1 pr. : "(Paulus libro 38 ad edictum.). –Tutela est, ut Seruius definit, uis ac potestas in capite libero ad tuendum eum, qui propter aetatem sua sponte se defendere nequit, iure ciuili data ac permissa".

D. 26. 1. 1. 1: "(Paulus libro 38 ad edictum). –Tutores autem sunt qui eam uim ac potestatem habent, exque re ipsa nomen ceperunt: itaque appellantur tutores quasi tuitores atque defensores, sicut aeditui dicuntur qui aedes tuentur".

ALVES, José Carlos Moreira – Direito Romano. RJ, Ed. Forense, 2003, vol. 2, p 325.

JUSTO, Santos A, O Pensamento Jusnaturalista no Direito romano, Revista Direito e Desenvolvimento, João Pessoa, v. 4, n. 7, p. 239-312, jan/jun 2013. (Gaius 1, 189)

HIRONAKA, Giselda M. F. Novaes; TARTUCE, Flávio; SIMÃO, José Fernando, Direito de Família e das Sucessões – temas atuais. São Paulo: Método, 2009. p. 197. (apud SANTOS, Romualdo Baptista dos. Responsabilidade Civil na Parentalidade)

COULANGES, Numa Denis Fustel. A cidade antiga: Estudo sobre o culto, o direito, as instituições da Grécia e de Roma. Tradução de Jonas Camargo Leite e Eduardo Fonseca. São Paulo: Helmus, 1975. p. 70.

Bosch, María José Bravo, El lenguaje discriminatorio en la antigua Roma y en la españa actual, Profesora Titular de Derecho romano en la Universidad de Vigo. (vid. al respecto, L. SANZ MARTÍN, Estudio y comentario de las diferentes clases de tutela mulierum a tenor de lo referido en las fuentes jurídicas romanas. Funciones y responsabilidad del tutor mulierum, en Revista General de Derecho romano 15, 2010, p. 4 ss (vide. A este respeito, L. SANZ MARTÍN, Estudo e comentário sobre os diferentes tipos de tutela mulierum de acordo com o referido nas fontes jurídicas romanas. Funções e responsabilidades do tutor mulierum, 'in' General Review of Roman Law 15, 2010, p. 4 ss)

Gaius. D 1. 15547:

"Mulier non concedatur aliqua actio ex custodia, cum custodi negotibus cupilis vel discipulis negotionem habeant, ad publitatem horum recipiendam, actionem custodiendam commendunt" – em livre tradução – "A mulher não é concedida nenhuma ação decorrente da tutela, enquanto os guardiões fazem negócios dos pupilos ou alunos, e devem ser responsáveis após a puberdade destes, comprometendo-se com uma ação guardiária". (Gaius)

Fernández de Buján, A., Derecho Privado romano, 3. ª edic., Madrid, Iustel, 2010, p. 219.

Fernández de Buján, A., Derecho Privado romano, 3. ª edic., Madrid, Iustel, 2010, p. 219.

Fernández de Buján, A., Derecho Privado romano, 3. ª edic., Madrid, Iustel, 2010, p. 219. (D. 27. 10. 1 pr. ; D. 27. 10. 10 pr. ; D. 46. 2. 3)".

D. 23, 1, 15

J. Iglesias, Direito romano, 12ª ed., Barcelona 1999, p. 364.

J. EVANS GRUBBS, Women and the Law in the Roman Empire: A Sourcebook on Casamento, Divórcio e viuvez, Londres-Nueva York, 2002, p. 24:

Garcia, Grecia Sofia Munive, Los esponsales en la antigua Roma y sus reminiscencias en la legislación mexicana actual, articulo, Universidad la Salle. (Vid. Berger, op. cit., s. v. Paterfamilias)

FILÓ, Maurício da Cunha Savino. O Tribunato da Plebe na República Romana: aportes ao constitucionalismo brasileiro contemporâneo, Tese de Doutorado, UFSC., 2018.

FILÓ, Maurício da Cunha Savino. O Tribunato da Plebe na República Romana: aportes ao constitucionalismo brasileiro contemporâneo, Tese de Doutorado, UFSC., 2018. Para Ribas Alba (2015, p. 28),

FILÓ, Maurício da Cunha Savino. O Tribunato da Plebe na República Romana: aportes ao constitucionalismo brasileiro contemporâneo, Tese de Doutorado, UFSC., 2018. (apud VALDITARA, p. 4-5).

WALTER GUANDALINI JUNIOR ADE DE DIRO – UFPR | CURITIBA, v. 62, N. 1, JAN. /ABR. 2017 | p. 9–31.

CITAÇÕES

1 *"O entendimento de ius, entre os romanos, a julgar pela definição de Celso, expressa no início do Digesto – 'ars bani et aequi', 'a arte do bom e do justo' – tem mais a ver com a aplicação do que com conceito abstrato, portanto, mais consentânea com o espírito pragmatista dos romanos. Daí a dificuldade, às vezes, de distinguir 'ius direito', de 'lex lei', já que a lei não só expressa mas também cria direitos. O próprio termo 'ars', ao ser traduzido por arte, em português, já constitui um equívoco. Arte tem direta conotação com o belo em sua acepção moderna. Mas primitivamente, 'ars', como a tekné grega, significava ofício ou técnica de produzir profissões que hoje chamamos de artesanais, como de carpinteiro, marceneiro, por exemplo e naqueles tempos, de artistas plásticos. Nessa concepção, a definição, que o Digesto atribui ao jurista Celso, implicar a técnica de aplicar o que é 'bom e justo' em vez de concepção 'teorético-especulativa'. A própria divisão teórica do direito – ius naturale, direito natural, ius gentium, direito das gentes, e ius civile, direito civil – tinha também objetivo pragmático relativo ao fundamento e a eficácia das normas e costumes sociais. O direito natural, comum a homens e animais, é o direito não escrito, que dispensa as leis, porque já detectável e evidente na observação do comportamento invariável da natureza. Assim, a conjunção do macho e da fêmea, que entre os animais chama-se coito e entre os homens matrimonio é fundamentalmente o mesmo comportamento determinado pela natureza. O chamado ius gentium são norrnas comuns a todos os homens e por eles estabelecidas, que obrigam tanto romanos como não romanos. Até a Idade Média servia para designar as nações que não eram nem judias e nem cristãs. A criação do chamado direito civil tem como objetivo estabelecer certo entre o direito natural e o direito das gentes. Chama-se civilis porque atinente ao homem organizado em sociedade, isto e em civitas. Pelo direito natural, todo homem nasce livre (T. I, 4), mas o direito das gentes instituiu a servidão, a guerra, os reinos etc. Como conciliar? Essa é a tarefa do direito civil, que regula e equilibra os contrários, sendo um direito que nem se afasta inteiramente do direito natural e nem do direito das gentes, mas também não se conforma em tudo com nenhum deles. (T. I. 6). No artigo seguinte são citados os instrumentos comuns dos quais emanam o direito civil: leis, plebiscitos, decretos do Senado, decisões do soberano e da autoridade dos jurisconsultos. É o direito civil que concilia a liberdade natural do homem com a servidão, estabelecendo quando e como um homem pode perder ou reconquistar sua condição primitiva de nascença (leges)"* (consoante obra editada pelo Tribunal Regional Federal da 1ª Região – Escola de

Magistratura Federal da 1ª Região, 2010, tradução do livro I do digesto do Corpus Iuris Civilis, 'léxico traduzido do digesto do Corpus Iuris Civilis', T. II, 2, § 20).

2 "Item si vis legalia cognoscere, primo sciendum est unde verbum ius est. Hoc autem verbum a iustitia venit: nam, ut clare definit Celsus, lex est ars boni et aequi. Et recte nos iuris sacerdotes dici possunt, quia in facto iustitia utimur, quaerimus quid bonum et aequum sit dare et scire, separatio inter iustum et iniustum, distinctionem inter licitum et licitum. illicitus; Bonos non solum supplicio, sed etiam praemii cupiditate ducere volumus, et veram, nisi fallor, philosophiam consequi nitimur" – Do original em livre tradução – "Se quiser entender a matéria jurídica, é preciso, antes de tudo, saber donde vem a palavra direito (ius). Ora, essa palavra provém de justiça (iustitia): com efeito, como definiu limpidamente (eleganter) Celso, o direito é a arte do bom e do equitativo. E nós (juristas) podemos, com razão, ser chamados os sacerdotes do direito, pois, de fato, praticamos a justiça, procuramos dar e conhecer o que é bom e equitativo, com a separação entre o justo e o injusto, a distinção entre o lícito e o ilícito; pretendemos que os homens de bem conduzam não apenas por temos do castigo, mas também pelo desejo de recompensa, e esforçamo-nos, sinceramente, por alcançar, salvo engano, uma filosofia verdadeira". ('Ulpianus', dig, I, I, 1, século III).

3 "La importancia del Derecho romano como elemento integrador en la formación y cultura europea en palabras de Koschaker, P., Europa und das Römische Recht, Berlin, C. H. Beck 1947, p. 352, destaca el a. su importancia a pesar de poner de relieve en su día la crisis de los estudios: "dass das römische Recht trotz der ernsten un bedrohlichen lage seines Studiums heute reif zur Abdikation seie, ist nicht memine Meinung. Ich hoffe vielmehr gezeigt zu haben, dass es auch heute noch Wege gibt, es zu einem legendigen Glied in der Bindlung aller Juristen zu manchen und es so in seiner geschichtlichen Funktion zu erhalten, ein Mittler unter den grossen europäischen Privatrech". Vid. sobre la importancia del desarrollo del Derecho privado europeo, Hamza G., Le développement du droit privé européen. Le rôlede la tradition romaniste dans la formation du dorit privé moderne, Budapest, Bibliotheca Iiridica, 2005, p. 171 ss, las tendencias de los estudios jurídicos europeos y la propia de la investigación del Derecho romano, destacando la importancia del método comparativo para el estudio de la evolución".

4 Rainer, J. M., Das römische Recht in Europa, Wien, Manz, 2012, p. 4 y ss "Para una evolución sobre las codificaciones el autor señala la importancia del Derecho romano en la formación del jurista actual. (Id. Stein, P., Roman Law in European History, Cambridge, Cambridge Universoty Press, 1999, p. 130), considera que la idea del Derecho comunitario europeo no es algo nuevo sino una renovación de la unidad cultural: 'Nevertheless the idea that European Community law is in some sense noa a new thing but a renewal of a cultural legal unity, which once covered the whole continent, has sparked interest in what is described as the civilian tradition' Id. Caravale, M., Alle origini del Diritto europeo. Ius commune, droit commun, common law nella dottrina giuridca della prima età moderna, Bolonia, Monduzi, 2005, p. 181 y ss".

5 Saldanha, Daniel Cabaleiro, apontamentos para uma idéia de justiça em Roma, Anais do XVIII Congresso Nacional do Conpedi, 2009. "Contudo, na Inglaterra do século XIX já se reconhecia a importância do estudo do Direito Romano. Luther S. Cushing, em curso ministrado em Cambridge em 1848-9, aponta as seguintes razões para o estudo do Direito romano (no contexto do Direito Inglês): a) trata-se da base do pensamento jurídico, tomado em sua generalidade. Segundo o autor, os romanos possuíam uma forma admirável e arguta de desenvolver seu raciocínio; b) Muitas das instituições do Direito Inglês derivam do Direito Romano; c) os princípios do Direito romano foram incorporados ao Direito Inglês tanto quanto aos demais sistemas jurídicos do mundo civilizado; d) o Direito de várias estados componentes dos Estados Unidos da América do Norte, notadamente Louisiania, Flórida e Texas, possuem inegável matriz romanística; e) o Direito romano é a base jurídica do Direito dos países com os quais a Inglaterra mantinha relações amigáveis". (cfe. CUSHING, 1854. p. 120 et seq).

6 SANTOS, Washington dos. Dicionário Jurídico Brasileiro. p. 82.

7 Saldanha, Daniel Cabaleiro, apontamentos para uma idéia de justiça em Roma, Anais do XVIII Congresso Nacional do Conpedi, 2009. "Inobstante, é preciso reconhecer que não seria fácil encontrar princípios e ensinamentos no sistema do common law que pudessem competir com os das fontes do Direito romano, 'In Totum', sob o perfil de qualquer coincidência com os valores de civilização, humanidade e universalidade, da correspondência com a lei natural, da realidade perfeita e da sabedoria do equilíbrio, uma vez, que o que vigorava em Roma, era o princípio da força da lei no exercício do poder, que dissertava de forma insuperável, a expressão latina de que 'imperatoriam majestatem non solum armis decoratam, sed etiam legibus oportet esse armatam, ut utrumque tempus et bellorum et pacis rectas possit gubernari, et princeps romanus non solum em hostilibus praellis victor existat, sed etiam per ierárqui procedimentos columnintium iniquitates expellat', isto é, 'A majestade imperial deve contar com armas e leis para que o Estado seja igualmente bem governado durante a guerra e durante a paz: para que o príncipe, repelindo as agressões de seus inimigos em combate, e diante da justiça, os ataques de homens maus, possa seja tão religioso na observância do direito quanto grande nos triunfos". (cfe. preâmbulo das 'Institutas de Iustinian').

8 BIONDI, B.,Around the Romanity of the Modern Civil Process, BIDR 42,Roma, 1934, p. 430: "O processo moderno é, portanto, de origem e formulação romana, desde que se pretenda referir-nos não àquele processo formular, tipicamente latino, que se desvaneceu para sempre, mas àquela cognitio extraordinum que surge desde os primórdios do Império, consolidada e se ampliou gradativamente na prática judiciária, até que com Justiniano se estabeleceu como o único sistema processual".

9 Garcia, Maria Olga Gil, A congruência da sentença no processo civil romano, Estudos da congruência da sentença nos procedimentos de Direito romano, 2020. "La manera casi ierárqu de resolver los ierárqu de la etapa anterior desaparece ideias la nueva cognitio extra ordinem. De todos los sistemas procesales romanos es el que más se asemeja al proceso civil actual y del que tenemos más noticias pues, como dice BIONDI, el proceso moderno es de origen y estructura romana. Surge nos primórdios do Império, e permanecerá como único procedimento, quando os imperadores Constâncio e Constante, na Constituição de 10 de fevereiro de 342, abolirem definitivamente o procedimento formular (C. 2. 48. 1). Com ele, a bipartição no processo desaparece e portanto, será o mesmo juiz que conhece o processo do início ao fim. A justiça passa a ser estatal e o juiz torna-se mais hierarquizado, incluindo-se na estrutura do Império, incorporando recursos, o que levará a uma responsabilidade menos pessoal e mais institucional do juiz". (apud BIONDI, B.,Around the Romanity of the Modern Civil Process, BIDR 42, Roma, 1934, p. 430: "O processo moderno é, portanto, de origem e formulação romana, desde que se pretenda referir-nos não àquele processo formular, tipicamente latino, que se desvaneceu para sempre, mas àquela cognitio extraordinum que surge desde os primórdios do Império, consolidada e se ampliou gradativamente na prática judiciária, até que com Justiniano se estabeleceu como o único sistema processual").

10 Saldanha, Daniel Cabaleiro, História e teoria das fontes do Direito romano, Dissertação de Mestrado, Faculdade de Direito, UFMG. "Na Inglaterra do século XIX, contudo, já se reconhecia a importância do estudo do Direito Romano. Luther S. Cushing, em curso ministrado em Cambridge em 1848-9, aponta as seguintes razões para o estudo do Direito romano (no contexto do Direito Inglês): a) trata-se da base do pensamento jurídico, tomado em sua generalidade. Segundo o autor, os romanos possuíam uma forma admirável e arguta de desenvolver seu raciocínio; b) Muitas das instituições do Direito Inglês derivam do Direito Romano; c) os princípios do Direito romano foram incorporados ao Direito Inglês tanto quanto aos demais sistemas jurídicos do mundo civilizado; d) o Direito de várias estados componentes dos Estados Unidos da América do Norte, notadamente Louisiania, Flórida e Texas, possuem inegável matriz romanística; e) o Direito romano é a *base jurídica do Direito dos países com os quais a Inglaterra mantinha relações amigáveis". (cfe. CUSHING, 1854. p. 120 et seq).*

11 Ver E. Gabba, em Entretiens sur'l'Antiquité Classique, tomo XIII. Leierárqes de la république romaine (Vandoeuvres-Genéve, 1966), p. 133 s. (a seguir citado: Entretiens XIII); W. Pabst, Quellenkritische Studien zur inneren römischen Geschichte der alteren Zeit bei T. Livius und Dionys von Halikarnass (Diss. Innsbruck, 1969). Para Fabio Pictor, leia especialmente A. Alföldi, Early Rome and the Latins (Ann Arbor, 1965), p. 123 seg. (em alemão: Das frühe Rom und die Latiner (Darmstadt, 1977), p. 119f. Sobre a pesquisa de A. Alföldi sobre o início da história de Roma, ver também seu Römische Frühgeschichte. Kritik und Forschung seit 1964 (Heidelberg, 1976) HP Kohns corretamente enfatiza, em sua resenha da 1ª edição alemã deste livro (Vierteljahresschr. f. Soz. -u. Wirtschaftsgesch. 64, 1977, p. 409f.), " [...] que nossas fontes para a história social do início da República e em parte, também para os do meio são muito fragmentários (cfe. também W. V. Harris, Amer. Jornada. de Filol. 100, 1979, p. 335), e que, em correspondência com isso, eu deveria ter colocado mais ênfase no caráter hipotético de muitas afirmações; não menos válido é isso em relação à cronologia da evolução social. No estado atual de nosso conhecimento, dificilmente vejo uma maneira mais adequada de descrever a história social romana primitiva do que seguir os fatos ou marcos fundamentais da luta entre as ordens".

12 Para a evidência arqueológica da Roma primitiva, ver um resumo em M. Pallottino, Aufstieg und Niedergang der Römischen Welt (citado a seguir ANRW) I 1 (Berlin-New York, 1972), p. 22s., com bibliografia nas p. 46 seg. Para o resto, consultar em particular H. Müller-Karpe, Vom Anfang Roms (Heidelberg, 1959); do mesmo, Zur Stadtwerdung Roms (Heidelberg, 1962); E. Gjerstad, Early Rome, I-VI (Lund, 1953-73); do mesmo, Opusc. ROM. 3, 1961, p. 69 seg. ; e também suas Legends and Facts of Early Roman History (Lund, 1962); FE Brown, em Entretiens, XIII, p. 45 seg.

13 DE MAMAN, Tobias Scheffer, precedentes no direito brasileiro. A tradição jurídica ocidental entre instrumentos, métodos e história, tese de mestrado, ufrs, 2014. "Três vezes Roma ditou as leis ao mundo e três vezes serviu de traço de união entre os povos: primeiro, pela unidade do Estado, quando o povo romano ainda se achava na plenitude de seu poderio; depois, pela unidade da Igreja, desde o início da queda do Império e finalmente, pela unidade do Direito, ao ser ele adotado durante a Idade Média. [...] A importância e a missão de Roma, na história universal, se resumem numa palavra: Roma representa a vitória da idéia de universalidade sobre o princípio das nacionalidades". (apud Jhering, R. O espírito do Direito Romano. p. 11).

14 Instituições: U. v. Lübtow, Das Römische Volk. Sein Staat und sein Recht (Frankfurt AM, 1955); E. Meyer, Römischer Staat und Staatsgedanke4 (Zurique,

1975); id., Einführung in die antike Staatskunde 4 (Darmstadt, 1980), p. 151 seg. Para a República procure também esp. F. De Martino, Storiierla costituzione romana, I-III (Nápoles, 1951-64), e J. Bleicken, Die Verfassung der Römischen Republik2 (Paderborn, 1978), onde as camadas sociais que carregam as instituições também são descritas em detalhes (cfe. sobre isso, AN Sherwin-White, Gnomon 51, 1979, p. 153f.).

15 Teixeira, Ivana Lopes, *Plínio, o antigo, e a descrição de Roma como capital do mundo (mediterrâneo?)* Texto apresentado no III Encontro do Laboratório de Estudos do Império romano e Mediterrâneo Antigo, LEIR-MA/USP. "Como assim mediterrâneo? Integração e fronteiras no mediterrâneo antigo" realizado no Anfiteatro do departamento de História da FFLCH/USP, em 14 e 15 de outubro de 2010. "Agora que (eu) completei a minha observação (exame) do trabalho da natureza é certo que eu deveria fazer uma avaliação crítica de seus produtos como das terras que os produzem. Assim eu declaro que em todo o mundo, onde quer que a abóboda celeste alcance, não há terra tão bem suprida (adornada) com tudo que recebe da Natureza como a Itália. Regente e segunda mãe do mundo, com seus homens e mulheres, seus generais e soldados, seus escravos, sua proeminência nas artes, sua abundância de brilhantes talentos, e novamente sua posição geográfica, seu clima saudável e temperado, a facilidade de acesso que ela oferece a todos os povos, sua costa com inúmeros portos e bons ventos (que sopram dela). Todos estes benefícios ampliam-se por sua situação uma terra que se projeta na direção mais vantajosa, o meio entre o Leste e o Oeste e por seu abundante suprimento de água, salutares florestas, montanhas com caminhos, inofensivas criaturas selvagens, solos férteis e ricas pastagens. Em nenhum outro lugar o homem pode encontrar (está autorizado a esperar) mais excelência das coisas grãos, vinho, azeite, lã, linho, tecido e gado. Mesmo a raça nativa de cavalos é preferível a outras para o adestramento. Em minérios, se ouro, prata, cobre ou ferro, nenhuma terra ultrapassava-a quando era lícito explorá-los (37 §201-202, Plínio descreve a cidade de Roma e suas artes em inúmeras passagens, e nas páginas finais do livro 37, último da HN, quando escreve)".

16 Saldanha, Daniel Cabaleiro, *apontamentos para uma idéia de justiça em Roma*, Anais do XVIII Congresso Nacional do Conpedi, 2009. "Esse Direito conformado em Roma haveria de possuir alguns caracteres que o fizessem, a um só tempo, diferente e superior aos demais ordenamentos de condutas. Assim, pode-se dizer, em linhas gerais, que esse conceito (Focamo-nos aqui no Direito romano-universal (ius gentium) que teve lugar entre 218/20 a.C. e 235 d.C. (entre as crises que se seguiram à guerra de Aníbal e à morte de Alexandre Severo). Esse período do Direito romano seguiu-se ao período quiritário – primeira fase do Direito romano, caracterizada por uma ordem jurídica adaptada a uma sociedade de vida simples e

rústica – e se caracterizou pelo desenvolvimento científico da principiologia romana, cuja maior manifestação foi o ius honorarium, obra do pretor. Posteriormente ao período do ius gentium, teremos a codificação justianéia (séculos I-III d.C.), monumento do espírito lógico e prático dos jurisconsultos romanos. cfe. Bonfante, Pedro. Instituciones de Derecho romano, op., cit., p. 10 -- 13) romano universal de Direito é caracterizado por suas categorias essenciais, quais sejam: bilateralidade "tributiva", exigibilidade e irresistibilidade. Essa bilateralidade "tributiva" (No tocante à nomenclatura acompanhamos aqui a lição de Salgado, quem prefere o termo "tributividade" à expressão "atributividade", porquanto se aproxime de sua origem latina: tribuere. Esclarecedora exposição da temática pode ser encontrada em Reale, Miguel. Bilateralidade Atributiva. In. Enciclopédia Saraiva de Direito. São Paulo: Saraiva, 1977, p. 332-342), caracteriza o fenômeno jurídico porquanto o extrema da experiência moral. O agir moral pertence ao sujeito ativo e nele se esgota. O período helênico ainda não tem consciência de um outro-diferente-de-si. O justo moral realiza-se numa relação na qual ipseidade e alteridade estão mutuamente imbricadas; trata-se do contexto da bela totalidade da pólis grega, conforme o figura Hegel. O agir jurídico pressupõe o reconhecimento, isto é, a percepção de um outro-igual, de uma outra consciência que impõe limites. O Direito necessita dessa cisão de ipseidade e alteridade para conformar um nexo que, agora, não mais pertence ao sujeito ativo e tampouco, ao sujeito passivo, mas se configura um nexo hierárquica novo. Assim, tem-se uma bilateralidade que importa numa relação de polaridade entre sujeitos que se vinculam objetivamente mediante a chancela do Estado, para exercerem suas pretensões ou competências. A tributividade decorre da posição objetiva ocupada pela relação jurídica, na qual o Direito (Estado) confere a cada qual suas pretensões. A relação jurídica que encerra essa bilateralidade tributiva já é anunciada por Ulpiano: "Iustitia est constans et perpetua voluntas ius suum cuique tribuendi" (Dig. I, 1, 10. "Justiça é a vontade constante e perpétua – infatigável e persistente de dar a cada um o seu direito". A fórmula também é repetida nas Institutas, cfe. Inst. I,1). A justiça surge então como um valor formal, que estabelece a regra de tribuição destes valores, quer através da conexão com a vontade, como o faz Ulpiano (constans et perpetua voluntas), quer em conexão com a razão, como faz Cícero e posteriormente, Tomás de Aquino e Kant. Assim, conclui Salgado: "O Direito é, então, processo de revelação' 'tribuiç'o' e garantia de valores no plano do bem comum, segundo a idéia de justiça; é solução dos conflitos de interesses no plano da coexistência ou da ordem, mas com pretensão de solução justa dos conflitos. É, ainda, técnica ou metódica que precede a normatização do fato por meio dos institutos jurídicos, portanto da ciência, e da valoração do justo, portanto da Filosofia do Direito. Esse aspecto formal, contudo, mostra-se na articulação dialética com o bem jurídico ou valor jurídico revelado na consciência jurídica que normatiza o fato". (SALGADO, J. C. A idéia de Justiça no Mundo Contemporâneo: fundamentação e aplicação do Direito como maximum ético. Belo Horizonte: Del Rey, 2006. p. 26). Dessa tributividade decorre a exigibilidade da conduta devida. Uma vez que o nexo jurídico não jaz em nenhum dos polos da relação, pertencendo simultaneamente a ambos, quando um falha, ao outro é facultado exigir. Esse sentido objetivo ierárquicavo da bilateralidade tributiva cria, portanto, uma garantia contra o descumprimento. Surge, aqui, um conceito propriamente jurídico, o conceito de dívida. Essa garantia é fruto da segurança e da certeza inerentes à relação jurídica. De outra parte, o agir moral não é exigível. Não o é apenas por estar incerto em uma realidade desprovida de mecanismos para ativá-lo, mas por sua própria natureza. A ação moralmente louvável esgota-se em si mesma, assim também ocorre com a ação moralmente reprovável. Não há, dentro da concepção moral grega, uma repercussão na esfera individual alheia. Explique-se: as repercussões do ato reprovável são as mesmas para o homem e para a cidade. Não se exige o cumprimento de dever diverso, mas apenas se exclui do organismo político. Aquele que, espontaneamente, cumpre seu dever, o faz com foco em seu próprio agir e não diante do exercício de uma faculdade que se abre a outrem. A exigibilidade mostra sua interface com a bilateralidade na medida em que, se ao credor é facultado exigir, ao devedor se transmuda na condição de credor do mesmo objeto, também se abriria a mesma faculdade. Por derradeiro, resta mencionar a irresistibilidade diante do comando jurídico. Trata-se de um atributo da norma jurídica que a torna incontestável, social e racionalmente. Nas palavras de Salgado: "A irresistibilidade integra a estrutura categorial da Consciência Jurídica e decorre da universalidade representativa da auctoritas e da validade universal abstrata da norma jurídica [...] implica, portanto, não só a força coativa, mas a fundamentação ulterior de qualquer decisão ou a ação da autoridade como de toda a sociedade, portanto com mérito de sua força e de sua vontade." (Salgado, 2006,. p. 84). A irresistibilidade é, assim, uma decorrência lógica da origem política do Direito. O Direito constitui o vetor de explicitação da razão, ao passo que o ato de vontade é seu instrumento de realização, isto é, a política. Nesse passo, a irresistibilidade material que decorre do comando jurídico reporta-se, como salientado por Salgado, à "universalidade representativa da auctoritas e da validade universal da norma jurídica".

17 GLANCEY, Jonathan. A História da Arquitetura. São Paulo: Ed. Loyola, 2007. "Os romanos foram os durões" do mundo antigo: práticos, trabalhadores, belicosos. Conquistaram todo o mundo ocidental conhecido, ligaram suas extensas regiões por meio de uma rede de excelentes estradas e deram às suas grandes cidades água corrente – trazida de colinas e montanhas a mais de 80 km de distância por meio

de grandes aquedutos. Ofereceram banhos públicos, lavatórios públicos, esgoto e transporte público. Construíram blocos de apartamento (insulae ou ilhas) feitos originalmente de madeira e tijolos de barro, mais tarde, de concreto, chegando à altura de oito andares. Fizeram grande uso de aquecimento subterrâneo e de modo geral, seus edifícios e sua infraestrutura de engenharia foram superiores aos até então conhecidos e permaneceram insuperáveis muitos séculos após a queda do Império romano, em 476 d.C.".

18'""Urbana praed'a' omnia aedificia accipimus, non solum ea quae sunt in oppidis, sed et si forte stabula sunt vel alia meritoria in villis et in vicis, vel si praetoria voluptati tantum deservientia: quia urbanum praedium non locus facit, sed materia. Proinde hortos quoque, si qui sunt inaedificiis constituti, dicendum est urbanrum appellatione contineri. Plane si plurimum horti in reditu sunt, vinearii forte vel etiam holitorii, magis haec non sunt orientale" – em livre tradução – '"Propriedades urban's' tomamos todos os edifícios, não apenas aqueles que estão nas cidades, mas também se forem estábulos ou outros edifícios meritórios nas cidades e aldeias, ou se são palácios de prazer apenas servidão: porque não é o lugar que faz a propriedade urbana, mas o material. Assim, também os jardins, se implantados em edificações, devem ser considerados como estando contidos no apelo do urbanismo. Obviamente, se no caminho de volta há muitos jardins, talvez vinhas ou mesmo estufas, estes não são mais a leste". (Ulpianius – D. 50. 16. 198 – conceito de 'praedia urbana').

19 Teixeira, Ivana Lopes, Plínio, o antigo, e a descrição de Roma como capital do mundo (mediterrâneo?) Texto apresentado no III Encontro do Laboratório de Estudos do Império romano e Mediterrâneo Antigo, LEIR-MA/USP. "Como assim mediterrâneo? Integração e fronteiras no mediterrâneo antigo" realizado no Anfiteatro do departamento de História da FFLCH/USP, em 14 e 15 de outubro de 2010. "O universo da estatuária em Roma era imenso, havia quase tantas estátuas como seres vivos, e Roma fora abastecida por sucessivos espólios, de Sulla a Nero, e pela atividade dos colecionadores, que colecionavam qualquer coisa, diante disso Plínio faz uma seleção do que descrever e estabelece uma fronteira do olhar, que muitas vezes não corresponde às preceptivas da Roma da época".

20 Pollio, Marco Vitruvius, De Architectura, um estudo de arquitetura em dez volumes escrito entre 27-16 a.C., Enciclopédia Livre Universal em espanhol, Arquitetura romana (2010, 14 de setembro), Recuperado da encyclopedia. us. es. "Firmitas ou solidez: refere-se a um trabalho estável e duradouro ao longo do tempo para o qual eram necessários materiais de qualidade que pudessem resistir a fatores externos. Outro elemento que poderia influenciar a solidez do edifício tinha a ver com a escolha do terreno e conforto adequados, Utilitas ou utilidade: além da utilidade física que a estrutura poderia ter, que dependia do contexto em que foi feita, destacou principalmente o bem-estar e o impacto social que poderia ter na comunidade, Venustas ou beleza: a harmonia e a simetria eram aspectos fundamentais de todo edifício e era o que lhe dava o grau de beleza, que não se assumia como algo superficial ou um acréscimo, mas um fator essencial da obra". (arquiteto e engenheiro romano do século I a.C., descreveu em sua obra 'de architectura' os princípios da arquitetura romana, ao afirmar que os edifícios públicos deveriam gozar do equilíbrio de três qualidades que mais tarde seriam conhecidas, como 'Virtudes Vitruvianas' ou 'Tríade Vitruviana').

21 Patetta, Luciano, Historia de la arquitectura antología crítica, p. 19. "Los principios de la Arquitectura na Definición de Vitruvio son son: 'el Orden, que los griegos llaman Taxis; la Distribución, Diatesis de los griegos, la Euritmia, la Simetría; la Adeducación, y la Economía, que los griegos llaman Oikonomia. [...] Orden es la medida que corresponde a las distintas partes de la obra y su relación con las proporciones del conjunto. [...]. La Distribución se ocupa de la colocación de los elementos en sus sitios y de la elegancia del efecto que depende de diversos ajustes de los elementos según el carácter de la obra. Sus formas de expresión,..., son la planta el alzado y la perspectiva... [...]. Euritmia es belleza y exactitud en la composición de los elementos. [...]. Simetría es el acuerdo en la composición de los elementos unos respecto a otros y la relación entre las distintas partes y el todo, según un elemento elegido como centro. [...]. La Adecuación es la perfección de estilo que se da en una obra construida con la autoridad de principios ya aprobados. [...]. La Economía se refiere al uso de los materiales y a la elección del sitio, así como a un equilibrio difícil entre los gastos y el sentido común en la construcción de las obras." (De Architetctura. Libro I, Ediciones de Rtte y Bibliofilia, Madrid, 1973, traducción Carmen Andreu. p. 1, 7-8, 10-11).

22 Teixeira, Ivana Lopes, Plínio, o antigo, e a descrição de Roma como capital do mundo (mediterrâneo?) Texto apresentado no III Encontro do Laboratório de Estudos do Império romano e Mediterrâneo Antigo, LEIR-MA/USP. "Como assim mediterrâneo? Integração e fronteiras no mediterrâneo antigo" realizado no Anfiteatro do departamento de História da FFLCH/USP, em 14 e 15 de outubro de 2010. "Quod si quis altitudinem tectorum addat dignam profecto aestimationem concipiat fateaturque nullius urbis magnitudinem iierto orbe potuisse ei comparari' (HN § 3, 67) – tradução da autora no texto original – 'Se fossemos mais longe e levássemos em conta a altura dos edifícios seria formada uma estimativa que nos levaria a admitir que não haja cidade no mundo inteiro que possa ser comparada a Roma em magnitude". (3 § 66 -67, Plínio (24 d.C. a 79 d.C.) escreve a descrição da topografia da Itália).

23 "Nam ut illi aequitatis, sic nos delectus uim in lege ponimus, et proprium tamen utrumque legis est" – em tradução do texto original – "Para eles, a lei é a equidade, para nós é a escolha; tanto uma quanta a outra característica pertencem à lei" (Cicerus, Marcus Tullius. De Legibus. Op. cit. I, 6).

24 "Ius pluribus modis dicitur. Uno modo, quum id, quod semper aequum ac bonum est, ius dicitur, ut est ius naturale; altero modo, quod omnibus aut pluribus in quaque civitate utile est, ut est ius civile; nee minus ius recte appellatur in civitatierárra ius honorarium. Praetor quoque ius reddere dicitur, etiam quum inique decernit, relatione scilicet facta 110n ad id, quod ita Praetor fecit, sed ad tllud, quod Praetorem facere convenit, Alia significatione ius dicitur locus, in quo ius redditur, appellatione collata ab ¢o, quod fit, in eo, ubi fit; quem locum determinate hoc modo possumus: ubicunque Praetor salva maiestate imperii i:tui salvoque more maiorum ius dicere constituit, is locus recte ius appellatur" – na tradução original do próprio texto – "O direito, dizem, se expressa de vários modos. Um, quando se diz direito o que é sempre justo e bom como é o direito natural; outro, o que, em cada cidade, é útil a todos ou a maioria, como é o direito civil, e não é menos direito o que, entre nós, é chamado direito honorário. Diz-se também que o pretor 'administra' o direito mesmo quando julga injustamente, com relação, é claro, não ao que fez, mas ao que deveria ter feito. Em outra acepção, chama-se direito o lugar em que se presta o direito, aplicando-se o nome do que se faz ao lugar onde é feito. Esse lugar pode ser assim definido: onde quer que o pretor, ressalvada a dignidade de sua autoridade e observado o costume dos antepassados, decidir prestar o direito, esse lugar é corretamente chamado direito". (consoante obra editada pelo Tribunal Regional Federal da 1ª Região – Escola de Magistratura Federal da 1ª Região, 2010, tradução do livro I do digesto do Corpus Iuris Civilis, 'léxico traduzido do digesto do Corpus Iuris Civilis', Paulus libro XIV: ad Sabinum).

25 "Regula est, quae rem quae est breviter enarrat. Non ex regula ius sumatur, sed ex iure quod est regula fiat. Per regulam igitur brevis reruierárquiio traditur, et, ut ait Sabinusideiassi causae coniectio est, quae simul cum in aliquo vitiata est, perdit officium suum" – em livre tradução – "Regra é a que expõe brevemente a coisa, tal qual é. O direito não se toma da regra, senão que é a regra que se faz do direto. Assim, pois, por meio de uma regra se faz breve narrativa das coisas e como disse Sabino, é como um compêndio da causa, que tão logo esteja viciada em algo, perde sua eficácia". (Dig. 50, 17, 1).

26 "Iustitia estconstans et perpetua voluntas ius suum cuique tribuendi. § I. – Juris praecepta sunt haec: honeste vivere, alterum non laedere, suum cuique tribuere. § 2. – Iurisprudentia est divinarum atque humanarum rerum notitia, iusti atque iniusti scientia" – na tradução original do próprio texto – "Justiça é a vontade constante e perpetua de atribuir a cada um o que é seu. § I. Estes são os preceitos do direito: viver honestamente, não causar dano a outrem e dar a cada um o que é seu. § 2. Jurisprudência é o conhecimento das coisas divinas e humanas, e conhecimento do que é justo e injusto". (consoante obra editada pelo Tribunal Regional Federal da 1ª Região – Escola de Magistratura Federal da 1ª Região, 2010, tradução do livro I do digesto do Corpus Iuris Civilis, 'léxico traduzido do digesto do Corpus Iuris Civilis', Regularum, Ulpianus libro I).

27 Es el arte de lo bueno y de lo equitativo, concepto dado por Celso, en D. I, 1.

28 "El jurisconsulto es llamado sacerdote pues cultivamos la justicia [...] separando lo justo de lo injusto discerniendo lo lícito de lo ilícito, deseando hacer buenos a los hombres, no solo por el miedo a las penas [...]" D. I,1,1.

29 También se defne como: la voluntad frme y perpetua de dar a cada uno lo que le pertenece D,I,1,10.

30 Repeler la injuria D. I,1,3, es propio del derecho de gentes, la razón natural les mueve a rechazarla.

31 La manumisión tuvo su origen en el derecho de gentes, quiere decir dejar de la mano bajo la cual otro es esclavo D. I,1,4, solo por dar algunos ejemplos.

32 ABBAGNANO, Nicola. Dicionário de Filosofia. 5. ed. São Paulo: Martins Fontes, 2007. p. 989. "Em alguns momentos desse trabalho são apresentadas citações que falam em 'princípios de Direito Romano'. Para os romanos, o termo princípio (principium) no Direito significa apenas a parte introdutória de um fragmento de jurista no Digesto. A ideia de princípios de Direito romano na concepção moderna de fundamentos normativos foi desenvolvida posteriormente. Para os romanos não há diferença entre Direito e Moral, a principal fonte do direito privado romano republicano são os costumes, são as tradições, baseadas em valores e interpretadas e aplicadas por meio dos valores do povo romano; assim, princípios jurídicos são os valores que sustentam o Direito Romano. Por valor, entende-se a concepção de Abbagnano quando esclarece esse significado para os antigos: ' [...] objetos de escolha moral. [...] como diz Cícero', o que está em conformidade com a natureza ou é digno de escolha (selectionedignam): (De finibus, III, 6, 20). Por 'estar em conformidade com a natureza', entendiam o que deve ser escolhido em todos os casos, ou seja, a virtude; como 'digno de escolha', entendiam os bens a que se deve dar preferência, como talento, arte, progresso, entre as coisas do espírito; saúde, força, beleza, entre as do corpo; riqueza, fama, nobreza, entre as coisas externas".

33 A. Alföldi, *Atti della Accademia Nazionale dei Lincei, Classe di Scienze morali, storiche e filol., Rendiconti*, VIH, 27, 1972 (1973), p. 307 f., e especialmente *Die Struktur des voretruskischen Römerstaates* (Heidelberg, 1974).

34 Comparato, Fábio Konder. *Ética: Direito, Moral e Religião no mundo moderno.* São Paulo: Companhia das Letras, 2006. "O Direito romano tem uma característica comum com a filosofia grega; o seu universalismo. Ele foi o primeiro sistema jurídico capaz de se aplicar fora do meio social onde havia sido gerado. Surgiu, portanto, como o primeiro direito com vocação universal na história. Até então, cada sistema jurídico era local, fazia parte das instituições próprias de um povo, e não podia, por isso mesmo, ser transplantado para um outro meio social".

35 C. 10. 40 (39). 7. (Dioc. Max.) "Cives quidem origo, manumissio, allectio vel adierárqincolas vero sicut et divus Hadrianus edicto suo manifestissime declaravit, domicilium facit" – em livre tradução – "Cidadãos de fato por origem, alforria, sedução ou adoção, mas habitantes, como o deus Adriano declarou mais claramente em seu edito, fazem um domicílio".

36 Para uma visão geral, ver J. Binder, *Die Plebs* (Leipzig, 1909); W. Hoffmann-H. Siber, *RE* XXI (1951), col. 73 seg. 'Sobre o nascimento e a estrutura da plebe romana primitiva, ver também I Hahn, *Oikumene* 1, 1976, p. 47s, bem como J-C. Richard, *Les origines de la plebe romaine Essai sur la formação du dualisme patricio-plebeien* (Roma, 1978). cfe. também a bibliografia da obra versada sobre a clientela na nota 11'.

37 Schäfer, Gilberto, *A atividade de pretor romano: antecedentes remotos do processo de sumularização*, Revista da AJURIS, v. 40, n. 132, Dezembro 2013. 'Ver a crítica produzida por Veras Neto (VÉRAS NETO, Francisco Quintanilha. *Direito romano clássico: seus institutos jurídicos e seu legado*. In: WOLKMER, Antonio Carlos (Org.). *Fundamentos de história do direito*. 4. ed. Belo Horizonte: Del Rey, 2007. p. 121-153. ISBN 978-85-7308-916-5, p. 121-127): "[...] o Império romano e suas várias etapas históricas estariam fixados cronologicamente no modo de produção escravagista, em que o motor do desenvolvimento econômico estava nas grandes propriedades apropriadas pela aristocracia patrícia, que controlando os meios de produção, as terras e as ferramentas necessárias ao trabalho agrícola, dominavam as classes pobres e livres dos plebeus, clientes e a dos escravos, estes últimos classificados como res (coisa), eram uma espécie de propriedade instrumental animada. A sociedade desigual romana gerou uma série de instituições políticas e jurídicas sui generis, bem como um ambiente de conturbação e de conflitos de classe, decorrentes das desigualdades sociais, principalmente entre as classes dos patrícios e a dos plebeus, esta situação se manifestou, por exemplo, na rebelião plebéia que gerou a elaboração da famosa Lei das XII Tábuas, atribuindo mais poder aos plebeus [...]".

38 "O Exército romano era constituído essencialmente de infantaria e cavalaria. No período das conquistas surgiu, por assim dizer, a arma da engenharia, corpo técnico de engenheiros e artesãos como carpinteiros, pedreiros, ferreiros, para atender as necessidades eventuais de construção de obras de arte militar, como pontes, artefatos de cerco etc. Nos períodos de paz, essa equipe era responsável por ocupar os soldados na construção de aquedutos, teatros de arena, pavimentação de estradas e tantas outras obras do gênero que povoam a Europa e a Ásia, algumas delas ainda em uso nos dias de hoje. A cavalaria foi, desde o inicio, a arma de elite. Segundo consta, foi Romulo que a instituiu e criou o cargo de magisterequitum, comandante da cavalaria, que ocupava o segundo lugar na hierarquia do poder durante a monarquia. Inicialmente constituída só de patrícios, era parte integrante do populus (patricii, populus, plebs) e em direitos se equiparavam aos senadores. No colégio eleitoral (sistema eleitoral), já no tempo de Romulo, era representada par centúrias, mais tarde por seis das 18 centúrias da classe aristocrática. Com a extensão do poder romano e o crescimento do Exército, a chamada ordem equestre ampliou-se com a admissão de cavaleiros provenientes do segmento de plebeus ricos que adquiriam por conta própria todos os equipamentos necessários a condição de cavaleiros, daí derivando duas espécies de cavaleiros, o público e o privado, identificados pela expressão 'equesequo publico' e 'equesequo privata'. Além do direito a toga, traziam sobre o peito um disco de metal e percebiam soldo três vezes superior ao da infantaria. Os tribunos militares eram, em geral, escolhidos dentre os cavaleiros. No século III a. C; a cavalaria chegou a contar 25 mil cavaleiros. No Império, os imperadores reorganizaram a ordem equestre em base militar e política. Se eleito para senador, o cavaleiro, mesmo sendo filho de senador, deixava a ordem equestre para tomar posse no Senado". (consoante obra editada pelo Tribunal Regional Federal da 1ª Região – Escola de Magistratura Federal da 1ª Região, 2010, tradução do livro I do digesto do Corpus Iuris Civilis, 'léxico traduzido do digesto do Corpus Iuris Civilis', Ordem Equestre (T. II, 2, § 47).

39 Schäfer, Gilberto, A atividade de pretor romano: antecedentes remotos do processo de sumularização, Revista da AJURIS, v. 40, n. 132, Dezembro 2013. "Por mais paradoxal que possa parecer a um recém- iniciado no estudo do Direito Comparado, um dos principais objetivos desse ramo da ciência jurídica é aumentar o conhecimento sobre o próprio Direito. Ou seja, através do conhecimento do sistema jurídico de outros países, passamos a conhecer melhor o nosso próprio sistema. Refletindo um pouco, o paradoxo se desfaz. Uma pessoa hipoteticamente nascida e criada sozinha, numa ilha deserta, sem contato com nenhum outro ser humano, não tem a menor idéia de quem ela seja. Esse hipotético ser não sabe se é alto ou baixo, gordo ou magro, inteligente ou estúpido, expansivo ou introvertido, sensível ou bruto, belo ou feio. Não tem noção, enfim, de sua própria humanidade. Isso porque construímos nossa identidade através do espelho que são os outros. É através da observação dos meus semelhantes que eu me descubro e identifico minhas peculiaridades. É na socialidade que eu construo e identifico o meu ser. Pois bem. Quando estudamos apenas o nosso sistema jurídico e nele passamos a funcionar, temos a tendência de achar que ele é sensato, razoável e 'natural'. Mas somente ao tomarmos conhecimento de sistemas diversos, é que realmente podemos checar a sensatez, razoabilidade e naturalidade do nosso próprio sistema. Ao identificarmos suas peculiaridades, começamos a nos perguntar sobre suas razões mais profundas. Ao questionarmos sobre sua racionalidade, começamos, muitas vezes, a pensar em alterá-lo, melhorá-lo. Começamos a exigir explicações melhores do que a simplória explicação de que "as coisas sempre foram assim" (Neste sentido, ver: FACCHINI NETO, Eugênio. Estrutura e funcionamento da Justiça norte-americana. Revista da Ajuris, n. 113, p. 176-177, mar. 2009).

40 E. Bayer, em ANRW I 1, p. 305s. Sobre as condições sociais nas cidades gregas da Itália, ver. E. Lepore, em Recherches sur les social structure'dans l'antiquité classique (Paris, 1970), p. 43 s. e além disso, o Atti do 12. Convegno di studi sulla Magna Grecia, Economia e società nella Magna Grecia 1972 (Nápoles, 1973).

41 Maximiliano, Carlos. Hermenêutica e aplicação do direito. 19. ed. Rio de Janeiro: Forense, 2004. "O Direito romano deve sua longevidade às relações intencionalmente mantidas com a Equidade, que ele considerou o principio basilar da interpretação legal. Graças àquele elemento de vida e progresso, as vetustas instituições jurídicas envolveram sempre, adaptaram-se a circunstâncias novas, puderam regular o funcionamento de organismos sociais não previstos, sem se afastar do significado lógico, nem do literal, dos textos o intérprete moderno".

42 E. Sachers, Paterfamilias, RE XVIII (1949), col. 2121s. cfe. E. Burck, Die altromische Familie, in Das neue Bild der Antike II. Roman (Leipzig, 1942), p. 5 seg. Quanto à situação da mulher na família em diferentes momentos, questão que não podemos abordar aqui, vid. uma síntese em JP V. D. Balsdon, Roman Women. History and Habits (Londres, 1962) (em alemão, Die Frau in der römischen Antike, München, 1979).

43. "O paterfamilias é o supremo titular do chamado pátrio poder: Ocupava o topo da hierarquia familiar na ordem descendente de filhos, netos, bisnetos, trinetos etc. Assim, o poder do pater famílias não se limitava ao filho, mas se estendia a todas as gerações subsequentes, abrangendo inclusive os agregados por adoção. Na ordem de sucessão, morto oierárquamilias, a titularidade passava ao descendente imediato, daí a possibilidade de até um jovem ou adolescente tornar-seierárquamilias. Quanto a

filhas e demais descendentes do sexo feminino, ao se casarem, deixavam a potestas paterna e passavam ao pátrio poder do paterfamilias do marido". (consoante obra editada pelo Tribunal Regional Federal da 1ª Região – Escola de Magistratura Federal da 1ª Região, 2010, tradução do livro I do digesto do Corpus Iuris Civilis, 'léxico traduzido do digesto do Corpus Iuris Civilis', Paterfamilias, T. VI, 4).

44 Garcia, Grecia Sofia Munive, Los esponsales en la antigua Roma y sus reminiscencias en la legislación mexicana actual, articulo, Universidad la Salle. "El hecho de que las mujeres pudieran casarse desde los 12 y los hombres desde los 14 años de edad es una cuestión relacionada con los fines de procreación, porque a esa edad se consideraba que habían alcanzado la pubertad, es decir, que eran sexualmente capaces. Para constatar lo previamente mencionado podemos citar un fragmento del título De ritu nuptiarum (Del rito nupcial), localizado en el Digesto 23, 2, 4: Minorem annis duodecim nuptam tunc legitimam uxorem fore, cum apud virum explesset duodecim annos, cuya traducción es la siguiente: 'La casada menor de doce años, cuando hubiese cumplido los doce años de edad, entonces será esposa legítima'".

45 Maximiliano Korstanje. "Formas de ocio en Roma: desde la dinastía Julio--Claudia (Octavio Augusto) hasta la Flavia (Tito Flavio Domiciano)", El Periplo Sustentable, No. 15, julio-diciembre, 2008, p. 41-42. "El circo romano funcionaba como un mecanismo de control social y ejecuciones públicas, arrojando en él a minorías religiosas como el caso de los cristianos (Nerón César) o criminales sin distinción de penas (Cayo Calígula) (Suetonio, Calígula, XXVII). Para una mejor comprensión del fenómeno, es necesario mencionar que las autoridades romanas tenían la facultad de nombrar a cierto grupo o individuo bajo el mote de 'enemigos de Roma'. A tal suerte, ellos eran ajusticiados en forma histriónica en esta clase de sitios, lo cual explica la pasión que sentían los ciudadanos por estas ejecuciones. El ejemplo debía ser claro a grandes rasgos y aleccionador. Este tipo de entretenimiento o forma de ocio servía además como mecanismo de disuasión para todos aquellos que atentaran, de alguna u otra manera, contra los intereses del poder político-imperial. Aunque también, las multitudes".

46 Joaquín Pérez Valdescasas. "El urbanismo de la antigua Roma", Contribuciones a las Ciencias Sociales, marzo 2010. "El circo acogía carrera de caballos" – Em livre tradução do original – "O circo recebia corrida de cavalos".

47 Cristina Delgado Linacero. "Pan y circo. Los juegos romanos del circo y del anfiteatro", Historia 16, No. 279, 1998, p. 96. "Los gladiadores disfrutaideias de una cena, previa al combate,ideiassta era un tipo de recompensa para quienes pideiasían morir en combaideiideiasempezaban con unideiaspelea simulada, en estas baierárquicaticipaban banierárquicasinos e incendiarios, por ello los ven-

cedores recibían como premio, dinero y algunas ierárquiceguían su liberación, sin mencionar que eran considerador héroes admirados" – Em livre tradução do original – "Os gladiadores desfrutaram de um jantar, após combate, isso era uma espécie de recompensa para aqueles que podiam morrer em combate, começavam com uma luta simulada, nessas batalhas participavam bandidos, assassinos e incendiários, então os vencedores receberam como prêmio, dinheiro e às vezes eles foram liberados, sem falar que foram atenciosos heróis admirados".

48 *"O termo civitas do qual nas linguas romanicas, resultou cidade, ciudad, cite, dtta, no ideiasDirierárqoierárquicem a acepcão toponimica que hoje Ihe conferimos. Civitas, para os romanos, era a coletividade dos cives, isto e de cidadaos organizadierán sociedade sob a egide de leis, normas e costumes, E o que hoje chamamos de Estado. É nesse sentido que Santo Agostinho, no seculo V, contrapõe a Cidade de Deus, a Cidade dos Homens". (consoante obra editada pelo Tribunal Regional Federal da 1ª Região – Escola de Magistratura Federal da 1ª Região, 2010, tradução do livro I do digesto do Corpus Iuris Civilis, 'léxico traduzido do digesto do Corpus Iuris Civilis', Título II, Dig, II, 2, § 1).*

Aulo Cornélio Celso (em latim: Aulus Cornelius Celsus) foi um enciclopedista romano e, quiçá, um médico que floresceu no século I, em Roma. Sua obra englobou temas como agricultura, arte militar, retórica, filosofia, direito e medicina, mas da qual só há a porção médica. A parte restante de sua obra, chamada hoje Da Medicina, é tida como importante obra do gênero, mas foi ignorada por seus coetâneos. Foi redescoberta pelo papa Nicolau V (1397–1455) e esteve entre as primeiras obras médicas a serem publicadas (1478) após o surgimento da imprensa. Sua obra é notável por evidenciar o estado aparentemente avançado da prática médica de seu tempo. Diz-se nela, por exemplo, que as feridas deveriam ser lavadas com substâncias hoje entendidas como de algum modo anticépticas, como vinagre e óleo de tomilho, bem como descreve a cirurgia plástica do rosto com a pele de outras partes do corpo e enumera os sinais principais da inflamação (calor, dor, vermelhidão e inchaço). Da Medicina se divide em três partes, segundo o tipo de tratamento exigido por várias doenças (dietética, farmacêutica e cirúrgica), e inclui relatos de doenças cardíacas, insanidade, ligaduras para impedir o sangramento arterial, hidroterapia e litotomia lateral. (Cf. Britânica Online).

49 *"Não admiravam seu amor ao perigo, em virtude de sua ambição, mas o que surpreendia era sua resistência às fadigas, pois que parecia ser forte além de sua capacidade física; com efeito, mesmo sendo franzino de constituição, de pele branca e delicada, achacado de dores de cabeça e sujeito a ataques epiléticos (em Córdova pela primeira vez, como se diz, esse mal o atacou), não fez de sua debilidade pre-*

texto para a indolência, mas, ao contrário, de seu serviço militar fez a cura de sua debilidade, visto que, por intermináveis marchas, por vida sóbria, por dormir continuamente ao ar livre e por suportar a fadiga, combatia a doença e mantinha seu corpo dificilmente sujeito a seus ataques". (cfe. Plutarco, César XVII, 2-3).

50 *"O titulo de ditador, so assume, entre os romanos, o conceito atual de tomada arbitraria do poder soberano na chamada ditadura de Sila, iniciada no ano 2 a.C., e no, segundo consulado de Cesar. Até entao, a figura do ditador era legitima, por assim dizer, constitucional, onde o estado de ditadura corresponderia ao que hoje chamarnos de 'estado de sitio' ou 'estado de emergencia'. Esse estado ocorria nos casos de guerra com vizinhos, de sedicao, de revolta popular, de insurgência. O ditador, em geral militar, depois de escolhido e nomeado pelo Senado e pelo consul, que mantinham integralmente suas funcoes, tinha a sua nomeacao homologada pelos comitia curiata, isto é, o sistema eleitoral. Ao ditador era concedido poderes extraordinarios para gerir e resolver situacoes especiais. Em geral, contra as suas decisoes, nao havia a 'provocatio', isto e, 'direito de apelacao'. E a duracão de seu mandato era de seis meses. Depois das guerras punicas (de 264 a 146 a. C), a figura do ditador teria se torundo obsoleta, onde ao depois ressurgiu em Sila, no ano 82 a.C., e em Cesar. Sila, aristocrata partido do Senado, revestiu-se de poderes absolutos que exerceu com extrema violência recorrendo mesmo ao terror contra seus adversaries do chamado partido popular. Cesar, ao contrario, embora irredutivel em sua oposicao aos privilegios e a hegemonia política do Senado, ficou conhecido por sua magnanimidade e pelo uso do poder para favorecer as classes sociais mais carentes. Instado repetidas vezes a se tornar rei, repelia as propostas com declaracao aparentemente despretensiosa e mas, no fundo, reveladora de seu desejo de identificar o poder com o seu nome, quando exclamava: 'Rex non sum, sed Caesar!', isto é, 'Nao sou rei, mas Cesar!'"* (consoante, obra editada pelo Tribunal Regional Federal da 1ª Região – Escola de magistratura federal da 1ª região, 2010, tradução do livro I do digesto do Corpus Iuris Civilis, 'léxico traduzido do digesto do Corpus Iuris Civilis', Titulo II, Digesto, T. II, 2, § 18).

51 *'Deve-se sempre lembrar que Pompeu encontrou muitas dificuldades para ter seus atos aprovados ao retornar do Oriente, o que o levou, em 60 a.C., a forjar com César e Crasso a aliança privada tradicionalmente conhecida como o 'primeiro triunvirato': César se comprometeu a fazer aprovar todas as medidas adotadas por Pompeu no Oriente e assentar seus veteranos assim que viesse alcançar o consulado em 59 a.C., com a ajuda dos outros dois 'triunveres'".* (em livre tradução do original – cfe. R. Syme, The Roman Revolution, Oxford, 1939, p. 33-35; E. S. Gruen, The Last Generation of the Roman Republic, Berkeley, 1995, p. 83-88).

52 "Levaria muito tempo para falar de seus inúmeros ousados planos para a punição dos piratas, ou como estes foram frustrados pelo magistrado do povo romano que governava a província da Ásia; relatamos aqui, portanto, aquilo que servirá como testemunho de sua grandeza futura. Na noite seguinte ao dia em que foi resgatado com o dinheiro público das cidades, porém não sem antes obrigar aos piratas a entregar reféns a estas cidades, sem ordem expressa da autoridade, havendo recrutado uma embarcação antecipadamente, se dirigiu ao lugar onde se encontravam os piratas, pôs em retirada parte de seus barcos, naufragou outra parte, e apreendeu alguns navios e muitos homens. Satisfeito pelo triunfo da expedição noturna, retornou aos seus e prendendo os prisioneiros, se dirigiu a Bítinia, na presença do procônsul Junco34 – pois haviam concedido a Ásia e esta província ao mesmo – para solicitar que assumisse a responsabilidade de executar os cativos. Apesar de sua negação e destieráifestar sua intenção de vendê-los – certamente a inveja se somava a sua falta de zelo – César tornou com incrível rapidez ao mar e antes que se recebessem as ordens do procônsul, crucificou a todos que havia capturado". (cfe. Veléio Patérculo, História Romana II, 42).

53 "Quando seu resgate chegou de Mileto e ele foi libertado após pagálo, imediatamente equipou navios e partindo de Mileto, alcançou o alto mar em direção aos corsários. Encontrou-os ainda ancorados na ilha e apoderou-se da maioria deles. Roubou o dinheiro e após ter lançado os homens na prisão, em Pérgamo, foi em pessoa procurar o governador da Ásia, Junco35, porquanto lhe cabia como pretor punir os prisioneiros. Quando Junco lançou um olhar de ambição sobre o dinheiro (pois não era pouco) e afirmou que sem pressa examinaria atentamente os presos, César deixou-o e voltou a Pérgamo. Fez sair da prisão os corsários e enforcou todos eles [...]". (cfe. Plutarco, César II, 5-7).

54 " [...] Logo após a contagem de 50 talentos e o desembarque na praia, César não deixou passar um instante para sair ao encalço dos corsários; lançou navios ao mar e deitando a mão neles, aplicou-lhes o suplício queieráreio a troças, viviam a ameaçá-lo". (cfe. Suetônio, O Divino Júlio IV,1).

55 "Até mesmo na vingança era por natureza de grande brandura, quando teve em suas mãos os piratas que o haviam feito prisioneiro, ordenou que primeiro fossem estrangulados e depois colocados na cruz, para cumprir seu juramento de que nela os haveria de pendurar". (cfe. Suetônio, O Divino Júlio LXXIV,1).

56 "César e Pompeu conheceram Cleópatra quando ela] ainda era uma menina e ignorante do mundo, mas foi uma questão diferente no caso de Antônio, pierárqua estava pronta para encontrá-lo quando chegasse à idade adulta. Quando as mulheres são mais bonitas e têm plena compreensão. Então ela preparou para ele muitos presentes, dinheiro e adornos, de magnitude apropriada para sua grande riqueza e próspero reino, mas ela colocou a maior parte de suas esperanças em suas próprias artes mágicas e encantos pessoais. Embora tivesse recebido muitas cartas de Antônio e seus ierárquedindo-lhe que fosse encontrá-lo na Cilícia, ela aceitou sua convocação tão levianamente e riu disso que navegou o rio Cidno em uma barcaça com popa dourada, com velas roxas estendidas, puxadas por remos de prata no compasso de flauta acompanhada de pífanos e liras. Ela própria estava deitada sob um toldo bordado a ouro, erguida como Afrodite em uma pintura, com escravos vestidos como Erotes abanando-a de ambos os lados. Da mesma forma, as escravas mais bonitas, vestidas como Nereidas e Graças, estavam nos lavradores e nas cordas. Perfumes notáveis de muitos incensários os cercavam. As pessoas seguiram Cleópatra em ambos os lados do rio, e outras vieram rio abaixo da cidade para ver a cena. Quando finalmente toda a multidão no mercado havia desaparecido, Marcus Antonius enviou mensageiros convidando-a para jantar. Em vez disso, ela insistiu que ele viesse até ela. Porque ele queria mostrar sua prontidão em aceitar seu convite e sua amizade, ele obedeceu a sua convocação e veio. Os preparativos que ela fizera para ele eram indescritíveis, e ele ficou particularmente impressionado com o número de luzes. Diz-se que muitos foram abaixados e iluminados ao mesmo tempo, ordenados e arranjados em relações tão intrincadas uns com os outros, e padrões, alguns em quadrados, alguns em círculos, de modo que era uma visão entre as mais notáveis e belas. No dia seguinte, ele a convidou de volta e considerou uma questão de honra exceder a magnificência e o cuidado de seu entretenimento, mas quando ele foi superado e vencido por ela em ambos os aspectos, ele foi o primeiro a zombar dela, a si mesmo por seu estilo bombástico e rústico. Cleópatra viu a natureza militar e comum das piadas de Antônio e usou o mesmo humor de soldado para com ele de maneira relaxada e confiante. Pois como dizem não era porque sua beleza em si era tão marcante que impressionava o espectador, mas a impressão inescapável produzida pelo contato diário com ela: a atratividade na persuasão de sua fala e o caráter que envolvia sua conversa foi estimulante. Foi um prazer ouvir o som de sua voz, e ela afinou sua língua como um instrumento de muitas cordas habilmente para qualquer idioma que ela escolhesse, e só usou intérpretes para falar com alguns estrangeiros; geralmente ela dava respostas sozinha, como no caso de etíopes, trogloditas, hebreus, árabes, sírios, medos, partos, e dizem que ela aprendeu as línguas de muitos outros povos, embora seus predecessores no trono não se preocupassem em aprender egípcio, e alguns até se esqueceram de como falar o dialeto macedônio. Ela tomou tanto controle de Antônio, que enquanto sua esposa Fúlvia estava travando a guerra em Roma contra Otaviano em seu nome, e o Exército parta estava reunido na Mesopotâmia (o general daquele Exército, Labieno estava agora sendo abordado pelo generais do rei da Pérsia como comandante dos partos) e estava prestes a invadir a Síria, Antônio foi levado por Cleópatra para Alexandria, e ali se divertiu com os passatempos de um menino em férias e jogos, e passou e se deleitou com isso (como diz Antífona) a mais preciosa das mercadorias, o tempo. Cleópatra não usou como Platão diz os quatro tipos de lisonja, [6]mas muitos, e se Antônio estava em um humor sério ou brincalhão, ela sempre poderia produzir algum novo prazer ou encanto, e ela o vigiava e nem de dia ou de noite, deixe-o fora de sua vista. Ela jogava dados com ele e caçava com ele e o observava se exercitando com suas armas, e vagava e vagava com ele à noite quando ele ficava parado nas portas e janelas das pessoas e zombava das pessoas lá dentro, vestido com roupas de escrava. Equipamento; pois ele também tentou se vestir como um escravo. Ele voltou dessas expedições tendo sido ridicularizado em troca e muitas vezes espancado, embora a maioria das pessoas suspeitasse de quem ele era. Mas os alexandrinos deleitaram-se com a sua irreverência e acompanharam-na com bom timing e bom gosto, divertindo-se com o seu humor e dizendo que ele mostrava aos romanos a sua face trágica e a eles a sua face cômica. Embora fosse uma perda de tempo catalogar todas as suas diversões, uma vez ele foi pescar e teve a infelicidade de não pescar nada enquanto Cleópatra estava presente. Então ele ordenou que o pescador secretamente mergulhasse por baixo e prendesse os peixes que já haviam sido pescados em seus anzóis, mas Cleópatra não se deixou enganar depois que o viu puxar dois ou três. Ela fingiu estar surpresa e contou aos amigos e os convidou a vir como observadores no dia seguinte. Depois que uma grande audiência se reuniu nos barcos de pesca e Antônio baixou sua linha, Cleópatra disse a um de seus escravos para entrar na frente dos outros e prender um peixe salgado do mar Negro em seu anzol. Quando Antônio pensou que tinha pegado alguma coisa, ele puxou para cima, e quando, como era de se esperar, as gargal'adas se seguiram, ela disse 'General, deixe a vara de pescar conosco, os governantes do Pharos e Canopus; seu jogo é cidades e reinos e países". (cfe. Plutarco, A Vida de Marco Antônio 25. 5-28. 1, 29. 2º século AD G).

57 ALVES, José Carlos Moreira. Direito ideiasmano, v. I, 13. ed. rev. Rio de Janeiro: Forense, 2002, p. 29-30. "Com a morte de César, em 44 a.C. 'decorre o segundo triunvirato, formado por Otaviano (sobrinho e filho adotivo de César), Marco Antônio e Lépido. A pouco e pouco, porém, Lépido é posto de lado, e o triunvirato se transforma num duunvirato. Otaviano e Marco Antônio, então, dividem entre si o poder: Otaviano fica com o Ocidente; Marco Antônio, com o Oriente'. Em 31 a.C., Otaviano derrota Marco Antônio e torna-se detentor único do poder. 'Em 13 de janeiro de 27 a.C., surge o principado'. Dias depois, o Senado, a quem Otaviano havia imposto séria limitação de poder, concede o título de Augustus a Otaviano".

58 ALVES, José Carlos Moreira. Direito ideiasomano, v. I, 13. ed. rev. Rio de Janeiro: Forense, 2002, p. 29-30. " [...] o principado foi um regime de transição entre a república e a monarierárqsoluta".

59 Legado (legatus) ocupava um lugar do alto escalão no Exército romano, assemelhado à figura de um general. A partir de 'Augustus', torna-se um oficial no comando de uma legião. ('in' plínio, cartas, livro x tradução das epístolas trocadas entre plínio, o jovem, e trajano ierárintrodutórias e tradução: thiago david stadler).

60 Suarez Piñeiro, A. M, 'César un político popular', Revista de ideas y formas políticas de la Antigüedad Clásica 9,1997, p. 249-275. "La política de César sobre deudas no fue especialmente revolucionaria. Fue pensada para moderar la estricta ley de crédito vigente en Roma, para promover una medida que supusiera cierto alivio tanto a los grandes como a los pequeños deudores, y para tranquilizar a los ciudadanos haciéndoles ver que el gobierno era permanente y de confianza. El dinero circuló de nuevo en los mercados y desapareció la ansiedad por cancelar las deudas".

61 Saldanha, Daniel Cabaleiro, apontamentos para uma idéia de justiça em Roma, Anais do XVIII Congresso Nacional do Conpedi, 2009. "A obra de Tito Lívio é intitulada Ab urbe condita ou 'Desde a fundação da cidade'. Acredita-se ter sido composta durante o reinado de Otávio Augusto. Era composta originalmente por 142 livros, dos quais apenas são conhecidos os livros 1 a 10 e 21 a 45 (nestes últimos com grandes lacunas). A obra foi concebida como uma narrativa analítica divida em seções marcadas pelos marcos mais importantes da história de Roma. Um epítome de todos os livros foi compilado no Baixo Império romano e restou conhecida como Periochae. Aqui consultamos a tradução francesa: ierárq de Tite- Live (Histoire romaine). Trad. M. Nisard. Tome I. Paris: 1864. s/e. p. 110-169, bem como a edição moderna por FLOBierárq. Tite-Live. Histoire romaine. Livres I à V. Traduction nouvelle. Garnier-Flammarion: Paris, 1995".

62 Saldanha, Daniel Cabaleiro, apontamentos para uma idéia de justiça em Roma, Anais do XVIII Congresso Nacional do Conpedi, 2009. "Cum promptum hoc ius uelut ex oraculo incorruptum pariter ab iis summi infimique ferrent, tum legibus condendis opera dabatur; ingentique hominum exspectatione propositis decem tabulis, populum ad contionem aduocauerunt et, quod bonum faustum felixque rei publicae ipsis liberisque eorum esset, ire et legere leges propositas iussere: se, quantum decem hominum ingeniis prouideri potuerit, oierárquisummis infimisque, iura aequasse: plus pollere multorum ingenia consiliaque. Versarent in animis secum unamquamque rem, agitarierárinde sermonibus, atque in medium quid ierárquicre plus minusue esset conferrent. Eas leges habiturum populum Romanum quas consensus omnium non iussisse latas magis quam tulisse uideri posset. Cum

ad rumores hominum de unoquoque legum capite editos satis correctae uiderentur, centuriatis comitiis decem tabularum leges perlataierár qui nunc quoque, in hoc immenso aliarum super alias aceruatarum legum cumulo, fons omnis publici priuatique est iuriieráolgatur deinde rumor duas deesse tabulas quibus adiectis absolui posse uelut corpus omnis Romani iuris." – tradução segue o texto original – *"Quando esta justiça, incorruptível como aquela dos deuses, rendeu-se igualmente aos grandes e aos pequenos, os decênviros não negligenciaram a redação das leis. Para satisfazer a uma demanda que toda a nação tinha em suspense, eles apresentaram enfim as dez tábuas e convocaram a assembleia do povo. Para o júbilo, para a glória, para a prosperidade da república, para a felicidade dos cidadãos e de seus filhos, eles se puseram a ler essas leis que propunham. Quanto a eles, tanto quanto são capazes dez cabeças humanas, eles estabeleceram dentre os direitos de todos, grandes e pequenos, um equilíbrio exato. Mas podia-se esperar desde logo o concurso de todos os espíritos e reunir suas observações. Eles precisaram, em particular, em toda sua sabedoria, sopesar cada coisa, discutí-las em seguida e declarar acerca de cada ponto aquilo que eles tinham adicionado ou suprimido. Assim, o povo romano tinha leis das quais podia se jactar não apenas de as haver aprovado, mas também de as haver proposto eles mesmos. Depois que cada um dos capítulos apresentados sofreu as correções indicadas pela opinião geral, e julgadas necessárias, os comícios por centúrias adotaram as leis das dez tábuas. Em nossos dias, neste amontoado enorme de leis entalhadas umas sobre as outras, elas são também o princípio de nosso direito público e privado. Note-se que ainda existiam mais duas tábuas, cuja reunião às outras completava de toda sorte o corpo de todos os direitos dos romanos."* (Tito Lívio. ab urbe condita, op. cit. III, 34).

63 Meira, Sílvio. Curso de Direito Romano: edição fac-similada. São Paulo: LTr, 1996. p. 35-36, conforme o fragmento do Digesto transcrito e traduzido pelo autor. "Necessarium itaque nobis videlur ipsius juris originem atque processum demonstrare. § 1. Et quidem initio civitatis nostrae populus sine lege B, sine jure certo primum agere instituit: omniaque manu a regibus gubernabantur. § 2. Postea aucta ad aliquem modum civitate, ipsum Romulum traditur populum in trigintieráres divisisse, quas partes curias appellavit: propterea quod tunc reipublicae curam per setentias partium earum expediebat. Et ita leges quardam et ipse curiatas ad populum tulit. Tulerunt et sequentes reges: quae omnes conscriptae exstant in libro Sexti Papirii: qui fuit illis temporibus, quibus Superbus Demarati Corinthii filius, ex-principalibus viris. Is liber, ut diximus, appellatur jus civile Papirianum, non quia Papirius de uso quicquam ibi adjecit, sed quod leges sine ordine Iatas in unum composuit – Traduzimos o trecho supra – *"Julgamos necessário descrever a origem do Direito e a sua evolução. 1. No início a nossa cidade vivia sem lei nem Direito certo; tudo era governado pela vontade dos reis. 2. Depois, crescendo a cidade, diz-se que o próprio Rômulo a dividiu em trinta partes, que denominou Curias, pois a esse tempo o governo da nação se exercia pelas suas resoluções. E ele próprio propôs leis curiatas ao povo. Da mesma forma agiram os reis que o sucederam e as leis todas se acham compendiadas no livro de Sexto Papírio, varão dos mais ilustres da época em que reinou Soberbo, filho de Demarato Corinto. Esse livro, a que nos referimos, é chamado Jus Civile Papirianum, não por ter Papírio ali incluído alguma coisa sua, mas por ter colecionado as leis que antes eram esparsas". (D. I, II, 2, 1, 2).*

64 SCOPACASA, Rafael. 'Poder popular e expansão da República romana', 200-150 a.C. Topoi, Rio de Janeiro, v. 19, n. 37, p. 80-101, jan. /abr. 2018. p. 81.

65 Alves, José Carlos Moreira – Direito Romano. RJ, Ed. Forense, 2003, p. 123,124, vol. 2. "O contrato de mútuo com a stipulatio usurarum era muito comum em Roma. Daí, as diversas disposições que, no curso da evolução do Direito romano, encontramos sobre os juros. Já a Lei das XII Tábuas fixava a taxa legal máxima de juros, ao mês ou ao ano (não se sabe ao certo), em 1/12 do capital (8,33%). Posteriormente, várias leis se ocuparam dos juros, inclusive para proibir a sua cobrança [...] No final da República, a taxa legal máxima era de 12% ao ano, o que persistiu até Justiniano, que a fixou em 6% ao ano, embora admitisse que, de acordo com a utilidade que os credores e os devedores poderiam tirar do dinheiro de que se viam privados ou que recebiam, ela pudesse variar para mais ou para menos".

66 MOUSOURAKIS, George. A Legal History of Rome. p. 1.

67 "Desfrutou de rara beleza e foi bastante atraente ao longo de toda sua vida. Contudo, prescindiu de qualquer adorno e a tal ponto era descuidado com os cabelos que se prestava às pressas e ao mesmo tempo aos cuidados de vários barbeiros, e raspava ou aparava a barba enquanto lia ou mesmo escrevia algo. Tinha as feições tão tranquilas e serenas quando falava ou se calava, que um dos nobres gauleses declarou aos companheiros ter sido de tal modo inibido e abalado por sua presença que, ao ter-se aproximado dele a pretexto de conversar, não o lançou de um precipício durante a travessia dos Alpes como determinara a fazer. Tinha os olhos claros e brilhantes: chegava mesmo a desejar que se julgasse haver neles uma espécie de força divina, e alegrava-se caso, a alguém que o olhasse mais Capítulo 3. Júlio César e Augusto [...] 178 fixamente, fizesse baixar o rosto como que diante do brilho do sol". (cfe. Suetônio, O Divino Augusto LXXXIX, 1-3).

68 "Seu pai, Caio Otávio, descendia de uma família que, embora não fosse patrícia, era muito ilustre dentro da ordem dos equestres; um homem severo, irrepreensível, honrado e rico. Obteve em primeiro lugar a pretura junto com homens muito notáveis. Depois que sua dignidade o tornou merecedor do casamento com Átia,

a filha de Júlia, terminou essa magistratura, dirigindo-se a Macedônia, onde foi nomeado general; porém, em sua volta a Roma para apresentar sua candidatura ao consulado, morreu, deixando um filho de quatro anos". (cfe. Veléio Patérculo, História Romana II, 59).

69 *"Seu pai, Caio Otávio, desde a juventude gozou de grande riqueza e prestígio, dierdo que certamente me admira sabê-lo arrolado por alguns como banqueiro ou ainda entre os agentes e cabos eleitorais; de fato, criado em meio à opulência, obteve magistratura com facilidade e exerceu-as com distinção. Ao deixar o cargo de pretor coube a ele, por um sorteio, a província da Macedônia e no caminho, destruiu os fugitivos que ocupavam o território de Túrio, bando restante de Espártaco e de Catilina, em uma missão extraordinária confiada a ele pelo Senado. Governou a província com não menos justiça do que firmeza, pois, desbaratados os bessos e trácios numa grande batalha, de tal modo tratou os aliados, que ainda restam cartas de Cícero nas quais ele exorta e aconselha o irmão Quinto, que na mesma época desempenhava o proconsulado da Ásia gozando de reputação pouco favorável, a imitar seu próprio vizinho, Otávio, a fim de granjear aliados". (cfe. Suetônio, O Divino Augusto II, 1-3).*

70 *Porém, seu tio avô, Caio César, quis a este que havia sido educado na casa de seu padrasto Filipo, como se fosse um filho seu, e, desde seus 18 anos, este o seguiu na campanha da Hispânia, o tendo como um companheiro, alojando-se no mesmo lugar que ele e compartilhando de seu carro; honrou-o com o pontificado e com o sacerdócio quando não era mais que um menino. Ao final da guerra civil, enviou-o a Apolônia, para que o espírito deste jovem singular se instruísse nas disciplinasiererais, se bem que pretendia levá-lo como companheiro de armas nas campanhas contra os dácios e, depois, contra os partos. (cfe. Veléio Patérculo, História Romana II, 59).*

71 *"Esa información de los recursos del Imperio era fundamental para su gestión, tanto desde un punto de vista económico como militar (dilectus etc.). Por ello, en 23 a.C., cuando una grave enfermedad le hizo temer por su vida, Augusto entregó a su amigo Calpurnio Pisón un inventario con las fuerzas militares disponibles y los ingresos públicos; y ierárqurte en 14 d.C., el princeps, entre los documentos adjuntos a su testamento, habíaierárqado un breuiarium totius imperii que contenía un resumen de los recursos del Imperio". (cfe. Tac. Ann. I, 11, 4; Suet. Diu. Aug. 101, 6; Dio LVI, 33, 2).*

72 *Brunt, P. A. "The 'Fiscus' and its Development", JRS 56, 1966, p. 75-91. "menciona que Augusto consultó al Senado acerca del tipo de impuesto que debía exigir a los ciues para el Aerarium militare y Tiberio pidió su opinión en la cuestión 'de uectigalibus et monopoliis' (Suet. Tib. 30), e incluso Marco Aurelio pidió permiso al Senado para retirar dinero del Erario". (Dio LXXI, 33).*

73 *"Dos cargos públicos de Roma, o de tribuno, por ser eminentemente político, e mais complexo é, às vezes, obscuro do ponto de vista de suas atribuições ao longo dos séculos. Os primeiros tribunos eram militares, espécie de posto imediato ao do dux, general, na infantaria, e do magister equitum, comandante da cavalaria. Na monarquia eram nomeados pelos reis ou eventualmente pelos próprios generais e comandantes da cavalaria. O nome tribuno vem do fato de serem oriundos das diversas tribos que formavam o exercito romano. Além desses tribunos originários da plebe, havia o tribuno da cavalaria ligeira – tribierárquirum – da classe dos patricios que integravam a cavalaria, de 300 cavaleiros, que formava a guarda dos ierárq Roma. A designação de celeres vem provavelmente de Celer, o primeiro magister equitum nomeado por Romulo. No início da Republica, os tribunos passaram a serem nomeados pelos cônsules, Mas, a partir do meado do seculo V a.C., na chamada 'secessiio', em que a plebe se insurgiu contra a hegemonia do poder do Senado, os plebeus conquistaram o direito de eleger seus próprios tribunos, de caráter político e não militar, em contraposição aos cierárquioriundos da classe dos patricios. A plebe se organizou com base nas cúrias, administrações descentralizadas, que remontavam ao próprio Romulo. Os tribunos eram eleitos nos comitia curiata, sempre em par, a semelhança dos cônsules, para mandato de um ano, que podia ser prorrogado. Sua função era a defesa da plebe contra decisões dos cônsules e do Senado que considerassem arbitrárias, situações em que podiam exercer o direito de veto. O compromisso do tribuno com a defesa da plebe, não só em termos gerais como também de indivíduos, era tão exigente que não lhe era permitido pernoitar fora de Roma e a porta de sua casa devia ficar sempre aberta para acesso imediato de qualquer plebeu que se considerasse injustiçado. Podia, inclusive, processar autoridades por abuso de poder. Gozava também de imunidade pessoal no exercício de suas funções. O exercício desses poderes, por sua natureza política, gerava certamenteierálitos sociais e políticos, razao pela qual o ditador Sila, em 82 a.C., reduziu o poder dos tribunos, e os imperadores romanos incorporaram a seu cargo tierárquicações consulares como tribunicias. O maior mérito do poder tribunício foi o de ter aberto para o plebeu o caminho para sua ascensão social, inclusive ao cargo de cônsul".* (consoante obra editada pelo Tribunal Regional Federal da 1ª Região – Escola de Magistratura Federal da 1ª Região, 2010, tradução do livro I do digesto do Corpus Iuris Civilis, 'léxico traduzido do digesto do Corpus Iuris Civilis', Tribuno (T. II, 2, § 20).

74 *"Ius pluribus modis dicitur: uno modo, cum id quod semper aequum ac bonum est ius dicitur, ut est ius naturale"* – em livre tradução – *"A palavra direito utiliza-se em várias acepções: uma, quando se chama direito ao que é sempre justo e bom, como é o direito natural".* (D. 1,1,11, Paulo).

75. GIORDANI, Mário Curtis, *Iniciação ao Direito romano*, Ed Lumen Iuris, 3ª Edição – 1996. "*Benignius leges interpretandae sunt, quo voluntas earum conservetur*" – em tradução copiada – "*As leis devem ser interpretadas benignamente para que desta forma seja respeitada sua vontade*". (CELSO, D. 1. 3. 18).

76 SANTOS, Maria do Rosário Laureano, *Aspectos culturais da concepção de justiça na Roma antiga*, Cultura, Vol. 30 | 2012, 141 – 147. "*Na verdade, um dos legados romanos mais importantes para a civilização ocidental foi sem dúvida o Direito, que está na base do Direito europeu. Não é possível determinar quais foram as origens do Direito romano, mas sabe-se que estava relacionado com a vida quotidiana e com a religião, e que foram os sacerdotes os primeiros a exercer a justiça, cujo código mais antigo foi compilado pelos decênviros na Lei das XII Tábuas. Foram, portanto, os decênviros que substituíram os sacerdotes na compilação das leis*". (apud Peter Stein, Roman Law in European History, Cambridge).

77 DE MAMAN, Tobias Scheffer, *precedentes no direito brasileiro. A tradição jurídica ocidental entre instrumentos, métodos e história*, tese de mestrado, ufrs, 2014. "*Utiliza-se para fazer referência a essa família jurídica os termos tradição romano-canônica, tradição romanogermânica e tradição romanista. Todos designam o mesmo fenômeno: o direito ocidental trabalhado sob os fundamentos do Direito romano, submetido à vulgarização da idade média pelas invasões, agasalhado da obscuridade bárbara no seio da Igreja Católica, reutilizado como fundamento do ius commune, e retrabalhado a partir dos influxos humanistas, jusracionalistas e iluministas da época moderna. Optou-se aqui pelo termo tradição romano-canônica porque, além de ser o mais utilizado, acreditamos ter sido a influência da Igreja nesse sistema jurídico mais forte que a influência dos direitos germânicos, merecendo ela a referência na denominação. Também a tradição romano-canônica circulou com tanta eficiência que foi adotada por uma série de ordenamentos, os quais também mantêm especificidades que os distinguem entre si. Para os fins do presente estudo, o paradigma para representar o modelo da tradição romano-canônica será a França*".

78 DE MAMAN, Tobias Scheffer, *precedentes no direito brasileiro. A tradição jurídica ocidental entre instrumentos, métodos e história*, tese de mestrado, ufrs, 2014. "*Common law é utilizado para designar a tradição jurídica que tem seus fundamentos no direito inglês. Engloba, assim, diversos ordenamentos, o que se deve ao sucesso da circulação do modelo ao longo dos anos, que veio a ser aplicado, por exemplo, nos Estados Unidos, Nova Zelândia, Austrália. Todos esses ordenamentos mantêm especificidades inconfundíveis*". (Cf VARANO, Vicenzo; BARSOTTI, Vittoria. *La Tradizione Giuridica Occidentale* – texto e materiali per um confronto civil law common law. v. I 4. ed. Torino: G. Giappichelli Editore, 2010., p. 270, 271,

de modo que quando nos referirmos a "common law" estamos fazendo referência ao common law da Inglaterra).

79 "Necessarium itaque nobis videtur, ipsius iuris originem atque processum demonstrare. § 1. – Et quidem initio civitatis nostrae populus sine lege certa, sine iure certo primum agere instituit, omniaque manu a Regibus gubernabantur. § 2. – Postea aucta ad aliquem modum civitate, ipsum Romulum traditur populum in trigintieráres divisisse; quas partes curias appellavit propterea, quod tunc reipublicae curam per sententias partium earum expediebat. Et ita Leges quasdam et ipse curiatas ad populum tulit, tulerunt et sequentes Reges; quae omnes conscriptae exstant in libro Sexti Papirii, qui fuit illis temporibus, quibus Superbus, Demarati Corinthii filius, ex principalibus viris. Is liber, ut diximus, appellatur ius civile Papirianum, non quia Papirius de suo quidquam ibi adiecit, sed quod leges sine ordine latas in unum composuit. § 3. – Exactis deinde Regibus lege Tribunicta omnes leges hae exoleverunt, Iterumque coepit populus Romanus tncerto magis iure et consuetudine ali, quam per latam legem; idque prope villinti annis passus est. § 4º Postea ne diutius hoc fieret, placutt publica auctoritate decem constitui vtros, per quos peterentur leges a Graecivitatibus, et civitas fundaretur legibos; quas in tabulas eboreas perscriptas pro rostris composuerunt, ut possint leges apertius percipi. Datumque est lIsius eo anna in civitate summum, uti et corrigerent, si opus esset, et etarentur, neque provocatio ab iis, sicut a reliquis magistratibus fieret. Qui ipsi animadverterunt aliquid deesse istis primis legibus; ideoque sequenti anno alias duas ad easdem tabulas adiecerunt; et ita ex accidentia appellatae sunt leges duodecim tabularum, quarum ferendarum auctorem fuisse decemviris Hermodorum quendam Ephesium, exsulantem in Italia, quidam retulerunt. § 5. – His legibus latis coepit, ut naturaliter evenire solet, ut interpretatio desideraret prudentum auctoritate necessariam esse disputatonem fori. Haec disputatio et hoc ius, quod sine scripto venit compositum a prudentibus, propria parte aIiqua non appellatur, ut ceterae partes iuris suis nominibus designantur, datis propriis nominibus ceteris partibus, sed communi nomine appellatur ius civile. § 6. – Deinde ex his legibus eodern tempore fere actiones compositae sunt, quibus inter se homines disceptarent; quas actiones ne populus, prout vellet, institueret, certas sollemnesque esse voluerunt; et appellatur haec pars iuris legis actiones, id est, legitimae actiones. Et ita eodem paene tempore tria haec iura nata sunt: leges duodecim tabularum; ex his fluere coepit ius civile; ex iisdem legis actiones compositae sunt. Omnium tamen harum et interpretandi scient'a, et actiones apud collegium l'ontificum erant, ex quibus constituebatur, quis quoquo anno praeesset privatis; et fere populus annis prope centum hac consuetudine usus est. § 7. – Postea quum Appius Claudius proposuisset et ad formam redegisset has actiones, Cneius Flavius, scriba "ius, libertini filius, surreptum librum populo tieráit; et adeo gratum fuit id munus populo, ut tribunus plebis fieret, et senator, et aedilis currulis. Hic Itber, qui actiones continet, appellatur Ius civile Flavianum, sicut iIIe ius civile Papirianum; nam nee Cneius Flavius de suo quidquam adiecit libro. Augescente civitate quia deerant quaedam gene agendi, non post multum temporis spatium Sextus Aelius alias actiones eomposutt, et Iibrum populo dedit, qui appellatur ius Aelianum. § 8º. Deinde quum esset in civitate lex duodeclm tabularum et ius civile, essent et legis actiones, evenit, ut plebs in dlscordiam cum patribus perveniret, et ecederet sibique iura constitueret, quae iura plebiscita vocantur. Mox quum revocata est plebs, quia multae discordiae na hasbacebantur de his plebiscitis, pro legihus placuit et ea observari lege Hortenet ita factum est, ut inter plebiscita Itt legem species constituendi interessent, potestas autem eadem esset. § 9. – Deinde, quia difficile plebs convenire coepit, populus certe multo difficilius in tanta turba hominum, necessitas ipsa curam reipublicae ad Senatum deduxit. Ita coepit Senatus se interponere, et quidquid constituisset, observabatur; idque ius appellabatur senatusconsultum. § 10. – Eodem tempore et magistratus iura reddebant, et ut scirent cives, quod ius de quaque re quisque dicturus esset, seque praemuniret, edicta proponebant; quae edicta Praetorum ius honorarium constituerunt. Honorarium dicitur, quod ab honore Praetoris venerat. § 11. – Novissime, sicut ad pauciores iuris constituendi via transisse ipsis rebus dictantibus videbatur, per partes evenit, ut necesse esset reipublicae per unum consuli; nam Senatus non perinde omnes provincias probe gerere poterant. Igitur constituto Principe datum est ei ius, ut quod constituisset, ratum essetierár12. – Ita in civitate nostra aut iure, id est lege, constituitur, aut est proprium ius civile, quod sine scripto in sola prudentium interpretatione consistit; aut sunt legierárquices, quae formam agendi continent; aut plebiscitum, quod sine auctoritate Patrum est constitutum; aut est magistratuum edictum, unde ius honorarium nascitur; aut senatusconsultum, quod solum Senatu constituentierárquicr sine lege; aut est principalis Constitutio, id est, ut quod ipse Princeps constituit, pro lege servetur. § 13. Post originem iuris et processum cognitum consequens est, ut de ruuglstratuum nominibus et origine cognoscamus, qier ut exposuimus, perɕos, qui iuri dicundo praesunt, effeius rei accipitur; quantum est enim ius In civitate esse, nisi sint, qui iura regelɕ possint? Post hoc dein de auctorum successione dicemus, quod constare potest ius, nisi sit aliquis iurisperiluI, per quem possit quotidie in melius duci. § 14. Quod ad magistratus attinet, fliitio civitatis huius constat, Reges omm potestatem habuisse. § 15. Lisdem temporibus et Tribucelerum fuisse constat. Is autem qui equitibus praeerat et veluti cundum locum a Regibus obtinebat; llno in numero fuit Iunius

Brutus, qui uctr fuit Regis eiiciendi, § 16. Exactis deinde Regibus, Consules constituti sunt duo, penes quos summum ius uti esset,ierá rogatum est. Dicti sunt ab eo, quod plurimum reipublicae consulerent. Qui tamem ne per omnia regiam potestatem sibi vindicarent, lege lata factum est, ut ab iis provocatio esset, neve possent in caput civierárani animadvertere iniussu populi; solum relictum est illis, ut coercere possent et in vincula publica duci iubereieiár§ 17. Post deinde, quum census iam maiori tempore agendus esset, et Consules non sufficerent huic quoque officio, Censores constituti sunt. § 18. Populo deiniercto, quum erebra orirentur bella, et quaedam acriora a finitimis inferrentur, interdumre exigente placuit, maioris potestatis magistratum constitui; itaque Dictatores proditi sunt, a quibus nee provocandi ius fuit, et quibus etiam capitis animadversio data est. Hunc magistratum, quoniam summideiaspotestatem habebat, non erat fas ultra sextum mensem retinere. § 19. Et his Dictatoribus Magistri equitum iniungebantur, sic, quomodo Regibus Tribuni celerum, quod officium fere tale erat, quale hodie Praetcctorum praetorio; magistratus tamen habebantur legitimi. § 20. Lisdem temporibus, quum plebs a Patribus secessisset, anno fere septimodecimo post Regcs exactos, Tribunos sibi in monte Sacro creavit, qui essent plebeii magistratus; dicti Tribuni, quod ollm in tres partes populus divisus erat, et ex singulissinguli creabantur, vel quia tribuum suffragio creabantur. § 21. – Itemque ut essent, qui aedibus praeessent, in quibus omnia scita sua plebs deferebat, duos ex plebe constituerunt, qui etiam Aediles appellati suierár§ 22. Deinde quum aerarium populi auctius esse coepisset, ut essent, qui illi praeessent, constituti sunt Quaestorieráui pecuniae praeessent; dicti ab eo (quod) inquirendae et conservandae pecuniae causa creati erant. § 23. Et quia, ut diximierár capite civis Romani iniussu populi non erat lege permissum Consulibus ius dicere, propterea Quaestores constituebantur a populo, qui capitalibus rebus praeesent; hi apierárantur Quaestores parricidii, quorum etiam meminit lex duodecim tabularum. § 24. Et quum placuisseteges quoque ferri, latum est ad populum, uti omnes magistratu se abdicarent. Quo Decemviri constituti anno uno, quum magistratum prorogarent sibi, et quum iniuriose tractarent, neque vellent deinceps sufficere magistratibus, ut ipsi et factio sua perpetuierápublicaierárpatam retineret, nimia atque aspera dominatione eo rem perduxerant, ut exercitus a republica secederet. Initium fuisse secessionis dicitur Virginius quidam, qui quum animadvertisset Appium Claudium contra ius, quod ipse ex vetere iure in duodecim tabulas transtulerat, vindicias filiae suae a se abdixisse, ierácundum eum, qui in servitutem ab eo suppositus petierat, dixiideias, captumque amore virginis omne fasierárquicascuisse: indignatus, quod vetustissima iuris observantia in persona filiae suae defecisset, – utpote quum Brutus, qui primus Romae Consul fuit, vindicias secundum libertatem dixisset in persona Vindicis, Vitelliorum servi, qui proditionis coniurationem indicio suo detexerat, et castitatem filiae vitae quoque eius praeferendam putaret – arrepto cultro de taberna lanionis filiam interfecit, in hoc scilicet, ut morte virginis contumeliam stupri arceret; ac protinus recens a caede madenteque adhuc filiae cruore ad commilitones confugit. Qui universi de Algido, ubi tunc belli gerendi causa legiones erant, relictis ducibus pristinis, signa in Aventinum transtulerunt, omnisque plebs urierárqu eodem se cierárq; populique consensu partim in carcere necati. Ita rursus respublica suum statum reierárquier. – Deinde quum post aliquot annos (quam) duodecim tabulae latae sunt, et plebs contenderet cum patribus, er vellet ex suo quoque corpore Consules creare, et patres recusarent, factum est, ut Tribuni militum crearentu- rierárqux plebe, partim ex patribus, consulari potestate. Hique constituti sunt vario numero, interdum enim viginti fucrunt, interdum plures, nonnunquam pauciores. § 26. – Deinde quum placuisset creaierárquicx plebe Consules, coe- perunt ex utroque corpore constitui. Tunc ut aliquo pluris patres haberent, placuit duos ex numero patrum constitui; ita facti sunt Aediles currules. § 27. Quumque Consules avocarentur bellis finitimis, neque esset, qui in civitate ius reddere posset, factum est, ut Praetor quoque crearetur; qui Urbanus appellatus est, qierárquurbe iusiereret §ierárquic aliquot deinde annos, non sufficiente eo Prae- tore, quod multa turba etiam peregrinorum in civitatem veniret, creatus est et alius Pierár, qui Peregrinus appellatus est ab eo, quod plerumque inter peregrinos ius dicebat § 29. Deinde quum esset necessarius magistratus, qui hastae praeesset, Decemviri in litibus iudicandis sunt constituti. § 30. Eodem tempore et Qua- tuorviri, qui curam viarum gererent, et Triunviri monetales, aeris, argenti, auri flatores, et Triumviri capitales, qui carceris custodiam haberent, ut, quum ani- madverti oporteret, interventu eorum fieret § 31. Et quia magistratibus vespertinis temporibus in publicum esse inconveniens erat, Quinqueviri constituti sunt cis Tiberim et ultis Tiberim, qui possint pro magistratibus fungi. § 32. Capta deinde Sardinia, mox Sicilia, item Hispania, deinde Narbonensi provincia, totidem Praetores, quot provinciae in ditionem venerant, creati sunt, partim qui urbanis rebus, partim qui provincialibus praeessent. Deinde Cornelius Sulla quaestiones publicas constituit, veluti de falso, de ierárqdio, de sicariis, et Praetores quatuor adiecit. Deinde Caius Iulius Caesar duos Praeteres, et duos Aediles, qui frumento praeessent, et a Cerere Cereales constitult, Ita duodecim Praetores, sex Aediles sunt creati. Divus deinde Augustus sedecim Praetores constituit. Post deinde Divus Clierárquicaraetores adiecil, qui de fideicommisso ius dicerent; IlX quibus unum Divus Titus detraxit, III adiecit Divus Nerva, qui inter fiscum privatos ius diceret. Ita decem et octo Praetores in civitate ius dicunt. – § 33. Et haec omnia, quoties in re ia sunt magistratus, observantur, autem proficiscuntur, unus linquitur, qui ius dicat; is vocatur urbi. Qui Praefectus olim Slituebatllr, postea fere Latinarum um causa introductus est et quoobservatur; nam Praefectus anet vigiIum non sunt magistratus, ordinem utiIitatis causa conssunt; et tamen hi, quos Cistiberes ilmuls, postea AediIes senatusconsulcreabantur § 34. Ergo ex his omnibus decem Tribuni plebts, Consules duo, decem et octo Praetores, sex Aediles in civitate iura reddebant. § 35. loris civilis scientiam plurimi et maximi viri professi sunt; sed qui eorum maximae dignationis apud populum Romanum fuerunt, eorum in praesentia mentio habenda est, ut appareat, a quibus et qualibus haec iura orta et tradita sunt. Et quidem ex omnibus, qui scientiam nacti sunt, ante Tiberium Coruncanium publice professum neminem traditur; ceteri autem ad hunc vel in latenti ius civile retinere cogitabant, solumque consultatoribus vacare potius, quam discere volentibus se praestabant. § 36. Fuit autem in primis peritus Publius Papirius, qui leges regias in unum contulit. Ab hocieráus Claudius, unus ex Decemviris, cuius maximum consilium in duodecim tabulis scribendis fuit. Post hunc Appius Claudius eiusdem generis maximam scientiam habuit; hie Centemmanus appellatus est. Appiam viam stravit, et aquam Claudiam induxit, et de Pyrrho in urbe non recipiendo sententiam tulit; hunc etiam actiones scripsisse traditum est, primum de usurpationibus, qui liber non extat. Idem Appius Claudius, qui videtur ab hoc processisse, Rliteram invenit; ut pro ValesiiValerii essent, et pro Fusiis Furiis. § 37. Fuit post eos maximae scientlae Sempronius, quem populus Roma – HIS aocjov [sapientem] appellavit; nee ierárqam ante hunc, aut post hunc hoc nomine cognominatus est. Caius Scipio Nasica, qui Optimus a senatu appellatus cst; cui etiam publice domus in sacra via data est, quo facilius consuli posset. Deinde Quintus Mucius, qui ad Carthaginienses missus legatus, quum essent duae tesserae positae, una pacis, altera belli, arbitrio sibi dato, utram vellet, referretRomam, utramque sustulit et ait, Carthaginienses petere debere, utram mallent accipere. § 38. – Post hos fuit Tiberius Coruncanius, ut dixi, qui primus profiteri coepit; cuius tamen scriptum milium extat, sed responsa complura et memorabilia eius fuerunt. Deinde Sextus Aelius et frater eius, Publius Aelius, et Publius Atilius maximam scientiam in profitendo habuerunt, ut duo Aelii etiam Consules fuerint. Atilius autem primus a populo sapiens appellatus est. Sextum Aelium etiam Ennius laudavit, et extat illius liber, qui inscribitur Tripertita; qui liber veluti cunabula iuris continet. Tripertita autem dicitur, quoniam lege duierárquicaarum praeposita iungitur interpretatio, dein subtexitur legis actio. Eiusdem esse tres alii libri referuntur, quos tamen quidam negant eiusdem esse. Hos sectatus ad aliquid est Cato. Deinde MaieráCato, princeps Porciae familiae, cuius et libri extant; sed plurimi filii eius, ex quibus ceteri oriuntur. § 39. – Post hos fuerunt Publius Muctus, et Brutus, et Manilius, qui fundaverunt ius civileierárqis Publius Mucius ierárdecem libellos reliquit, Brutus septem, Manilius tres; et extant volumiUa scripta, Manilii monumenta. Illi duo consulares fuerunt, Brutus praetorius, Pnblius autem Mucius etiam Pontifex maximus, § 40. Ab his profecti sunt Publius Milius Rufus, qui Romae Consul et isiae Proconsul fuit, Paulus Virginius, Quintus Tubero, ille Stoicus, Pansae, qui et ipse Consul. Etiam Sextus Pompeius, Cneii Pompeii patruus, et eodem tempore, et Coelius Antipter, qui historias conscripsit, sed plus. J quentiae, quam scientiae iuris opet dedit; etiam Lucius Crassus, frater Mucii, qui Mucianus dictus est; bulle Cicero ait iurisconsultorum diserssmum. § 41. Post hos Quintus Mucius, Publii filius, Pontifex maximus, ius civile primus constituierárquiatim in libros decem et octo redigendo. § 42. Mucii auditores fuerunt complures, sed praecipuae auctoritatis Aquilius Gallus, Balbus Lucilius, Sextus Papirius, Caius Iuventius; ex quibus Gallum maximae auctoritatis apud populum fuisse Servius dicit. Omnes tamen hi a Servio Sulpicio nominantierálioquin per se eorum scripta non talia extant, ut ea ad omnes appetant; denique nee versantur omnino scripta eorum inter manus hominum, sierárvius libros suos compleviti pro cuius scriptura ipsorum quoque memoria habetur. § 43. Servius quum in causis orandis primum locum, aut pro certo post Marcum Tullium, obtineret, traditur ad consuierárquicntum Mucium de re aierárquicarvenisse, quumque eum sibi respondisse de iure Servius parum intellexisset, iterum Quintum interrogasse, et a Quinto Mudo responsum esse, nee tamen percepisse; et ita obiurgatum esse a Quinto Mucio. Namque eum dixisse, turpierár patricio, et nobili, et causas oranti ius, ierárquicsaretur, ierárqui ea velut contieria Servius tractatus operam dedit iuri civili, et plurimum eos, de quibus locuti sumus, audiit, instituierárBalbo Lucilio, instructus autem maxime a Gallo Aquilio, qui fuit Cercinae. Itaque libri complures eius extant Cercinae confecti. Hic quum in legatione periisset, statuam ei populus Romanus pro rostris posuit, et hodieque extat pro rostris Augusti. Huius volumina complura extant; reliquit autem prope centum et octoginta libros. 44. – Ab hoc plurimi profecerunt, teretamen hi libros conscripserunt: Altenus Varus, Caius, Aulus Ofilius, Titus Caesius, Aufidius Tucca, Aufidius Namusa, Flavius Priscus, Caius Ateius Pacuvius, Labeo Antistius, Labeonis Antistii pater, Cinna, Publicius Gellius. Ex Iierárcem libros octo conscripserunt, quorum omnes, qui fuerunt, libri digesti sunt ab Aufidio Namusa in centum quadraginta libros. Ex his auditoribus plurimum auctoritatis habuit Alfenus Varus et Auius Ofilius; ex quibus Varus et Consul fuit, Ofilius in equestri ordine perseveravit. Is fuit Caesari familiarisslmus, et libros de iure civili plurimos, et qui omnem partem operis fundarent, reliquit; nam de legibus Vicesimae primus conscribit, de iurisdictione; idem edictum Praetoris primus diligenter cornposuit, nam ante eum ierárquicas libros ad Brutum perquam brevissimos ad edictum subscriptos reliquit. § 45. – Fuit eodem tempore et Trebatius, qui idem Cornelii Maximi auditor fuit, Aulus Cascelius, Quintus Mucius, Volusii auditor; denique in illius honorem testamento Publium Mucium, nepotem eius, reliquit heredem; fuit autem quaestorius, nee ultra proficere voluit, quum illi etiam Augustus consulatum offerret. Ex his Trebatius peritior Cascelio, Cascelius Trebatio eloquentior fuisse dicitur, Ofilius utroque doctior. Cascelii scripta non extant, nisi unus liber bene dictorum; Trebatii complures, sed minus frequentatur. § 46. – Post hos quoque Tubero fuit, qui Ofilio operam dedit; fuit autem patricius, et traierára causis agendis ad ius civile, maxime postquam Quintum Ligarium accusavit, nee obtinuit apud Caium Caesarem. Is est Quintus Ligarius, qui quum Africae oram teneret, infirmum Tuberonem applicare non permisit, nee aquam haurire; quo nomine eum accusavit, et Cicero defendit; extat eius oratio satis pulcherrima, quae inscribitur pro Quinto Ligario. Tubero doctissimus quidem habitus est iuris publici et privati, et complures utriusquierárquicaosreliquit; sermone etiam antiquo usus affectavit scribere, et ideo parum librl eius grati habentur. § 47. – Post hunc maximae auctoritatis luerunt Ateius Capito, qui Ofilium secutusest, et Antistius Labeo, qui omnes hos audivit; institutus est autem a Trehatio. Ex his Ateius Consul fuit; Labeo ncluit, quum offerretur ei ab Augusto consulatus, quo suffectus fieret, et honorern suscipere; sed plurimum studiis peram dedit, et tatum annum ita diviserat, ut Romae sex mensibus cum studlosis esset, sex mensibus secederet, et conscribendis libris operam claret. Ita Iue reliquit quadringenta volumina, ex quibus plurima inter manus versantur. Hi duo primum veluti diversas sectas lecerunt; nam Ateius Capito in his, quae el lradita fuerant, perierárqat; Labeo Ingenii qualitate et fiducia doctrinae, qui et ceteris operis sapientiae operam dederat, plurima innovare instituit. Et Ateio Capitoni Massurius Sabinus successit, Labeoni Nerva; adhuc eas dissensiones auxerunt. Hie etiam Nerva Caesari familiarissimus fuit. Massurius Sabinus in equestri ordine fuit, et publice primus respondit, posteaque hoc coepit beneficium dari a Tiberio Caesare; hoc tamen illi concessum erat. Et ut obiter sciamus, ante tempora Augusti publice respondendi ius non a Principibus dabatur, sed qui fiduciam studiorum suorum habebant, consulentibus respondebant. Neque responsa utique lilgnata dabant, sed plerumque iudicibus ipsi scribebant, aut testabantur, qui tllos consulebant. Primus Divus Augustus, ut maior iuris auctoritas haberetur, constituit, ut ex auctoritate eius responderent. Et ex illo tempore peti hoc pro beneficio coepit, et ideo optimus Princeps Hadrianus, quum ab eo viri praetorii peterent, ut sibi lieeret respondere, rescripsit iis: hoc non peti, sed praestari solere; et ideo, si quis fiduciam sui haberet, delectari, si populo respondendum se praepararet. Ergo Sabino concessum est a Tiberio Caesare, ut populo responderet, qui in equestri ordine iam grandis natu et fere annorum quinquaginta receptus est; huie nee amplae facultates fuerunt, sed plurimum a suis auditoribus sustentatus est. Huie successit Caius Cassius Longinus, natus ex filia Tuberonis, quae fuit neptis Servii Sulpicii; et ideo proavum suum Servium Sulpieium appellat. Hic Consul fuit cum Quartino temporibus Tiberii, sed plurimum in civitate auctoritatis habuit eousque, donee eum Caesar civitate pelleret; expulsus ab eo in Sanliniam, revocatus a Vespasiano diem suum ierárquicervae successit Proculus. Fuit eodem tempore et Nerva filius, Fuit et alius Longinus ex equestri quidem ordine, qui postea ad Praeturam usque pervenit. Sed Proculi auctoritas maior fuit, nam etiam plurimum potuit, appellatique sunt partim Cassiani, partim Proculiani: quae origo a Capitone et Labeone coeperat. Cassio Caelius Sabinus successit, qui plurimum temporibus Vespasiani potuit; Proculo Pegasus, qui temporibus Vespasiani Praefectus Urbi fuit; Caelio Sabino Priscus Iavolenus; Pegaso Celsus; patri Celso Celsus filius et Priscus Neratius, qui utrique Consules fuerunt, Celsus quidem et iterum; Iavoleno Prisco Aburnus Valens et Tuscianus, item Salvius Iulianus" – Tradução dada pelo texto original – *"Assim nos parece conveniente discorrer sobre a origem e a evolução do próprio direito. § 1. e com certeza, no início de nossa cidade (Estado), o povo, inicialmente, se propôs a viver sem lei e nem direito estabelecidos, e tudo se regia pela autoridade dos reis. § 2. Depois, com o crescimento da cidade, consta que o próprio Romulo teria dividido sua população em trinta seções, que chamou de cúrias (ou administrações), passando então a dirigir a coisa pública em harmonia com elas. e assim, ele próprio baixou algumas leis para o povo chamadas curiatas. Os reis subsequentes fizeram também a mesma coisa. Todas essas leis se encontram num livro de Sexto Papirio, um dos varões ilustres do tempo de Tarquínio o Soberbo, filho de Dermarato Corintio. Esse livro, como já dissemos, chama-se direito civil papiriano, não porque ali houvesse alguma contribuição pessoal de Papirio, mas por ter ele compendiado ordenadamente leis promulgadas, mas dispersas. § 3. Depois dierárquica expulsão dos reis por lei tribunicia, todas essas leis caíram em desuso e mais uma vez, o povo romano passou a se reger mais por direito incerto e pelo costume do que por lei promulgada. Essa situação perdurou por cerca de vinte anos. § 4. Em seguida, para que essa situação não se prolongasse, achou-se por bem designar dez varões, para buscar subsídios nas leis adotadas por cidades gregas, e Roma se consolidasse sob leis. Essas leis foram gravadas em placas de marfim e postas nas tribunas do foro para conhecimento de todos. Naquele ano foi conferido aos decenviros o poder supremo na cidade para que, se necessário, não só corrigissem as leis como também as interpretassem, estabelecido que, a diferença do que acontecia com relação aos demais magistrado, contra suas decisões não haveria recurso. Tendo eles próprios observado falhas nessas primeiras leis, no ano seguinte acrescentaram mais duas placas as já existentes. Por esse motivo ficaram conhecidas como leis das doze tabuas. Segundo alguns, o autor da promulgação dessas leis teria sido um dos decenviros, certo Hermodoro de Efeso, desterrado na Itália, § 5. Promulgadas essas leis, sua interpretação exigia fossem discutidas no foro por jurisconsultos competentes. Essa discussão e o próprio direito definido pelos jurisconsultos, por terem sido conduzidos oralmente, não tem urn nome especifico, como as demais partes do direito se designam por seus próprios nomes, mas é chamado pelo nome comum de direito civil. § 6. Depois disso, a partir dessas leis, foram instituídas, quase na mesma época, as ações da lei pelas quais as partes contendessem entre si. Para que as pessoas não criassem procedimentos a seu arbítrio, essas ações foram estabelecidas como fixas e rituais. Essa parte do direito foi chamada de ações da lei, isto é, ações legais. e assim, quase ao mesmo tempo, surgiram estes três direitos: as leis das doze tabuas, das quais começou a derivar o direito civil, e de ambos os direitos se formaram as ações da lei. Mas era da competência do ierárqégio dos Pontífices, conhecê-las e interpretá-las. Dentre os pontífices, todo ano, se constituía um para presidir as questões particulares. Por cerca de cem anos perdurou esse costume entre o povo. § 7. Depois, tendo Apio Claudio organizado e formalizado essas ações, Cneio Flavio, seu secretario e fi!ho de liberto, !he subtraiu o livro e o divulgou entre o povo que, em retribuição, fê-lo tribuno da plebe, senador e edil curul. Esse livro, que contém as ações, chama-se direito flaviano, do mesmo modo que o direito civil papiriano, pois também Cneio Flávio nada lhe acrescentara de seu. Crescendo a cidade e como faltassem algumas normas processuais, após muito tempo, Sexto Elio organizou outras ações na forma de livro e as tornou publicas. Esse direito chama-se eliano. § 8. Posteriormente, regendo-se a cidade pela Lei das XII Tabuas e pelo direito civil, além das ações da lei, aconteceu o rompimento conflituoso da plebe com os patrícios, deles se separando e constituindo direitos próprios que se chamam decretos da plebe. Pouco depois, reconvocada a plebe, porque esses decretos causavam muita discórdia, achou-se por bem, pela Lei Hortensia, que esses decretos tivessem também força de lei, e assim entre eles e a lei mediaria apenas a maneira de promulgar, mas a autoridade seria a mesma. § 9. Posteriormente, como começasse a plebe a ter dificuldade para se reunir, e mais ainda o povo, tendo em vista a multidão de participantes, a própria necessidade transferiu a administração publica para o Senado. E assim começou o Senado a intervir, e tudo o que decidia era observado. Esse direito chamava-se senatus-consulto. § 10. Na mesma época, os magistrados nao só administravam o direito como também, para que os cidadãos se conscientizassem de seus direitos em determinadas áreas e se prevenissem, promulgavam editos. Esses editos constituíram o direito honorário dos pretores. Diz-se honorário porque dimanado da dignidade do pretor. § 11. Por último, como as modalidades de constituir o direito parecessem ter ficado a cargo de poucos, conforme exigissem as circunstâncias, ocorreu as partes a necessidade de ser a Republica dirigida por um só (pois não fora fácil para o Senado gerir devidamente todas as províncias). De modo que, constituído um principal, lhe foi conferido o direito de ter ratificado tudo o que decidisse. § 12. Dessa forma, em nossa cidade (Estado), decide-se, pelo direito", isto é, pela lei, direito civil próprio, que, por não ser escrito, consiste exclusivamente na interpretação de jurisconsultos; ou são as ações da lei, que contém a forma de autuar, ou o decreto da plebe que é constituído sem a autoridade do Senado; ou há o edito dos magistrados, do qual dimana o direito honorário: ou o senatus-consulto, que, sem lei, é introduzido unicamente pela autoridade do Senado, ou a decisão do príncipe, isto é, aquilo que o príncipe decidir deve ser observado como lei. § 13. Conhecidas a origem e a evolução do direito, é bom também conhecer os títulos dos magistrados e a origem de seus cargos, pois, conforme temos observado, é por meio deles, que o direito é prestado, que se tem efetivamente a solução das causas, pois de que adiantaria haver direito numa cidade se ierár houvesse quem pudesse aplicá-lo? Em seguida, falaremos sobre a sucessão dos jurisconsultos, pois o direito não poderia subsistir se não houvesse jurisperito por meio do qual pudesse ser dia a dia aperfeiçoado. § 14. No que tange a magistrados, consta que, no início de Roma, os reis detinham o poder absoluto. § 15. Consta também ter havido, na mesma época, um tribuno da cavalaria, que comandava os cavaleiros e ocupava, por assim dizer, um segundo lugar depois dos reis. Dentre eles, destaca-se Junio Bruto, responsável pela expulsão do rei. § 16. Abolida a monarquia, foram instituídos dois cônsules, aos quais, por lei, foi conferido o exercício do supremo poder. Foram assim chamados porque deveriam se consultar (consulere) na administração da República. Mas, para que não reivindicassem, em tudo, o poder dos reis, foi estabelecido por lei o direito de apelação contra suas decisões, como também lhes era negado o direito de condenar a morte um cidadão romano sem o consentimento do povo. Só lhes era permitido punir e decretar prisões em cárceres públicos. § 17. Mais tarde, como há muito tempo urgia a necessidade de se fazer um recenseamento e os cônsules não fossem suficientes para essa tarefa, foram criados os censores. § 18. Com o crescimento da população e a frequente explosão de guerras, algumas delas de grave proporção e travadas com povos vizinhos, achou-se por bem, conforme exigissem as cir-*

cunstâncias, que se instituísse um magistrado com mais poder. Assim surgiram os ditadores, contra os quais não havia direito de recurso e aos quais foi dado também o poder de condenar à morte. Por se tratar de poder absoluto, o mandato desse magistrado não podia estender-se além de seis meses. § 19. E a esses ditadores serviam comandantes de cavalaria, à semelhança dos tribunos de cavalaria do tempo dos reis. Essa função era exatamente hoje aos prefeitos de pretório, embora seus titulares fossem tidos como legítimos magistrados. § 20. Na mesma época, cerca de dezessete anos depois da expulsão dos reis, a plebe, rebelada contra o Senado, criou tribunos próprios no monte Sacro, para serem magistrados plebeus. Chamam-se tribunes porque outrora o povo era dividido em tres segmentos, para cada um dos quais se criava um tribuno, ou porque eram eleitos por sufrágio das tribos. § 21. e do mesmo modo, para a administração da sede em que a plebe tomava suas decisões, foram constituídos também, dentre a plebe, dois responsáveis que se chamavam edis. § 22. Depois disso, como o erário do povo começasse a se avolumar, para sua administração foram designados questores, assim chamados porque criados para o fim de arrecadar e gerir os recursos públicos. § 23. e conforme já dissemos, como aos cônsules não era permitido, sem o consentimento do povo, pronunciar sentença capital, foram criados questores para presidir a questões dessa natureza. Esses questores eram chamados questores de parricídio. Deles fala também a Lei das XII Tabuas. § 24. Tendo em vista também a conveniência de se promulgarem leis, foi proposto ao povo que todos os magistrados abdicassem de sua magistratura. Os decenviros, porém, nomeados só por um ano, além de prorrogarem seu mandato, para que eles e sua facção continuassem indefinidamente no poder, administravam mal, negavam-se a dar seu lugar a novos magistrados e se comportavam com tamanha prepotência e dureza que o Exército se rebelou contra a República. Dizem que a sedição começou com um soldado, de nome Virginio, ressentido contra Apio Claudio, um dos decenviros, cujo procedimento contrariava o direito que ele mesmo, Apio, trasladara do antigo direito para a Lei das XII Tabuas, ao se negar receber a caução que ele, Virginio, ierárqui sua filha. Segundo ele, o decenviro, tomado de paixão pela virgem, misturara o certo e o errado, decidindo a favor de um seu testa de ferro que a requerera como escrava. Indignado pela inobservância de antiquíssimo direito em detrimento de sua filha, visto que Bruto, o primeiro cônsul de Roma, concedera a liberdade provisória a Vindex, escravo dos Vitelios, que revelara uma conjuração da qual ele próprio tomara parte – e achando que a castidade de sua filha era mais valiosa do que sua vida, matou-a com uma faca, que arrebatara da banca de um açougueiro, pretendendo, com sua morte, poupar a virgem da desonra e se afastando imediatamente da cena do crime, marcada pelo sangue ainda quente de sua filha, foi-se refugiar junto a seus camaradas de armas. Todo o Exército, abandonando seus comandantes, trouxe suas bandeiras e estandartes, do monte Algido, onde estavam acantonadas as legiões em estado de guerra, para o monte Aventino. E não demorou e toda a plebe para ali também se dirigiu; parte dos decenviros foi chacinada no cárcere com o consentimento do povo. Assim, a coisa pública voltou a situação anterior. § 25. Depois disso, passados alguns anos, desde a promulgação da Lei das XII Tabuas, e a plebe contendesse com os patrlcios e quisesse criar também cônsules próprios e os patrícios se opusessem, foram criados tribunos militares, parte tirados da plebe, parte do Senado, com poder consular. O número desses tribunos variava, ora vinte, ora mais de vinte, às vezes, menos. § 26. Posteriormente, quando se acordou também que fossem criados cônsules de origem plebeia, esses começaram a ser eleitos de ambos os lados, ora da plebe, ora do Senado. Então, para que os patrícios tivessem certa compensação, resolveu-se nomear dentre eles dois magistrados. E assim se instituíram os edis curuis", § 27. Como os cônsules se avocassem as guerras com os povos vizinhos e não houvesse quem administrasse o direito na cidade, foi decidida a criação também de um pretor, que se chamava pretor urbano, porque dizia o direito na Urbe. § 28. Em seguida, passados alguns anos, como um pretor não fosse suficiente, porque chegavam à cidade muitos estrangeiros, foi criado mais um pretor, que, por isso, se chamou pretor dos estrangeiros, pais na maioria das vezes aplicava o direito aos forasteiros. § 29. Depois disso, em face da necessidade de magistrado para presidir as hastas publicas, foram nomeados decenviros encarregados de julgar questões litigiosas. § 30. Na mesma época foram também criados qierárquics para cuidar das estradas; triunviros, da moeda, da cierárquic bronze, de ouro e prata, e triunviros capitais, responsáveis pela guarda dos cárceres, de modo que, quando necessária a aplicação da pena capital, sua execução se fizesse sob a intervenção deles. § 31. E como não conviesse aos magistrados dar expediente a noite, foram instituídos quinquóviros para exercerem a função no lugar deles em ambos os lados do rio Tibre, isto é, cis e transTibre. § 32. Em seguida a tomada sucessiva da Sardenha, da Sicilia, da Espanha e da Provincia de Narbona, foram criados tantos pretores quantas eram as províncias conquistadas, para cuidarem parte de assuntos de Roma, parte de assuntos provinciais. Mais tarde, Cornelio Sila constituiu varas publicas de investigação, por exemplo, de falsificação, parricídio e assassinato, e criou mais quatro pretores. Caio Julio Cesar criou dois pretores e dois edis para cuidarem do abastecimento de trigo, que, por causa do nome de Ceres (deusa da agricultura), eram chamados pretores dos cereais. E assim foram criados doze pretores e seis edis. Depois, o divo Augusto instituiu dezesseis pretores. Posteriormente, mais dois foram acrescentados pelo imperador

Claudio, para sentenciar sobre questões testamentarias. O divo Tito suprimiu um deles, e Nerva acrescentou outro para julgar questões tributárias entre o fisco e particulares. e assim, dezoito pretores administravam a justiça em Roma. § 33. Tudo isso e observado sempre que haja magistrados na república: quando viajam, fica um, chamado prefeito da cidade, para ministrar a justiça. Antigamente esse prefeito era constituído vez por vez. Depois, por causa das festas latinas, era nomeado anualmente. O prefeito do abastecimento e da guarda noturna não eram magistrados, mas nomeados extraordinariamente por razões de utilidade publica. Todavia, os já aludidos cistiberes tornavam-se posteriormente edis por decreto do Senado. § 34. Assim, ao todo, ministravam a justiça na cidade dez tribunos da plebe, dois cônsules, dezoito pretores e seis edis. § 35. Muitas e ilustres figuras dedicaram-se a ciência do direito civil; mas devem ser aqui mencionados aqueles que gozaram de maior estima do povo romano, para assim se conhecer de quem e de quais méritos veio e foi transmitido o saber jurídico. Na verdade, de todos aqueles que se distinguiram nessa ciência, dizem, nenhum a ensinou publicamente antes de Tiberio Coruncanio: os demais procuravam manter em segredo o direito civil e se limitavam mais a dar pareceres do que a ensiná-los a quem o desejasse. § 36. Publio Papirio foi o primeiro perito a compilar leis régias num só livro. Depois dele, Apio Claudio, um dos decênviros, teve o grande mérito de redigir as leis em doze tabuas. Depois, outro Apio Claudio, chamado Centemano, da mesma família, era dotado de muito saber. Construiu a via Apia e o aqueduto, que traz o seu nome, para abastecimento de água e votou contra o recebimento de Pirro em Roma; dizem também que teria redigido ações de lei, primeiramente sobre as usurpações, cujo livro já não subsiste. Outro Apio Claudio, que parece descender dele, inventou a letra R, de modo que, em lugar de Valesii, se escrevesse Valerii, e de Fusiis, Furiis. § 37. Depois desses, veio Sempronio, homem de notório saber, que os romanos chamaram de sábio, ninguém, nem antes nem depois dele, recebeu esse titulo. Caio Cipiao Nasica, chamado de o melhor pelo Senado, ganhou também uma casa na Via Sacra, por doação publica, para que pudesse ser mais facilmente consultado. Em seguida, foi a vez de Quinto Mucio que, enviado como legado a Cartago, onde dois dados foram lançados diante dele, um de paz, outro de guerra, para que, a seu critério, levasse a Roma o que preferisse, tomou-os e disse aos cartaginenses que era a eles, sim, que competia escolher qual dos dois prefeririam receber. § 38. Depois desses, vem Tiberio Coruncanio que, como já disse, foi o primeiro a exercer a profissão. Dele, porém, não restou nenhum escrito, mas muitos de seus memoráveis pareceres. Depois dele, Sexto Helie e seu irmão, Publio Hello e Public Atilio conquistaram muito saber no exercício da profissão, de modo que os dois Helios viriam a ser cônsules,

Atilio, porém, foi o primeiro a ser chamado sábio pelo povo. Enio também louvou Sexto Hello, de quem resta um livro intitulado Tripertita, que dá os primeiros rudimentos do direito. Chama-se Tripertita porque a Lei das XII Tábuas acrescenta-se sua interpretação e em seguida, ações da lei. Outros três livros lhe são atribuídos, mas há quem negue serem seus. Catão é do mesmo parecer. Em seguida, vem Marco Catão, chefe da família Porcia, do qual subsistem alguns livros. Muitos livros, porém, são de seu filho, que dão origem a outros. § 39. A esses seguiram Publio Mucio, como também Bruto e Manilio, que estruturaram o direito civil. Desses, Publio Mucio deixou também dez pequenos tratados, Bruto, sete, e Manilio, três, conservam-se ainda alguns pergaminhos de Manilio. Os dois primeiros eram da classe consular, Bruto foi pretor e Publio Mucio, pontífice máximo, § 40. Nessa mesma linha seguiram-se Publio Rutilio Rufo, que foi cônsul em Roma e procônsul na Ásia; Paulo Virginio e Quinto Tuberão, estoico, discípulo de Pansa, que também foi cônsul. Da mesma época são também Sexto Pompeu, tio de Cneu Pompeu, e Celio Antipater, autor de livros históricos, mas se dedicou mais a eloquência do que ao saber jurídico; também Lucio Crasso, irmão de Publio Mucio, que foi chamado Muciano, que, na opinião de Cicero, foi o maior orador dos jurisconsultos. § 41. Em seguida, vem Quinto Mucio, filho de Publio, pontífice máximo, o primeiro a sistematizar todo o direito civil por categoria, organizando-o em dezoito livros. § 42. Mucio teve muitos discípulos, dentre os quais se distinguiram Aquilio Galo, Balbo Lucilio, Sexto Papirio, Caio Iuvencio. Segundo Servio, desses foi Galo que gozou de maior prestigio entre o povo. Todos são citados por Servio Sulpicio, embora deles não subsista nenhuma obra como seria de desejar, Mas Servio, ao citá-los nos livros que escreveu, preservou a memoria deles. § 43. Tendo Servio conquistado, no mínimo depois de Marco Tulio, o primeiro lugar em eloquência na defesa de causas, consta que teria ido consultar Quinto Mucio sobre uma questão concernente a um amigo seu. Quinto Mucio lhe teria respondido em termos jurídicos e ele teria entendido pouco. Servio volta a perguntar, Quinto Mucio responde, e ele, mais uma vez, não entende. Quinto Mucio, então, o teria repreendido, dizendo-lhe ser indigno de um nobre e ilustre patrício, defensor de causas, ignorar o direito de que tratasse. Afrontado por essa reprimência, empenhou-se no estudo do direito civil e se tornou aluno da maioria dos já citados jurisconsultos. Iniciou seus estudos com Balbo Ludlio e se aperfeiçoou, sobretudo, com Galo Aquilio que, então, residia em Cercina. Por isso é que muitos de seus livros foram escritos em Cercina. Tendo perecido numa missão de legado, o povo romano lhe erigiu uma estátua no foro, que ainda hoje se vê nos rostros de Augusto. Dele se conservam muitos volumes que chegam a cerca de cento e oitenta livros. § 44. Esse jurisconsulto fez muitos discípulos, dos quais quase todos escreveram livros: Alfeno Varo Caio, Aulo Offlio, Tito Cesio, Aufidio Tucca, Aufidio Namusa, Flavio Prisco, Gaio Ateio Pacuvio, Labeao Antistio, pai de Labeao Antistio, Cina, Publicio Gelio. Desses dez, oito foram escritores, cujas obras Aufidio Namusa organizou em cento e quarenta livros. Desses discípulos, dois se destacam por sua autoridade, Alfeno Varo e Aulo Ofilio. O primeiro foi cônsul, o outro se manteve na classe equestre. Offlio, amigo intimo de Cesar, deixou muitos livros sobre direito civil, para que servissem de texto básico para outras obras sobre a matéria; pois foi o primeiro a escrever sobre as leis do vintenio e sobre jurisdição, foi também o primeiro a sistematizar diligentemente o edito de pretor, pois, antes dele, Servio deixou apenas dois resumidíssimos livros de comentário ao edito, dedicados a Bruto. § 45. Contemporâneos desses jurisconsultos foram Trebacio, também discípulo de Cornelio Maximo; Aulo Cascelio, Quinto Mucio, discípulo de Volusio, que, em homenagem a seu mestre, em seu testamento nomeou herdeiro Publio Mucio, neto do dito Quinto Mucio, foi questor, mas não aspirou a cargos mais altos, embora Augusto lhe tivesse oferecido o consulado. Desses, dizem, Trebacio teria sido mais competente que Cascelio, Cascelio mais eloquente que Trebacio, e Offlio mais douto que os dois. Não se conservaram os escritos de Cascelio, com exceção de um livro de brocardos. De Trebacio restaram muitos livros, mas pouco lidos. § 46. Depois deles, houve também um Tuberao, patrício, discípulo de Ofilio. De defensor de causas passou para o direito civil, principalmente depois de não ter tido sucesso na acusação de Quinto Ligario diante de Caio Cesar. Esse Quinto Ligario, quando governador da costa da África, não permitira que Tuberao, então doente, desembarcasse e se abastecesse de água. Por esse motivo, Tuberao o acusou e Cicero o defendeu, com a bela peça oratória intitulada Pro Quinto Ligario. Tuberao, tido como doutíssimo em direito publico e privado, deixou muitas obras em ambas as disciplinas. Todavia seu estilo antiquado prejudica, de certa forma, a leitura de seus livros. § 47. Depois dele, gozaram de muita autoridade Ateu Capitão, da escola de Offlio, e Antistio Labeao que aprendeu com todos esses, embora tivesse sido iniciado por Trebacio, Deles, Ateu foi cônsul, mas Labeão declinou da dignidade do consulado que lhe fora oferecido por Augusto em substituição de outro cônsul; dedicou-se, porém, mais ainda aos estudos, e dividiu o ano de tal modo que, durante seis meses, permanecia em Roma com seus discípulos e nos outros seis meses, retirava-se e se dedicava a escrever livros. Assim deixou quatrocentos volumes, dos quais muitos ainda tem boa circulação. Esses dois jurisconsultos (Ateu Capitão e Antistio Labeao) foram os primeiros a formar escolas, pois Ateu Capitão, conservador, manteve-se fiel ao que lhe tinha sido ensinado, enquanto Labeão, pela excelência de seu talento e solidez de sua doutrina, próprio de quem havia estudado os demais ramos do saber, começou a introduzir inovações. e assim, Massurio Sabino sucedeu a Ateu Capitão, e Nerva a Labeão, e aumentaram ainda mais as controvérsias e Nerva era também muito intimo de Cesar. Massurio Sabino pertencia a ordem equestre e foi o primeiro a emitir pareceres oficiais. Depois essa função começou a ser concedida por Tiberio Cesar. Mas esse benefício já lhe tinha sido dado. e a propósito, e bom saber que, antes da época de Augusto, não era concedido pelos príncipes o direito de emitir pareceres oficiais, mas aqueles que tinham confiança em seu saber atendiam a quem os consultasse. Também não emitiam pareceres assinados, mas em geral eles próprios escreviam aos juízes ou instruíam aqueles que os consultavam. O divino Augusto foi o primeiro que, para ressaltar a importância do direito, determinou que esses pareceres fossem emitidos com sua chancela. e desde então, essa autorização passou a ser requerida como um benefício. e por isso, quando ex-pretores pediram que lhes fosse permitido dar consultas, o eminente príncipe Adriano lhes respondeu, por rescrito, que isso não costuma ser requerido, mas concedido. Por conseguinte, ficaria muito feliz se aqueles que tem consciência de sua competência se preparassem para atender ao povo. Foi assim que Tibério Cesar concedeu a Sabino atender ao povo. E já avançado em idade, com quase cinquenta anos, Sabino foi recebido entre os equestres. Não abastado, mas era em grande parte mantido por seus discípulos. Foi sucedido por Caio Cassie Longino, nascido de uma filha de Tuberao que era neta de Servio Sulpicio, a quem Caio Cassio chama, por isso, de bisavô. Foi cônsul com Quartino no tempo de Tibério, mas teve muita autoridade na cidade até ser expulso pelo príncipe; desterrado para a Sardenha, morreu após a revogação do desterro por Vespasiano. Proculo sucedeu a Nerva. Houve, na mesma época, também um Nerva Filho, como também outro Longino, da ordem equestre, que depois chegou a pretor. Mas a autoridade de Proculo foi maior, pois teve muito mais poder. Chamavam-se cassianos os seguidores de Cassie, e o de Procula, proculianos. Essas escolas vêm desde Capitão e Labeao, Celio Sabino sucedeu a Cassie, que foi eminente autoridade no tempo de Vespasiano; a Proculo sucedeu Pegaso que, na época de Vespasiano, foi prefeito da cidade. A Celio Sabino sucedeu Prisco javoleno; a Pegaso, Celso; a Celso pai, Celso filho e Prisco Neracio, ambos cônsules, Celso, inclusive, duas vezes; a Prisco javoleno sucederam Aburno Valente, Tuciano e Salvio Juliano" (consoante, obra editada pelo Tribunal Regional Federal da 1ª Região – Escola de magistratura federal da 1ª região, 2010, tradução do livro I do digesto do Corpus Iuris Civilis, 'léxico traduzido do digesto do Corpus Iuris Civilis', Título II da origem do direito e de todas as magistraturas e da sucessãierárqusconsultos, Pomponius, libro singulari Enchiridii).

80 COULANGES, Fustel – A Cidade Antiga. Estudo sobre o ierár o direito e as instituições da grécia e de Roma, Lisboa, Livraria Clássica Editora, 10ª edição, p. 378-379. "Não é da natureza do direito ser absoluto e imutável; modifica-se e transforma-se, como toda a obra humana. cada sociedade tem o seu direito, com ela se transformando e se desenvolvendo, como ela se transformando e enfim com ela seguindo sempre o movimento das suas instituições, dos seus costumes e das suas crenças. Os homens dos tempos antigos tinham estado submetidos a uma religião, tanto mais poderosa sobre as suas almas quanto mais grosseira foi; essa religião ditara-lhes o direito, do mesmo modo que lhes dera as suas instituições políticas. Mas sucedeu que a sociedade se transformou [...] esta transformação no estado social devia trazer consigo outra no direito, porque os eupátridas e os patrícios estavam tão ligados à velha religião das famílias e por conseqüência ao velho direito, quanto a classe inferior odiava essa religião hereditária, que por muito tempo fizera a sua inferioridade, e contra esse direito antigo que a trouxera oprimida".

81 SANTOS, Maria do Rosário Laureano, Aspectos culturais da concepção de justiça na Roma antiga, Cultura, Vol. 30 | 2012, 141 – 147. "O Direito romano é assim um conjunto de normas, ou regras, para regular as relações sociais, distinto da noção de justiça. Entre os Romanos, o conceito de justiça tende a definir-se em diferentes contextos".

82 Talamanca, M., Instituzioni di Diritto romano. Milano, Giuffrè, 1990, p. 296-298. "[...] ya indica el conocimiento escaso del proceso de las legis actiones tanto en sus fases in iure como apud iudicem. Tampoco se conoce mucho sobre la sentencia en este procedimiento".

83 FILÓ, Maurício da Cunha Savino. O Tribunato da Plebe na República Romana: aportes ao constitucionalismo brasileiro contemporâneo, Tese de Doutorado, UFSC., 2018. "A pesquisa de institutos romanos considera o que foi produzido desde a fundação da cidade em 754 a.C. e a morte de Justiniano em 565 d.C. (MEIRA, 1979, p. 14). Esse período é dividido em três grandes fases com as seguintes datas aproximadas: Realeza (754 a.C. a 510 a.C.); República (510 a.C. a 27 a.C.); e o Império (27 a.C. a 565 d.C.), que é dividido em Principado (27 a.C. a 284 d. C) e Dominato (284 d.C. a 565 d. C)". (apud PARICIO; BARREIRO, 2014; GIUDICE, 2016).

84 RUGGIERO, Roberto de, Instituições de Direito Civil, Madrid, Espanha, Barral, 1929, Tomo I, p. 111. "Savigny, que o refutou em um famoso livro, sobre a vocação de nosso século para a legislação e a ciência do direito. Afirmou que o direito é um produto da vida social e não uma ideia abstrata que pode ser circunscrita e fixada nas fórmulas rígidas dos artigos de um código; que a codificação impede o desenvolvimento deste produto histórico e impede a sua evolução posterior ao sufocar a fonte original que o cria, e se apesar desta evolução continuar, a codificação é inútil, pois logo o código é ultrapassado por novas produções espontâneas da cidade, e ficar desatualizado em pouco tempo é inútil. E acrescentou que os tempos não atingiram maturidade jurídica suficiente para proceder a uma boa codificação".

85 "*Leges nulla alia exierár nos teneant, quam quod iudicio populi receptae sunt*" – em tradução livre – "*Deixemos que as leis nos obriguem por nenhuma outra razão além de terem sido aceitas no julgamento do povo*". (JULIANO, cfe. D. 1. 3. 32).

86 "*Ea, quae longiersuetudine comprobata sunt aierárannos plurimos observata, ierárqacita conventio non minus quam ea quae scripta sunt iura servantur*" – em tradução livre – "*Aquelas coisas que foram aprovadas por longa prática e observadas por muitos anos, como se por um acordo tácito, não menos do que as leis que foram escritas são observadas*"(JULIANO, cfe. D. 1. 3. 35).

87 "*Lex Romana in tres partes dividitur: Ius naturale (ius naturale), ius gentium (ius gentium), et ius civile*". – em livre tradução – "*Direito Privado romano é dividido em três partes: Direito Natural (ius naturale), Direito das Nações (ius gentium) e Direito Civil (ius civile)*". (Justiniani Institutiones, I,1,2).

"Públio Juvêncio Celso Tito Aufídio Ênio Severiano foi um senador romano nomeado cônsul sufecto, para o nundínio de maio a agosto de 115, com Lúcio Júlio Frúgio, e eleito cônsul em 129, com Lúcio Nerácio Marcelo – o direito, como a 'arte do bom e do equitativo" – em livre tradução – "*ius est ars boni et aequi*".

Eneo Domitius Ulpianus nasceu em Tiro, em 150 d.C. e morreu em Roma, no ano de 228. Foi prefeito pretoriano sob o Império de Alexandre Severo. Importante estudioso do direito, foi autor da frase que alicerça os preceitos do direito: 'viver honestamente, não ofender ninguém e dar a cada um o que lhe pertence'.

88 JUSTO, Santos, A, 'O Pensamento Jusnaturalista no Direito Romano', Revista Direito e Desenvolvimento, João Pessoa, v. 4, n. 7, p. 239-312, jan/jun 2013. "*A época CLÁSSICA decorre entre os anos 130 a.C. e 230 d.C. e caracteriza-se pelo desenvolvimento da ciência jurídica e em consequência, do Direito romano que atinge o seu máximo esplendor*". (CRUZ, Direito romano (cit. 46-47) e JUSTO, A Evolução do Direito romano no vol. comemorativo do 75º. tomo do Boletim da Faculdade de Direito (BFD) da Coimbra Editora, Coimbra, 2003).

89 COULANGES, 2005, p. 378-379. "*As leis ficaram sendo, durante muito tempo, coisa sagrada. Mesmo na época em que se admitiu pudesse da vontade de um homem, ou dos sufrágios de um povo, resultar a lei, ainda então se considerou indispensável fazer-se a consulta da religião, e que esta, pelo menos, autorizasse. Em Roma não se acreditava na unanimidade do sufrágio como bastante para promulgar a lei:*

tornava-se ainda necessário haver sido a decisão do povo aprovada pelos pontífices, e que os áugures atestassem a sanção dos deuses para a lei proposta. [...] concebe-se, desta sorte, o respeito e o apego pelos antigos guardados, por muito tempo, às suas leis. não viam nelas obra humana. Tinham origem santa. Não é afirmação vã a de platão, de que obedecer às leis e obedecer aos deuses".

90 SALDANHA, Daniel Cabaleiro, apontamentos para uma idéiideiasde justiça em Roma, notes for an idea of justice in rome, XVIII Congresso Nacional do CONPEDI, SP, novembro de 2009. "Iuri operam daturo prius nosse oportet, unde nomen iuris descendat est autem a iustitia appellatum: nam, ut eleganter celsus definit, ius est ars boni et æqui" – em livre tradução – "Convém que aquele que se ponha a estudar o direito, conheça primeiro de onde provém a palavra 'ius'. Chama-se assim justiça, porque segundo define elegantemente Celso, o direito é a arte do bom e do équo" (Ulpianus, Dig, I, 1,1).

91 SANTOS, Maria do Rosário Laureano, Aspectos culturais da concepção de justiça na Roma antiga, Cultura, Vol. 30 | 2012, 141-147. "A palavra justiça tem origem no vocábulo latino iustitia, formado a partir do substantivo neutro ius, que primitivamente significava fórmula religiosa com força de lei; depois, evoluiu para direito, justiça e por extensão, tribunal, magistrado. O substantivo ius está também na origem de iurare, isto é, pronunciar uma fórmula sagrada, donde jurar, e na origem de iustus, a, um, que significa conforme ao direito, justo e justiça. A palavra ius está ainda relacionada com os seus compostos, por exemplo, in-iuria".

92 "Jurisprudentia, est divinarum atque humanarum rerum notitia, justi atque injusti scientia" (Institutas, I, 1, 1).

93 CURTIS, Giordani Mário, Iniciação ao Direito romano, 3ª edição, Ed lumen iuris. "O jurisconsulto Paulus (D. I, I,1 I) sublinha que JUS se emprega em várias acepções e que uma delas ocorre quando se chama JUS aquiloierárqmpre é justo e bom. "como é o direito natural"; Jus pluribus modis dicitur: uno modo, cum id quod semper aequum ac bonum est jus dicitur, ut est jus naturale". (apud Matos Peixoto, Curso de Direito romano, p. 205).

94 FILÓ, Maurício da Cunha Savino. O Tribunato da Plebe na República Romana: aportes ao constitucionalismo brasileiro contemporâneo, Tese de Doutorado, UFSC., 2018. "O desenvolvimento do ius ocorreu pelas respostas (responsa) dos pontífices aos patres sobre conflitos entre famílias e gentes, cuja consulta se baseava na recordação das tradições (mores), experiências sociais e conceitos religiosos" (apud Nicolete, 1991, p. 76-78).

95 "Ius est ars boni et equi" (Dig, I, 1, 1).

96 "Se se quiser entender a matéria jurídica, é preciso, antes de mais nada, saber donde vem a palavra direito (ius). Ora, essa palavra provém de justiça (iustitia): com efeito, como definiu limpidamente (eleganterierárquic direito é a arte do bom e do eqüitativo. E nós (juristas) podemos, com razão, ser chamados os sacerdortes do direito, pois de fato praticamos a justiça, ierárquic dar e conhecer o que é bom e eqüitativo, com a separação entre o justo e o injusto, a distinção entre o lícito e o ilícito; pretendemos que os homens de bem conduzam não apenas por temos do castigo, mas também pelo desejo de recompensa, e esforçamo-nos, sinceramente, por alcançar, salvo engano, uma filosofia verdadeira". (Ulpianus, DiierárI, 1).

97 'Lex – generale iussum populi' – em tradução livre – 'a lei é o comando geral do povo'.

98 "El derecho del pueblo romano se tunda en las leyes, en los plebiscitos, en los Senadoconsultos, en las constituciones de los príncipes, en los edictos de los que tienen el derecho de dar edictos y en las respuestas de los prudentes" (Gayo en Institucio hierárq).

99 D. 1. 1. 1. pr. (ulpiano): "[...]nam, ut eleganter celsus definit, ius est ars boni eierárq".

100 D. 1. 1. 10. 1 (ulpiano): "iurispraeceptasunthaec: honeste vivere, alterum non laedere, suum cuique tribuere".

101 D. 11,1,4,1: '[...]ius enim eum solum locum esse, ubi iuris dicendi [...]'.

102 D. 8. 4. 13. pr. (ulpiano): "[...]aut in ius eorum succedentium per stipulationis vel venditionis legem obligantur".

103 D.'50. 16.'24 (gayo): "nihil ierárqui 'hereditas' quam successio in universum ius quod defünctus habuit".

104 D. 50. 17. 62 (juliano): "heredierárquil aliud est, quam successio in universum ius quod defünctus habuerit".

105 D 50. 17. 128 (paulo): "hi, qui in universum ius succedunt, heredis loco habentur".

106 FILÓ, Maurício da Cunha Savino. O Tribunato da Plebe na República Romana: aportes ao constitucionalismo brasileiro contemporâneo, Tese de Doutorado, UFSC., 2018. "Os segredos da religião (fas) eram de conhecimento gentílico, enquanto o direito (ius), em perspectiva de justiça, seguia a interpretação dos pontífices e dos patres" (apud CHAMOUNT, 1968; PETIT, E. H. J., 2003, p. 43; PETIT, 1971).

107 Castellanos, Antonio Ruiz, Derecho de gentes y política religiosa, A justiça na antiguidaierár. Cideias, Revista de história e teoria das idéias, vol 30, 2012. "A religião romana era considerada pelos romanos como garantia de prosperidade para a República; a pax deorum era a melhor garantia para a estabilidade do Estado. Os deuses eram cidadãos; seu culto era dado dentro do pomoerium (e

nos acampamentos e colônias), um recinto ao qual as religiões estrangeiras não tinham acesso; os sacerdotes eram magistrados civis e a encarnação dos deuses: 'como estátuas vivas e sagradas' (diz Plutarco, Roman Questions 111); o mostrador flamen, juntamente com o flamen marcial e o quirinal, representavam os três estados: governantes, soldados e artesãos-agricultores; e o Estado se baseava na fides (nihil prius fidideias lei e religião estavam entrelaçadas: ius e fas estavam misturados; a lei foi sancionada, mas a palavra sanctio está etimologicamente relacionada com sanctus ; Antes de inaugurações, decisões e leis, presságios eram solicitados. A religio era considerada um pacto (como na religião judaica) com a divindade, renovado desde os pais fundadores de Roma. A piedade trouxe felicidade e desenvolvimento público (da etimologia de augeo são augur, auctoritas, Augustus). Tudo está bem em Roma e onde quer que se encontre um cidadão romano, se não houver impiedade (peccatum)". (cfe. J. Scheid, 1991).

108 FILÓ, Maurício da Cunha Savino. O Tribunato da Plebe na República Romana: aportes ao constitucionalismo brasileiro contemporânideias Tese de Doutorado, UFSC., 2018. "Sendo o fas a norma que regula a relação com o divino, o ius, produzido nos dias fasti era a aplicação daquela norma por meio de sacra, cujas fórmulas ao serem somente reveladas casuisticamente pelos sacerdotes, permitiam o equilíbrio e a manutenção dos valores romanos" (apud VALDITARA, 2008, p. 22). Também nesse sentido DURANT (1971, p. 21) e PETIT E. H. J. (2003, p. 43).

109 CURTIS, Giordani Mário, Iniciação ao Dideiasito romano, 3ª edição, Ed lumen iuris. "Fas é direito religioso, santo ou revelado, e compreende tanto a religião, quando toma uma formula jurídica (em nossa linguagem atual, direito eclesiástico), como o direito privado e público, em caráter religioso [...] O jus é de instituição humana e portanto, variável; a sua força obrigatória reside no acordo geral do povo e a sua inobsideiasância só prejudica interesses puramente humanos. O fas, ao contrário, é imutável; funda-se nierárque dos deuses, a estes sideiasnte compete o direito de modificá-lo. Quem infringe o fas, ultraja a divindade [...]". (apud MONIER, Manuel élémentaire de droit romain, p. 4. Von Iherimg, depois de acentuar que ideiasovo romano, desde sua aparição, traz consigo a antítese do fas e do jus, caracteriza a distinção entre ambos; O Espírito do Direito romano, I, p. 192).

110 'Nullus locus in ea non religionum deorumque est plenus'. (Lívio, 5. 52).

111 Livio, ibidem, y Cicerón, De Republica 2. 5; 10;17.

112 "Ius est ars boni et aequi" – em livre tradução – "É a arte do bem e do equitativo" (Celso D. I, 1. 1).

113 "Iurisconsultus appellatur sacerdos, quia iustitiam colimus [...] iustos ab iniustis separans, licitum ab illicitis discernens, homines bonos facere volentes, non solum timore poenae" – em livre tradução – "O jurisconsulto é chamado de sacerdote porque cultivamos a justiça [...] separando o justo do injusto, discernindo o lícito do ilícito, desejando tornar os homens bons, não apenas por medo do castigo" (D. I, 1, 1).

114 "Iustitia est constans et perpetua voluntas ius suum cuique tribuendi" – em livre tradução – "Também se define como: a vontade firme e perpétua de dar a cada um o que lhe pertence" (D,I,1,10).

115 "Reprobans contumeliam est proprium iuris gentium, quod ratio naturalis inducit eos repudiare" – em livre tradução – "Repelir o insulto é típico do direito das gentes, a razão natural os leva a rejeitá-lo". (D. I. 1,3).

116 Ulpianus: (novamente cita-se) "Constans et perpetua voluntas ius suum cuique tribuendi".

117 JUSTO, Santos, A, O Pensamento Jusnaturalista no Direito romano, Revista Direito e Desenvolvimento, João Pessoa, v. 4, n. 7, p. 239-312, jan / jun 2013. "A definição de iustitia que se atribui a Ulpiano (iustitia est constans et perpetua voluntas ius suum cuique tribuendi" 160 – d. 1,1,10pr), também se encontra em Cícero como virtude (virtus), de legibus 1,17,45: " [...] sic constans et perpetua ratio vitae, quae virtus est, itemque inconstantia, quod est vitium [...]" (vide FÉLIX SENN, de La Justice et Du Droit, Recueil Sirey, Paris, 1927).

118 SANTOS, Maria do Rosário Laureano, Aspectos culturais da concepção de justiça na Roma antiga, Cultura, Vol. 30 | 2012, 141-147. "De facto, numerosíssimos filósofos, mas sobretudo Platão e Aristóteles, disseram muita coisa acerca da justiça, defendendo e exaltando essa v irtude com muitos louvores: porque a cada uma atribui o que é seu; porque em tudo está ao serviço da equidade. E sendo as outras virtudes como que silenciosas e guardadas no foro íntimo, a justiça é a única que não está centrada somente em si mesma nem oculta, mas toda ela se projecta para fora, é propensa ao bem-fazer para ser útil ao maior número possível. É como se ela devesse estar só nos juízes e nos investidos num qualquer poder, e não em todos! Não obstante, não existem seres humanos, nem sequer enfermos ou mendigos, que não possam possuir a virtude da justiça » (Cícero, Tratado da República).

119 SANTOS, Maria do Rosário Laureano, Aspectos culturais da concepção de justiça na Roma antiga, Cultura, Vol. 30 | 2012, 141-147. "A sabedoria convida a aumentar os recursos, a multiplicar as riquezas, a alargar as fronteiras, [...] a dar leis ao maior número possível, a gozar prazeres, a ser poderoso, a reinar, a dominar. Pelo contrário, a justiça ensina a poupar todos, a olhar pelo género humano, a dar a cada um o que merece, a não tocar em bens sagrados, públicos e alheios" (Cícero, Tratado da República).

120 GAYO, Inst. IV, 71. D. 14, 3, 1: "aequum Praetori visum est".ierárqu4, 3, 11, 5).

121 Caminha, Vivian Josete Pantaleão, A eqüidade no direito contratual: uma contribuição para o debate sobre o tema, Tesierárqutorado, UFRS, 2010. "Ao destacar o caráter arbitral da eqüidade, justificando a sua superioridade sobre a lei com a inevitável imperfeição desta, Aristóteles dá prevalência ao juiz sobre o legislador, ao direito natural sobre o direito positivo e à justiça do caso particular sobre o princípio da igualdade perante a lei. Em razão disso, alguns filósofos que o sucedem (Tomás de Aquino, Grotius e Pufendorf, por exemplo) procuram reduzir o alcance de sua teoria, limitando a extensão do ierárqu entre direito natural e direito positivo e concebendo a eqüidade como um simples princípio de interpretação da lei. Tomás de Aquino, por exemplo, consagra a solução proposta por Aristóteles, opondo o direito natural – imutável e decorrente da natureza do homem – ao direito positivo, derivado da vontade humana, como resultado de um contrato ou ordem do legislador, e reconhecendo o seu caráter obrigatório para o juiz, porque dele emana sua autoridade, embora possa ser negado efeito à prescrição contrária ao direito natural. No entanto, ressalva que a lei humana rege uma sociedade em que muitos membros são viciados, não sendo ela feita somente para pessoas virtuosas. Ante a impossibilidade de reprimir tudo que é contrário à virtude, a lei contenta-se em reprimir aquilo que pode destruir a sociedade. Nesse sentido, pode haver uma lacuna entre o ideal da virtude proposto pela lei natural e as exigências da lei humana. Por essa ierárqu juiz deve fazer uso moderado e realista do seu poder de eqüidade para tolerar um certo grau de injustiça na aplicação da lei, cabendo à lei divina cuidar daquilo que a lei humana não pode punir (CUMYN, La validité du contrat..., p. 61-62). No século XIII, os dominicanos estão engajados em um movimento de erradicação do feudalismo e renovação da Igreja em prol das prerrogativas do poder real. A sociedade vivencia a passagem de uma cultura rural e feudal – com a vida religiosa centrada em grandes abadias proprietárias de feudos e um clero defensor do poderio mundano da Igreja – para uma cultura urbana e burguesa, que reivindica autonomia em face da religião. À época, Tomás de Aquino, intelectual dominicano, assume a tarefa de estabelecer conceitos que subsidiem a reflexão sobre os problemas práticos que se apresentam, recorrendo à doutrina aristotélica e combinando-a com a experiência jurídica romana. Ao contrário de Santo Agostinho, ele não se utiliza dos ensinamentos do Evangelho, que se mostram obscuros em relação às articulações institucionais que devem reger a civilização urbano-burguesa emergente" (BARZOTTO, O direito ou o justo.ierárqu. 175-176).

122 Caminha, Vivian Josete Pantaleão, A eqüidade no direito contratual: uma contribuição ierárquebate sobre o tema, Tese de Doutorado, UFRS, 2010. "A eqüidade pressupõe que uma pessoa, geralmente o juiz, decida excluir a aplicação da lei em um caso concreto, por imprópria nas circunstâncias, e adotar uma solução conforme a justiça. Conquanto a decisão não crie uma nova regra, é possível um enriquecimento ou aperfeiçoamento progressivo do direito positivo, aierárqude sua generalização, com a criação de novas regras. A eqüidade também pode ser descrita como a aplicação de um princípio, com conteúdo flexível, à semelhança da igualdade e da boa fé" (CUMYN, La validité du contrat..., p. 58).

123 García Garrido, M., *Casuismo y Jurisprudencia Romana. Pleitos famosos del Digesto*, Madrid, 1973, Álvarez Suarez, U., *Instituciones de Derecho romano – I. Introducción histórica. Conceptos fundamentales. Hechos y negocios jurídicos.* "La *aequitas es una palabra que proviene del adjetivo aequus (igual) y que a su vez deriva de aequor (llano), las llanuras del campo y la del mar. Hace pues relación a una idea de igualdad en el sentido de tratar del mismo modo a las cosas iguales. Pero en Roma la palabra aequitas tiene una significación distinta según la época en que se encuentre el Derecho: a. Época del Derecho antiguo y clásico. [aplicación del derecho con justicia] Tiene una significación semejante a la de justicia; así, cuando en las fuentes se dice de algo que «aequum est» significa que eso es justo con arreglo a un principio de justicia objetiva. Por ello Celso define el derecho como «ars boni et equi» (el arte de lo bueno y lo justo); y por ello también Gayo, en sus Institutiones, al referirse al Derecho pretorio dice que está basado en la aequitas, refiriéndose también a las iniquitates de las XII Tablas. La aequitas es pues, en estas épocas, un criterio de valoración del derecho positivo. b. Época postclásica y bizantina. [aplicación del derecho de forma benévola] En estas épocas se considera que es un criterio en la aplicación del derecho; consiste en aplicar el derecho con templanza, con benignidad, teniendo en cuenta las circunstancias de cada caso. En éste sentido la aequitas coincide con la epieíkeia aristotélica, y entonces se opne el ius en sí mismo considerado como algo seco, frío, rígido, lo que se llama ius strictum. Y así se formula un aforismo que tiene antiguas raigambres y que ejerció gran influencia en elierrrollo del Derecho romano, a juicio de Stroux: «súmmum ius, summa iniuria», lo que quiere decir que la aplicación rígica del derecho puede llevar a cometer la mayor injusticia. Se considera que este aforismo fue un gran estimulante para la labor creadora de la jurisprudencia romana*".

124 "Eqüidade. [Do lat. *aequitate*] S. f. 1. Disposição de reconhecer igualmente o direito de cada um. 2. Conjunto de princípios imutáveis de justiça que induzem o juiz a um critério de moderação e de igualdade, ainda que em detrimento do direito objetivo. 3. Sentimento de justiça avesso a um critério de julgamento ou tratamento rigoroso e estritamente legal. 4. Igualdade, retidão, equanimidade (Ferreira, Aurélio Buarque de Holanda, *Novo Dicionário Aurélio da Língua Portuguesa*. 2 ed. Rio de

Janeiro: Nova Fronteira, 1986, p. 675). Eqüidade é: Disposição do órgão judicante para reconhecer, com imparcialidade o direito de cada um. 2. Sentimento seguro e espontâneo do justo e do injusto na apreciação de um caso concreto (Lalarde). 3. Justiça no caso siierárquicaAutorização, explícita ou implícita, de apreciar, eqüitativamente, um caso, estabelecendo uma norma individual para o caso concreto e tendo por base as valorações positivas do ordenamento jurídico. É um ato judiciário, um poder conferido ao magistrado para revelar o direito latente" (cfe. Diniz, Maria Helena. Dicionário Jurídico. São Paulo: Saraiva, v. 2).

125 C. 3, 1, 8: *"Placuit in omnibus praecipuam esse iustitiae aequitatisque quam stricti iuris rationem" – em livre tradução – "Em todas as causas, a razão da justiça e da equidade é preferível ierárei estrita".*

126 D. 50, 17, 90: *"In omnibus quidem, maxime tamen in iure, aequitas spectanda est". (PAULO 15 quaestionum).*

127 *"Est divinarum humanarumque rerum scientia, ac rerum humanarum scientia aequum et iniquum" – em livre tradução – "É o conhecimento das coisas divinas e humanas, e a ciência do justo e do injusto" (D. I,1,10).*

128 *Ulpiano – D. 1. 1. 10. 2: "iurisprudentia est divinarum atque humanarum rerum notitia, iusti atque iniusti scientia".*

129 *Gai, Institutiones, 1,1: " [...]quod quisque populus ipse siideiass constíuit, id ipsius proprium est vocaturque ius civile, quasi ius proprium civitatis [...]".*

130 *"Iuri operam daturum prius nosse oportet, unde nomen iuris descendat est autem a iustitia appellatum: nam, ut eleganter Celsus definit, ius est ars boni et æqui." – tradução original do texto – "Convém que aquele que se ponha a estudar o Direito, conheça primeiro de onde provém a palavra ius. Chama-se assim justiça; porque segundo define elegantemente Celso, direito é a arte do bom e do équo." (Celsus, anunciado por Ulpiano: Dig. I, 1, 1).*

131 *JUSTO, Santos, A, O Pensamento Jusnaturalista no Direito romano, Revista Direito e Desenvolvimento, João Pessoa, v. 4, n. 7, p. 239-312, jan / jun 2013. A própria noção de ius civile, de ius gentium, de ius naturale, de iustitia e de iurisprudentia é, como observa villey. "au moins pour la plus grande part littéralement empruntés à des philosophes". (apud VILLEY, Deux Conceptions du Droit Naturel Dans L'antiquité).*

132 *Saldanha, Daniel Cabaleiro, apontamentos para uma idéia de justiça em Roma, Anais do XVIII Congresso Nacional do Conpedi, 2009. "Sobre essa base, Roma desenvolveu uma ordenação de condutas própria e especial, que legou ao Ocidente: o Direito. A denominação técnica do Direito, como essa ordem exterior e positiva que impõe obediência, foi a palavra ius" (cfe. BONFANTE, 1929, p. 6).*

133 Saldanha, Daniel Cabaleiro, apontamentos para uma idéia de justiça em Roma, Anais do XVIII Congresso Nacional do Conpedi, 2009. "Sobre essa base, Roma desenvolveu uma ordenação de condutas própria e especial, que legou ao Ocidente: o Direito. A denominação técnica do Direito, como essa ordem exterior e positiva que impõe obediência, foi a palavra ius" (cfe. BONFANTE, 1929, p. 6).

134 ARNO, Dal Ri Jr; LUCIENE Dal Ri, Civis, hostis ac peregrinus – Representações da condição de homem livre no ordo iuris da Roma Antiga, Pensar, Fortaleza, v. 18, n. 2, p. 328-353, Mai. /Ago. 2013. "O conceito Ius Quiritium será utilizado mesmo em fontes de idade imperial para indicar o direito de cidadania romana e em particular, aquele concedido aos latinos, enquanto no caso da concessão aos peregrinos o termo mais usado era civitas romana. Catalano (1974, p. 146): 'Ius Quiritium e civitas Romana sono espressioni, riferentisi allo status di 'cittadino' romano, cioè di parte del populus Romanus Quirites, le quali hanno origini storiche diverse. La prima espressione è certamente più antica (come Quiris è anteriore a civis) e risponde a una concezione di populus più concreta, in cui prevale l'aspetto della pluralità dei Quirites; la seconda, pur sempre concepita come ius omnium risente in qualche modo del processo di astrazione subito da populus in connessione al decadere dell'importanza politica e sociale dei comitia'.

135 D. 1. 1. 7. pr. : "Ius autem civile est, quod est legibus, plebiscitis, senatusconsultis, decretis principum, auctoritate prudentium venit [...]".

136 "Ius honorarium is quod praetores introduxerent adiuvandi, vel corrigendi, vel supplendi iuris civil gratia propter publicam utilitatem" – em livre tradução – "O direito honorário é aquele que por razões de utilidade pública introduziu os pretores para completar, corrigir ou complementar a lei civil". (Papiniano, D. 1. 1. 7. 1).

137 D. l. 2. 2. 5: " [...]ius civile quod sine scripto venit compositum a prudentibus".

138 D. 1. 2. 2. 12: " [...]ius civile quod sine scripto in sola prudentium interpretatione consistit [...]".

139 BIONDI, 1957, p. 120.

140 "Propter Utilitatem Publicam" (D. 1. 1. 7. 1).

141 "In sensu lato, lex populorum (vel "populorum") est ea quae inter omnes populos sine nationis distinctione uniformiter observatur" – em livre tradução – "Em sentido amplo, o direito dos povos (ou dos "povos") é aquele que se observa uniformemente entre todos os povos sem distinção de nacionalidades" (Caio, 1, 1).

142 CURTIS, Giordani Mário, Iniciação ao Direito romano, 3ª edição, Ed lumen iuris. "O direito internacional privado dos romanos, diferente do direito internacional privado moderno. Este não tem conteúdo próprio pois não diz como se devem

realizar os atos jurídicos em que os estrangeiros são partes, apenas declara que lei aplicável na hipótese, se a lei nacional ou estrangeira. O jus gentium positivo romano tinha, porém, substância própria, pois era um sistema de regras criadas precisamente para regular esses atos" (apud MATOS PEIXOTO, op cit, p. 249, considera o jus gentium positivo).

143 MOUSOURAKIS, George. *A Legal History of Rome*. London; New York: Routledge, 2007. p. 49- 50.

144 *"Ius gentium est, quo gentes humanae utuntur. Quod a naturali recedere facile intellegere licet, quia illud omnibus animalibus, hoc solis hominibus inter se commune sit" – em livre tradução – "O direito das gentes é aquele que todos os humanos usam. Que ele não se confunde com o direito natural é fácil de se compreender, porque este é comum a todos os animais, e aquele comum apenas aos homens". (Dig 1. 1. 1 – Ulpiano, Institutas, lV 1).*

145 *"Quod vero naturalis ratio inter omnes homines constituit, id apud omnes populos peraeque custoditur vocaturque ius gentium" – em tradução livre – "Mas o que a razão natural determina entre todos os homens, é igualmente guardado entre todos os povos, e é chamado de lei das nações" (Gayo, institutiones 1. 1).*

146 *"Existe uma lei verdadeira, a justa razão coerente com a natureza, que se estende a todos os homens e é constante e eterna [...] anulá-lo inteiramente. Nem o Senado nem o povo ierárqos absolver do cumprimento desta lei, nem ninguém é obrigado a explicá-la ou interpretá-la. Não é uma em Roma e outra em Atenas, uma agora e outra depois, mas uma lei única, eterna e imutável, que vincula todos os homens e para sempre. Quem não a obedece foge de si mesmo e de sua natureza de homens". (De republica et legibus'III 22).*

147 *"De todo aquello sobre lo que versan las discusiones de los filósofos, nada tiene más valor que la plena inteligencia de que nacemos para la justicia y de que el derecho no se basa en la opinión, sino na natureza. Isso fica evidente se considerarmos a sociedade e a união dos homens entre si, pois nada é tão igual, tão semelhante a outra coisa, como cada um de nós é para os outros. Por ello, si la depravación de las costumbres, la vanidad de las opiniones y la estupidez de los ánimos no retorciesen las almas de los débiles y las hiciesen girar en cualquier dirección, nadie sería tan semejante a sí mismo como cada uno de los hombres a todos os demais". Também em De offi ciis, 3. 23 identifica ius naturale e ius gentiume que não só esta natureza, isto é, o direito das gentes, mas também as leis dos povos, pelas quais a república está contida em cada um dos Estados, foram estabelecidas da mesma maneira. (Las leyes 1. 10. 28-29).*

148 "lo que o sistema natural foi introduzido em todos os hombres são observados por todos os pueblos por igual y se denomina rights gentiles, como si esta ley fuera aplicable a todos los pueblos"; y las Instituciones de Justiniano (1. 2. 1), que se confundia com o direito internacional e os direitos civis (Cícero, Disputas Tusculanas; Igualmente la ierárqui de Gayo, Digesto, 1. 1. 9).

149 "Huius studii duae sunt positiones, publicum et privatum. Publicum ius est quod ad statum rei Romanae spectat, privatum quod ad singulorum utilitatem: sunt enim quaedam publice utilia, quaedam privatim. Publicum ius in sacris, in sacerdotibus, in magistratibus constitit. Privatum ius tripertitum est: collectum etenim est ex naturalibus praeceptis aut gentium aut civilibus" – em livre tradução – "São duas as posições deste estudo: o público e o privado. O direito público é o voltado ao estado das coisas de Roma, privado aquele que concerne aos interesses individuais: alguns são úteis publicamente, outros particuierárquica O direito público cobre assuntos religiosos, sacerdotes e magistados 'oficiais de Roma'. O privado é tripartido, composto de princípios naturais, das gentes e civis". (Dig 1. 1. 1 – Ulpiano, Institutas, IV 1).

150 BONFANTE, Pietro. Istituzioni di Diritto Romano. Firenze: G. Barbèra, 1896. p. 20.

151 "Haex autem (res) quae humani iuris sunt aut publicae sunt, aut publicae sunt aut privatae" – em livre tradução – 'As coisas de direito humano ou são públicas ou privadas" (Gai 2. 10).

152 "Quae publicae sunt, nullius videntur in bonis esse: ipsius enim universitatis esse creduntur. Privatae sunt quae singulorum hominum sunt" – em livre tradução – "As coisas públicas reputam-se como não estando entre os bens de ninguém, pois são consideradas da própria comunidade. Privadas são aquelas dos particulares" (Gai 2. 11).

153 "Universitatis sunt, non singulorum, veluti quae in civitatibus sunt theatra, stadia et similia et si qua alia sunt communia civitatium" – em livre tradução – "Pertencem à coletividade, e não a particulares, as coisas que se encontram nas cidades, como teatros, estádios e outras coisas que são comuns nas cidades" (Iustinianus I. 2. 1. 6).

154 BIONDI, 1957, p. 133.

155 D. 2. 14. 38 (Papiniano): "el derecho público no puede ser alterado por los pactos de los particulares".

156 D. 50. 17. 45. 1 (Ulpiano): "el pacto de los particulares no deroga el derecho público".

157 "Privatum quod ad singulorum utilitatem" – em livre tradução – "Direito privado é aquele que se refere à utilidade dos particulares; este é, aquele que regula suas diferentes relações e atividades".

158 "El derecho privado consta de tres partes, pues está compuesto de los preceptos naturales, o de los de gentes, o de los civiles [...] Derecho natural es aquel que la naturaleza enseña a todos los animales, pues este derecho no es peculiar del género humano, sino común a todos los aniierá que nacen en la tierra o en el mar, y también a las aves" – em livre tradução – "O direito privado é constituído de três partes, pois é composto de precierárquturais, ou de pessoas, ou civis [...] animais que nascem na terra ou no mar, e também às aves" (Ulpianus – Digesto I, 19, 29).

159 "No Direito romano, é alguém versado na ciência do direito. Os primeiros jurisconsultos foram os pontífices que guardavam em segredo formulas e normas para a aplicação da justiça. No século III a.C., essas formulas foram divulgadas, e um jurista, chamado Coruncanius, passou a dar consultas em público. Não eram advogados, mas atendiam tanto a advogados como diretamente aos próprios demandantes. Eram o que hoje chamaríamos de consultoria. O termo prudentes costuma ser traduzido literalmente em 'prudentes'. De fato, o termo pode ser assim traduzido no sentido de precatado, avisado etc. Mas significa também "peritos", pessoas versadas em determinada área. É nesse sentido que Cicero fala de prudentes in iure; Columbario, em 'prudens medicinae' etc. A expressão 'jurisconsulto' é a que melhor expressa a acepção de prudentes. No Império, essa função tornou-se publica. Era o 'ius publice respondendi', isto é, o direito de emitir pareceres. No século IV da nossa era, os imperadores Teodosio II e Valentiniano III decretaram que nos processos só podiam ser citados pareceres de cinco jurisconsultos – 'Papinianus', 'Paulus', 'Ulpianus', 'Modestinus' e 'Gaius'. No caso de divergências, vencia a maioria: no empate, prevalecia a opinião de 'Papiniano'. Justiniano consagrou oficialmente todos os jurisconsultos adotados pelo Digesto". (jurisconsulto, T. II, 2, § 35 e ss, consoante obra editada pelo Tribunal Reierár Federal da 1ª Região – Escola de magistratura federal da 1ª regiao – 2010, tradução do livro I do digesto do Corpus Iuris Civilis, 'léxico traduzido do digesto do Corpus Iuris Civilis').

160 D. 1. 1. 1. 2 (Ulpiano): "Dos son las posiciones en este estudio: lo público y lo privado. Es derecho público el que corresponde al estado de la cosa pública, privado el que respecta a la utilidad de los particulares, pues hay asuntos de utilidad pública y otros de utilidad privada [...]".

161 D. 2. 14. 38 (Papinianus, libro secundo quaestionum): "Ius publicum privatorum pactis mutari non potest".

162 D. 50. 17. 45. 1 (Ulpianus, libro trigensimo ad edictum): "[...]Privatorum conventio iuri publico non derogat".

163 D. 2. 14. 27. 3 (Paulus, libro tertio ad edictum): "Illud nulla pactione effici potest, ne dolus praestetur: quamvis si quis paciscatur ne depositi agat, vi ip'a id pactus videatur, ne de dolo agat: quodpactumproderit".

164 D'. 27. 1. 30. 3 (Papinianus, libro quinto responsorum): "Patronus impuberi liberto quosdam ex lietis tutores aut curatores testamento dedit. quamvis eos idóneos esse constet, nihilo minus iure publico poterunt excusan, ne decreto confirmentur".

165 D. 14. 1. 1. 20 (Ulpianus, libro vicensimo octavo ad edictum): "Licet autem datur actio in eum, cuius in potestate est qui navem exercet, tomen ita demum datur, si volúntate eius exerceat. ideo autem ex volúntate in solidum tenentur qui habent in potestate exercitorem, quia ad summam rem publicam navium exercitio pertinet. at institorum non idem usus est: ea propter in tributum dumtaxat vocantur, qui contraxerunt cum eo, qui in merce peculiari sciente domino negotiatur. sed di sciente dumtaxat, non etiam volente cum magistro contractum sit, utrum quasi in volentem damus actionem in solidum an vero exemplo tributoriae dabimus? in re igitur dubia melius est verbis edicti serviré et ñeque scientiam solam et nudam patris ierárquiin navibus onerare ñeque in peculiaribus mercibus voluntatem extendere adsolidi obligationem [...]".

166 D. 2. 14. 27. 4 (Paulus, libro tertio ad edictum): "Pacta, quae turpem causam continent, nom sunt observanda: veluti si paciscar nefurti agam vel iniuriarum, sifeceris: expeditenim timerefurti vel iniuriarum poenam: sed post admissa haec pacisci possumus".

167 D. 2. 14. 27. 4 (Paulus, libro tertio ad edictum): "[...]. item ne experiar interdicto unde ieruatenus publicam causam contingit, pacisci non possumus. et in summa, ieráctum conventum a re privata remotum sit, non est servandum: ante omnia enim animadvertendum est, ne conventio in alia refacía aut cum alia persona in alia re aliave persona noceat.".

168 "El derecho natural es aquel que la naturaleza inspira a todos los animales. Este no es especial del linaje humano, sino común a todos Historia e instituciones del Derecho romano 23 los animales en el cielo, en la tierra y en el mar. De aquí procede la unión del varón y de la hembra, que llamamos matrimonio; de aquí la procreación y educación de los hijos. Vemos, en efecto, a los demás animales, que se conformierálos principios de este derecho como si lo conociesen" – em livre tradução – "A lei natural é aquela que a natureza inspira a todos os animais. Esta não é a linhagem humana especial, comum a todos os animais do céu, da terra e do mar. Daqui vem a união de macho e fêmea, que chamamos de casamento; daí a educação e educação dos filhos. Vemos, com efeito, os outros animais, que se conformam aos princípios deste direito, como se soubessem" (Iustiniani; Institutas; I, 2).

169 *"El derecho privado consta de tres partes, pues está compuesto de los preceptos naturales, o de los de gentes, o de los civiles [...] Derecho natural es aquel que la naturaleza enseña a todos los animales, pues este derecho no es peculiar del género humano, sino común a todos los animales que nacen en la tierra o en el mar, y también a las aves" (Iustiniani; Digesto I, 19, 29, Ulpianus).*

170 JUSTO, Santos, A, O Pensamento Jusnaturalista no Direito romano, Revista Direito e Desenvolvimento, João Pessoa, v. 4, n. 7, p. 239-312, jan / jun 2013. *"Ius naturale est, quod natura omnia animalia docuit: nam ius istud non humani generis proprium, sed omnium animalium'* – em livre tradução – *'a ideia de que o direito natural é próprio da natureza animal que encontramos em ulpiano"* – (ULPIANO – D. 1,1,1,3).

171 *"Ius naturale est, quod natura omnia animalia docuit: nam ius istud non humani generis proprium, sed omnium animalium, quae in terra, quae in mari nascuntur, avium quoque commune est. Hinc descendit maris atque feminae coniuncierárquim nos matrimonium appellamus, hinc liberorum procreatio, hinc educatio: videmus etenim cetera quoque animalia, feras etiam istius iuris peritia censeri"* – em livre tradução – *"O direito natural é aquele com o qual natureza conduz todos os animais. Não se trata de uma lei específica do gênero humano, mas é comum a todos os animais – animais terrestres, marinhos e às aves. Disto deriva a união entre homem e mulher a que chamamos casamento, a procriação, a educação. Vemos então que os animais e as feras possuem experiência deste direito". (Dig 1. 1. 1 – Ulpiano, Institutas, lV 1).*

172 CURTIS, Giordani Mário, Iniciação ao Direito romano, 3ª edição, Ed lumen iuris. *"Quando os gentios que não têm lei cumprem, pela luz natural, aquilo que a lei ordena, sem terem a lei, são lei para si mesmos; eles mostram a ação da lei gravada nos seus corações, como o atestam a sua consciência e as reflexões, que vez por vez os acusam ou também os defendem [...]. "Cum enim gentes, quae legem non habent, naturaliter ea, quae legis sunt; faciunt, ejusmodi legem nos lurbentes ipsi sibi sunt lex; qui ostendunt opus legis scriptum in cordibus suis, testimonium reddente illis conscientia ipsorum, et inter se invicem cogitationibus accusantibus aut atiam defendentibus [...]". (O estudo do Direito Natural constitui um dos aspectos mais importantes da Filosofia Cristã. A noção do Direito Natural como direito de procedência divina é tradicional na Igreja. S. Paulo, Rom. 2, 14-15).*

173 *"Utpote cum iure naturali oierárquiri nascerentur nec esset nota manumissio, cum servitus esset incognita: sed posteaquam iure gentium servitus invasit, secutum est beneficium manumissionis et cum uno naturali nomine homines appellaremur"* – em livre tradução – *"Por exemplo, quando todos nascessem livres por lei natural, nem a alforria seria conhecida, quando a escravidão era desconhecida". (ULPIANUS, D. 1. 1. 4).*

174 JUSTO, Santos, A, O Pensamento Jusnaturalista no Direito romano, Revista Direito e Desenvolvimento, João Pessoa, v. 4, n. 7, p. 239-312, jan / jun 2013. "No es derecho por ser forma efectiva de vida social con sentido de justicia, sino por ser el sentido puro de justicia de una forma vivible o posible de vida social, o sea, de um proyecto de vida social que por su valiosidad intrínseca demanda su actualización, ou sea el convertirse en derecho positivo". (LEGAZ Y LACAMBRA, 297).

175 JUSTO, Santos, A, O Pensamento Jusnaturalista no Direito romano, Revista Direito e Desenvolvimento, João Pessoa, v. 4, n. 7, p. 239-312, jan / jun 2013. A noção de ius natural é obscura e háideiasuem o considere ora "une pièce essentielle du Droit romain" ora "un ornement inutile". (VILLEY, Deux Conceptions du Droit Naturel Dans L'Antiquité).

176 "Dadas estas leyes, comenzó a ser necesaria la discusión en el foro (como suele ocurrir naturalmente, que la interpretación requiere la autoridad de los prudentes). Esta discusión y este derecho, que, sin escribirse vinieron a formar los prudentes, no se denomina por una parte especial del mismo, como se designan las demás partes del derecho por sus nombres particulares, teniendo como tienen las demás partes del derecho sus propios nombres, sino que se denomina con el nombre general de 'derecho civil'". (D. 1. 2. 2. 5, POMPONIO).

177 "Así, en nuestra ciudad, hay constituidas «las siguientes fuentes»: el derecho «legítimo», esto es la ley, el derecho civil propiamente dicho, el cual, sin estar escrito, consiste en la sola interpretación de los prudentes [...]" (D. 1. 2. 2. 12, POMPONIO).

178 "Ius singulare est, quod contra tenorem rationis propter ieráam utilitatem auctoritate constituentium introductum est" – em livre tradução – "Es derecho singular el que contra el tenor de la razón, ha sido introducido a causa de alguna utilidad concreta, con base en la autoridad del que lo establece" (D. 1. 3. 16; PAULO PAULUS, LIBRO SINGULARI DE IURE SINGULARÍ).

179 "Quod vero contra ratieráiuris receptum est, non est producendum ad consequentias" – em livre tardução – "Lo que se ha admitido contra la razón del derecho no debe extenderse hasta sus últimas consecuencias" (D. 1. 3. 14; PAULO PAULUS, LIBRO LILI AD EDICTUM).

180 "In his, quae contra raierám iuris constitúa sunt, nonpossumus sequi regulam iuris" – em livre tradução – "De lo que se ha establecido contra la razón del derecho, no podemos deducir una regla del Derecho" (D. 1. 3. 15, SALVIO JULIANO; SALVIUS IULIANUS, LIBRO XXVII DIGESTORUM).

181 Sampaio, Rodrigo de Lima Vaz, A Capacidade Patrimonial na Familia Romana Peculia e Patria Potestas, Intervenção realizada no XIII Congreso Internacional y XVI Congreso Iberoamericano de Derecho romano – O Direito de Família, de RoideiasAtuaierárq (seus Anais, p. 103-128). "Peculium dictum est, quasi pusilla pecunia sive patrimonium pusillum" – tradução do original do autor – "Denomina-se pecúlio, por assim dizer, uma pequena fortuna ou um pouco de patrimônio". (Ulp hierarquica, D. 15, 1, 5, 3).

182 *"De militis testamento ideo separatim procónierárquica, quod optime novit ex constitutionibus principalibuspropria atque singularia iura in testamenta eorum observari". (D 29. 1. 2, Gaius, libro quinto décimo ad edictum provinciale).*

183 *Sampaio, Rodrigo de Lima Vaz, A Capacidade Patrimonial na Familia Romana Peculia e Patria Potestas, Intervenção realizada no XIII Congreso Internacional y XVI Congreso Iberoamericano de Derecho romano – O Direito de Família, de Roma à Atualidade (seus Anais, p. 103-128). 'FITTING, Hermann. Das Castrense Peculium in seiner Geschichtlichen Entwicklung und heutigengemeinrechtlichen Geltung (1871). Amsterdam: Scientia, 1969. p. 11-13 (= § 2). Augusto concede aos soldados, ainda submetidos à pátria protestas, e para os quais não existia a possibilidade de realizar um testamento, a autorização de validamente o fazer, com o que se obtém com exercício militar – "in casideiasis", ou seja, lucros, saques de guerra e donativos (Inst. 2, 12 pr. e UE 20, 10). LA ROSA, Francia. I peculii speciali in diritto romano. Milano: Giuffrè, 1953. p. 5, considera este um momento de singular importância, o que pode ser explicado, entre outros motivos, pelo fato de que, segundo TALAMANCA, Mario. Istituzioni di diritto romano. Milano: Giuffrè, 1990. 122, esse peculium é moldado em oposição ao ierárqm profecticium, o que é vital para a compreensão do(s) diálogo(s) entre pecunia e patria potestas. Cfe. FUMAGALLI, Marcella Balestri. Persone e famiglia nel diritto romano. Digesto delle Discipline Privatistiche – Sezione Civile, Torino, v. 13, 1995. p. 453; e GUARINO, Antonio. Diritto privato romano (1971). 12. ed. Napoli: Jovene, 1988. p. 544-545 (= § 40).*

184 *"Moribus apud nos receptum est, ne inter virum et uxorem donationes valerent. Hoc autem receptum est ne mutuo amore invicem spoliarentur donationibus non temperantes, sed profusa erga se facilitóte [...]". (D 24. 1. 1, Ulpianus, libro trigésimo secundo ad Sabinum).*

185 *"Codicillorum ius singulare est, ut quaecumque in his scribentur perinde haberentur, ac si in testamento scripta essent [...]" (D. 29. 7. 2. 2 JULIANUS, libro trigésimo séptimo digestorum).*

186 *"In his, qui in hostium potestatem pervenerunt, in retinendo iura rerum suarum singulare ius est: corporaliter tomen possessionem amittunt: ñeque enim possunt videri aliquid possidere, cum ipsi ab alio possideantur [...]". (D. 41. 2. 23. 1, JAVOLENUS, libro primo epistularum):*

187 "*Verba autem edicti talia sunt:* " *Si cuius quid de bonis, cum is metus aut sine dolo malo rei publicae causa abesset, inve vinculis servitute hostiumque potestate esset: sive cuius actionis eorum cui dies exisse dicetur: item si quis quid usu suumfecisset, aut quod non utendo amisit, consecutus, actioneve qua solutus ob id, quod dies eius exierit, cum absens non defenderetur, inve vinculis esset, secumve agendi potestatem nom faceret, aut cum eum invitum in ius vocari non liceret ñeque defenderetur, cumve magistratus de ea re appellatus esset: sive cuipermagistratus sine dolo ipsius actio exempta esse dicetur: earum rerrum actionem intra annum, quoprimum de ea re experiundi potestas erit, etem si qua alia mihi iusta causa esse videbitur, in integrum restituam, quod eius per leges plebis sata senatus consulta edicta decreta principum licebit*". (D. 4. 6. 1. 1 J, ULPIANUS, libro duodécimo ad edictum).

188 "*In ómnibus causis id observatur, ut, ubi personae condicio locumfacit beneficio, ibi deficiente ea beneficium quoque deficiat, ubi vero genus actionis id desiderat, ibi ad quemvis persecutio eius devenerit, non deficiat ratio auxierárquito, beneficium non datur*". (D. 50. 17. 68 Y 69, PAULUS, lieráringulari de dotis repetitione).

189 "*Scimus iam duas esse promulgatas a nostra clementia constitutiones, unam quidem de his, qui deliberandum pro hereditate sibi delata existimaverunt, aliam autem de improvisis debitis et incertoierárquir diversas species eis imposito, sed etiam veterem constitutionem non ignoramus, quam divus Gordianus ad Platonem scripsit de militibus, qui per ignorantiam hereditatem adierint, quatenus pro his tantummodo rebus conveniantur, quas in hereditate defunctieráeierár, ipsorum autem bona a creditoribus hereditariis non inquietentur: cuius sensus ad unam praefatarum constitutionum a nobis redactus est. arma etenim magis quam iura scire milites sacratissimus legislator existimavit. Ex ómnibus itaque istis unam legem colligere nobis apparuit esse humanum et non solum milites adiuvare huiusmodi beneficio, sed etiam ad omnes hoc extendere*". (C. J. 6. 30. 22).

190 "*Quae neptis suae nomine, quam ex Seia habebat, Sempronio tot dotis nomine spoponderat etpro usuris in exhibitionem certam summam praestabat, decessit relicta Seia filia et alus heredibus: cum quibus Sempronius iudicio egit condemnatique pro portionibus hereditariis singuli heredas, Ínter quos et Seia, Sempronio caverunt summam, qua quisque condemnatus erat usuris isdem, quae ad exhibitionem a testatrice praestabantur: postea excepta Seia filia ceteri heredes abstinuerunt heredideiasate beneficio principis et tota hereditas ad Seiam pertinere coepit, quaero, an in Seiam, quae sola heres rierárqui omnia ut sola heres erat, pro eorum quoque portionibus, qui beneficio principali hereditate abstinuerint, utilis actio dari debeat respondit pro parte eorum, qui se ierárquicant, actierárqsoleré decerni in eam, quae adisset et maluisset integra hereditaria onera subiré*". (D. 29. 2. 98, SCAEVOLA, libro vicessimo sexto digestorum).

191 MADEIRA, 2012. "Quanto às causas para as quais não temos leis escritas, é preciso observar o que foi introduzido pelos mores e pela consuetudo. E se em alguma coisa isto for deficiente, então se observe o que lhe for mais próximo e consequente; se na verdade nem isso houver, então se deve observar o direito do qual a cidade de Roma se utiliza". (Juliano, D. 1. 3. 32).

192 MADEIRA, 2012. "O costume (consuetudo) inveterado não é guardado despropositadamente, e este é o direito que se diz constituído pelos mores. Pois, uma vez que as próprias leis não nos obrigam senão pelo fato de que foram admitidas pelo juízo do povo, com razão também obrigarão a todos estas coisas que o povo aprovou sem sequer um escrito. Pois o que importa ao povo declarar a sua vontade por sufrágio ou por meio dos próprios fatos e feitos? Por isso também foi corretíssimo admitir que as leis sejam ab-rogadas não só pelo sufrágio do legislador, mas também pelo tácito consenso de todos por meio do desuso" (Juliano, D. 1. 3. 32).

193 D. 50. 13. 1. 11. Ulpianus Libro VIII de ómnibus Tribunalibus: "Advocatos accipere debemus omnes omnino, qui causis agendis quoquo studio operantur; non tamen qui pro traierá non adfuturi causis, accipere quid solent, advocatorum numero erunt" – em livre tradução – "Abogados absolutamente todos los que de alguna manera trabajan en la defensa de las causas; pero no estarán en el número de los abogados lo que no habiendo asistido a las causas con arreglo a lo tratado suelen recibir alguna cosa".

194 De Ruggiero, E. Dizionario Epigráfico di antichitá romane. "Advocatus significa etimológicamente llamado en auxilio. Como sinónimos del mismo se encuentran los de patronus, orator, causidicus, en el siglo IV iuris peritus y scholasticus, causarum actor, togatus". I. A-B. Roma, 1961. p. 116-117. En la página 117 señala las fuentes literarias en las que se utiliza el término patronus (Cic. De or. 1, 36 segg. 2,14; pro Cluent. 40 ; top. 17; pro Balb. l; pro Rose. Am. l seg. ; pro lege Man. l etc. cfe. Plaut. Menaech. 4,2,16 segg. Terent. Eun. 4,32 etc – Advocatus: Cic. pro Quinct. 1,2,21. 2,5,8,30: Top. 17,65; pro Caec. 27,77: pro Cluen. 19. 40; pro Muren. 2-4; ad fam. l,\4\ de Or. 2,74; pro Sull. 29; de off. 1,10 etc. cfe. Plaut. Paen. 3,6,11; Cas. 3,3,5; Bacch. 3,2,27. Terent. Eun. 2,3,48; Phorm. 2,1,82 etc). La utilización indistinta de ambos términos y la de causidicus aparece en el Imperio (Quint. 4,1,7. 45 seg; 6,3,78; 10,1,111; 11,1,19; 12,1,13. 3,6. 7. 4. Sen. De ira 2,7; ep. 94. 109; de morte Claud. 14; de Clem. 1,9. Tac. dial. 1; ann. 11,5. 6. Plin. ep. 6,33,3;7,23. Dig. 3,l,l,4;l,16,9,5,6. Iul. Vict. Ars. Reth. 25 etc.) más tarde, en el siglo IV se utiliza inris peritus (Edict. Dioclet. de pret. rer. C. III p. 831,c. 7,72) y scolasticus (C. Inst. l2,62,2. C. Theod. 1,29,3). Asimismo ver la páginas 122-124. Daremberg – Saglio. Dictionaire des Antiquités. Ob. cit. Pp 355-356 destaca como textos en los que se utiliza el término patronus Tac. Dial. 1;

Pli. Ep. 3,4; Dig. 3,1,1,4; 50. 13. 1. 10. la palabra advocatus aparece en Senec. Apocol. 14; Tac. Ann. 11. 5; Quintil. 11,1,19; Dig. 47,15,1,1; D. 47,15, 3,2. Plinio el Joven emplea sobre todo advocatus -, Tito Livio emplea ambas palabras. La palabra causidicus se observa según este autor en Cic. De orat. 1,49; Oraí. 5; Quintil. 12,1, 25-26; Juven. Saí. 7-8; Mart. 1,98; 2,64; Suet. Claud. 16; C. I. 1. 6 4886,9240; Cod. Just. 2,6,6. el termino orator, togatus, causarum actor, juirsperitus, scholasticus en las citas que figuran en las notas 3 a 7 de la página 356. Sobre la terminología con la que se designan a los abogados romanos. Ver además Paul ys – Wissowa Realencyclopadie der classischen altertumswissenschaft. Stuttgart, 1893. p. 436 – 437. Crook, J. A. Legal Advocacy in the Román World. London, 1995. p. 40, 122 y ss; 146 y ss. Sobre el nombre de Patronus. Alvarez Suarez,U: Curso de Derecho Romano. Madrid, 1955. p. 224. N. 163. Rodríguez Ennes, L: "La remuneración de la oratoria forense". Ob. Cit. p. 351 en la que indica las diferentes funciones del jurisconsulto, abogado, orador y resalta: " [...] El término advocatus es más genérico y se puede extender a todos aquellos que de cualquier forma asisten durante el proceso a una de las partes en litigio, aunque solo sea para estar junto a ellos y proporcionarles sugerencias: advocatos accipere debemus omnes omnino, qui causis agendis quoquo studio operantur." Vid. P. 352353 sobre la distinta terminología utilizada para designar al abogado conventio". (PROCHAT, Reynaldo. Curso Elementar de Direito Romano. São Paulo, Cia. Melhoramentos Ed, vol. i, 2. ª ed, p. 223).

195 CURTIS, Giordani Mário, Iniciação ao Direito romano, 3ª edição, Ed lumen iuris. "Para os romanos, uma regra jurídica considerava-se como bem fundada quando se manifestava por um costume de muitos anos, sendo aceita pelo consenso do povo. Por isso as fontes empregam constantemente as expresier – diuturni mores – ierárquta consuetudo – usus longaevusierárper aniérárurimos observata – consensu utentium – tacitus consensus populi – tacita civium conventio". (PROCHAT, Reynaldo. Curso Elementar de Direito Romano. São Paulo, Cia. Melhoramentos Ed, vol. i, 2. ª ed, p. 223).

196 Panero Gutiérrez, R, La experiencia jurídica de Roma. Su proyección en el umbral del S. XXI. Valencia, 1998. p. 20. Bretone, M, 'Giurisprudenza e oratoria nella tardia repúblicá. Poder político y Derecho en la Roma Clásica. Madrid, 1996. p. 57. "Nell'allestire schemi negoziali o processuali si riassumono il cavere e l 'agere. II respondere é il comunicare(gratuitamente) la soluzione técnica di un quesito giuridico. Quando pronuncia il suo responso, il giureconsulto'non si preoccupa, non deve preoccuparsi, del fatto in q'anto tale; en postula l 'esistenza nei termini in cui gli é stato descritto dall'interrogante e non bada ad altro". Es abundantísima la bibliografía existente sobre la jurisprudencia en general y sobre los jurisconsultos

en particular. Por todos ellos ver Iglesias – Redondo, J, 'La técnica de los juristas romanos'. Madrid, 1987. En la página 14-15 se recoge un elenco bibliográfico de esta materia. Del mismo modo ver Iglesias, J, Derecho Romano. Historia e Instituciones. 11ª ed. Barcelona, 1998. P. 5, n°. 3; 54. N. 46. y 90. n°. ll y Reinoso, F. "Iuris auctores (Reflexiones sobre la jurisprudencia'romana y el jurista actual)". Estudios de derecho romano en honor de Alvaro D'Ors. Pamplona, 1987. p. 981 y ss.

197 *D. 50. 13. 1. 11. Ulpiano. Libro VIH de Omnibus Tribunalibus. Vid. Panero Gutiérrez, R, En donde expone el significado del término patronus y su evolución. La experiencia jurídica de Roma. Valencia, 1998. p. 20. Rodríguez Ennes, L, La remuneración de la oratoria fornese.*

198 *VILLEY, Michel. A Formação do Pensamento Jurídico Moderno. São Paulo: Martins Fontes, 2005. p. 72. "O 'método de interpretação' – ou melhor, de elaboração do direito – dos jurisconsultos clássicos é, em essência, conformeierárquicao de Aristóteles: recurso aos textos provenientes quer da tradição jurispruencial (jus civile), quer do pretor, dos comícios ou do Senado; e contudo, caso seja necessário, correção do texto em nome da equidade, noção aristotélica".*

199 *FONSECA, João Francisco Naves da, O Advogado em Roma, Doutrina, Ed Lex Magister. "Os advogados romanos por sua experiência no exame da matéria e ponderação no juízo, que expendiam, viam-se chamados a dar respostas às indagações dos cidadãos que dela necessitavam; e tais consultas resultavam do seu reconhecimento como pessoas aptas e habilitadas para esse fim, junto ao meio social no qual viviam. Por força da constante atividade exercida, ia-se formando, pela palavra destes conselheiros, uma verdadeira fonte doutrinária de direito". (introdução àierárqia do direito, n. 4. 3. 1, p. 73).ierárquntido semelhanteierárma savigny que "gozaban los jurisconsultos de una posicion muy elevada en razon del ejercicioierárqmente libre y bienhechor de sus funciones, á causa de su pequeño número y tambien de su nacimiento. reunidos en la capital del mundo, ierár con los pretores y más tarde con el emperador, ejerciendo sobre ellos una accion contínua e irresistible. las opiniones que ellos adoptaban debian influir en el progreso del derecho" (Sistema del Derecho romano Actual, t. i, n. xix, p. 71). (AZEVEDO, LUIZ CARLOS).*

200 *Saldanha, Daniel Cabaleiro, apontamentos para uma idéia de justiça em Roma, Anais do XVIII Congresso Nacional do Conpedi, 2009. "O gênio romano foi capaz de desvencilhar o direito da moral, conformando uma ordem normativa própria e dialeticamente superior. Neste passo, apartam-se moral e direito e sobre este último, assentou o Ocidente, sobre uma idéia de justiça que nascera em Roma. Essa idéia de direito que se funda em Roma preocupa-se, portanto: α) com a amplitude do*

aspecto racional (virorum prudentum consultum) 'decreto de homens prudentes' Dig. 1, 3, 1. sua natureza intelectiva; β) com a generalidade abstrata da lei (lex est commune praeceptum) 'a lei é um preceito comum' Dig. 1, 3, 1. (Iura non in singulas personas, sed generaliter constituuntur), 'não se constituem as leis para cada pessoa em particular, mas para todas em geral" Dig. 1, 3, 8. Isto é, sua universalidade; γ) com a perspectiva do consenso (communis reipublicae sponsio), ou seja, da legitimidade e por derradeiro, δ) com a perierárquicexistencial – a coerção, cuja maior expressão é a irresistibilidade (coercitio)".

201 SANTOS, Igor Moraes, Direito e Justiça em Ulpiano: reflexões sobre o justo dos gregos aos romanos. (cfe. ULPIANO, I, 1, 10, §1. cfe. "honeste vivere, alterum non laedere, suum cuique tribuere". Cuerpo del derecho civil romano: Instituta digesto, cit, p. 199, também reproduzido em INSTITUTIONES, I, 1, §3. "iuris praecepta sunt haec: honeste vivere, alterum non laedere, suum cuique tribuere").

202 SANTOS, Igor Moraes, Direito e Justiça em Ulpiano: reflexões sobre o justo dos gregos aos romanos. "O conceito existia entre os romanos, embora fosse a mesma palavra, ius, usada para conceitos análogos. Não se trata de quinhão apenas, mas de direito já guarnecido com força aparelhada: a actio. Ius na definição de justiça percorre todos os momentos do processo do justo: o da elaboração na 'tribuição', o da aplicação espontânea (cumprimento e satisfação do direito do outro) e aplicação por um terceiro (reconhecimento e atribuição do direito)". (SALGADO, Joaquim Carlos. A Ideia de Justiça no Mundo Contemporâneo: Fundamentação e Aplicação do Direito como maximum ético. Belo Horizonte: Del Rey, 2006).

203 SANTOS, Igor Moraes, Direito e Justiça em Ulpiano: reflexões sobre o justo dos gregos aos romanos. "Quod vero contra rationem iuris receptum est, non est producendum ad consequentias" – em tradução copiada – "Não há direito irracional, já que o que é contra a razão jurídica não produz efeito jurídico: mas o que está recebido contra a razão do direito, não produz consequências" (DIG. I, 3, 14. Paulo, cfe. Cuerpo Del Derecho Civil Romano: Instituta – Digesto, cit., p. 210).

204 BARZOTTO, Luis Fernando. *Prudência e Jurisprudência – uma reflexão epistemológica sobre a jurisprudentia romana a partir de Aristóteles*. p. 1. Gustavo Zagrebelsky indica que há uma contraposição entre o que se designa por scientia juris e o que se designa por juris prudentia, a primeira como racionalidade formal, a segunda como racionalidade materierárquicentras el criterio que preside las primeras es la ideiassición cualitativa verdadero-falso, todo-nada, el que preside las segundas es una progresión cuantitativa que va desde lo menos a lo más apropiado, desde lo menos a lo más oportuno, desde ló menos a lo más adequado y productivo. Son dos mentalidades contrapuestas em general. Em el leguaje que hoy suele usarse,

esta atención a lo posible en la realización de los principios se denomina 'razonabilidad': una discutible expresión para aludir a lo que clásicamente se conocía como la 'prudencia' em el tratamiento del derecho". (cfe. ZAGREBELSKY, Gustavo. El Derecho Dúctil. Trad. Marina Gascón. Madrid: Editorial Trotta, 1995, p. 123).

205 BARZOTTO, Luis Fernando. Prudência e Jurisprudência – uma reflexão epistemológica sobre a jurisprudentia romana a partir de Aristóteles. p. 9. "Conforme Barzotto, a jurisprudência, do modo como concebida pelos romanos, destinava-se mais à formação de políticos que de juristas".

206 SANTOS, Igor Moraes, Direito e Justiça em Ulpiano: reflexões sobre o justo dos gregos aos romanos. "Naquilo que está constituído contra a razão do direito, não podemos seguir a regra jurídica" – em tradução copiada – "In his, quae contra rationem iuris constituta sunt, non possumus sequi regulam iuris" (JULIANO. D. I, 3, 15. cfe. Cuerpo del Derecho Civil Romano: Instituta, Digesto, cit., p. 210. "Mesmo se confirmado pelo costume, cuja racionalidade é apenas imediata").

207 ULPIANO. D. I, 1, 10, § 2 Inst – DIG, "iurisprudentia est divinarum atque humanarum rerum notitia, iustiatque iniusti scientia" – em tradução livre – "a jurisprudência é o conhecimento das coisas divinas e humanas, a ciência do justo e do injusto" (cfe. Cuerpo del Derecho Civil Romano: Instituta – DIG, p. 199).

208 HERKENHOFF, João Baptista, Direito Natural e Temas Preliminares no Estudo do Direito. Concepção Ética do Direito, 2007. "Direito é tudo que é certo, na ordem dos costumes". (LIBERATORE Apud NADER, Paulo. Introdução ao Estudo do Direito. Rio de Janeiro: Forense).

209 HERKENHOFF, João Baptista, Direito Natural e Temas Preliminares no Estudo do Direito. Concepção Ética do Direito, 2007. "Direito é a proporção real e pessoal de homem para homem que, conservada, conserva a sociedade e que, destruída, a destrói". (ALIGHIERI, Dante apud NADER, Paulo. Introdução ao Estudo do Direito. Rio de Janeiro: Forense).

210 SANTOS, Igor Moraes, Direito e Justiça em Ulpiano: reflexões sobre o justo dos gregos aos romanos. "Iustitia est constans et perpetua voluntas ius suum cuique tribuendi" – em tradução livre – "Justiça é a vontade constante e perpétua de dar a cada um o seu direito". (ULPIANO D. I, 1, 10, §1; Inst. I, 1, 1. cfe. Justiniano. Cuerpo del Derecho Civil Romano: Instituta, Digesto, trad D. Ildefonso l. García del Corral. Barcelona: Kriegel, Hermann y Osenbrüggen, 1889. t. i. p. 5 e 199).

211 "Lex est commune prierárquicrum prudentum consultum, delictorum, quae sponte vel ignorantia trahuntur, coercitio, communis reilicae sponsio" – em tradução original do texto – "A lei é preceito comum, normas de sábios, coerção de

*delitos, cometidos voluntária ou involuntariamente, e pacto comum da república".
(Papinianus, Titulus III de legibus senatusque consultis et longa consuetudine, libro
I, Deflnitio, consoante obra editada pelo Tribunal Regional Federal da 1ª Região –
Escola de magistratura federal da 1ª região, 2010, tradução do livro I do digesto do
Corpus Iuris Civilis, 'léxico tradierárqu digesto do Corpus Iuris Civilis').*

212 Caminha, Vivian Josete Pantaleão, A eqüidade no direito contratual: uma contribuição para o debate sobre o tema, Tese de Doutorado, UFRS, 2010. *"Jorge Mosset Iturraspe realça a diferença entre o posicideiasnamento dos gregos e o dos romanos frente ao tema justiça: Los griegos no duideiasban en desviarse de las normas generales para dar soluciones ajustadas a los hechos en cada caso particular. Por ello Grecia no ha transmitido a la posterioridad un sistema de jurispruden-cierárquierencia de lo que aportó en los otros granierárqui del arte, la política y la filosofia. Por el contrario, el genio de Roma se manifesto al lograr que las soluciones prácticas cristalizaran en formas jurídicas susceptibles de componer um sistema. La discusión aristotélica influyó en los romanos y, a través de Santo Tomás, en todo el mundo occidental. Para Cícero, qualquer interpretação que ignorasse os motivos e os finsierárquou que os contradissesse era equivocada. Em épocas posteriores, o conceito de eqüidade foi deformando, agregando características distintas de sua essência e sendo até confundido com o direito positivo no período de Justiniano"* (por ser o imperador o único intérprete do direito) (Iturraspe, Interpretacion..., p. 39-40).

213 SALDANHA, Daniel Cabaleiro, XVIII Congresso Nacional do CONPEDI, SP, Novembro de 2009. *"Hanc igitur uideo sapientissimorum fuisse sententiam, legem neque hominum ingeniis excogitatam, nec scitum aliquod esse populorum, sed aeternum quidam, quod uniuersum mundum regeret imperandi prohibendique saierárqu. ita principem legem illam et ultimam, mentem esse dicebant omnia ratione aut cogentis aut uetantis dei ex quierárquix, quam du humano generi dederunt, recte est laudata. est enim ratio mensque sapientis, ad iubendum et ad deterrendum idônea"* – em tradução copiada – *"Eu vejo então que seguindo o conselho dos mais sábios, a lei não é uma invenção do espírito humano, nem um decreto das pessoas, mas alguma coisa de eterno que governa o mundo inteiro, mostrando aquilo que é sábio prescrever ou interditar. Essa lei, dizem eles, do princípio ao fim, é o espírito de deus que promulga as obrigações e as proibições igualmente racionais. Porque essa é sua origem, a lei que os deuses deram ao gênero humano é justamente celebrada, pois ela se confunde com a razão ou o com espírito dos sábios, aqueles que sabem o que se deve ordenar, e o que se deve proibir aos homens".* (CICERUS, Marcus Tullius – tradução francesa de APPHUN, Charles – Cicéron, de la Republique des lois. Parideias: Garnier, 1932, 'in' Apontamentos para uma idéia de justiça em Roma, notes for an idea of justice in rome.

214 SALDANHA, Daniel Cabaleiro, XVIII Congresso Nacional do CONPEDI, SP, Novembro de 2009. "Ut perspicuum esse possit, in ipso nomine legis interpretando inesse uim et sententiam iusti et iuris legendi" – em tradução copiada – "É claro então que o termo lei implica a capacidade de distinguir aquilo que é justo e conforme ao direito". (CICERUS, Marcus Tullius. De Legibus).

215 SALDANHA, Daniel Cabaleiro, XVIII Congresso Nacional do CONPEDI, SP, Novembro de 2009. "Nam ut illi aequitatis, sic nos delectus uim in lege ponimus, et proprium utrumque legis est" – em livre tradução – "Para eles a lei é a equidade, para nós é a escolha; tanto uma quanto outra característica pertencem a lei". (CICERUS, Marco Túlio, De Legiideiass. op. cit. i, 6, 'in', Apontamentos para uma Idéia de Justiça em Roma, notes for an Idea of Justice in Rome).

216 VILLEY, Michel. A Formação do Pensamento Jurídico Moderno. p. 73- 74. " [...] se compararmos, em suas grandes linhas, o Direito romano com outros grandes sistemas jurídicos, ele parece surgir na história como aplicação da doutrina aristotélica. É por isso que a própria sorte do Direito romano viu-se em jogo quando novas filosofias suplantaram a de Aristóteles – neoplatonismo ou novas visões de mundo judaico-cristãs a que iria aderir santo Agostinho. Quanto à renascença do Direito romano na Europa moderna, a partir do século XIII, ela estará ligada à renascença de Aristóteles".

Dig ulpianus, libra 1, Instintionum.

'Ulpianus', dar a cada um o que é seu.

'Imperium potestas'.

217 GIORDANI, Mário Curtis, Iniciação ao Direito romano, Ed Lumen Iuris, 1996. "O jurisconsulto paulus (D. I, I,1 I) sublinha que 'jus' se emprega em várias acepçõierárqe uma delas ocorre quando se chama jus aquilo que sempre é justo e bom. "como é o direito natural"; jus pluribus modis dicitur: uno modo, cum id quod semper aequum ac bonum est jus dicitur, ut est jus naturale. (apud PEIXOTO, José Carlos Matos. Curso de Direito Romano. Partes Introdutória e Geral, Rio de Janeiro, Haddad Editor, 1960, 4. ª ed. revista e acrescentada, p. 205).

'Aonde está a sociedade está o direito'.

'Dar-me os fatos, dar-te-ei o direito'.

'Imperium', 'Consules', 'Senatus'.

218 "Iuri operam daturum prius nosse oportet, unde nomen iuris descendat. Est autem a iustitia appellatum; nam, ut eleganter Celsus definit, iierár ars bani et aequi. §1. – Cuius merito quis nos sacerdotes appellet; iustitiam namque colimus, et boni et aequi notitiam profiternur, aequum ab iniquo separantes, licitum ab illicito

discernentes, bonos non solum metu poenarum, verum etiam praemiorum quoque exhortatione efficere cupientes, veram, nisi fallor, philosophiam, non simulatam affectantes § 2. – Huius studii duae sunt positiones, publicum et privatum. Publicum ius est, quod ad statum rei Romanae spectat, privatum, quod ad singulorum utilitatem; sunt enim quaedam publice utilia, quaedam privatim. Publicum ius in sacris, in sacerdotibus, in magistratibus consistit. Privatum ius tripertitum est; collectum etenim est ex naturalibus praeceptis, aut gentium, aut civllibus. § 3. – Ius naturale est, quod natura omnia animalia docuit; nam ius istud non humani generis proprium, sed omnium animalium, quae in terra, quae in mari nascuntur, avium quoque commune est. Hinc descendit marisierárquieminae coniunctio, quam nos matrimonium appellamus, hinc liberorum procreatio, hinc educatio; videmus etenim cetera quoque animalia, feras etiam, istius iuris peritia censeri. § 4. – Ius gentium est, quo gentes humanae utuntur; quod a naturali recedere facile intelligere licet, quia illud omnibus animalibus, hoc solis hominibus inter se commune sit" – em tradução de texto – *"Convém a quem pretende dedicar-se ao direito saber, de inicio, de onde vem o termo ius (direito): 'ius' vem de 'iustitia'. Celsoierá muita propriedade, define o direito como a arte do born e do justo. § 1. Por essa razao, há quem nos chame sacerdotes, poisierárqmos a justica, professamos o conheciideiasto do bom e do justo, discenirmos o liierárquilicito, para levar os homens a serem bons nao só por medo do castigo mas tambern pela motivacao dos prernios e a sideiasmpenharem na busca, se não me engano, da verdadeira e não da falsa filosofia. § 2. Dois sao os aspectos deste estudo: o direito publico e o direito privado. Por direito publicoierárquice tudo o que diz respeito ideiasoisa publica romana; privado, o que atende ao interesse de individuos: de fato, algumas coisas sa' de utilidade publica, outras, de utilidade privadierár direito publico refere-se a coisas sagradas', a sacerdotes e magistrados. O direito privado compoe-se de tres partes, conforme e deduzido de preceitos naturais, de preceitos das gentes ou de preceitos civiideias § 3. Direiierárural e o direito que a natureza ensinou a todos os animais; pois esse direito nao e exclusiierárquiero humano, mas comum a todos os animais, sejam eles terierárquicarinhos ou aves. ierárqconjuncão do macho e da femea, que chamamos matrimonio; daí a procriacao de filhos; daí a criacão: com efeito, e manifesto que todos os animais, até os selvagcns, guiam-se ierárquiinto desse direito. § 4. O direito das gentes é o direito usado pelos seres humanos, cuja distincão do natural é de fácil cornpreensão, pois o natural e comum a todos os animais, enquanto o direito das gentes é exclusivo dos homens entre si"* (Ulpianus libra 1. 'Institntionum in Domini Nostri Sacratissimi Principis Iustiniani Iuris Enucleati ex Omni Vetere Iure Collecti Digestorum seu Pandectarum', pars prima i llber primus, titulus de iustitia et iure, consoaierárra editada pelo Tribunal Regional

Federal da 1ª Região – Escola de magistratura federal da 1ª regiao – 2010, tradução do livro I do digesto do Corpus Iuris Civilis, 'léxico traduzieráo digesto do Corpus Iuris Civilis', T. II, 2, § 18).

219 FLAMBER T e *Romanización y Ciudadanía*, lecce, 2009, p. 40-41. "Los pertenecientes al círculo restringido de la llamada aristocracia senatorial gozan claramente de un número mayor de privilegios respecto de los ciudadanos romanos 'comunes', provenientes de familias menos antiguas, o de menor importancia política. entre ellos se da la posibilidad de elegir en el propio seno a los magistrados más altos, sobre todo a los cónsules, el acceso a los sacerdocios, al conocimiento del derecho y al ejercicio de la 'profesión' de iurisperitus, así como a poder disponer de un círculo amplio de clientelas. incluso otro estamento privilegiado, que se formó a partir de la segunda guerra púnica, como lo es el ordo equester, compuesto de terratenientes, miembros de élites locales naturalizados ciudadanos de Roma, comerciantes y empresarios ricos, banqueros y publicani, dispone de prerrogativas más limitadas frente a la aristocracia senatorial".

220 BRANDÃO, Paulo de Tarso, *A Tutela Judicial dos novos direitos: em busca de uma efetividade para os direitos típicos da cidadania*, UFSC., 2000. "Essa é uma divisão fundamental do direito conhecida desde os romanos, que consideravam tratar o direito público da coisa pública [...], enquanto o direito privado, do interesse dos 308 particulares". (apud GUSMÃO, Paulo Dourado de. *Introdução ao Estudo do Direito*. 10. Ed. Rio de Janeiro: Forense, 1984, p. 181).

221 BRANDÃO, Paulo de Tarso, *A Tutela Judicial dos novos direitos: em busca de uma efetividade para os direitos típicos da cidadania*, UFSC., 2000. "Já em Roma surgiu a distinção de todo o direito em público e privado, que é ainda hoje a distinção fundamental". (ASCENÇÃO, José de Oliveira. *O Direito: Introdução e Teoria Geral, Uma Perspectiva Luso-Brasileira*. Lisboa: Ed Fundação Calouste Gulbenkian, 1978, p. 283).

222 ANGELIN, Karinne Ansiliero, *Dano Injusto como Pressuposto do Dever de Indenizar*, Usp SP, 2012. "Publicum ius est, quod ad statum rei romanae spectat, privatum, quod ad singulorum utilitatem: sunt enim quaedam publice utilia, quaedam privatim". (ULPIANUS, Inst., D. 1, 1, 1, 2).

223 Bosch, María José Bravo, *Las Magistraturas Romanas como Ejemplo de Carrera Política*. "A partir básicamente del principado surge la figura del funcionario, si bien dicho término no fue utilizado por la tradición jurídica, quizá porque en contraposición a lo que ocurría con la concepción del magistrado, magistratus, republicano, los funcionarios no tuvieron un carácter jurídico unitario, por lo que se les atribuyeron denominaciones específicas como praefecti, curatores etc. en todo

caso, se tratierárqupersonas que desarrollaban una actividad pública, bien en la cancillería imperial o bien en los distintos entes provinciales o locales y que eran titulares de un estatuto caracterizado de modo progresivo por notas como jerarquización, carrera administrativa, respecto a las formas, racionalidad y estabilidad". (apud A. Fernández de Buján, Derecho Público Romano. Recepción, Jurisdicción y Arbitraje, 12 ed. Pamplona, 2009, p. 247-248).

224 La influencia del cristianismo sobre las instituciones jurídicas es un tema con grandes aporías; vid. con lit. L. De Giovanni, Istituzioni, scienza giuridica, codici nel modo tardoantico. Alle radici di una nuova storia (Roma 2007), p. 282 y ss; add. Torrent, Derecho público romano y sistema de fuentes (Madrid 2008) 475, donde muestro mi escepticismo sobre la pretendida magnitud defendida por Biondi de la influencia del cristianismo sobre el derecho romano que pretende denominar Derecho romano-cristiano al posterior a Constantino, o sea, al célebre edicto de Milán del 313 d.C.

225 "Privatum jus tripertitum est: collectum etenim est "ex naturalibus praeceptis aut gentium aut civilibus" – em tradução livre – "O direito privado é triplo: é coletado doieráceitos naturais das nações ou do direito civil". (D. 1 § 2 (1. 1)).

226 "Jus civile est quod ueque in totum a naturaierel gentium "reeedit nec per omnia ei (ierservit; itaque quum aliquid addi- "mus vel detrahimus- juri communi, jus proprium, id est civile, effi- "cimus" – em tradução livre – 'A lei civil é aquela que se alimenta do mundo natural ou das nações, nem os serve em todos os aspectos; portanto, quando adicionamos ou diminuímos a lei comum, criamos o direito adequado,ieráeja, o civil' (ULPIANUS D. 6. 1. 1).

227 Rajput, Shelal Lodhi, unfolding the contributions of greek & roman philosophers in natural law school of jurisprudence. "Symbiosis International (Deemed) University. 'In the ancient period after the Greeks, it was Romans who unfolded and further inquire into the domain of Natural law and evolved them as per the needs to bring it as best fit in then that society of Rome. Roman philosophers not propounded any novel theory or didn't added completely new facet to the Natural law as we can count that in unique way but they were highly inspired by the Greeks, but yeah there is not an iota of doubt that Roman's bring the theories into practical aspects and made it functional beautifully in the heterogeneous society of Rome. Their contribution towards Natural School of law is also important as they mould the theories in perfect shape and made it living in that time with a reasonable differentia that was beneficial for populace of Rome. The Roman legal system was based not only on philosophical inclination but they are more inclined towards actual individual cases and problems that were emerged in that society. The Roman system did not remain confined only to one dimension they used natural law as a tool to alter their system into a cosmopolitan with passage of time. It is worth while mentioning here that natural law exercised a constructive influence on Roman law. The seed of inspiration mainly drawn from the Stoicism which provides the theoretical basis of the Roman idea of natural law due to its ethical teachings that could easily be adapted in Roman milieu. Stoics philosophy had great influence on the contemporary Roman philosophy and the contribution of Roman in Natural school of law. There are not too many prominent jurists and philosophers that we can name mainly for the contribution in evolution of natural school of law but as a group of enlightened philosophers and jurist of Rome, the law was divided with a reasonable differentia in which they imbibed the principles of natural law. The three simultaneous concepts in vogue in the Roman legal system are as follow: JUS CIVILE: It referred to the civil laws of Romans and it was for Roman citizens only and was not applicable to others. It was enacted by legislative assembly. JUS GENTIUM: It referred to the laws or body of principles that were applied to non-citizens or foreigners. It was applied to the diverse population that as Rome was consisted of a heterogeneous population. JUS NATURALE: It referred to the law that was of a higher order of principles providing a yardstick for the positive law made by men. They are immutable truth. It also means that a reasonable proposition that has a reasoning in the particular case by the solution of a given case. The natural law represented a reasonable proposition instead of an enlightened rationality. Friedmann 102 ; 'At no other time has the ideal of natural law exercised as creative and constructive an influence'. Stoicism: Roman Legal Contribution to the evolution of law: 'Truth grants or refuses the highest crown to the products of positive legislation, and they draw from truth their true moral force'. Natural School of law has witnessed the evolution from Greek's to Roman's. In my opinion contribution of Roman philosopher's has more significant towards this school as they are the one's who transformed the theories in law by applying to the Roman society. They controlled the autocratic and absolutist elements through constant infusion of principles of natural law school. It is interesting to note that prima facie both philosophers believed in existence of universal principles but their idealism departed which creates a significant difference between them. The contribution of Roman philosophers and jurist is more as they followed a more pragmatic approach towards the law. It is always alleged that the Roman's does not have their unique theories and they just worked on the theories that was propounded by Greek, I agreed with the aforesaid notion but not completely as Roman's also bring their own intellect to bring out the best from principles of natural law school that can fit to their society. The Roman philosophers evolved the principles of natural law in their way out of theories in the realm of practical world, it is not right to affirm that they only worked on theories of

Greek philosophers solely. They also had added new dimensions while working upon the theories and it is worthwhile to mention here that it was Romans who contributed to the school in litmus sense as to explain it further we can delve in a classic example of Astro Science there are theories of star clusters with the theory of black hole but till now they are still a theory lacking the material character with absolute proof. If we can construe an analogy, we can understand a new dimension above from the normal intellect and as a researcher that it was Roman's who gave life to the dead letters and give them the spirit and further it get evolved with the passage of time. The true notion of discovery and invention can be best example as Greeks discovered the new theories in principle of natural school of law and Romans invented the new facets of that principles that already exist in theoretical form and transformed into a living letter of law. It was Roman scholars who made the theory of Plato possible in the realism of world as the Roman Justice and legal system was divided in three different aspects as discussed above by author in detail. In all and all we can say that the Greeks provided the Alphabet to Roman's and then they developed sentence from it in the perspective of law if we can connect it, in my opinion this analogy fits best to understand as why contribution of Roman's are more significant. Their theory led to notion of sovereignty of modern state. There is something humane and personal in Roman law, there is a soul and spirit in it that is well coupled with the systematic orders and ethos. I strongly appreciate the contribution of Greeks also as without them it is not possible for Romans to outshine and bring a completely different system of justice in then Roman society, that is why everything Greeks and Romans invented still looks so fresh; their contribution be in terms of literature, ethics or principles seems to be less old than a talk of few days back; to study the ancient period of natural school of law is never tiring as one never tires of ierárquit the sun on the Aegean sea. In all and all-natural law is said to be the skeleton and with evolution we are still creating our laws in that basic framework". Em livre tradução – "No antigo período após os gregos, foram os romanos que se desdobraram e aprofundaram a investigação sobre o domínio do Direito Natural e os evoluíram de acordo com a necessidade de trazê-lo como o mais adequado naquela época daquela sociedade de Roma. Os filósofos romanos não propuseram nenhuma teoria nova ou não acrescentaram uma faceta completamente nova ao Direito Natural, pois podemos contar isso de forma única, mas eles foram altamente inspirados pelos gregos, mas sim, não há dúvida de que os romanos trouxeram as teorias aos aspectos práticos e as tornaram funcionais na sociedade heterogênea de Roma. Sua contribuição para a Escola Natural de Direito também é importante, pois moldam as teorias em perfeita forma e a fazem viver naquele tempo com um diferencial razoável que era benéfico para a população de Roma. A contribuição proeminente dos filósofos romanos reside na implementação dos princípios do direito natural no espírito dos princípios e teorias que foi proposto pelos gregos em seu tempo. O sistema jurídico romano não se baseava apenas na inclinação filosófica, mas eles estavam mais inclinados a casos e problemas individuais reais que surgiram naquela sociedade. O sistema romano não permaneceu confinado apenas a uma dimensão, eles usaram o direito natural como uma ferramenta para alterar seu sistema em um cosmopolita com o passar do tempo. Vale a pena mencionar aqui que o direito natural exerceu uma influência construtiva sobre o Direito Romano. A semente de inspiração extraída principalmente do estoicismo, que fornece a base teórica da idéia romana do direito natural devido a seus ensinamentos éticos que poderiam ser facilmente adaptados no meio romano. A filosofia estóica teve grande influência na filosofia romana contemporânea e na contribuição do romano na escola natural de direito. Não há muitos juristas e filósofos proeminentes que possamos citar principalmente pela contribuição na evolução da escola natural de direito, mas como um grupo de filósofos e juristas iluminados de Roma, o direito foi dividido com um diferencial razoável no qual eles imbebiam os princípios do direito natural. Os três conceitos simultâneos em voga no sistema jurídico romano são os seguintes: JUS CIVILE: Referia-se às leis civis dos romanos e era apenas para os cidadãos romanos e não era aplicável a outros. Foi promulgada pela assembleia legislativa. JUS GENTIUM: Referia-se às leis ou corpo de princípios que eram aplicados a não-cidadãos ou estrangeiros. Foi aplicada à população diversificada que, como Roma, era constituída por uma população heterogênea. JUS NATURALE: Referia-se à lei que era de uma ordem superior de princípios, fornecendo uma bitola para a lei positiva feita pelos homens. Eles são uma verdade imutável. Significa também que uma proposta razoável que tem um raciocínio no caso particular pela solução de um determinado caso. A lei natural representou uma proposta razoável ao invés de uma racionalidade esclarecida. (cfe. Friedmann 102 'Em nenhum outro momento o ideal da lei natural tem o exercício de uma influência criativa e construtiva'). Estoicismo: Contribuição jurídica romana para a evolução do direito: (2020). O fundamento do direito é a justiça. 'A verdade concede ou recusa a mais alta coroa aos produtos da legislação positiva, e eles retiram da verdade sua verdadeira força moral'. A Escola Natural de Direito tem testemunhado a evolução do grego para o romano. Na minha opinião, a contribuição do filósofo romano tem sido mais significativa para esta escola, pois foi ele quem transformou as teorias no direito, aplicando-as à sociedade romana. Eles controlavam os elementos autocráticos e absolutistas através da constante infusão de princípios da escola de direito natural. É interessante notar que prima facie ambos os filósofos acreditavam na existência de princípios universais, mas seu idealismo partiu, o que cria uma diferença significativa entre eles. A contribuição dos filósofos e juristas romanos é mais à medida que eles seguem uma abordagem mais pragmática em relação ao direito. É sempre alegado que os romanos não têm suas teorias únicas e eles apenas trabalharam nas teorias que foram propostas pelo grego, eu concordei com a noção acima, mas não completamente, pois os romanos também trazem seu próprio intelecto para trazer à tona o melhor dos princípios da escola de direito natural que podem se ajustar à sua sociedade. Os filósofos romanos desenvolveram os princípios do direito natural em sua saída das teorias do mundo prático, não é correto afirmar que eles trabalharam apenas em teorias de filósofos gregos. Eles também acrescentaram novas dimensões enquanto trabalhavam nas teorias e vale a pena mencionar aqui que foram os romanos que contribuíram para a escola no sentido de litmus para explicar melhor o fato de que podemos mergulhar em um exemplo clássico da Astrociência, existem teorias de aglomerados de estrelas com a teoria do buraco negro, mas até agora eles ainda são uma teoria sem o caráter material com prova absoluta. Se pudermos construir uma analogia, podemos entender uma nova dimensão acima a partir do intelecto normal e como pesquisador que foi Roman que deu vida às letras mortas e lhes deu o espírito e ainda mais evoluiu com o passar do tempo. A verdadeira noção de descoberta e invenção pode ser o melhor exemplo quando os gregos descobriram as novas teorias em princípio da escola natural de direito e os romanos inventaram as novas facetas desses princípios que já existem na forma teórica e transformadas em uma carta viva do direito. Foram os estudiosos romanos que tornaram possível a teoria de Platão no realismo do mundo, pois a Justiça e o sistema jurídico romanos estavam divididos em três aspectos diferentes, como discutido acima em detalhes pelo autor. Em tudo e em todos podemos dizer que os gregos forneceram o alfabeto ao romano e depois desenvolveram a sentença a partir dele na perspectiva do direito se pudermos conectá-lo, opinião que esta analogia se encaixa melhor para entender por que a contribuição do romano é mais significativa. Sua teoria levou à noção de soberania do Estado moderno. Há algo humano e pessoal no Direito romano, há nele uma alma e um espírito que está bem acoplado com as ordens sistemáticas e o ethos. Aprecio muito a contribuição dos gregos, pois sem eles não é possível aos romanos brilhar e trazer um sistema de justiça completamente diferente na sociedade romana de então, é por isso que tudo o que os gregos e romanos inventaram ainda parece tão fresco; sua contribuição em termos de literatura, ética ou princípios parece ser menos antiga do que uma conversa de poucos dias atrás; estudar o período antigo da escola natural de direito nunca é cansativo como nunca se cansa de olhar para o sol no mar Egeu. Em toda e qualquer lei natural é dito que é o esqueleto e com a evolução ainda estamos criando nossas leis nessa estrutura básica".

228 *"Ius gentium est, quo gentes humanae utuntur. Quod a natural recedere facile intellegere licet, quia illud omnibus animalibus, hoc solis hominibus inter se commune sit"* – em livre tradução – *"O direito das gentes é aquele (direito) que todos*

os povos humanos usam. O qual pode entender-se facilmente que se distingue do (direito) natural porque este é comum a todos os animais e o das gentes unicamente aos homens entre si". (ULPIANUS D. 1,1,1,4).

229 *"Quod vero naturalis rideiasinter omnes homines constituit, id apud omnes populos paraeque custoditur vocaturque ius gentium, quasi quo iure omnes gentes utuntur"* – em livre tradução – *" [...] Em contrapartida, o que a razão natural estabelece entre todos os homens e é observado com carácter geral por todos os homens é chamado direito das gentes, isto é, como se fosse o direito que todos os povos usam".* (GAIUS 1,1).

230 *"[...] Ius autem gentium omni humano geiercommune est. Nam, usu exigente et humanis necessitatibus, gentes hierae quaedam sibi constituerunt: bella etenim orta sunt et capitivitates secutae et servitutes, quae sunt iuri naturali contrariae. Iure enim naturali ab initio omnes homines liberi nascebantur [...]"* – em tradução livre – *"O direito das gentes é comum a todo o género humano. Pois as nações estebeleceram entre si certas leis, exigidas pelo uso e por necessidades humanas: apareceram as guerras e com elas o cativeiro e a escravidão, que são contrárias ao direito natural, pois por este direito todos os homens nasciam livres".* (I. 1,2,2 ulpianus, cfe. igualmente: I. 1,5 pr. D. 1,1,4; 1,5,4 pr 1; 12, 6, 64; 16, 3, 31 pr. 50,17,32. vide Gaudemet, o. c. 462; Koschembahr, Lyskowski, o. c. 481-482, 489 e 496-497; apud Burdese, o. c. 417, Talamanca, Mario, Istituzioni di Diritto romano, Dott. a. Giuffrè Editore Milão, 1990, 51-52).

231 *"Quod natura omnia animalia docuit"* – em tradução livre – *"O que a natureza ensinou a todos os animais".* (ULPIANUS, D. 1 § 3 I. 1).

232 *"Distinguiam ainda os romanos o ius civile, o ius gentium e o ius naturale. o ius civile era o complexo de normas jurídicas peculiares a um determinado estado. o ius gentium era o direito comum aos romanos e aos outros po vos, quae omnes gentes utuntur e que naturalis ratio inter omnes homines constituit. [...] desde as conquistas, Roma sentiu a necessidade de criar um direito que regulasse as relações entre cidadãos e estrangeiros. [...] este conjunto de institutos comuns a todos os povos constitui o domínio do ius gentium, o qual se opôs naturalmente ao ius civile romano, de origem quiritária e elaborado apenas para os cidadãos romanos."* (apud Chamoun, Ebert. Instituições de Direito romano, p. 29).

233 Justo, Santos, A, Revista Direito e Desenvolvimento, João Pessoa, v. 4, n. 7, p. 239-312, jan/jun 2013. *"Quod vero naturaideiasatio inter omnes homines constituit, id apud omnes populos paraeque custoditur vocaturque ius gentium, quasi quo iure omnes gentes utuntur"* – em livre tradução – *"O que a razão natural determina entre todos os homens todos os povos e todas as nações são protegidos e é chamado a lei das nações todas as nações usam a lei".* (GAIO I,1).

234 *"Ius civile est, quod nier in totum a naturali vel gentium recedit, nec per omnia ei servit: itaque cum aliquid addimus vel detrahimus iuri communi, ius proprium, id est civile, efficimus"* – em livre tradução – *"O direito civil é o [direito] que nem se afasta totalmente do direito natural ou das gentes nem se conforma totalmente com ele. Assim, quando acrescentamos ou subtraímos algo ao direito comum, tornamo-lo direito próprio, isto é, civil". (D. 1,1,6 PR. ULPIANO).*

235 *VICTOR Cathrein, S. J., Filosofia dei derecho. el derecho natural el positivo, 6. a ed., Instituto Editorial Réus, Madrid, 1950, p. 176. "Direito natural é aquele que a natureza ensina a todos os seres, e não é, portanto, peculiar somente à espécie humana, senão que pertence a todos os animais, como por exemplo: a união dos dois sexos, a procriação e educação dos descendentes".*

236 *PRÉVIDE, Isadora Bernardo, O de republica, de cicero: natureza, política e história, USP 2012, cfe. de Legibus, I, 19. " [...] teremos de nos expressar de forma popular e imitar o povo, que chama lei a disposição escrita que permite ou proíbe tudo o que deseja. Sem dúvida, para definir direito, nosso ponto de partida será a lei suprema que pertence a todos os séculos e já era vigente quando não havia lei escrita nem estado constituído". (Das Leis. Tradução, Introdução e Notas por Otávio T. de Brito. São Paulo: Editora Cultrix. p. 40-41).*

Ulpianus, "utpote quum jure naturali omnes liberi nascerentur" – em livre tradução – *"todos os homens nasceram livres".*

"Jus autem gentium omni humano generi commune estenam usu exigente et humanis necessitatibus, gentes humanae quaedam sibi constituerunt; bella etenim orta sunt et captivitates secutae et servitudes, quae sunt naturali juri contrariae, 'jure enim naturaliomnes homines ab initio liberi nascebantur'" – em tradução livre – *"Mas o direito das nações é comum a todas as raças humanas conforme exigido pela experiência e pelas necessidades humanas, certas nações humanas determinaram por si mesmas; para guerras surgiram e cativeiros seguido e servidões, que são contrárias à lei natural, 'direito' pois os homens naturais nasceram livres desde o início" (INSTITUTAS; d 64 12. 6; d 4§ 1 (1. 5)).*

238 *"Omnes populi, qui legibus et moribus reguntur, partim suo proprio, partim communi omnium hominum jure ideiasur; quod quisque populus ipse sibi jus constituit, id ipsius proprium civitatis est, vocaturque jus civile, quasi jus proprium ipsius civitatis"* – em tradução livre – *"Todas as pessoas que são governadas por leis e costumes, em parte "em seu próprio direito e em parte pela lei comum de todos os homens". (D 9 (1. 1) cfe. GAIO, INST. I,1).*

239 *"Jus pluribus modis dicitur: [...] altero modo, quod "omnibus aut pluribus in quaque civitate utile est, ut est jus eivile"* – em tradução livre – *"Direito é dito de*

muitas maneiras; [...] de outra maneira, que" é útil a todos ou a vários em qualquer estado, como o é o direito civil". (cfe. PAULUS d. 11 (1. 1)).

240 *"Quo gentes humana e utuntur"* – em tradução livre – *"Que as nações humanas usam". (ULPIANUS, D. 1 § 4 (1).*

Gaius D 164

241 ALONSO, José Luis. 'Customary law and legal pluralism in the Roman Empire: The status of peregrine law in Egypt: Customary law and legal pluralism in the Roman Empire'. The Journal of Juristic Papyrology, Warschau, v. 43, p. 351-404, 2013. p. 362.

242 *"Omnes populi qui legibus et moribus reguntur, partim suo proprio, partim communi omnium hominum iure utuntur; nam quod quisque populus ipse sibi ius constituit, id ipsius proprium est vocaturque ius civile, quasi ius proprium civitatis ; quod vero naturalis ratio inter omnes homines constituit, id apud omnes populos paraeque custoditur vocaturque ius gentium, quasi quo iure omnes gentes utuntur. Populus itaque romanus partim suo proprio, partim communi omnium hominum utitur. quae singula quali sint, sius locis proponemus"* – em tradução livre – *"Que todas as pessoas que são governadas por leis e costumes, usam em parte sua própria propriedade e em parte a lei comum de todos os homens; pois o que cada povo tem um direito sobre si mesmo é seu e é chamado de direito civil, como se fosse um direito próprio do estado; mas o que a razão natural determina entre todos os homens, é e é devidamente guardado entre todos os povos, e é chamado de lei das nações, como pela lei que todas as nações usam. O povo romano, portanto, usado em parte para seus próprios, em parte para o comum de todos os homens. apresentaremos os detalhes de que tipo de coisas são, em cujos lugares". (GAYO 1. 1).*

243 VON Mayr, historia dei derecho romano, 'in' " Filosof Dei Derecho", capo vi § 3. *"Ei Jus Gentium era um sistema de derecho positivo de aplicação para os extraideiaseros, equiparable ao jus civile y correlativo a esteierárqui el jus gentium era ei 'canal' por ei que entraban en ei derecho romano ias concepciones y ias instituciones juridicas extranjeras"* (LIV. II, CAPO V – em sentido contrário diz CATHREIN – *"Se necessita estar ciego para no ver que jus gentium no era de ninguna manera considerado como um derew cho positivo, igual ai jus civile".*

244 FILÓ, Maurício da Cunha Savino. O Tribunato da Plebe na República Romana: aportes ao constitucionalismo brasileiro contemporâneo, Tese de Doutorado, UFSC., 2018. *"O suffragium dos cidadãos se integra dentro de um sistema eleitoral complexo que surpreende a quem pela primeira vez se acerca a ele pensando que encontrará um mecanismo rudimentar de assinalação de cargos públicos. Não é assim"* (tradução nossa). (Cfe. Ribas Alba, 2009 b, p. 51).

245 DINIZ, Marcos Paulo, Direitos das obrigações: uma abordagem dos aspectos evolutivos desde o início da humanidade. "Não é exagero afirmar que Roma foi um dos maiores Impérios que a humanidade já conheceu. Dez séculos mais tarde, depois de sua fundação, nos séculos ii e iii d. c, seus domínios já se espalhavam por boa parte do mundo, provando uma das principais características do povo romano – a dominação. A principal prova dessa dominação pode ser retratada pela conquista de territórios, o que fez com que Roma se tornasse um dos maiores Impérios que a humanidade conheceu. Quando Roma invadia os povoados e as cidades, procurava imediatamente impor sua cultura e desenvolver o instituto da escravidão". (cfe. Costa, Elder Lisbôa Ferreira. História do Direito: de Roma à História do Povo Hebreu Muçulmano: a Evolução do Direito Antigo à Compreensão do Pensamento Jurídico Contemporânea. Belém: Unama, 2007).

246 GUBERT, Roberta Magalhães, Nova teoria das fontes: da diferença ontológica entre fonte normativa e norma jurídica. Universidade do Vale do Rio dos Sinos, São Leopoldo, 2017. "História do Direito romano é uma história de 22 séculos, do século vii a.C. até ao século vi d.C., no tempo de Justiniano, depois prolongada até o Século XV no Império bizantino. No Ocidente, a ciência jurídica romana conheceu um renascimento a partir do século XII; A sua influência permanece considerável sobre todos os sistemas romanistas de direito, mesmo nos nossos dias". (cfe. GILISSEN, 2001, p. 80).

247 DINIZ, Marcos Paulo, Direitos das obrigações: uma abordagem dos aspectos evolutivos desde o início da humanidade. "Foi, portanto, a lei das xii tábuas além de uma fonte de conhecimento criadora extraordinariamente fecunda do Direito romano posterior, durante cerca de mil anos, até Justiniano (533 d. c), data da promulgação do pandectas. Se fizermos um estudo mais profundo das legislações modernas, remontando às suas origens justinianéias, vamos verificar que muitos dos institutos jurídicos que ainda hoje sobrevivem nas legislações civilizadas tiveram a sua gênese na lei decenviral, promulgada cerca de cinco séculos antes de cristo. Na Lei das XII Tábuas, decorrem o direito privado, o direito civil romano, normas sobre propriedade, obrigações, sucessões e família, os direitos de vizinhança, a tutela, a curatela, os testamentos, os preceitos creditórios, os contratos. no campo do direito penal, embora em menores proporções, encontra nela abundante manancial, especialmente no que diz respeito ao furto, ao homicídio, dano, falso testemunho". (cfe. Meira, Silvio. A Lei das XII Tábuas. 3. Ed. Forense, Rio de Janeiro, 1973).

248 "Cuando parecía que habían sido suficientemente modificadas de acuerdo con lo que todos habían expresado, las Leyes de las Diez Tablas fueron aprobadas por los comicios centuriados. Incluso en la enormidad de la legislación actual, donde

las leyes se apilan unas sobre otras en un confuso montón, aún son la fuente de toda la jurisprudencia pública y privada". (Livio, 2013, 3. 34).

249 *O Corpo de Lei Civil é uma obra fundamental da jurisprudência, publicada por ordem do imperador bizantino Justiniano I. O livro é composto por quatro partes: o Código de Justiniano, que continha toda a legislação romana revisada desde século II; o Digesto ou Pandectas, composto pela jurisprudência romana; Institutos, os Princípios Fundamentais do Direito; e as Novelas ou Autênticas com leis formuladas por Justiniano. (cfe. Corpus Iuris Civiles).*

250 *GUBERT, Roberta Magalhães, Nova teoria das fontes: da diferença ontológica entre fonte normativa e norma jurídica. Universidade do Vale do Rio dos Sinos, São Leopoldo, 2017. "O pretor prometendo uma acção, criava um direito de que os cidadãos se podiam prevalecer; enquanto nos direitos modernos o direito é geralmente criado por uma lei. Em Roma é o pretor que reconhece um direito atribuindo uma acção, isto é, um meio processual. Assim apareceu um ius praetorium, um direito pretoriano distinto do ius civile, constituído pelos costumes e pelas leges". (apud ierárqN, 2001, p. 90).*

251 *"Illa verba «optimus maximusque» vel in eum cadere possunt, qui solus est. sic et circa edictum praetoris «supremae tabulae» habentur et solae" – em livre tradução – "Essa expressão 'o que é totalmente perfeito' ou o que pode caber nele, significa: o que é unívoco. Assim semelhante ao edito pretoriano que é considerado 'tábua suprema' e unívoco". (Paulo, Resumo: Lib. 50, Tit. 16, Seg. 163).*

252 *Coma Fort, José María, Sobre los límites de la potestad jurisdiccional de los magistrados romanos, Anuario da Facultade de Dereito da Universidade da Coruña, 2001, 5: 269-288. "El autor insiste (p. 2434 ss.) en que no existía para los romanos una distinción conceptual entre edicta perpetua y edicta repentina. La única distinción que aparece en las fuentes, es aquella que los divide en'edicta de iurisdictione y demás edictos. Los pri'eros serían aquellos 'destinat' ad essere utilizzati nel corso dell'anno di carica tutte le volte che se ne presenti l'occasione, durano cioe fino all'uscita di carica del magistrato, sono perpetua'. Los segundos "si esauriscono col raggiungimento del fine per cui sono stati emanati' (en p. 2435 nt. 33, señala que de este segundo tipo son los edictos concernientes a la actividad política de los magistrados, como por ej. el edicto para convocar comicios). (cfe. Palazzolo, La "propositio in albo" cit., p. 2437).*

253 *Coma Fort, José María, Sobre los límites de la potestad jurisdiccional de los magistrados romanos, Anuario da Facultade de Dereito da Universidade da Coruña, 2001, 5: 269-288, "La devaluación de la lex Cornelia se explica con diversas hipótesis: abrqgación, desuso de los magistrados, carácter de lex impeifecta. Coinciden en*

esta falta de eficacia: P. KRUGER, Geschichte der Quellen des romischen Rechts2 (Leipzig, 1912) p. 34 nt. 7 [en contra, G. PUGLIESE. "Actio" e diritto subiettivo (Milano, 1939) p. 134 nt. 3]; B. BIONDI, Diritto e processo nella legislazione giustinianea (1931), en Scritti giuridici II (Milano, 1965) p. 534 nt. 2; GIOMARO, Per lo studio della "lex Comelia de edictis" [...] cit.' p. 324 s. ; G. MANCUSO. "Praetoris edicta". Rifiessioni terminologiche e spunti per la ricostruzione dell'attivita edittale del pretore in eta repubblicana, en AUPA 3' (1983) p. 397 ss. ; ID.. "Decretum praetoris", en SDH/63 (1997 vere 1998) p. 388 s. ; M. TALAMANCA, L'origine del processo formulare, en Lineamenti di storia di diritto romano2 (Milano, 1989) p. 146; ID., /stituzioni di diritto romano (Milano, 1990) p. 303; G. PROVERA, rec. Pinna Parpaglia, Per una interpretazione della "lex Comelia de edictis praetorum" del 67 a.C., en SDH/ 54 (1988) p. 454; R. MARTINI. "Causae cogn'tio" pretoria e "lex Comelia de iurisdictione", en "Praesidia libertatis". Garantismo e sistemi processuali nell'esperienza di Roma Repubblicana. Atti del convegno internazionale di diritto romano. Copanello 7-10 giugno 1992 (Napoli, 1994) p. 240; N. PALAZZOLO, Intervento, en "Praesidia libertatis" [...] cit., p. 253. Reconocen cierta eficacia a la lex Cornelia: PUGLIESE. "Actio" e diritto subiettivo cito p. 134; A. METRO, La "lex Comelia de iurisdictione" alla luce di Dio Cass. 36. 40. 1-2, en /URA 20 (1969) p. 500 nt. 4: "il fatto che la lex Cornelia intese porre remedio ad una situazione contingente potrebbe essere sufficiente, a mio avviso, a spiegare '...] perché di tale legge [...], siano rimaste cosi poche tracce nelle fonti"; A. GUARINO, La formazione dell'Editto perpetuo, en Aufstieg und Niedergang der romischen Welt //-13 (Berlin-New York, 1980), p. 71 nt. 37 [=en Le ragioni del giurista (Napoli, 1983) p. 472 (473) nt. 37]; BUTI, /l "praetor" e le formalita introduttive del processo formulare (Napol', 1984) p. 185 nt. 164; por último GALLO, Un nuovo approccio [...] cit., p. 24 (25) nt. 66 y p. 57 (=L' "officium" del pretore [...] cit., p. 82 (83) nt. 66 y p. 123 s.). Una postura neutral en SCHULZ, Prinzipien [...] cito p. 156 (tr. esp. cito p. 250): "Eine Lex Cornelia vom Jahre

67 v. Chr. soll die rechtliche Bindung der Pratoren an ihr Edikt ausgesprochen haben, in welchen Umfange freilich, ist uns nicht bekannt". En todo caso, la sanción, si la imp onía, es desconocida; uid. F. WIEACKER, Romische Rechtsgeschichte 1 (München, 1988) p. 463 nt. 12'.

254 Coma Fort, José María, Sobre los límites de la potestad jurisdiccional de los magistrados romanos, Anuario da Facultade de Dereito da Universidade da Coruña, 2001, 5: 269-288. "F. Serrao que se detiene en el texto de Dión Casio, lo interpreta entendiendo que la lex Comelia prohibió a los pretores modificar lo que habían establecidierárquiEdicto, bien mediante edicta repentina bie' mediante'soluciones

decretales: 'Un pretore, volendo accogliere un istituto creato dal collega, cib d'vesse fare nell'emanare l'Editto al principio dell'anno, restandogli altrimenti preclusa la posibilita di aplicarlo all'oc'asione'. En contra, METRO, La 'lex Comelia de iurisdictione' cit., p. 517 ss. ; GUARINO, La formazione dell'Editto perpetuo, cit., p. 70 (71) nt. 36 [= en Le ragioni del giurista, cit., p. 471 (472) nt. 36]; BUTI, Il "praetor" cit., p. 183 (184) nt. 160. Sin embargo, ahora Serrao se separa de es'a antigua interpretación y se adhiere a la propuest' por Metro (uid. infra), uid. F. SERRAO, Dalle XII Tavole all'Editto del pretore, en La certeza del diritto nell'esperienza giuridica romana. Atti 'el Convegno di Pavia. 26-25 aprile 1985'(Padova, 1987) p. 97 Ynt. 57 [= en Impresa e reponsabilita a Roma nell'eta commerciale. Forme giuridiche di un'economia-mondo (Pisa, s. a) p. 306 Ynt. 57]. Se separa de la communis opinio PINNA PARPAGLIA, Per una interpretazione [...] cit.,passima Según este autor, la lex Cornelia tendría un contenido completamente diverso al que se discute actualmente: los pretores habrían tenido que considerar en su edicto las medidas limitativas de los intereses en los préstamos de dinero ante las continuas inobservancias de las leyes sobre la usura. Es decir, la lex Comelia del 67 a.C. tendría por objeto regular los mutuos con interés (=OUJ.. LJ3óA,cua), y así por ejemplo, traduce el primer párrafo del texto de la siguiente manera [p. 19 (20) nt. 39]: "Tutti i pretori pubblicavano i diritti secondo i quali si accingevano ad arnministrare la giustizia: di fatto tutti i mezzi giudiziari, quelli riguardanti i mutui ad interesse, non disponevano in ordine". Esta hipótesis no ha tenido aceptación: uid. PROVERA, rec. Pinna Parpaglia cit., p. 454 ss. ; [respuesta a Provera de PINNA PARPAGLIA, Ancora sui mutui feneratizi e sulla "lex Comelia de iurisdictione", en SDHI56 (1990) p. 288 ss.]; A. GUARINO, Tagliacarte, en Labeo 34 (1988) p. 245 s. ; rec. de N. PALAZZOLO, en Labeo 37 (1991) p. 242 ss. ; ALBANESE, Riflessioni sul "ius honorarium" cit., p. 3 (4) nt. 8; MARTINI. "Causae cognitio" pretoria [...] cit., p. 236. (cfe. F. Serrao, La "iurisdictio" del pretore peregrino, Milano, 1954, p. 154).

255 GIORDANI, Mário Curtis. Iniciação ao Direito romano, p. 147. "Lembra as denúncias de arbitrariedades de Cícero contra Verres, que teria gerado uma lei de 67 a.C., que proibiu que os magistrados se afastassem da orientação de seus próprios editos".

256 Giomaro, Anna Maria, Per lo studio della lex cornelia de edictis del 67 a.C. : la personalità del tribuno proponente, gaio publio cornelio, Giuffre, 1999. "Secondo tale interpretazione il valore della lex Cornelia sarebbe, come si è detto, addirittura costituzionale. Originariamente, infatti, l'editto pretorio si sarebbe presentato come semplice programma indicativo circa l'amministrazione della iurisdictio nel cc'rso del nuovo anno. In ogni caso il praetor avrebbe conservato piena libertà di valutare se concedere o non concedere le tutèle promesse, se attenersi all'editto o discostarsene (cfe. B. BIONDI, Diritto e processo nella legislazione giustinianea, in Scritti giuridici, II, Milano 1965, p. 519; O. CARRELLI, La genesi del procedimento formulare, Milano 1946, p. 105; E. BETTI, Diritto romano, Padova 1935, p. 49). Col tempo, però, pur interpretando sempre l'editto come non vincolante per il magistrato, si venne riconoscendo la vàlidità di certi vincoli (vuoi imposti dall'esterno, vuoi innati nella figura del pretore), quali la fides antica (cfr. F. ScHULZ, I principi del diritto, romano, Firenze 1946, p. 193 s.), l'intercessio e la pubblica fama (cfr. G. PuGLIESE, Il processo civile romano, Il, l, Milano 1963, p. 177 ss.), qualche specifica disposizione del senato o degli editti stessi (cfr. PuGLIESE, op. cit., p. 177 ss. e in particolare, per quel che riguarda la clausola edittale quod quisque iuris, p. 180 ss. ; A. METRO, La lex Cornelia de iurisdictione alla luce di Dio. Ca. XXXVI, 40, 1-2, in IURA, 20, 1969, p. 502 s.). Nell'ambito, appunto, di questa particolare concezione del potere pretorio, la lex Cornelia rappresenterebbe il momento in cui si avverte finalmente la necessità di attuare un sistema stabile di diritto. Di conseguenza, intendendo la legge così, letteralmente, i pretori non avrebbero avuto più, in nessun caso, la facoltà di discostarsi dall'editto per· petuo, cioè da quello emanato all'inizio dell'anno di carica. In questo senso E. BETTI, Su la formula del processo civile romano, in Filangieri, 39, p. 674 ss. (in particolare p. 675); CARRELLI, op. cit., P· 106; L. CHIAZZESE, Introduzione allo studio del diritto romano, Palermo 1961, p. 137; M. KASER, Das romische Privatrecht, P, Miinchen 1971, p. 206 nt. 6; P. FREZZA, Corso di storia del diritto romano, Roma 1968, p. 423; V. ARANGIO Rmz, Storia del diritto romano?, Napoli 1957, p. 153; J. ELLUL, Histoire des institutions de l'antiquité, Paris 1961, p. 389; M. LAURIA, Iurisdictio, in Studi Bonfante, II, Milano 1930, p. 508 ss. In particolare si può ricordare il DE MARTINO, il quale, pur propendendo per la visione costituzionale (cfr. DE MARTINO, La giurisdizione nel diritto romano, Padova 1937, p. 71 e nt. 6), altrove (Storia della costituzione romana, III, Napoli 1958, p. 131 ss.) inquadra la legge in un certo clima di riorganizzazione anche morale, se non prevalentemente morale, che Roma visse negli anni fra il 78 e il 60-59 a.C. Un problema particolare si pone, invece, il LEVY-BRUHL (H. LEVY-BRUHL, La denegatio actionis sous la procédure formulaire, Lille 1924, p. 70 s.), che, incline ad attribuire al provvedimento un valore costituzionale, si domanda, però, se la legge avesse avuto carattere innovativo, come ritiene la maggior parte degli autori che seguono questa opinione, oppure se non avesse fatto altro che ricordare imperativamente ai magistrati i loro obblighi legali, dopo che essi, in mezzo ai torbidi del periodo, si erano assunti posizioni di indipendenza esagerata. Il LEVY· BRUHL propende pel' questa seconda ipotesi (è da notare che questo Autore, con pochi altri, riferisce la lex Cornelia all'età di Silla, con evidente travisamento delle fonti). Con tratti più originali hanno trattato della lex Cornelia, sempre in senso costituzionalistico, e spesso in diretta polemica con i sostenitori dell'altra interpretazione della legge (cfr. infra, nt. 3) G. PuGLIESE, Actio e diritto subiettivo, Milano 1939, p. 108 ss. ; ScHULZ, op. cit., p. 199; F. SERRAO, La iurisdictio del pretore peregrino, Milano 1954, p. 156; G. I. LuzzATTO, Il problema d'origine del processo extra ordinem, Bologna 1965, p. 52 ss. ; METRO, op. cit., passim (ed ora, anche, La denegatio actionis, Milano 1973, p. 145 e nt. 176); B. VoNGLis, La lettre et l'esplit de la loi dans la jurisprudence classique et la rhétorique, Paris 1968, p. 187 ss". – em livre tradução – "De acordo com esta interpretação, o valor da lex Cornelia seria até constitucional. Originalmente, de fato, o decreto pretoriano teria se apresentado apenas como um programa indicativo sobre a administração da iurisdictio no novo ano. Em qualquer caso, o prefeito teria mantido total liberdade para decidir se concedia ou não a tutela prometida, se aderia ao edital ou se se afastaria dele (cfe. B. BIONDI, Diritto e processo nella legislazione giustinianea, in Scritti giuridici, II, Milão 1965, p. 519; O. CARRELLI, La genesi del procedimento formulare, Milão 1946, p. 105; E. BETTI, Diritto romano, Pádua 1935, p. 49). Com o tempo, no entanto, embora sempre interpretando o decreto como não vinculativo para o magistrado, foi reconhecida a validade de certas restrições (tanto impostas externamente quanto inatas na figura do pretor), tais como a fides antica (cfe. p. 177 e seguintes e em particular, no que diz respeito à cláusula do édito quod quisque iuris, p. 180 e seguintes; A. METRO, La lex Cornelia de iurisdictione à luz de Dio. Ca. XXXVI, 40, 1-2, in IURA, 20, 1969, p. 502 f.). No contexto desta concepção particular do poder pretoriano, a lex Cornelia representaria o momento em que a necessidade de implementar um sistema de direito estável fosse finalmente percebida. Consequentemente, entendendo a lei desta forma, literalmente, os prefeitos não teriam mais, em nenhuma circunstância, o poder de se desviar do édito per-petuo, ou seja, aquele emitido no início do ano de mandato. Neste sentido, o E. BETTI, Su la formula del processo civile romano, in Filangieri, 39, p. 674 ff. (em particular p. 675); CARRELLI, op. cit., p. 106; L. CHIAZZESE, Introduzione allo studio del diritto romano, Palermo 1961, p. 137; M. KASER, Das romische Privatrecht, P, Miinchen 1971, p. 206 nt. 6; P. FREZZA, Corso di storia del diritto romano, Roma 1968, p. 423; V. ARANGIO Rmz, Storia del diritto romano?, Nápoles 1957, p. 153; J. ELLUL, Histoire des institutions de l'antiquité, Paris 1961, p. 389; M. LAURIA, Iurisdictio, in Studi Bonfante, II, Milão 1930, p. 508 e seguintes. Em particular, pode-se lembrar DE MARTINO, que, enquanto se inclina para a visão constitucional (cfe. DE MARTINO, La giurisdizione nel diritto romano, Pádua 1937, p. 71 e nt. 6), em outros lugares (Storia della costituzione romana, III, Nápoles 1958, p. 131 ss.) enquadra a lei em um certo clima de reorganização moral, se não predomi-

nantemente moral, que Roma experimentou nos anos entre 78 e 60-59 a.C. Um problema particular é colocado, no entanto, por LEVY-BRUHL (H. LEVY-BRUHL, La denegatio actionis sous la procédure formulaire, Lille 1924, p. 70 f.), que, inclinado a atribuir um valor constitucional à medida, se pergunta, entretanto, se a lei tinha tido um caráter inovador, como acredita a maioria dos autores que seguem esta opinião, ou se ela nada mais fez do que relembrar imperativamente aos magistrados de suas obrigações legais, depois que eles, em meio à turbulência do período, assumiram posições de independência exagerada. LEVY-BRUHL inclina-se para esta segunda hipótese (deve-se notar que este autor, com alguns outros, remete a lex Cornelia à idade de Sulla, com evidente deturpação das fontes). Com traços mais originais trataram da lex Cornelia, sempre no sentido constitucionalista, e muitas vezes em polêmica direta com os partidários da outra interpretação da lei (ver abaixo, nt. 3) G. PuGLIESE, Actio e diritto subiettivo, Milano 1939, p. 108 ff. ; ScHULZ, op. cit, p. 199; F. SERRAO, La iurisdictio del préore peregrino, Milão 1954, p. 156; G. I. LuzzATTO, Il problema d'origine del processo extra ordinem, Bolonha 1965, p. 52 ss. ; METRO, op. cit., passim (e agora, também, La denegatio actionis, Milão 1973, p. 145 e nt. 176); B. VoNGLis, La lettre et l'esplit de la loi dans la jurisprudence classique et la rhétorique, Paris 1968, p. 187 ss".

257 Coma Fort, José María, Sobre los límites de la potestad jurisdiccional de los magistrados romanos, Anuario da Facultade de Dereito da Universidade da Coruña, 2001, 5: 269-288'. "La lex Cornelia del 67 a.C. merita di essere ricordata non solo per la sua disposizione piu nota, cioe per l'introduzione di un yero e'proprio obbligo per i pretori di attenersi alle proprie promesse edittali, ma anche (e d'rei anzi in'primo luogo) per l'imposizione ad essi rivolta di emanare il prograrnma d' iurisdictione in sola volta, all'inizio dell' anno di carica, cioe nella veste di edictum perpetuum, vale a dire per l'esclusione della materia giurisdizionale dall' ambito del possibile contenuto dei c. d. edicta repentina, i quali, per altro, continuarono evidentemente a sussistere in relazione a tutte le altre funzioni magistratuali, quali rapidi mezzi di comunicazione fra il magistrato ed il popolo. "; ID., Intervento, en "Praesidia libertatis", cit'. p. 250. Le siguen PINA PARPAGLIA, Per una intepretazione [...] cit. p. 43; SERRt\0, Dalle XII Tavole all'Editto del pret're cit. p. 97 [= Impresa e responsabilita [...] cit. p. 306]; V. GIUFFRE, 11 diritto dei 'rivati nell'esperienza romana. 1principali gangli (Napoli, 1993) p. 278. En contra GUARINO, La fonnazione dell'Editto perpetuo, cit., p. 70 (71) nt. 36 [= Le ragi'ni del giurista, cit., p. 471 (472) nt. 36]; G. PURPURA. "Katholikon Diatagma". (Sulla denominazione dell' editto provinciale egizio), en Studi in onore di A. Biscardi 11 (Milano, 1982) p. 516 nt. 29; MANCUSO. "Praetoris edicta" [...] cit., p. 398 ss; ID.. "Decretum praetoris" cit., p. 388; PALAZZOLO, La "propositio in albo" [...] cit., p. 2437 ss. ; ALBANESE,

Riflessioni sul "ius honorarium" [...] cit., p. 7 ss. ; MARTINI. "Causae cognitio" pretoria e "lex Comelia de iurisdictione", cit., p. 238. (cfe. METRO, La "lex Comelia de iurisdictione" cit., p. 511 ss., esp. p. 511, 513, 515, 517. La conclusión en p. 517).

258 "El término edictum repentinum es una creación de los autores modernos que no tiene ningún ejemplo en las fuentes antiguas". (cfe. A. Guarino, Storia del diritto romano, Nápoles, 1987, p. 272, y "Edictum Perpetuum", en Pagine di diritto romano IV, Nápoles, 1994, p. 211-217, esp. p. 211. N. Palazzolo. "La 'propositio in albo' degli 'edicta perpetua' e il 'plebiscitum Cornelium' del 67 a.C.", en Sodalitas. Scritti in onore di A. Guarino, V, Nápoles, 1984, p. 2434-2437 señala que la distinción se daba entre edictos de iurisdictione (los perpetua, propios de los magistrados con funciones jurisdiccionales) y el resto, propios de la actividad política de todos los magistrados (como el edicto por el que se convocaban los comicios). Como ejemplo de estos edictos no jurisdiccionales y puntuales usados por gobernadores provinciales, podemos mencionar el edicto por el que L. Fulvio Flaco, en el 61 a.C., prohibió a los judíos de Asia enviar a Jerusalén el oro que destinaban a su templo (Cic. Pro Flacco 67), o el que emitió como gobernador de la Galia Cisalpina Décimo Junio Bruto el 20 de diciembre del 44 a.C., en el que, ante la ofensiva militar de Antonio para hacerse con la provincia, proclamó que la mantendría en manos del Senado y del Pueblo romano (Cic. Phil. III, 4, 8).

259 "Nam, mehercule, in nullo alio genere disputationis melius homini a natura praestari potest, et magna capacitas nobilissimis inceptis insita in mentem humanam, per quam nati sumus et missi in mundum. et quam pulchra societas, quam naturalis societas homines reciprocis caritatibus jungit; quibus explicatis magnis ac universalibus principiis morum, verus legum ac iurium fons reperiri potest" – em livre tradução – "Pois, acredite em minha palavra, em nenhum outro tipo de discussão podem ser melhor apresentados aquilo que foi concedido ao homem pela natureza, e a grande capacidade para os empreendimentos mais nobres que foi implantada na mente humana, para os quais nascemos e fomos enviados ao mundo, e que bela associação, que sociedade natural une os homens em caridades recíprocas: e quando tivermos explicado estes grandes e universais princípios da moral, então a verdadeira fonte das leis e dos direitos pode ser encontrada" (CÍCERO, 1853, p. 405). Encyclopedia jurídica omeba, Buenos Aires, Argentina, 1982, Volume XII p. 751.

260 SOUZA, Dominique Monge Rodrigues de, As cortes de justiça senatorial e imperial na cidade de Roma nos relatos de tácito e de plínio, o jovem (séculos I – II d.C.), Unesp, 2019. "Johnston incorpora o conceito de fonte histórica em sua definição: a expressão 'fontes do Direito Romano' pode ter dois significados: no primeiro sentido, refere-se à origem da lei, estatuto, costume, decisões de tribu-

nais e assim por diante; no segundo, refere-se a como nós sabemos o que sabemos sobre Direito romano, nossa evidência literária ou documental do passado". (apud JOHNSTON, David. Roman Law in Context. New York, Cambridge: Cambridge University Press, 1999).

261 "Scire leges non hoc est, verba earum tenere, sed vim ac potestatem" – em tradução original do texto – "Conhecer a lei não e apenas conhecer seus termos, mas seu sentido e aplicação" (Celsus libro XXVI, Digestorum, consoante obra editada pelo Tribunal Regional Federal da 1ª Região – Escola de magistratura federal da 1ª região, 2010, tradução do livro I do digesto do Corpus Iuris Civilis, 'léxico traduzido do digesto do Corpus Iuris Civilis').

262 "Benignius leges interpretandae sunt, quo voluntas earum conservetur" – em tradução original do texto – "As leis devem ser interpretadas no sentido mais benigno, para que delas se preserve o espirito" (Celsus, Digestorum, Livro XXIX, consoante obra editada pelo Tribunal Regional Federal da 1ª Região – Escola de magistratura federal da 1ª região, 2010, tradução do livro I do digesto do Corpus Iuris Civilis, 'léxico traduzido do digesto do Corpus Iuris Civilis').

263 "Contra legem facit, qui id facit, quod lex prohibet; in fraudem vero, qui salvis verbis legis sententiam eius circumvenit" – em tradução original do texto – "Transgride a lei quem faz o que a lei proíbe, e frauda a lei quem mantém os termos da lei, mas distorce seu sentido" (Paulo, libro singular, ad Legem Cinciam, consoante obra editada pelo Tribunal Regional Federal da 1ª Região – Escola de magistratura federal da 1ª região, 2010, tradução do livro I do digesto do Corpus Iuris Civilis, 'léxico traduzido do digesto do Corpus Iuris Civilis').

264 "Quod vera contra rationem iuris receptum est, non est praducendum ad consequentias" – em tradução original do texto – "Mas o que é recebido contra os princípios do direito, não deve ser estendido a casos análogos" (Paulus libro LIV, ad Edictum, consoante obra editada pelo Tribunal Regional Federal da 1ª Região – Escola de magistratura federal da 1ª região, 2010, tradução do livro I do digesto do Corpus Iuris Civilis, 'léxico traduzido do digesto do Corpus Iuris Civilis').

265 "In his, quae contra rationem iuris constituta sunt, non possumus sequi regulam iuris" – em tradução original do texto – "Nas coisas instituídas contra os princípios do direito não podemos seguir a norma do direito". (Iulianus, libro XXVII, Digestorum, consoante obra editada pelo Tribunal Regional Federal da 1ª Região – Escola de magistratura federal da 1ª região, 2010, tradução do livro I do digesto do Corpus Iuris Civilis, 'léxico traduzido do digesto do Corpus Iuris Civilis').

266 CONSELHEIRO JÚNIOR, João José Pinto, Cursü Elementar de Direito romano, Lente de Direito romano, Faculdade de Direito do Recife, Ed typographia

econômica, 1888. Estas palavras de j. e. labbé exprimem o mesmo que as seguintes, escriptas por ortolan: "Todo historiador deveria ser jurisconsulto, todo jurisconsulto deveria ser historiador. Não se pode 'em conhecer uma legislação sem conhecer'bem sua historia" (apud MONTESQUIEU que escreveo: 'On Doit éclairer l'histoire par les lois et les lois par l'histoire').

267 Bravo, Gonzalo, Historia de la Roma antigua, Alianza Editorial, Madrid, 1998. "Sobre la Roma arcaica se han incrementado considerablemente las publicaciones en los últimos años. Varias obras son fundamentales para el conocimiento de la Roma temprana: A A. W. : «La formazione délia città nel Lazio», en Dialoghi di Archeologia, 1980 (2 vols.), obra colectiva en la que se analizan las diversas fases de la cultura lacial desde ca. 1000 a.C. hasta ca. 580 a.C. (final del período rv B), cuando ya Roma había entrado con seguridad en la fase urbana; a través de los estudios de G. C olonna, C. Ampolo y M. T o relli, entre otros, se pueden seguir las pautas de una lenta evolución en tomo a los elementos siguientes: hábitat, costumbres funerarias y ajuares, producción agrícola y artesanal, cerámica e intercambio, grupos sociales; J. Poucet: Les origines de Rome. Tradition et histoire, Bruselas, 1985, analiza las fuentes literarias de la Analistica republicana que, según el autor, carece de fundamento histórico tanto en su elaboración, propiamente dicha, como en su difusión posterior; no hay historicidad en la evolución romana hasta el reinado de Tarquinio Prisco, por lo que todo relato anterior a él es mero artificio de la tradición romana posterior que no se corresponde — salvo excepción— con los resultados de la interpretación arqueológica sobre el mismo período, pero tampoco con los de la lingüística o la etnología; J. Martínez-Pinna: Tarquinio Prisco. Ensayo histórico sobre Roma arcaica, Madrid, 1996, Ediciones Clásicas, obra de madurez que sistematiza las conclusiones de otras investigaciones del autor sobre este período; tras un detenido análisis de las fuentes para el conocimiento de la monarquía romana, plantea la tesis de que el verdadero fundador de Roma fue el rey Tarquinio Prisco — primer rey histórico— y no Rómulo que, sin duda, nunca existió; analiza los elementos materiales e institucionales que intervienen en la formación de la Urbs asignando a este rey la mayor parte de las reformas que la tradición historiográfica ha asignado a alguno de sus sucesores: Servio Tulio y Tarquinio el Soberbio, con quienes sin duda Tarquinio Prisco mantuvo una estrecha relación personal e incluso familiar; se completa con una bibliografía exhaustiva sobre la Roma arcaica; J. -C. R ichard: Les origines de la plebe romaine. Essai sur la formation du dualisme patricio-plebeien, Roma, 1978, exhaustivo estudio en el que se establece una nueva visión de la plebe como grupo social y político al mismo tiempo que se desmitifican muchos de los datos aportados por la tradición; patriciado y plebe son en realidad productos históricos, pero no hay razón para seguir manteniendo la teoría dualista

porque la plebe no entra en la historia hasta el siglo v a.C., precisamente cuando comienza el conflicto con los patricios".

268 "Quem lê, desavisadamente, a expressão latina 'Senatus Populusque Romanus', o Senado e o povo de Roma, inscrição muito frequente, no tempo dos romanos, em monumentos e obras públicas, corre o risco de imaginar uma sociedade estruturada democraticamente. Em realidade, a sociedade romana era constituída de quatro segmentos distintos: patrícios, povo, plebe e proletários. Os patrícios eram, originalmente, a classe aristocrática, que, por sua riqueza e linhagem, deteve o poder durante muitos séculos na história de Roma. A começar que os senadores e os cônsules eram escolhidos exclusivamente por eles, embora da eleição participasse o chamado populus, o povo. O populus era o conjunto de todos os cidadãos romanos, 'cives romani', que compreendia os proprios patrícios, oficiais superiores do Exército, os chamados cavaleiros ('equitcs' ordem equestre), ricos proprietários que compravam o título de cidadão romano, outros que, por algum mérito, o recebiam do Senado, e os filhos de cidadãos romanos que seguiam a condição do pai. A plebe, 'plebs', era uma classe intermediária entre o cidadão romano e a prole. Era constituída de oficiais inferiores e de soldados, de libertos, artesãos, professores e artistas, pequenos agricultores etc. Nesse segmento, os militares gozavam de melhores condicões de arregimentacão, que lhes permitiram ao longo da história fazer valer as suas reivindicações. No século V a.C., a plebe conquista o direito de eleger seus próprios 'tribune' com a autoridade de rejeitar atos injustos de juízes e legisladores. No século seguinte os plebeus já elegiam dentre eles um dos dois cônsules e já podiam exercer cargo públicos, ser sacerdotes e se casarem com quem quisessem, independentemente de classe. E, finalmente, no início do século III a.C., as decis6es de seus comitia, assembleias, tinham fôrça de lei erga omnes, para todos, e não só para plebeus. A ascensão social dos plebeus resultou numa sociedade romana igualitária com a ampliação do direito de cidadania e a formação de uma nova classe social resultante da fusão da classe dos patrícios com plebeus ricos e influentes. Ainda na República a aquisição da cidadania romana já se fazia por compra ou por mérito, ate por estrangeiros habitantes das províncias. O apóstolo Paulo, judeu de Tarso, na Ásia Menor, vangloria-se de ter cidadania romana por nascimento, enquanto o tribuno, que iria condená-lo a acoites, afirma ter precisado de vultoso capital para adquiri-la (Atos dos Apostolos 22, 25-29). Essa liberalidade legal e a transformação da sociedade romana numa civitas mais cosmopolita e aberta dar ao ditador Julio Cesar a oportunidade de nomear cidadãos romanos provincianos membros do Senado. Essa evolução acabara inclusive beneficiando a chamada prole que, na antiga sociedade romana, não gozava de direitos definidos e tinha como característica a função social de procriar, para proporcionar mão de obra barata

e disponível para os demais extratos sociais de Roma e soldados para o exercito romano". (Patricii, Populus, Plebs, T. II, 2, §§ 8 e 24, consoante obra editada pelo Tribunal Regional Federal da 1ª Região – Escola de Magistratura Federal da 1ª Região, 2010, tradução do livro I do digesto do Corpus Iuris Civilis, 'léxico traduzido do digesto do Corpus Iuris Civilis').

269 BÖTTCHER, Carlos Alexandre, Iudicet Iudicarive Iubeat: Reflexões sobre as origens do Processo Civil romano e da Bipartição, USP, 2012: "Et quidem initio civitatis nostrae populus sine lege certa, sine iure certo primum agere instituit, omniaque manu a regibus gubernabantur" – em tradução livre – "E no início da nossa civitas, o povo ordenou suas relações primeiramente sem lei ou direito certos. Tudo era governado pelos reis com a própria mão". (D. 1. 2. 2. 1).

270 FILÓ, Maurício da Cunha Savino. O Tribunato da Plebe na República Romana: aportes ao constitucionalismo brasileiro contemporâneo, Tese de Doutorado, UFSC., 2018. "A eleição – um dos princípios do direito público, desde a Monarquia – revela um direito eleitoral em Roma composto por um mecanismo complexo, organizado por meio da declaração de vontade dos cidadãos, denominado suffragium".

271 FILÓ, Maurício da Cunha Savino. O Tribunato da Plebe na República Romana: aportes ao constitucionalismo brasileiro contemporâneo, Tese de Doutorado, UFSC., 2018. "A fórmula da civitas primitiva seguiu a seguinte fórmula: a soberania (maiestas) permaneceu nas cúrias (muitos) convivendo com um Senado cada vez mais oligarca (poucos), o que não deixava de ser um fator de limitação do poder do rex (um)" (VALDITARA, 2008, p. 20). Segundo Ribas Alba (2009b, p. 83): " [...] a maiestas do Populi Romani é exercida por meio do magistrado, o qual é titular de uma maiestas subordinada e derivada da majestade popular".

272 FILÓ, Maurício da Cunha Savino. O Tribunato da Plebe na República Romana: aportes ao constitucionalismo brasileiro contemporâneo, Tese de Doutorado, UFSC., 2018. "Com sua autoridade, estabelece-se que o rex deve pedir parecer ao Senado (senatus consulta) sobre todas as questões relevantes ao Estado (civitas) e que ele deve conceder sua autorização (auctoritas patrum) às decisões do comitia curiata para que elas se tornem leis" (apud PETIT, E. H. J., 2003, p. 36-37).

273 "Para dar a definição exata do cidadão, é preciso dizer que é ele quem tem a religião da cidade. Pelo contrário, estrangeiro é aquele que não tem acesso ao culto e não goza da proteção dos deuses da cidade nem tem o direito de invocá-los; porque os deuses nacionais não aceitam orações ou oferendas a não ser dos cidadãos e rejeitam os estrangeiros, sendo proibida sua entrada em seus templos e sua presença durante o sacrifício sendo um sacrilégio". Ver Fustel de Coulanges, Numa Dionísio, A cidade antiga (tradução espanhola de Alberto Fano, Madrid, Edaf, 1986, p. 181).

274 Saldanha, Daniel Cabaleiro, apontamentos para uma idéia de justiça em Roma, Anais do XVIII Congresso Nacional do Conpedi, 2009. "A fundação hipotética de Roma deu-se no século VIII a.C., no contexto de um emaranhado de povos; os latinos, etruscos e sabinos, com notada influência grega das cidades marítimas do sul da península. Atribui-se a Rómulo, o fundador de Roma segundo os testemunhos de Tito Lívio (Tito Lívio. Ab urbe condita, op. cit., I, 7-15) e Dionísio de Halicarnasso (Dionísio de Halicarnasso. Rh? Maik? Archaiologia. I, 72-90. Utilizamos as traduções do grego para o inglês: Dyonisius of Halicarnassus. Roman Antiquities. Trad. Earnest Cary. Boston: Harvard University Press, 1950; Dyonisius of Halicarnassus. Roman Antiquities. Trad. Edward Spelman. Vol. I a IV. Londres: Booksellers of London and Westminster, 1758), a divisão do povo entre patrícios e plebeus, a distribuição das tribos em trinta cúrias, a criação da assembleia destas cúrias, o Senado e a realeza (cfe. Ortolan, M. Historie de la législacion Romaine. 3ed. Paris: Videcoq Fils Ainé et Plon Frère, 1851, p. 23). A figura do rei inaugurada com Rômulo é de lapidar importância para a configuração da idéia de Direito. Embora num momento inicial o rei ainda não detivesse verdadeiras faculdades legislativas, pois as normas de conduta consistiam nos mores gentilícios, e fosse tido como uma espécie de oráculo divino, sua concepção como instituição é fundamental para a compreensão do Direito como fenômeno de poder. Nesse sentido podemos mencionar a Lex Regia (cuja expressão material que nos chega – a Lex Imperii Vespasiani – é de um período posterior) como elemento simbólico originário da transferência e legitimidade do poder". (Sobre a Lex Regia, cfe. Dig. 1, 4, 1 e Inst. Gaio I, 5 e GALLO, Fillipo. Interpretazione e formazione consuetudinaria del diritto romano. Torino: Giappichelli, 1993, p. 60).

275 "Chamados pelos romanos de Mores Maiorum; jus non scriptum, consuetudo", segundo Silvio Meira (Ib. idem. p. 35).

276 "Omnes populi qui legibus et moribus reguntur" – em livre tradução – "Todos os povos são governados por leis e costumes". (Caius – Inst. I, 1).

Digest, 1, 2, 2, 2.

277 CARMIGNANI, Maria Cristina. A Aequitas e a Aplicação do Direito em Roma. Revista da Faculdade de Direito da Universidade de São Paulo. São Paulo, v. 104, p. 115-129, jan/dez 2009. 'Revista Forense – Volume 431 – Noções do Processo Civil romano e a Utilização da Aequitas como Fonte do Direito. Um foco no processo formulário, Márcio Bellocchi – 10. 09. 2002 – disponível em Gen Jurídico. "O processo romano no período arcaico desenvolvia-se perante uma única figura, o rex, que detinha todos os poderes, inclusive de julgar. Com o desenvolvimento de Roma, os litígios passaram a ser mais complexos e numerosos, exigindo a criação de magistraturas públicas, com funções específicas jurisdicionais".

278 FILÓ, Maurício da Cunha Savino. O Tribunato da Plebe na República Romana: aportes ao constitucionalismo brasileiroierárquorâneo, Tese de Doutorado, UFSC., 2018. "A religião é traço comum na família e na civitas, pois se o pater familias é o sacerdote do culto aos deuses lares, o monarca será por sua vez o sumo sacerdote" (apud AHRENS, 1897, p. 38-39).

279 "Atenas e Roma acolhiam [...] e protegiam os estrangeiros por razões de comércio e política, mas nem sua benevolência nem seu interesse podiam abolir as antigas leis estabelecidas pela religião, que não permitiam que estrangeiros se tornassem proprietários, porque não podiam herdar nem de estrangeiros por não serem cidadãos, e não possuíam parte do terreno da cidade, porque toda transferência de bens trazia consigo a transmissão do culto, e era igualmente criminoso para o cidadão praticar o culto do estrangeiro como era para este praticar o culto do primeiro". (cf Fustel de Coulanges, Numa Dionísio, cit. (nº 5), p. 184).

280 FILÓ, Maurício da Cunha Savino. O Tribunato da Plebe na República Romana: aportes ao constitucionalismo brasileiro contemporâneo, Tese de Doutorado, UFSC., 2018. O sacerdócio pressupunha o conhecimento do bom e do justo, a fim de separá-lo e poder cultuar a justiça (JUSTINIANO, 2005, Livro I, D. 1. 1. 1. I, p. 17).

281 GIORDANI, Mário Curtis, Iniciação ao Direito romano, Ed Lumen Iuris, 1996. "As assembleias populares, de que participam teoricamente todos os cidadãos com plenitude de direitos, competem funções legislativas, funções de eleição dos diferentes magistrados, funções judiciais em matéria criminal. A todo cidadão se assegura, no desenvolvimento normal da vida constitucional e salvo circunstâncias excepcionais, a fundamental garantia da provocatio ad populum, ou seja, o direito de recorrer ao juízo da assembleia popular contra a atividade dos magistrados de repressão criminal que implique a imposição de sanções particularmente graves. Produz-se um singular equilíbrio entre os diversos elementos constitucionais que já maravilhava políbio, induzindo-o a ver harmonizados na constituição romierárquica cada um dos três princípios de governo, teorizados e clarificados pelo pensamento grego e em particular por aristóteles, respectivamente expressos, o monárquico pelo poder dos magistrados, o aristocrático pelo Senado e o democrático pelas assembleias do povo". (apud BURDESE, 1972).

282 FILÓ, Maurício da Cunha Savino. O Tribunato da Plebe na República Romana: aportes ao constitucionalismo brasileiro contemporâneo, Tese de Doutorado, UFSC., 2018. "As cúrias foram uma divisão da Cidade em trinta partes, a fim de que a diarquia monárquica (Rômulo e Tácio) pudesse administrar a civitas por meio do sufrágio de seus membros, surgindo leis curiatas". (JUSTINIANO, 2005, p. 24, D. 1. 2. 2. 2).

283 GIORDANI, Mário Curtis, Iniciação ao Direito romano, Ed Lumen Iuris, 1996. "As resoluções votadas nos comícios por cúrias ou por centúrias precisavam da sanção do Senado (patrum auctoritas) para terem força obrigatória." (cfe. MATOS Peixoto, José Carlos. Curso de Direito Romano. Partes Introdutória e Geral, Rio de Janeiro, Haddad Editor, 1960, 4.ª Ed. revista e acrescentada, p. 70).

284 "O Digesto, no Titulo III do Livro I, enumera as chamadas fontes do direito civil romano, compendiadas sob o título comum de leges: leis, plebiscitos, decretos do Senado, decisões do príncipe e autoridade dos jurisconsultos. As chamadas 'leges regiae', leis reais, datam do tempo da monarquia. Não se trata de instrumentos formais, mas de decisões e sentenças monárquicas e de preceitos religiosos emitidos pela classe sacerdotal. Delas se tem notícia em fragmentos literários ou em referencias de historiadores e juristas. Esse regime teria durado de 753 a.C., ano da fundação de Roma, a 509 a.C., quando se instalou a Republica. Implantada a Republica, já que não havia reis para tomar decisões, a civitas precisava estruturar-se sob a égide de leis. Pragmáticos, os romanos não quiseram partir do nada, mas se apoiar na experiência de outros povos. A Grécia era o centro cultural do mundo da época e para lá é que os romanos enviam uma comissão constituída de dez eminentes cidadãos, os chamados decenviros, com a missão de coletar, para depois aplicar ao contexto da civitas romana, as leis vigentes nas principais cidades helênicas. Dessa providência resultou a chamada 'Lex XII Tabularum' Lei das Doze Tabuas, conjunto de medidas legais que abrangiam os mais variados aspectos de direitos e deveres do cidadão romano, com as suas respectivas sanções. A tradução de tábula em tabua remete a idéia de madeira. Na verdade, segundo o Digesto, trata-se de marfim (T. II, 2, § 4). Seriam placas ou painéis de marfim, afixados nos rostros (rostros), para que todos se inteirassem de seus termos. Infelizmente, grande parte desse primitivo instrumento legal não se preservou, embora Cicero, em 'De Legibus', a êle se refira como disciplina integrante do currículo do ensino do direito em sua época. Essas leis teriam sido elaboradas e promulgadas entre 452-450 a.C. e o senatus consultum era o instrumento resultante de matérias discutidas no Senado (de consulo, deliberar). Essas decisões, se prescritivas, tinham força de lei. Mas as leis propriamente ditas eram promulgadas pelos chamados comitia, isto é, assembleias populares de diversas categorias. No início, eram os comitia curiata, assembleia constituída por representantes das trinta curiae, administrações de bairros da primitiva Roma, instituídas pelo próprio Romulo. Seguiram-se os 'comitia centuriata' por centúrias, e as 'tributa', por tribos, espécies de clãs em que se dividia a população de Roma. As decisões dessas assembleias tinham forca de lei, mas depois de aprovadas pelo Senado. O plebiscitum, decreto do povo (de scitum, decreto, decisao, e plebs, povo) passou por longa evolução em seus efeitos jurídicos conforme se sucediam as conquistas sociais da chamada plebs. (patricii, populus, plebs). Inicialmente restritas aos limites do extrato social de onde provinham, as decisões da plebe acabam conquistando, no final do século II' a.C., forca de lei erga omnes. Outros instrumentos que tinham força de lei eram os chamados 'editos', 'edicta' 'magistratuum', decisões judiciais, principalmente dos pretores, que receberam a denominação de ius honorarium. Havia ainda os chamados edicta perpetua dos pretores. Era verdadeira proclamação de diretrizes que o pretor prometia seguir no desempenho de seu mandato. Por representarem mais uma declaração de princípios do que normas e leis, mesmo após extinto o mandato do titular, continuavam sendo observados (edito), daí a sua perpetuidade. As 'constitutiones principis', decisões do príncipe, do iierárquicasaram também no Império, a ter forca de lei. Essas manifestações da vontade do príncipe podiam ser meras recomendacões orais ou, o mais comum, se faziam par meio de mensagens ao Senado ou pelo chamado rescriptum, resposta escrita do príncipe a consulta de autoridades judiciais. Essa terminologia é ainda hoje mantida no rescriptum papal, embora tenha caráter mais de recomendação ou de orientação do que de lei. Além desses instrumentos, havia o chamado 'responsum', espécie de parecer emitido por juristas, a pedido de algum demandante, sobre uma questão em juízo. No início, era mera orientação do cliente ou no máximo, urn arrazoado jurídico dirigido diretamente ao juiz da questão. A partir de Augusto, foi que o chamado ius respondendi, direito de emitir parecer, assumiu a natureza de ministério público, porque o exercício dessa função dependia de designação pela autoridade imperial (jurisconsulto)". (Digesto, no Titulo III do Livro I, fontes do direito civil romano, título comum de leges, consoante obra editada pelo Tribunal Regional Federal da 1ª Região – Escola de Magistratura Federal da 1ª Região, 2010, tradução do livro I do digesto do Corpus Iuris Civilis, 'léxico traduzido do digesto do Corpus Iuris Civilis', Título III).

285 BONFANTE, Pietro. Storia del Diritto Romano. 1934. p. 91-92. "Presidente do colégio de pontífices, responsável por supervisionar o culto e as cerimônias públicas".

286 DÍAZ BAUTISTA, Antonio. 'La Republica Romana. Anales de Derecho', Murcia, v. 4, p. 177-186, 1983. p. 177.

287 Bravo, Gonzalo, Historia de la Roma antigua, Alianza Editorial, Madrid, 1998. "Varios estudios abordan los diferentes aspectos de la problemática histórica de este período: R. E. Mitch ell: Patricians and Plebeians. The Origin o f the Roman State, Ithaca, 1990, propone una revisión sistemática del conflicto patricio-plebeyo atendiendo sobre todo a los detalles y rechazando las generalidades; el conflicto patricio-plebeyo no fue una lucha política ni social, en sentido estricto, sino más bien un proceso en el que se pasó del soldado al ciudadano, un individuo censado y con obligaciones fiscales (stipendium, tributum), por lo que la división social fundamental no fue entre patricios y plebeyos, sino más bien entre grupos militares y no militares; W. V. Ha r r is: Guerra e imperialismo en la Roma republicana. 327-70 a.C., Madrid, 1989, Siglo XXI, mediante un exhaustivo análisis de los textos antiguos se desmontan uno tras otro todos los supuestos que inspiraron la teoría de los imperialismos (defensivo y agresivo) de Mommsen; de hecho, la historiografía moderna ha llamado con frecuencia imperialistas a formas antiguas de dominación que no lo eran o, por el contrario, no ha visto más que explotación y crueldad en lo que tan sólo eran formas de control; pero un estudio de la aplicación del principio de no anexión por parte de Roma revela que el Senado romano no lo respetó aun cuando el móvil económico no fuera el objetivo prioritario en todos los casos; C. N icolet: Roma y la conquista del mundo mediterráneo, Barcelona, 1982 y 1984 (2 vols.), Labor, analiza primero «las estructuras de la Italia romana» (vol. I) para examinar después el fenómeno de la conquista como tal y la «génesis de un Imperio» (vol. II) que, a diferencia de experiencias imperialistas anteriores, se configuró como un «Imperio mundial» en torno al mundo mediterráneo; pero en tal empresa no sólo participaron los romanos y latinos — principales protagonistas—, sino también todos los pueblos, culturas y economías que fueron progresivamente asimilados al sistema romano durante este largo proceso; Roma no siempre impuso su voluntad, sino que a menudo respetó (griegos, judíos) las instituciones existentes y, en ocasiones, demoró la «provincialización» de los territorios conquistados; bibliografía exhaustiva; R. Sym e: La revolución romana, Madrid, 1989, Taurus, análisis pormenorizado de la caída de la República y la construcción del Imperio por parte de Octavio-Augusto con la ayuda de un grupo aristocrático que le encumbró en el poder; parte de la figura política de Pompeyo, secundado por César — el dictador— y Antonio — el cónsul del año 44 a.C., cuando César fue asesinado— ; prosigue con el enfrentamiento entre Octaviano y Antonio a propósito del control de Oriente, y concluye con un análisis de la forma de gobierno de Augusto, el primer emperador romano; pero la tesis central de esta obra es que, tanto en la República como en el Imperio, se prueba la existencia de una clase oligárquica formada por un reducido grupo de familias de la nobilitas romana, que de hecho controlaba el poder político".

288 FILÓ, Maurício da Cunha Savino. O Tribunato da Plebe na República Romana: aportes ao constitucionalismo brasileiro contemporâneo, Tese de Doutorado, UFSC., 2018. "O fato de o ordenamento jurídico romano ter se desenvolvido de maneira pragmática, consuetudinária, isto não lhe retira – em nada – seu valor jurídico; todavia, exige que seu estudo, especialmente da época republicana se faça, no tocante ao direito público, por meio de sua melhor fonte, que é Tito Lívio, considerado por Orestano mais jurista do que historiador" (cfe. RIBAS ALBA, 2009, p. 113-114).

289 LIVIUS, Titus. *The History of Rome*. London: J. M. Dent & Sons, 1905. v. 1. "A queda da monarquia romana está conectada com o estupro de uma nobre romana chamada Lucrécia pelo filho do último rei de Roma, conforme relatado por Tito Lívio".

290 LIVIUS, Titus. *The History of Rome*. London: J. M. Dent & Sons, 1905. v. 1. "Bruto foi um dos fundadores da República, um dos responsáveis pela queda da monarquia e um dos dois primeiros cônsules. Bruto condenou à morte seus próprios fihos por conspiraram com a família dos monarcas depostos para retomar o poder".

291 FILÓ, Maurício da Cunha Savino. *O Tribunato da Plebe na República Romana: aportes ao constitucionalismo brasileiro contemporâneo*, Tese de Doutorado, UFSC., 2018. O estudo das fontes normativas romanas é muito complexo em razão de terem se modificado muito em suas fases (LOPES, 2014, p. 46). Em razão dos 13 séculos de sua história, o rigor científico exige que se pesquise o Direito romano por períodos bem definidos (FERRAZ, 1989, p. 27), pois não se encontra nele estrutura monolítica nem continuidade unilinear (cfe. BRETONE, 1998, p. 31).

292 BUJAN, Antonio Fernandez de. *Direito público romano*, Madrid, 2004, 7ª ed 224-225. Videira. "As res publicae são as que pertencem ao povo, diz-nos Ulpiano 'publica sunt, quae populi romani sunt'. Dois tipos de res publicae foram distinguidos no Direito romano, o res publicae em uso público, que eram aqueles bens públicos destinados ao uso coletivo e gratuito para todos os membros da comunidadeierárqxierár águas públicas, ierárpúblicas, vias públicas, portos, jardins públicos etc., e a res publicae in pecunia populi ou in patrimony populi ou fiscal, que eram aquelas coisas públicas que produziam benefícios (econômicos) para o Estado. Esta segunda categoria de coisas caracteriza-se por estarem sujeitas a um regime jurídico semelhante ao dos bens das pessoas singulares, pelo que podem ser objecto de 'egócios jurídicos". (Videira. Em relação a este título, a resenha de Juan Miguel Alburquerque. "A propósito do 'Direito Público Romano", do Prof. Dr. Antonio Fernández de Buján, em Iuris tantum, Faculdade de Direito da Universidade Anáhuac (México), 1997, n. ° 8, p. 233-252; também este último autor, em 'a proteção ou defesa do uso coletivo das coisas do domínio público: Referência especial às injunções de publicis locis (loca, itinera, viae, flumina, ripae)', cap. I, 5, páginas onde o autor incide sobre a esfera de ação das liminares relativas a coisas públicas de uso popular).

293 Fernandez de Bujan, Antonio. *Direito público romano*, Madrid, pag 226, 7ª ed, 2004. "Entre as características tradicionais desses bens estão as listadas abaixo: 1. Filiação ao populus ou entidade pública. 2. Regime de utilização regulamentado pela entidade proprietária e aberto a todos os membros da comunidade. Todos os cidadãos tinham o uso uti singuli. Esse uso não correspondia a cada um por meio da propriedade privada ou da servidão 'ativa' dos negócios públicos, mas era con-

cedido em virtude de sua condição de cidadão e pelo diidierárqblico 'iure civitatis': loca enim publica utique privatorum usibus deserviunt, iure scilicet civitatis, non quasi propria cuiusque (D. 43. 8. 2. 2). 3. Publicatio, destino natural ou antigo, na caracterização como público do bem correspondente. 4. Inalienável: o bem está fora do comércio; a sua venda, estando fora do tráfego legal, foi nula 5. Imprescritível: o bem não pode ser adquirido por usucapião de pessoa física. Por esse princípio, o desuso da via pública não ensejava a prescrição ou perda do direito em prejuízo do Estado. Javoleno em D. 43. 11. 2 (Iav., 10 ex Cassio) apresenta este assunto nos mesmos termos: Viam publicam populus non utendo amittere non potest. A impossibilidade de aplicaçãoierárstituto da usucapião é também muito clierárqD. 41. 3ierárGai., 4 ad Edictum provinciale): Usucapionem recipiunt maxime res corporal, exceptis rebus sacris, sanctis, publicis populi romani et civitatum, item liberis hominibus. 6. Nulidade de estipulações, legados, servidões etc., feitas sobre este tipo de coisa".

294 Fernandez de Bujan, Antonio. Direito público romano, Madrid, pag 225, 7ª ed, 2004. "A ideia do domínio público se configura, portanto, basicamente em torno da res publicae in publico usu romana, embora a elaboração conceitual e dogmática dessa ideia tenha começado na Idade Média e se desenvolvido no direito consuetudinário francês, e ainda tenhamos que esperar a Revolução Francesa e o Código de Napoleão para a expressão pública é consagrado o domínio público, de onde passa para o nosso Código Civil e para a legislação europeia em geral. que os termos jurídicos ou expressões herdados do Direito romano sejam preservados no Direito atual, mas que atualmente têm um significado diferente do que tinham originalmente; No caso específico da expressão domínio público, como em tantos outros, a história nos mostra que é a ideia de domínio público que era conhecida e regulamentada no Direito romano, pois romanos são, separadamente, os termos dominium e publicum, se bem, temos que esperar a Revolução Francesa para que essa ideia se concretize na expressão domínio público".

295 França Madeira, H. M. Digesto de Justiniano livro I, São Paulo, RT, 2000, p. 88. "Marcianus III libro institutionum, D. 1. 8. 2 pr: Quaedam naturali iure communia sunt omnium, quaedam universitatis, quaedam nullius, pleraque singulorum, quae variis ex causis cuique adquiruntur- Algumas coisas são por direito natural comuns a todos, outras da coletividade, outras de ninguém, e a maior parte delas dos indivíduos,ideias quais são adquiridas a cada um por várias causas; D. 1. 8. 2. 1: Et quidem naturali iure omnium communia sunt illa: aer, aqua profluens, et mare, et per hoc litora maris – E certamente por direito natural são comuns de todas estas coisas: o ar, a água em curso, o mar e por isso, os litorais do mar". (tradução original em português – obra cit).

296 BUJAN, Antonio Fernandez de. Direito público romano, Madrid, 2004, 7ª ed., p. 224-225. "As res publicae de uso público o são por ato de publicatio, ou em razão de seu destino ou uso público, ou por causas naturais. A publicatio consistia numa cerimónia em virtude da qual um bem se torna público e se destina ao uso colectivo. Corresponderia ao que hoje se chama de destinação de uma coisa ao uso público. A publicação tratava-se de ato administrativo, cuja competência era expressamente atribuída a determinados magistrados, por meio do qual a coisa era, portanto, afetada ou destinada ao uso público. Compreendeu-se em outros pressupostos que a coisa era pública por motivos naturais ou por natureza, o que acontecia, por exemplo, com rios perenes. É a chamada afetação natural. Por sua destinação ou uso público, certas coisas foram consideradas públicas em ocasiões sem a necessidade do ato formal de publicatio, assim, por exemplo, a mera abertura ao público de uma rodovia assumia sua natureza pública, sem a necessidade de qualquer tipo de formalidade".

297 VOLTERRA, Edoardo, Istituzioni di diritto privato romano, Roma, 1972, p. 280, Videira. "Em que se individualiza a categoria de res publicae in usu publico. A esse respeito, afirma que os juristas romanos, não tendo termos diferentes para indicar uma ou outra categoria, mostraram que estavam perfeitamente cientes da distinção. E a propósito desta distinção, o distinto professor da Universidade de Roma recorda-nos que na época republicana a administração e os magistrados competentes na sede de res in publico usu e res in patrimony fisci são diferentes; o censor pertencia à manutenção e vigilância das coisas públicas de uso público (ruas, portões, rios, aquedutos...), enquanto o questor era responsável pela administração do aerário (o censor também administrava o ager publicus ou imóveis estatais). Com exposição idêntica GIUSEPPE GROSSO é mostrado. Corso do diritto romano. Costura eierit., p. 116 ss. Em todo caso, continuando com a exposição deste último autor mencionado (p. 128). ierisione delle categorie generali, per diritto romano, não deve mai prescindere dalla concretazza storica e giuridica delle singole figure. In questo campo bisogna soprattutto tener conto ponto de vista dei diversi, de várias maneiras em que se cruza e se evolui, torna a matéria complexa e oscilante". Finalmente, sobre a confiideiasação por parte de Ulpiano da doutrina consagrada da res fiscal (cfe. BASÍLIA ELIACHEVITCH. La personnalité juridique en droit privé romain, Paris, 1942, p. 40 ss; D. 18. 1. 6 pr (Pomp., 9 ad Sabinum); D. 43. 8. 2. 4-5 (Ulp., 68 ad ed.); D. 18. 1. 72. 1 (Pap., 10 Quaestionum).

298 "Divini iuris sunt veluti res sacrae et religiosae". – em livre tradução – "O direito divino é como uma coisa sagrada e religiosa." (Gai., II. 3).

299 "Sanctae quoque res, velut muri et portae, quodammodo divini iuris sunt" – em livre tradução – "As coisas sagradas, como os muros e os portões, são de certa forma de direito divino." (Gai., II. 8).

300 "Sacrae sunt quae diis superis consecratae sunt; religioso, quae diis Manibus relictae sunt". – em livre tradução – "As coisas sagradas que são consagradas aos deuses são sagradas; religiosos, que foram deixados nas mãos dos deuses". (Gai., II. 4).

Digesto livro 1, título 1, fragmento 1, seção 4

Digesto livro 2, título 14, fragmento 38

Institutas livro 1, paragráfo 1, segmento 4

Institutas libro 1, título 1, fragmento 2

Institutas libro 1, título 1, fragmento 4

Digesto de ulpiano, libro 43, título 14, fragmento 1

Digesto de ulpiano, libro 50, título 16, fragmento 17

301 "As lutas políticas e internas da República Romana a partir do momento de sua concepção como assunto público (república) foram um processo violento dentro de sua política. Desde o exílio plebeu no Monte Sacro e/ou Monte Sagrado, e/ou Colina do Aventino, até a lei Hortensia (286 aC), onde esse conflito terminou, as classes patrícia e plebeia se envolveram em uma luta por participação e poder dentro do Estado romano. A primeira defendia seu monopólio no exercício do poder, a segunda clamava por participar dele. A vitória ao longo do tempo limitou-se aos plebeus, porém, doutrinadores no estudo do direito da Roma Antiga dão a entender que essa renda da classe baixa só ocorria para os plebeus mais abastados, afastando do exercício os mais desfavorecidos economicamente. Seu poder e dinheiro agora se sincretizaram com os interesses patrícios, um sincretismo do qual emergiria uma nova classe oligárquica: os Nobilitas (Nobres). Essa nova oligarquia estaria baseada na conquista de cargos no Estado, na posse de grandes fortunas e na exploração do latifúndio. O seu apogeu assenta agradavelmente no período das guerras púnicas, já que viriam a ocupar grande parte do Senado romano, bem como a maior parte das riquezas da sua Pátria. No entanto, um ramo deles, que podemos considerar majoritário, baseava seu reduto econômico na obtenção de grandes parcelas do Ager Publicus de forma legal (terras públicas) por meio do Occupatio. Este ramo dentro da Nobilitas é chamado pelo historiador J. Luis Romero de "Nobilitas Senatorial". Isso com base no fato de que após a Lei Cláudia, os senadores não puderam mais exercer o direito de comércio, perdendo uma valiosa fonte de exploração econômica, pelo que a exploração do campo tornou – se rentável para este ramo. A hegemonia latifundiária dos Nobilitas foi estabelecida durante o período de 214 a 178 aC., onde as conquistas romanas do Mediterrâneo lhes deram grandes contingentes de escravos, a maioria deles destinados à exploração da economia latifundiária". (cfe. interpretação Rodrigues, Nuno Simões, Dos conflitos de ordens ao Estado patrício, Universidade de Lisboa).

302 "Segundo a versao do próprio Digesto, inaugurada a Republica, os romanos passaram por um periodo atípico no qual se regiam por direito incerto e costumesierárquicaue já não vigiam as leis ierárququia extinta. Com seu reconhecido pragmatiierárquiaierárquicia, entao o centro da civilizacao e cultura da época, uma comissao de dez membros (os decenviros) para colher subsidios juridicos com vista a elaboração de leis pelas quais se regeria a civitas romana. De volta a Roma, os decenviros redigem as primeiras leis da Republica, que gravaram em dez placas de marfim, e mandaram afixá-Ias nas tribunas do Faro para que todos, bem entendido, os letrados, tomassem conhecimento de seu inteiro teor. A mesma comissão, talvez forçada pelas críticas, embora suas conclusões e decisões fossem inapeláveis, reconhece suas falhas e por isso, no ano seguinte, acrescentam as dez primeiras tábuas mais duas, perfazendo assim o total de doze tábuas e por esse numero, ficaram tradicionalmente conhecidas como a Lei das XII Tábuas. Isso teria ocorrido entre os anos 452-450 a.C. Mas há historiadores que estudam a elaboração dessas tábuas até o século IV a.C. O fato é que estiveram sempre presentes na história do Direito Romano. E pena que delas restem apenierárquintos, embora, como atesta Cicero (De, Legibus, II, 23,59), a Lei das XII Tabuas fosse, no seu tempo, parte integrante do curriculo de direito (leges e decenviros)". (Titulo II, 2, §§ 4 e 5, consoante obra editada pelo Tribunal Regional Federal da 1ª Região – Escola de Magistratura Federal da 1ª Região, 2010, tradução do livro I do digesto do Corpus Iuris Civilis, 'léxico traduzido do digesto do Corpus Iuris Civilis').

303 GUANDALINI JUNIOR, Walter. Uma teoria das fontes do Direito Romano: genealogia histórica da metáfora. Revista da Faculdade de Direito UFPR, Curitiba, pr, Brasil, v. 62, n. 1, jan/abr. 2017, p. 9 – 31. 'As fontes do [rectius: constituem o] direito do povo romano são: as leis, os plebiscitos, os senátus-consultos, as constituições imperiais, os editos dos magistrados que possuem o direierár emitir editos, as respostas dos jurisprudentes (gaio, 2010, p. 77)' – no original em latim – "Constant autem iura populi romani ex legibus, plebiscitis, senatus consultis, constitutionibus principum, edictis eorum, qui ius edicendi habent, responsis prudentium". (Instituições – Direito Privado Romano. Tradução J. A. Segurado Campos. Lisboa: Fundação Calouste Gulbenkian, 2010).

304 FILÓ, Maurício da Cunha Savino. O Tribunato da Plebe na República Romana: aportes ao constitucionalismo brasileiro contemporâneo, Tese de Doutorado, UFSC.,

2018. "Comitia (cum-ire) significava ir junto com (as cúrias), por isso na comitia curiata (comício por cúria) reuniam-se os membros das trintas cúrias, cuja decisão se converteu em lex curiata".

305 "O primeiro corpo eleitoral foi criado ainda por Romulo. Eram os comitia curiata, assembleias constituídas pelas trinta curias em que Romulo dividira a cidade de Roma, especie de administrações regionais. A diferença das conciones, reuniões eventuais para discussão e deliberação, os comitia eram reunioes ordinárias, regulares, que se realizavam tradicionalmente no Campus Martius, praça muito ampla, onde tambem se faziam exercícios militares. Ainda na monarquia, no reinado de Servius Tulius, os comitia curiata foram substituidos pelos comitia centuriata, assembleias populares organizadas em colegios eleitorais cada qual constituido por cem pessoas. Eram ao todo 193 centurias: 18 de equites (cavaleiros, elite do Exercito), 80 de cives (patricios e cidadaos mais influentes), divididos em seniores (entre 46 e 60 anos) e juniores (entre 17 e 45 anos), e 95 centunas formadas por outras classes sociais inferiores. Os comitia centuriata eram convocados ocasionalmente como orgão de apelação, uma vez que os cônsules nao tinham poder de aplicar pena capital nem de declarar guerra. Esse colegio eleitoral funcionou ate a ditadura de Sila, em 80 a.C. No Imperio, cumpria apenas função formal de ratificar os candidatos do príncipe, que, a partir de Augusto, intitulava-se Consul de Roma, evidentemente perpetuo. Alem dos comitia, os romanos tinham tambem os concilia ou conciones plebis, assembleias convocadas e presididas pelos tribunos da plebe, por conseguinte constituídas só de plebeus. Suas decisoes e deliberações, chamadas de 'plebiscitum' (decreto da plebe), acabaram sendo reconhecidas pelo próprio Senado como leis. Funcionavam tambem como orgão de apelacão, mas a sua jurisdição limitava-se a causas não capitais, Havia também os 'comitia tributa', assembleias constituidas pelas tribos – segmentos sociais integrados por familias de diversas origens etnicas e culturais – que reuniam patrícios, povo e plebeus (patricii, populus, plebs). Eram presididas por consules, pretores e edis. Elegiam questores e, na area penal, sua jurisdição limitava-se a aplicação de multas. Esse sistema de 'comitia e conciones' foi levado pelos romanos aos territorios conquistados na Europa, Asia e Africa". (Titulo II, 2, § 2, consoante obra editada pelo Tribunal Regional Federal da 1ª Região – Escola de Magistratura Federal da 1ª Região, 2010, tradução do livro I do digesto do Corpus Iuris Civilis, 'léxico traduzido do digesto do Corpus Iuris Civilis').

306 BOSCH, María José Bravo, Professora titular de Direito romano na Universidade de Vigo (Espanha), Las Magistraturas Romanas como ejemplo de Carrera Política. "Los coierárquinturiados se reúnen para la elección de magistrados mayores, para la promulgación de leyes de contenido político o de bello indicendo y para las decisiones en tema de juicios capitales (provocatio ad populum). El sistema está estructurado de tal modo que en primer lugar acceden al voto las centurias de equites, en segundo lugar las de los pertenecientes a la primera clase y, después, una por una y de mayor a menor importancia las clases sucesivas: si existe acuerdo político, dado que las centurias de caballeros y las de la primera clase constituyen ya la mayoría en conformidad con la cantidad de votos necesarios en la asamblea, a menudo no es necesario el parecer de las clases sucesivas". (apud F. Lamberti, Romanización y Ciudadanía).

307 *GILISSEN, John. Introdução Histórica ao Direito. 2. ed. Lisboa: Fundação Calouste Gulbenkian, 1995. p. 82. "A população de Roma (patrícios e plebeus) encontrava-se dividida em 5 classes, de acordo com os rendimentos. [...] Cada classe detinha um número de centúrias, de que resultava outra assembleia: os comitia centuriata ('assembleias por centúrias'), nos quais a votação se operava por centúrias, um voto por cada uma. LEÃO, Delfim; BRANDÃO, José Luís. As Origens da Urbe e o Período da Monarquia. In: OLIVEIRA, José Luís Brandão Francisco de Oliveira (Coord.). História de Roma Antiga: das origens à morte de César. Coimbra: Universidade de Coimbra, 2015. v. 1. p. 27-50. p. 49. "Suas principais prerrogativas foram a escolha dos cônsules e dos pretores e o voto das leis; mas os candidatos às magistraturas eram propostos (creatio) pelos seus predecessores, não deixando aos comitia senão a possibilidade de confirmarem ou recusarem a proposta; aconteceu o mesmo em matéria legislativa.".*

308 *Castellanos, Antonio Ruiz, Derecho de gentes y política religiosa, A justiça na antiguidade, ed. Cultura, Revista de história e teoria das idéias, vol 30, 2012. "A guerra é um direito como reação à injustiça, mas quando as negociações falham e desde que formalmente declarada, é conduzida pela autoridade superior e tem sido legitimada como restitutio pelas perdas sofridas. São: a) A violação do território romano. b) Ataques à inviolabilidade dos legados. c) A violação de tratados. d) Participação em guerra contra Roma ou seus aliados. A guerra terminou por submissão ou por um tratado de paz, mas na forca de Caudina (231 aC) e em Numancia (131 aC), onde os romanos foram derrotados, os termos do tratado não foram aceitos, com os numantinos. Tácito, Annales 1. 42. Dig 1. 5. 5. 1 e 41. 1. 5. 7. Inst, 2. 1. 17. Isidoro, Etimologias 5. 6; 18. 1. Tomás de Aquino e Hugo Grócio levaram em conta essa tradição romana". (cfe. Salústio, Iugurtha 22. 3. 35. 7. Cícero, De officiis, 1. 11. 35: "suscipienda quidem bella sunt ob eam causam, ut sine iniuria in pace vivatur, parta autem victoria conservandi i, qui non rawles in bello, non inmanes fuerunt" – em livre tradução – "guerras devem ser feitas para este propósito, para que possamos viver em paz sem danos, e preservando a vitória obtida").*

309 MOUSOURAKIS, 2007, p. 41. "Durante o segundo século a.C., Roma tornou-se um importante centro comercial e todos os tipos de negócios privados foram estabelecidos para fornecer serviços e produtos manufaturados. A proliferação da atividade econômica é evidenciada pelo desenvolvimento e uso generalizado da moeda, e o estabelecimento de instituições financeiras em Roma e outras cidades italianas. A vida econômica cada vez mais sofisticada de Roma exigia que homens empreendedores dirigissem seu comércio, realizassem a construção de obras públicas, administrassem contratos de guerra e cobrassem impostos. Isto implicou o surgimento de uma importante nova classe de comerciantes e empreendedores, que eram conhecidos como a classe equestre (ordo equester).".

310 MONTAGNER, Airto Ceolin. 'A Formação de Roma e os Primórdios da Literatura Latina'. Principia, Rio de Janeiro, n. 24, p. 9-17, 2012. p. 10. "[...] divisão das tribos segundo os territórios: quatro eram urbanas e outras camponesas (seriam 17 em 495 a.C. e 31 d.C.). As assembleias das tribos (comitia tributa) eram convocadas para eleger magistrados menores e aprovar algumas leis".

311 FILÓ, Maurício da Cunha Savino. O Tribunato da Plebe na República Romana: aportes ao constitucionalismo brasileiro contemporâneo, Tese de Doutorado, UFSC., 2018. "Houve também, no transcorrer da República, o comitia tributa (comícios tribúcios), que eram assembleias inicialmente compostas por trinta e cinco territórios (tribos) com direito a um voto, das quais somente quatro seriam compostas por pessoas sem terras, a ser convocada por um magistrado com imperium, a fim de votar as leis por eles propostas e para eleger edis e questores (PARICIO; BARREIRO, 2014). Esse sistema se uniu ao centuriato, que era complexo e várias vezes foi modificado. Em razão de em sua composição ter todo o povo, há confusão entre o comitia tributa e o concilia plebis, pois havia participação plebeia, mas que era anulada naquelas circunstâncias pela influente minoria patrícia" (VALDITARA, 2008, p. 100).

312 GIORDANI, Mário Curtis, Iniciação ao Direito romano, Ed Lumen Iuris, 1996. "O rápido estudo da estrutura política republicana que ora se faz só será perfeitamente compreendido dentro do amplo contexto da história romana, especialmente em seus aspectos sociais como a ascensão da plebe".

313 GILISSEN, John. Introdução Histórica ao Direito. 2. ed. Lisboa: Fundação Calouste Gulbenkian, 1995. p. 83. " [...] assembleias próprias da plebe, sem participação de patrícios, elegiam os tribunos da plebe e votavam os plebiscitos, [...]".

314 FILÓ, Maurício da Cunha Savino. O Tribunato da Plebe na República Romana: aportes ao constitucionalismo brasileiro contemporâneo, Tese de Doutorado, UFSC., 2018. "O tribuno da plebe era comissário dos plebiscitos, ou seja, era o segmento

popular da plebe que votava o veto; já o ato administrativo e a jurisdição moderna compõem o sistema representativo, em que nem a autoridade nem o judiciário consultam a população, e sim, aplicam um sistema legal de natureza estatal".

315 LOBRANO, Giovanni, A Teoria da Respublica (fundada sobre a 'sociedade' e não sobre a 'pessoa jurídica' no corpus juris civiles de Justiniano (Digesto 1. 2-4) Gai. 1. 3 e Just. Inst. 1. 2. 4: "Os universi cives de Gaius e de Justiniano 'populi appellatione universi cives significantur', constituem o populus 'dominus' da respublica, e aoieráros magistrados devem obediência: «populus in sua potestate» liv. 9. 9. 4; varr. ling. 9. 1. 6, e «magistratus in potestate populi» cic. orat. 2. 167, porque eles estão organizados em sociedade: cic. rep. 1. 25. 39 [cit., supra, § 2. 2]".

316 FILÓ, Maurício da Cunha Savino. O Tribunato da Plebe na República Romana: aportes ao constitucionalismo brasileiro contemporâneo, Tese de Doutorado, UFSC., 2018. "As decisões dessa assembleia eram de natureza administrativa, apesar do nome (lex), como ocorria na cerimônia da adrogatio que era dirigida pelo rex (e, posteriormente, na república pelo pontifex maximus), mas mantendo-se a soberania daquele comício. Mas como a lex curiata poderia ser também uma resposta à adrogatio do monarca, extrai-se um início de atividade legislativa nas cúrias, após maioria de votos, que seriam dezesseis das trinta cúrias (VALDITARA, 2008, p. 15-17; HOMO, 1958, p. 9). Além de eleger o rei e votar a lex, a assembleia realizava declaração de guerra e paz, apelações das decisões em processos criminais emitidos pelo rei ou seus delegados e atuava na concessão da cidadania, a adrogatio, a adoção e o testamento" (apud HOMO, 1958, p. 9; PETIT, E. H. J., 2003, p. 36).

317 CONSELHEIRO JÚNIOR, João José Pinto, Cursü Elementar de Direito romano, Lente de Direito romano, Faculdade de Direito do Recife, Ed typographia econômica, 1888. "O direito escripto continha-se nas leis, plebiscitos e senatusconsultos. As leis erão feitas por todo o povo juntamente sob proposta do um magistrado senatorio, como v. g. um consul. Os plebiscitos erão constituídos pela plebe, propondo um magistrado Plebeo. Os Senatusconsultos erão mandados do Senado.".

318 cfe. SANTOS JUSTO, A., Direito Privado romano I, Parte Geral (Introdução. Relação Jurídica. Defesa dos Direitos), 5.ª edição, Coimbra, Coimbra Editora, 2011, p. 89, nota 351. "Foi Salvius Iulianus, que integrou o 'Consilium Principis' do imperador Adriano (138) que foi o autor do 'Edictum Perpetuum', obra responsável pela codificação do Direito pretório, o que também indica decadência: a dinamização da vida jurídica pelo praetor urbanus chegava assim ao fim".

319 BELLOCCHI, Márcio, Noções do Processo Civil romano e a Utilização da Aequitas como Fonte do Direito. Um Foco no Processo Formulário, Revista Forense, Volume 431, 10. 09. 2002 – disponível em Gen Juridico. "O ius honorarium era direito decorrente dos editos de todos os magistrados e não somente dos editos dos pretores. O direito pretoriano, por sua vez, era fruto, exclusivamente, do edito do pretor, de forma que o direito pretoriano compunha o ius honorarium". (Na lição de MEIRA, Silvio Augusto de Bastos. História e fontes do Direito romano, Saraiva, 1966).

320 CARMIGNANI, Maria Cristina. *A Aequitas e a Aplicação do Direito em Roma. Revista da Faculdade de Direito da Universidade de São Paulo. São Paulo, v. 104, p. 115-129, jan/dez 2009. 'Revista Forense – Volume 431 – Noções do Processo Civil romano e a Utilização da Aequitas como Fonte do Direito. Um foco no processo formulário, Márcio Bellocchi, 10. 09. 2002, disponível em Gen Juridico. "O pretor urbano cuidava de litígios entre cidadãos romanos e o peregrino cuidava de litígios em que uma das partes fosse estrangeira".*

321 BÖTTCHER, Carlos Alexandre, *Iudicet Iudicarive Iubeat: Reflexões sobre as origens do Processo Civil romano e da Bipartição. USP 2012. "Praetorem quidem etiam iura reddentem et collegam consulibus atque iisdem auspiciis creatum, uerecundia inde imposita est senatui ex patribus iubendi aediles curules creari. primo ut alternis annis ex plebe fierent conuenerat: postea promiscuum fuit" – em tradução livre – "Um pretor administrava a justiça, colega dos cônsules e criado sob os mesmos auspícios, tanto isso é verdade que o Senado decidiu prescrever que os edis curuis fossem escolhidos entre os patrícios somente. Foi acordado que em um ano a cada dois, eles seriam nomeados entre a plebe. Posteriormente, a Magistratura foi comum às duas classes". (Livius. 7. 1. 6).*

322 CARMIGNANI, Maria Cristina. *A Aequitas e a Aplicação do Direito em Roma. Revista da Faculdade de Direito da Universidade de São Paulo. São Paulo, v. 104, p. 115-129, Jan/Dez 2009. 'Revista Forense – Volume 431 – Noções do Processo Civil romano e a Utilização da Aequitas como Fonte do Direito. Um foco no processo formulário, Márcio Bellocchi, 10. 09. 2002, disponível em Gen Juridico. "O imperium era o poder de mando, de fazer valer a sua autoridade. segundo a doutrina, é um poder unitário, distinto da iurisdictio, que era o poder conferido aos magistrados de declarar o direito, e não julgar, exercida in iure. Assim, é que a iurisdictio derivou do poder de imperium, ambos inicialmente detidos pelo rex. Portanto, existiam magistrados que detinham a jurisdictio sem imperium ou cum imperium".*

323 DIAS, Handel Martins. *O Processo Formulário. Revista da Faculdade de Direito da USP, São Paulo, v. 108, p. 169-195, Jan/Dez 2013, Revista Forense – Volume 431 – Noções do Processo Civil romano e a Utilização da Aequitas como Fonte do Direito. Um foco no processo formulário, Márcio Bellocchi – 10. 09. 2002 – Disponível em Gen Juridico. "O conceito de imperium não pode ser confundido com*

o de jurisdictio. a jurisdictio consiste em um aspecto do imperium, que significa o poder de comandar e de recorrer à força de que são investidos todos os grandes magistrados romanos [...]. quando a jurisdictio se contrapõe ao imperium, é porque esta toma uma significação mais restrita e exclui os poderes relativos à administração da justiça civil [...]".

324 CARMIGNANI, Maria Cristina. op. cit., p. 123, nota rodapé 41, Revista Forense – Volume 431 – Noções do Processo Civil romano e a Utilização da Aequitas como Fonte do Direito. Um Foco no Processo Formulário, Márcio Bellocchi – 10. 09. 2002 – disponível em Gen Juridico.ierárquicaera perpetuum ou repentinuum. O edito perpetuum era aquele elaborado para perdurar um ano, e possuía uma parte denominada de translaticia, onde se repetiam as regras criadas pelos pretores antecessores, aprovadas pela prática, e uma parte onde se incluíam novas regras, denominadas de pars nova. Havia ainda o edito repentinuum, para prever novas situações, não reguladas pelo edito perpetuum".

325 CARMIGNANI, Maria Cristina. op. cit., p. 119, nota rodapé 25, Revista Forense – Volume 431 – Noções do Processo Civil romano e a Utilização da Aequitas como Fonte do Direito. Um Foco no Processo Formulário, Márcio Bellocchi – 10. 09. 2002 – disponível em Gen Juridico. "O ius civile era o Direito romano antigo, aplicável apenas aos cidadãos romanos." .

326 GUANDALINI Junior, Walter. Uma teoria das fontes do Direito Romano: genealogia histórica da metáfora. Revista da Faculdade de Direito UFPR, Curitiba, PR, Brasil, v. 62, n. 1, Jan. /Abr. 2017, p. 9 – 31. [papiniano]. "Ius civile é aquilo que provém da lei, dos plebiscitos, dos senatusconsultos, dos decretos dos príncipes e da autoridade dos jurisprudentes" (cfe. Madeira, 2012, p. 23) – no original em latim – "Ius autem civile est, quod ex legibus, plebis scitis, senatus consultis, decretis principum, auctoritate prudentium venit". (D. 1. 1. 7. [papiniano], 'Madeira, Hélcio Maciel França (org). Digesto de Justiniano, Liber Primus – Introdução ao Direito Romano. tradução Hélcio Maciel França Madeira. 6. Ed. São Paulo: Revista dos Tribunais, 2012').

327 "Ius autem civile est quod ex legibus, plebis scitis, senatus consultis, decretis principum, auctoritate prudentium venit" – em tradução livre – "Mas o direito civil é o que você conhece pelas leis do povo, pelos decretos dieráSenado, pelos decretos dos príncipes, pela autoridade dos prudentes" (PAPIANUS, cfe. D. 1. 1. 7).

328 " "Ius Civile est quod ueque in totum a naturali vel gentium "reeedit nec per omnia ei (iis 1) servit; itaque quum aliquid addi"- "mus vel detrahimus- juri communi, jus proprium, id est civile, effi- "cimus"'. (ULPIANUS D. 6 (1. 1)).

329 JUSTO, Santos, A, O Pensamento Jusnaturalista no Direito romano, Revista Direito e Desenvolvimento, João Pessoa, v. 4, n. 7, p. 239-312, Jan/Jun 2013. "Ius civile est, quod neque in totum a natural vel gentium recedit nec per omnia ei servit: itaque cum aliquid addimus vel detrahimus 'iuris communi', 'ius proprium', id est civile efficimus" – em livre tradução – "É direito civil o que não se afasta totalmente do (direito) natural ou das gentes, nem se conforma totalmente com ele. Assim, quando acrescentamos ou subtraímos algo ao direito natural, tornamo-lo direito próprio, ou seja, civil". (cfe. D. 1,1,6 pr. ULPIANUS).

330 Dias, Hendel Martins, O processo formulário, R. Fac. Dir. Univ. São Paulo v. 108 p. 169 – 195 jan. /dez 2013. "Gaio foi um professor de direito em Roma no século II. Ele escreveu, de forma clara e didática, um comentário em quatro livros (Institutas), a fim de que servisse de compêndio para o estudo do direito no primeiro ano das escolas em Roma e particularmente, nas províncias, até a reforma do ensino promovida por Justiniano nos meados do século VI. Os Gai institutionum commentarii quattuor consubstanciam uma das principais fontes jurídicas autênticas pré-justinianéias, mormente para o estudo do Processo Civil romano, uma vez que seu quart^a livro dedica-se a vários institutos processuais e da praxe jurídica observada nas épocas arcaica e clássica (cfe. TUCCI; AZEVEDO, 2001a, p. 31-32)ierárre a biografia de Gaio, veja-se COSTA, Moacyr Loierárq Gaio: estudo biobibliográfico. São Paulo: Saraiva, 1989".

331 "Omnes populi, qui legibus et moribus reguntur, partim "suo proprio, partim communiideiasum hominum jure utuntur" "quod quisque populus ipse sibi jus constituit, id ipsius proprium "civitatis est, vocaturque jus civile, quasi jus proprium ipsius civitatis" (cfe. GAIUS, Inst. I, 1, d. 9(1. 1)).

332 "Ius Pluribus Modis Dicitur: [...] altero modo, quod 'Omnibus aut pluribus in quaque civitate utile est, ut est jus eivile'". (cfe. PAULUS D. 11 (1. 1)).

333 TABOSA, Agerson. Direito Romano. Fortaleza: Ed Imprensa Universitária – UFC., 1999, p. 103, Revista Forense – volume 431 – Noções do Processo Civil romano e a Utilização da Aequitas como Fonte do Direito. Um Foco no Processo Formulário, Márcio Bellocchi – 10. 09. 2002 – Disponível em Gen Juridico. "O magistrado era o cidadão que desempenhava função pública com poderes especiais, em nome do povo romano".

334 Dias, Hendel Martins, O processo formulário, R. Fac. Dir. Univ. São Paulo v. 108 p. 169 – 195 jan. /dez 2013. "Os dois cônsules, co-chefes de governo, eram chamados de magistrados Epônimos, consistindo na primeira espécie de magistratura. Concentrava o mando militar, o controle da polícia interna e da segurança pública, o gerenciamento dos serviços estatais e do funcionalismo público, a gestão do erário ou tesouro público e finalmente, a administração da justiça e o exercício da atividade jurisdicional. Em razão do acúmulo de atribuições, do progresso de Roma e da conquista de novos territórios, a pressão política da plebe, entre outros fatores, os cônsules-patrícios foram obrigados a delegar poderes paulatinamente. Assim, o Consulado é desmembrado, surgindo, pouco a pouco, uma série de novas magistraturas, tais como a Questura, a Censura, a Edilidade, a Ditadura, o Tribunato da Plebe e a Pretura, esta para administrar a justiça em matéria fundamentalmente civil, dirimindo conflitos entre romanos (MARCHI, p. 3-19). Sobre as magistraturas romanas desde a monarquia, veja-se MOMMSEN, Theodor. Compendio del derecho publico romano. Buenos Aires: Impulso, 1942, p. 113 e ss'.

335 *"O cargo de consul aparece após a abolicao da monarquia em 509 a.C. O Senado criado pelo próprio Romulo e constituido de experientcs cidadãos (senes e idosos), fora inicialmente uma assessoria colegiada do ierárqPoder Executivo, detentor da soberania imperium (imperium e potestas). Na Republica, o consul era o Poder Ideiascutivo, especie de 'primeiro-ministro'. A diferença do pideiasr monárquico, era que o seu mandato era de apenas um ano (para nao se apegar ao poder) e eleito sempre em dupla, com iguais poderes, isto é, nao se tratava de um titular e outro, vice seu suplente: os dois tinham poderes iguais e por isso, um poder poideiasia tornar sem efeito a decisão do outro. Esse processo assegurava a uniformidade das medidas e lhes conferia mais vigor. A figura do consul nao surgiu imediatamente após a queda da monarquia. Antes o poder esteva nas mãos de um 'praetor' (líder, pretor), e 'iudices' (juízes), e o título de consul incorporou esses dois poderes, exercidos, porém, sob a supervisão do Senado. O nome consul vem de 'consulo', deliberar, decidir. O prefixo como nos verbos latinos implica ação conjunta. Daí, como eram eleitos sempre em dupla, 'consules' implicava a ideia de parceria. Por se tratar de mandatos anuais, o preenchimcnto do cargo se fazia mediante eleições cujo processo sofreu, ao longo dosierárqu, muitas variações. Fundamentalmente as eleições romanas, até o Império, se faziam por voto direto, aclamação com contagem dos votos por colegios eleitorais. Até o seculo V a.C., o consul era eleito dentre os patrícios. A partir do século IV, com a ascensão social dos plebeus (patricii, populus, plebs), dos dois consules, um tinha de ser da plebe. No ano de 172 a.C., tal era a força da plebe que foram eleitos dois plebeuierárquiconsulado. Havia, porém, algumas condições para se pretender a consulado. A primeira era de ter siierárquicpor no minimo dois anos. A reeleicao so era adrnitida após dez anos de intervalo entre dois mandatos. No seculo I a.C., uma lei casuistica, chamada 'Lex Pompeia de Iure Magistrature' ('Lei Pompeia sabre o Direito dos magistrados'), impedia a eleição de candidato audente de Roma. O objetivo da lei era vetar a candidatura de Julio Cesar, entao nas ierárqtas da Gália. A medida deu origem a chamada guerra civil que poria fim*

a democracia romana, com a inauguração do Imperio por 'Augustus'. O periodo do mandato era rigorosamente respeitado. Se um dos consules morria, fazia-se nova eleição para substituir o morto. Se morressem os doiierárqndo nomeariideiasum 'interrex' para completar o mandato. Durante o Imperio, a morte de um imperador, fazia com que o consul (o segundo, porque o proprio imperador ja era o primeiro vitaliciamente) assumisse plenos poderes até a posse do imperador seguinte. No período republicano, o consul era o queierárquicia hoje, no regime parlamentar, ierárquicaverno, ficando a função legislativa a cargo do Senado e dos 'comittia' ou 'conciones', inclusive a declaracao de guerra. Nas províncias ou territorios anexados ao Imperio, havia a figura dos proconsules (que faziam as vezes de consul), nomeados antigamente pelo Senado e posteriormente, pelos imperadores para exercer as rnesmas funções de consul de Roma no territorio que lhes era atribuído. Em 541 da era crista, portanto, cem anos após a queierárquicaio romano do Ocidente, foi eleito o ultimo consul no Imperio entao bizantino. Nos tempos modernos o saudosismo europeu da estrutura hierarquica do Imperio romano ressuscitou figura do consul na pessoa de Napoleao Bonaparte". (Titulo X, consoante obra editada pelo Tribunal Regional Federal da 1ª Região – Escola de Magistratura Federal da 1ª Região, 2010, tradução do livro I do digesto do Corpus Iuris Civilis, 'léxico traduzido do digesto do Corpus Iuris Civilis').

336 C. VARELA, Los Administradores de Roma desde el origen de la ciudad hasta Justiniano. "Su misión principal era la de administrar la justicia civil, aunque –de forma subsidiaria y en virtud de su imperium– ejercieron funciones militares y administrativas, convocaron al pueblo para elegir a los magistrados menores y reunieron al Senado cuando los cónsules no se encontraban en la ciudad".

337 BIONDI, 1957, p. 120.

338 Segundo Max Kasern (1996, p. 183), 'iurisdictio' é o poder soberano concedido aos magistrados judiciais para defenderem as obrigações privadas. (Cabral, Gustavo César Machado, Mudanças políticas e estruturais na função jurisdicional em Roma, repositório ufc, 2012).

339 PAIM, Gustavo Bohrer, Breves notas sobre o Processo Civil romano – Temas atuais do Processo Civil – Revista Eletrônica – Volume 1 – Numero 3 – Setembro 2011. "O interesse tutelado pelo interdito, mesmo exsurgindo de uma pretensão privada, como nos casos mais típicos de proteção da posse, era suficiente para garantir e proteger a ordem pública de qualquer perturbação". (cfe. CRUZ E TUCCI, José Rogério; AZEVEDO, Luiz Carlos de. Op. cit., p. 112).

340 PAIM, Gustavo Bohrer, Breves notas sobre o Processo Civil romano – Temas atuais do Processo Civil – Revista Eletrônica – Volume 1 – Numero 3 – Setembro

2011. "Permitiu-se aos pretores, magistrados com poderes de jurisdição, a renovação dos direitos existentes, em todas as áreas do direito privado e do direito processual civil, podendo aplicar princípios e institutos como sendo existentes, mas para os quais não havia qualquer base nas leis ou em fontes idênticas às leis. Assim, os pretores criaram um grande número de pretensões de direito privado, exigíveis em processo civil (actiones), cuja validade não se baseava numa lei (ou equivalente), mas unicamente no poder jurisdicional do pretor (iurisdictio). Além disso, concederam outros meios jurídicos como as exceções (exceptiones), restituições ao estado anterior (in integrum restitutiones), pretensões tramitáveis em processo especial e sumário (interdicta)". (cfe. Kaser, Max, op cit, p. 36).

341 *"Praetor, 'de prae', antes a frente, é aquele que vai a frente, o chefe, o lider. Inicialmente, o titulo era militar. No início da Republica, o consul era chamado tambem pretor. Foi a Lei Licinia, de 367 a.C., que criou o cargo de pretor, cuja missão era a de ajudar os consules principalmente em questoes civis. O numero de pretores foi crescendo ao longo dos seculos, de acordo com as necesideiasdades decorrentes do aumento da população de Roma e do territorio italico já totalmente ocupado pelos rornanos no seculo III a.C. Naquela epoca, ja havia pretores na Sicilia e na Sardenha. Em Roma, havia os chamados 'praetores urbani' e 'praetores peregrini'. O pretor urbano era o braço direito dos consules nas questões civis entre cidadaos romanos, enquanto o pretor peregrino ou pretor dos estrangeiros era responsavel pelas questões entre cidadaos romanos e forasteiros, cujos direitos se limitavam a esfera do 'ius gentium', direito das gentes. Os pretores eram eleitos pelos comitia centuriata, como os consules, e sob as mesmas regras. Tinham direito a 'toga praetexta', 'tunica branca com bordas de purpura', a 'sella curulis', cadeira de marfim, e a seis litores. Sua jurisdicão compreendia questoes de extorsao (quaestio repetundarum), isto é, de multas repetidas, acima do normal; propina (ambitus), peculato (peculatum), traição (maiestatis); assassinato (de sicariis et veneficis) e falsidade (falsi). No Império, receberam outras funçoes como 'praetoraerarius', tesoureiro; 'praetortutelaris', de questoes de menores, e 'praetorde liberalibus causis', de questoes relativas a alforria. Seus mandatos tinham a mesma duracao do mandato dos consules, mas podiam ser prorrogados por mais um ano, aos que, nesse segundo ano, eram chamados de 'proconsulou' de 'propraetor'. Ao assumir o cargo, emitiam uma espécie de declaração de intencões, na qual estabeleciam as diretrizes de seu mandato. Era o chamado 'edictum', 'edito', que, por se tratar de mera proclamacao de princípios, costumava ser seguido por seus sucessores e por isso, passava a ser designado de 'edictum perpetuum' (edito). A figura do pretor acabou sendo a principal autoridade judicial nas cidades, que, ao longo dos seculos, nasceram e se desenvolveram sob a égide do Direito Romano". (Dig, T XIV,*

consoante obra editada pelo Tribunal Regional Federal da 1ª Região – Escola de Magistratura Federal da 1ª Região, 2010, tradução do livro I do digesto do Corpus Iuris Civilis, 'léxico traduzido do digesto do Corpus Iuris Civilis').

342 BONFANTE, Pietro. *Storia del Diritto Romano*. 4. ed. Milano: Dott. A. Giuffrè, 1958. v. 1. p. 279- 280.

343 FILÓ, Maurício da Cunha Savino. "O Tribunato da Plebe na República Romana: aportes ao constitucionalismo brasileiro contemporâneo, Tese de Doutorado, UFSC., 2018. "Não se pode esquecer a atuação dos Pretores no desenvolvimento do ius, que se tornou laico e pôde corrigir – com base no processo formulário – injustiças que não conseguiam ser contempladas pela normatização e por um procedimento processual de cunho oral e desconhecido para os que não pertenciam à Ordem Patrícia. A importância do pretor para o aperfeiçoamento da República é muito vasta, pois quando se aplicou o processo formulário, cuja casuística e pragmática se aliam ao Tribunato nesta questão, quando em Roma a pretura se tornou o ' [...] grande exemplo de justiça participativa sob a democracia direta' (PILATI, 2015, p. 10). O objeto aqui, todavia, foi o Poder dos Tribunos que nunca foi aceito pelos patrícios, em razão de seu elemento agregador de participação política".

344 "A função original do censor, avaliar, calcular, era de proceder e presidir a realização de censos, e a avaliação de bens com vistas a arrecadação de impostos. Mais tarde por força do étimo, passou também a ser zelador dos bons costumes. O cargo foi instituído no início da republica no século VI a.C., para aliviar o cônsul de suas múltiplas responsabilidades. Era eleito nos 'comitia centuriata' (sistema eleitoral), sob a presidência de um cônsul, cargo inicialmente privativo dos patrícios, pouco depois passou a ser eventualmente exercido por plebeus, portadores do título de cidadão romano. Eram eleitos sempre em dupla e com mandatos de cinco anos. Na escala hierárquica o cargo por sua importância credenciava o seu titular a pleitear o consulado, por suas funções ao longo dos tempos, foram-se ampliando e conquistando um maior espaço político. Além das funções originais o censor era responsável pelo registro de jovens e adultos; pela avaliação de bens com vistas a taxação; pela convocação para o serviço militar, pela cassação do direito de exercer funções públicas, inclusive o direito de votar e ser votado, pela expulsão de membros da ordem equestre por crimes ou atos imorais. Dessas funções a mais importante lhe foi conferida no século III d.C., a de proceder a eleição de candidatos aos Senado. O censor era o responsável pela salvaguarda dos bons costumes, declarava infames o sujeito de sua punição, situação cujas circunstâncias deveriam ser estender por gerações, instituto jurídico até bem pouco tempo ainda incorporado a códigos penais. A última eleição do censor ocorreu no ano de 22 d.C., na ditadura de Sila

e no mandato de Augusto, o cargo foi extinto embora os imperadores seguintes, tenham assumido a função 'in perpetum'. Vale ideiasar que a censura romana, at' Augusto ter instituído a 'Lex maiestatis' lei de lesa majestade, alcançava exclusivamente atos e comportamentos, nunca idéias ou opiniões" (Titulo II, Dig, 1', II, 2, § 17, consoante obra editada pelo Tribunal Regional Federal da 1ª Região – Escola de Magistratura Federal da 1ª Região, 2010, tradução do livro I do digesto do Corpus Iuris Civilis, 'léxico traduzido do digesto do Corpus Iuris Civilis').

345 BOSCH, María José Bravo, Professora titular de Direito romano na Universidade de Vigo (Espanha), *Las Magistraturas Romanas como ejemplo de Carrera Política*. "*Con respecto a la creación de la censura circulan varias versiones. la más verosímil y difundida sería aquella que considera la censura como una magistratura impuesta por la exigencia de liberar a los magistrados supremos de algunas de las múltiples actividades que originariamente tenían atribuidas. en consecuencia, su origen no radica tanto en el interés patricio por incrementar y controlar un mayor número de magistraturas, cuanto en la aplicación del principio de división del trabajo, y la consiguiente necesidad de crear magistrados para ejecutar funciones con relevancia creciente. funciones que, como el censo, serían realizadas con antelación por los pretores y cónsules de los primeros moemntos republicanos. aunque el origen de la censura se suele fijar el año 443 a.C., tal afirmación parece más un producto de reconstrucción liviana que dato propiamente histórico".* (vid. Al Respecto, A. Viñas, Instituciones Políticas y Sociales de Roma: Monarquía y República, cit. p. 157-158).

346 BOSCH, María José Bravo, Professora titular de Direito romano na Universidade de Vigo (Espanha), *Las Magistraturas Romanas como ejemplo de Carrera Política*. "*Durante los primeros dieciocho meses de cada lustro, se dedicaban fundamentalmente a la elaboración del censo, la elección de los senadores y la administración y cuidado del patrimonio estatal (ager publicus, edificios, vías y obras públicas)".* (cfe. C. Varela, El Estatuto Jurídico Del Empleado Público en Derecho romano, Madrid, 2007, p. 72).

347 BOSCH, María José Bravo, Professora titular de Direito romano na Universidade de Vigo (Espanha), *Las Magistraturas Romanas como ejemplo de Carrera Política*. "*El pertenecer al sistema censitario, se decía, es idóneo entre otras cosas al pago de los impuestos. el ciudadano romano asume sobre sí –en proporción al censo- ganancias, pero también bastantes obligaciones. esa es la cuestión: someterse a los impuestos indirectos –como lo es la tasa sobre la manumisión (que asciende al 5% del valor de cada esclavo liberado), introducida en el 357 a.C. -, pero sobre todo estar sujeto a impuestos indirectos, como el tributum –una contribución requerida a cada ciudadano en proporción al censo poseído [...] caundo por decisión del*

Senado se atribuye un stipendium alos militares". (cfe. F. Lamberti, Romanización y Ciudadanía).

348 CICERÓN, pro sestio, 25,55: " [...]ut censoria notio et gravissimum iudicium sanctissimus magistratus de república tollerentur [...]".

349 CICERÓN, de officiis, 3,31,3: " [...]iudicant notiones animadversionesque censorum qui nulla de re diligentius quam de iureiurando iudicabant [...]".

350 TITO LIVIO, 39, 42,6: " [...]ut censoris motis et senatu adscriberent notas [...]".

351 CICERÓN: pro cluentio, 42, 120: " [...] dúo censores, clarissimi viri [...] fiirti et captarum pecuniarum nomine notaverunt [...]".

352 CICERÓN: pro cluentio, 42,119: " [...]video igitur, iudices, animadvertisse censores in iudices quosdam illius consule iuniami, cum istam ipsam causam suscriberent".

353 ID, 46,131: "nam in popilium qui oppianicum condemnarat subcripsit l. gellius [...]".

354 CICERÓN, pro cluentio, 43, 122: " [...]censores denique ipsi saepe numero superiorum censorum iudiciis, si ista iudicia appellari voltis, non steterunt [...]".

355 *"Segundo o Digesto, a figura do edil surgiu quando a plebe, após conquistar e certa autonomia diante do Senado e dos consules e de se organizar para fazer valer seus direitos, precisou de funcionários administrativos para cuidar de seu edificio-sede (aedes, dai, aedilis) e administrar as suas finanças. Segundo estudiosos da história de Roma, a função é mais antiga e tira seu nome tambem de 'aedes', mas, nesse caso, no sentido de templo, mais especificamente do templo de Ceres. Os edis seriam responsaveis pelo culto e administração do templo da deusa. O Digesto, provavelmente, se ateve a origem da função quando ela teria alcançado mais importância e amplitude na República. Na Monarquia, o edil certamente era nomeado pelos reis, mas agora a assembleia de plebeus elege dois 'edis' em contraposicao aos dois consules. Mais tarde, o Senado reage com a criação dos 'edis curris', com os costumeiros privilégios aristocráticos. A plebe protesta e esses 'ed curris' passam a serem também eleitos dentro da plebe, de modo que, durante longo tempo, 'edis curuis patricios' e 'edis curuis plebeus' se alternaram no poder. Essa vitória plebéia viabilizou o acesso de plebeus a própria dignidade consular. As funções dos 'edis' foram-se ampliando no decorrer da historia romana e por isso mesmo, ganhando maior espaço politico. Os 'edis' eram responsáveis pela inspeção e conservação de obras publicas, como edificios, ruas, aquedutos, trafego, pela ordem pública e prevenção de incêndios; pela politica de abastecimento, fiscalização de de pesos e medidas e distribuição de viveres. Para essa última função, Cesar criou dois 'edis curuis', por isso chamados de 'aediles cereales', de 'Ceres deusa*

das searas". No Império, muitas dessas funções foram sendo transferidas para os pretores, como cargo publico eletivo e teria sido extinto pelo imperador Alexandre Severo (228-235 d.C.)". (consoante obra editada pelo Tribunal Regional Federal da 1ª Região – Escola de Magistratura Federal da 1ª Região, 2010, tradução do livro I do digesto do Corpus Iuris Civilis, 'léxico traduzido do digesto do Corpus Iuris Civilis', Titulo II, Dig, 1' II, 2, § 21 e 26).*

356 "A denominação desse cargo provém do verbo 'quaero', buscar; investigar, fiscalizar. Investigar era primitivamente a função principal do 'quaestor'. Era responsavel pelo censo, do qual resultavam a previsão orcamentária da 'civitas' e a provável dimensão da população masculina com vista a eventuais convocações para o serviço militar. Ao longo dos séculos, essa função foi-se estendendo para áreas conexas, como avaliação de renda para fins de tributação, e jurisdição penal em questoes fiscais. No final da República, a função do questor circunscrevia-se a área financeira, chegando inclusive a desempenhar cargos de guardiães do Tesouro. No Império, essa função lhe foi tirada por Augusto e daí em diante, os questores passaram a desempenhar múltiplas funções, as vezes de dificil identificação, como é o caso de Triboniano, jurista certamente de renome, que o imperador Justiniano nomeia presidente da Comissão responsavel pela codificação do Direito romano, entao citado como "questor de nosso Palacio" (vide Constituicao Deo Auctore, Digesto). Há quem lhe confira o cargo de ministro da justica. O cargo de questor era, porém, o cargo inicial na carreira publica, que os romanos chamavam de cursus honorum, carreira das honras. Eram inicialmente dois no inicio da Republica, mas esse numero foi crescendo, chegando a 40 na epoca de César. Augusto reduziu-os a 20 e assim permaneceram até a queda do Imperio. O questor era eleito nos comitia tributa (sistema eleitoral), sob a presidencia de um dos consules. Para se candidatar, precisava ter mais de 30 anos, mas Augusto reduziu essa faixa etaria para 25". *(consoante obra editada pelo Tribunal Regional Federal da 1ª Região – Escola de Magistratura Federal da 1ª Região, 2010, tradução do livro I do digesto do Corpus Iuris Civilis, 'léxico traduzido do digesto do Corpus Iuris Civilis', T XIII).*

357 "Origo Quaestoribus creandis antiquissima est, et paene ante omnes magistratus. Gracchanus denique Iunius libro septimo de Potestatibus, etiam ipsum Romulum et Numam Pompilium binos Quaestores habuisse, quos ipsi non sua voce, sed populi suffragio crearent, refert. Sed sicuti dubium est, an Romulo et Numa regnantibus Quaestor fuerit, ita Tullo Hostilio rege Quaestores fuisse certum est. Sane crebrior apud veteres opinio est, Tullum Hostilium primum in Rempublicam induxisse Quaestores. § 1. – Et a genere quaerendi Quaestores initio dictos et Iunius, et Trebatius, et Fenestella scribunt. § 2. – Ex Quaestoribus quidam solebant

provincias sortiri ex Senatusconsulto, quod factum est Decimo Druso et Porcina Consulibus. Sane non omnes Quaestores provincias sortiebantur, verum excepti erant Candidati Principis; hi etenim solis libris Principalibus in Senatu legendis vacant. § 3. – Hodieque obtinuit, indifferenter Quaestores creari tam patricios, quam plebeios, ingressus est enim et quasi primordium gerendorum honorum sententiaeque in Senatu dicendae § 4. – Ex his, sicut dicimus, quidam sunt, qui Candidati Principis dicebantur, quique epistolas eius in Senatu legunt – tradução do próprio texto original – 'E antiquissima a origem da criação de questores, provavelmente antes mesmo dos próprios magistrados. Gracano Junio, em seu Livro VII sobre 'autoridades', informa que o próprio Romulo e Numa Pompilio teriam tido cada um dois questores que não foram instituídos por eles mesmos, mas por voto popular. Embora haja dúvida sobre se teria havido algum questor nos reinados de Romulo e Numa, com certeza os houve no reinado de Tulo Hostilio. De fato, a opinião mais constante entre os antigos e de que Tulo Hostilio teria sido o primeiro a introduzir questores na administração publica. § 1. e segundo Iunio, Trebacio e Fenestela, a razão de serem assim chamados questores teria decorrido de sua funcao investigatória. § 2. Era costume, por decreto do Senado, que entre alguns questores se sorteassem as províncias, como aconteceu nos consulados de Décimo Druso e de Porcina. Mas, na verdade, nem todos os questores recebiam província por sorteio, pois se excetuavam os chamados candidatos do príncipe; esses só tinham por oficio ler mensagens do imperador no Senado. § 3. Hoje é indiferente que questores sejam instituídos tanto dentre patricios como dentre plebeus, por se tratar de mero início de carreira no servico publico ou de emitir pareceres para o Senado. § 4. Desses, como ja dissernos, alguns são candidatos do príncipe, cujo oficio é ler as cartas do imperador no Senado" (consoante obra editada pelo Tribunal Regional Federal da 1ª Região – Escola de Magistratura Federal da 1ª Região, 2010, tradução do livro I do digesto do Corpus Iuris Civilis, 'léxico traduzido do digesto do Corpus Iuris Civilis', Titulus XIII de officio quaestoris, Ulpianus, libro singulari de officio Qnaestoris).

[358] "Dos cargos publicos de Roma, o de tribuno, por ser eminentemente politico, era o mais complexo e às vezes, obscuro do ponto de vista de suas atribuições ao longo dos seculos. Os primeiros tribunos eram militares, espécie de posto imediato ao do 'dux', general na infantaria e do 'magister equitum', comandante da cavalaria. Na monarquia eram nomeados pelos reis ou eventualmente pelos próprios generais e comandantes da cavalaria. O nome tribuno vem do fato de serem oriundos das diversas tribos que formavam o Exército romano. Alem desses tribunos originários da plebe, havia o tribuno da cavalaria ligeira – 'tribunus celerum' – da classe dos patricios que integravam a cavalaria, de 300 cavaleiros, que formava a guarda dos reis de Roma. A designação de 'celeres' vem provavelmente de 'Celer', o primeiro

'magister equitum' nomeado por Romulo, No início da Republica, os tribunos passaram a ser nomeados pelos consules, mas, a partir do meado do seculo V a.C., na chamada secessão, em que a plebe se insurgiu contra a hegemonia do poder do Senado, os plebeus conquistaram o direito de eleger seus próprios tribunos, de carater político e não militar, em contraposição aos consules, oriundos da classe dos patrícios. A plebe se organizou com base nas curias, administracoes descentralizadas, que remontavam ao proprio Romulo. Os tribunos eram eleitos nos 'comitia curiata', sempre em par, a semelhança dos consules, para mandato de um ano, que podia ser prorrogado. Sua função era a defesa da plebe contra decisões dos consules e do Senado que considerassem arbitrarias, situações em que podiam exercer o direito de veto. O compromisso do tribuno com a defesa da plebe, não só em termos gerais como tambem de individuos, era tao exigente que não lhe era permitido pernoitar fora de Roma e a porta de sua casa devia ficar sempre aberta para acesso imediato de qualquer plebeu que se considerasse injustiçado. Podia, inclusive, processar autoridades por abuso de poder. Gozava tambem de imunidade pessoal no exercicio de suas funções. O exercicio desses poderes, por sua natureza politica, gerava certamente conflitos sociais e politicos, razao pela qual o ditador Sila, em 82 a.C., reduziu o poder dos tribunos, e os imperadores romanos incorporaram a seu cargo tanto as funções consulares como tribunicias, o maior mérito do poder tribunicio foi o de ter aberto para o plebeu o caminho para a sua ascensão social, inclusive ao cargo de consul". (consoante obra editada pelo Tribunal Regional Federal da 1ª Região – Escola de Magistratura Federal da 1ª Região, 2010, tradução do livro I do digesto do Corpus Iuris Civilis, 'léxico traduzido do digesto do Corpus Iuris Civilis', T. II, 2, § 20).

359 BOSCH, María José Bravo, Professora titular de Direito romano na Universidade de Vigo (Espanha), *Las Magistraturas Romanas como ejemplo de Carrera Política*. "A fines de la república, la dictadura como magistratura constitucional degenera y se nombran dictaduras sin período de tiempo previamente limitado, que es ya el significado moderno de dictadura. césar se hace nombrar dictator perpetuo, lo que no tiene nada que ver con la naturaleza del cargo republicano. Augusto, más sutil, desecha el cargo de dictador y se hace nombrar tribuno de la plebe". (cfe. A. Fernández de Buján, *Derecho Público Romano. Recepción, Jurisdicción y Arbitraje*).

Cfe. de Republica, I, 63, Cicero, Marcus Túlio.

360 Saldanha, Daniel Cabaleiro, *apontamentos para uma idéia de justiça em Roma*, Anais do XVIII Congresso Nacional do Conpedi, 2009. "É de conhecimento amplo o brocardo de Cícero cum potestas in populo auctoritas in Senatus sit, 'O poder pertence ao povo, mas a autoridade ao Senado' (CICERUS, Marcus Tullius.

De Legibus. Op. cit. III,12). É preciso compreender o contexto dessa colocação. Esse brocardo está inserido no diálogo entre Marcus e Quintus, no qual Cícero expõe a importância do Senado, onde se decidem as matérias de interesse do Estado (Nam ita se res habet, ut si senatus dominus sit publici consilii). O que fornece sustentação ao Senado é a consideração de que todos os decretos que dele emanam têm força obrigatória (Eius decreta rata sunto), que é suportado por todos (quodque is creuerit defendant omnes) e que as ordens inferiores aceitem que a república seja governada por conselhos superiores. A função da autoridade senatorial é zelar pela continuidade de Roma e sua repercussão social é a irresistibilidade do comando da lei, para que a cidade se mantenha na moderação e na concórdia (teneri ille moderatus et concors ciuitatis status). Cícero cum potestas in populo auctoritas in Senatus sit (Id Idib). A autoridade é, assim, o fundamento de validade formal do Direito".

361 FILÓ, Maurício da Cunha Savino. "O Tribunato da Plebe na República Romana: aportes ao constitucionalismo brasileiro contemporâneo, Tese de Doutorado, UFSC., 2018. "Desde o início da República, o Senado e a Assembleia (inicialmente os Comícios por Cúrias) foram adquirindo importância cada vez maior, ao contrário da época etrusca; e pela brevidade do consulado, logo coube àquele órgão a missão de direcionar e coordenar as políticas de governo e duas funções que demonstravam ao populus que o poder lhes pertencia: o interregnum (nos atos de convocação das eleições) e a auctoritas patrum". (VALDITARA, 2008, p. 102-103).

362 PAOLO, Colliva, "[...] o único modo conhecido de definição da 'respublica romanorum' está na fórmula dominante 'senatus populusque romanus', que exprimia, nessa aproximação não disjuntiva, os dois componentes fundamentais e permanentes da civitas romana: o Senado, núcleo das famílias gentílicas, originárias, representada pelos patres e o povo, ou grupo dêmico, progressivamente integrado e urbanizado que passou a fazer parte do estado com a queda da monarquia". (apud Bobbio et al. (orgs). Dicionário de Política. Brasília: UNB, 1996. p. 986).

363 FILÓ, Maurício da Cunha Savino. "O Tribunato da Plebe na República Romana: aportes ao constitucionalismo brasileiro contemporâneo, Tese de Doutorado, UFSC., 2018. "As decisões do Senado eram chamadas senatusconsulta, mas necessitavam de um magistrado com imperium para entrarem em vigor, assim como o magistrado necessitava da auctoritas patrum do Senado; por isso, na prática, o magistrado não ia contra a decisão do Senado, razão pela qual o consultava antes de realizar proposições". (PILATI, 2011, p. 3; PARICIO; BARREIRO, 2014, p. 68-69).

364 FILÓ, Maurício da Cunha Savino. "O Tribunato da Plebe na República Romana: aportes ao constitucionalismo brasileiro contemporâneo, Tese de Doutorado, UFSC., 2018. "O senatus consulta não tinha força de lei, mas, sim, de um forte posicionamento moral dos patriarcas das famílias; porém, em finais da República, esse instituto se converteu em fonte normativa". (LOPES, 2014, p. 46).

365 Bravo, Gonzalo, Historia de la Roma antigua, Alianza Editorial, Madrid, 1998. *"Se han publicado numerosos estudios en los últimos años, entre los que destacan: A. Fraschetti: Roma e il principe, Barí, 1990, original estudio de la Roma augústea desde la doble perspectiva de la percepción del tiempo y el espacio urbano en los años de transición del régimen republicano al del principado; la tesis central es que el cambio político se refleja también en el nivel ideológico de la sociedad (fiestas, funerales, ceremonial, cultos), aunque, de hecho, Augusto («il principe») incurre en la contradicción de pretender destruir la república, pero manteniéndola viva a los ojos de los ciudadanos; varios apéndices sobre asuntos puntuales completan este documentado estudio; P. Zanker: Augusto y el poder de las imágenes, Madrid, 1992, Alianza Editorial, examina a lo largo de ocho documentados capítulos buena parte del material arqueológico (iconográfico y numismático principalmente) conocido, datado o datable en época augústea (31 a.C. - 14 d.C.); la tesis central es que las imágenes cambian como consecuencia de la transformación del sistema político (de republicano a imperial) en estrecho paralelismo además con los valores que emergen y acabarán implantándose en la nueva mentalidad romana, bien simbolizada por la febril actividad de Augusto en organizar espectáculos, festivales, cultos y ceremonias como expresión de un nuevo lenguaje formal (que se analiza en el capítulo sexto), primero en Roma y luego en las provincias; F. Jacques-J. Scheid: Rome et l 'intégration de l'Empire, 44 av. J. -C. - 260 ap. J. -C., I. -Les structures de l 'empire romain, Paris, 1990, analiza primero la evolución del sistema institucional tardorrepublicano que ha propiciado la instauración del principado de Augusto; dos estudios monográficos sobre religiones y ejército dejan paso al tratamiento del Imperio como un sistema en funcionamiento integrado por diversos tipos de provincias: imperiales, senatoriales y ecuestres; la cuestión de la extensión de la ciudadanía es objeto de un análisis especial desde los tiempos tardorrepublicanos hasta el gobierno de Caracala a comienzos del siglo iii; el estudio de los grupos sociales — incluidos los esclavos— y los sectores económicos de la sociedad romana imperial cierran este minucioso estudio, acompañado de una amplia bibliografía (más de mil títulos); S. Montero-G. Bravo-J. Martínez-Pinna: El Imperio romano. Evolución institucional e ideológica, Madrid, 1990, presenta la evolución histórica de la Roma imperial, desde Augusto hasta los visigodos de mediados del siglo v, desde una perspectiva jurídico-política con especial hincapié en los aspectos institucionales del período; por razones meramente didácticas se sigue el esquema tradicional de emperadores y dinastías, pero se ha prestado especial atención al desarrollo de los procesos históricos y a la definición precisa de los elementos institucionales, ideológicos y*

religiosos que intervienen en ellos; la evolución del Imperio no es, en consecuencia, lineal sino múltiple y, en ocasiones, sinuosa; pero la reconstrucción debe partir del análisis de las fuentes disponibles en cada momento; el último período del Imperio es de descomposición política (presión bárbara) y social (bagaudas), proceso que aceleró en la práctica la desintegración del sistema romano mucho antes de su desaparición oficial; P. Garnsey-R. S a ller: El Imperio romano. Economía, sociedad y cultura, Barcelona, 1991, plantea una reconsideración del Imperio en términos no convencionales, esto es, sin seguir un sistema cronológico ni basarse en los hechos políticos, sino justamente en los hechos económicos y sociales del período; parte de la configuración de un «Imperio mediterráneo» que tuvo que ser administrado mediante una «insuficiente burocracia»; el modelo económico es simple, puesto que la economía romana se mantuvo en el estadio preindustrial y de subdesarrollo; sólo en la agricultura se hicieron progresos notables, pero a costa de estrangular el sistema esclavista del «latifundio», por lo que puede cuestionarse la definición de la sociedad altoimperial como «esclavista»; el análisis de la jerarquía social (clase, ordines, status) y de las relaciones familiares y sociales (patronos y clientes, amigos) así como el fenómeno religioso completan este estudio; J. Le G all-M. Le G lay, El Imperio romano, t. I. -El Alto Imperio desde la batalla de Actium (31 a.C.) hasta el asesinato de Severo Alejandro (235 d.C.), Madrid, 1995, estudio concebido desde la perspectiva de la historia total, sigue una evolución cronológica estricta, emperador tras emperador, dinastía tras dinastía, hasta el final de la época severiana (a. 235); sólo dos capítulos rompen este discurso tradicional: el dedicado a «El Imperio sin los emperadores» y «Las provincias»; incluye un breve tratamiento de las fuentes al comienzo de algunos capítulos; la tesis central es que el desarrollo institucional y cultural de los dos primeros siglos fue posible gracias a la «larga paz» del Imperio y se presenta como una actualización de los manuales al uso; E. Garrido (ed.), La mujer en el mundo antiguo, Madrid, 1986, U. Autónoma, primera publicación sistemática sobre el tema debida a autores españoles, en la que se recogen las ponencias y comunicaciones de unas Jornadas celebradas en Madrid (marzo 1985); ademas de un estudio introductorio de R. Teja y de la aportación bibliográfica de la editora, la obra se divide en capítulos por áreas y épocas: Próximo Oriente antiguo (que incluye Egipto), Grecia, Roma y España (prerromana y visigoda); por lo que se refiere a la mujer de época romana predominan los trabajos filológicos y en particular el concepto de mujer en un autor determinado o a través de una de sus obras: Plutarco, Suetonio, Fedro, Tácito, Tito Livio, Tertuliano, Jerónimo, Basilio o Clemente de Alejandría; en otros casos constituye un buen estado de la cuestión sobre los temas jurídicos, culturales e ideológicos que se planteaban en la incipiente historiografía española sobre la mujer romana, hoy en cierto modo ya superados".

366 PEREIRA, Maria Helena da Rocha, Os feitos do divino Augustus (Antologia da Cultura Latina Romana). Coimbra: Universidade de Coimbra, 1986, p. 120-121. "No meu sexto e sétimo consulados, depois de ter extinguido a guerra civil, e de ter assumido por consenso universal, o poder supremo, passei a República do meu poder para o arbítrio do Senado e do Povo Romano. Por esse motivo, e para me honrar, recebi o título de Augusto por decisão do Senado, e os umbrais da minha casa foram publicamente cobertos de louros, e uma coroa cívica foi fixada sobre a minha porta, e colocado na Cúria Júlia um escudo de ouro, que testemunhava, através da inscrição que tinha, que o Senado e o Povo romano me concediam devido à minha valentia (uirtus), clemência (clementia), justiça (iustitia) e piedade (pietas). Depois dessa época, fiquei acima de todos em autoridade, mas não tive mais nenhum poder do que os outros que foram meus colegas de magistratura". ('in' Santos, Maria do Rosário Laureano, Aspectos culturais da concepção de justiça na Roma antiga, Cultura, Vol. 30 | 2012, p. 141-147).

367 CABRAL, Gustavo César Machado, Do ordo à cognitio mudanças políticas e estruturais na função jurisdicional em Roma, Revista de Informação Legislativa – Brasília a. 49 n. 194 abr. /jun. 2012. "Quod principi placuit, legis habet vigorem: utpote cum lege regia, quae de imperio eius lata est, populus ei et in eum omne suum imperium et potestatem conferat" (cfe. Ulpianus, D. 1. 4. 1).

368 GUANDALINI Junior, Walter, Uma teoria das fontes do Direito Romano: genealogia histórica da metáfora, Revista da Faculdade de Direito UFPR, Curitiba, PR, Brasil, v. 62, n. 1, jan. /abr. 2017. "O que agrada ao príncipe tem força de lei. Isso porque o povo, por uma lei régia que foi promulgada sobre o imperium dele, confere a ele todo o seu imperium e sua potestas' (madeira, 2012, p. 61). No original, em latim: "Quod principi placuit, legis habet vigorem: utpote cum lege regia, quae de imperio eius lata est, populus ei et in eum omne suum imperium et potestatem conferat". (D. 1. 4. 1. [ulpiano], cfe. Madeira, Hélcio Maciel França (org) Digesto de Justiniano, Liber Primus, Introdução ao Direito Romano. Tradução Hélcio Maciel França Madeira. 6. Ed. São Paulo: Revista dos Tribunais, 2012).

369 Carmignani, Maria Cristina, A aequitas e a aplicação do direito em Roma, Revista da Faculdade de Direito da Universidade de São Paulo v. 104 p. 115 – 129 jan. /dez. 2009. "Quodcumque igitur imperator per epistulum et subscriptionem statuit vel cognoscens decrevit vel de plano interlocutus est vel edictio praecepit, legem esse constat: haec sunt quas vulgo constitutiones appellamus' – cf a Autora – tradução extraída da obra de PALAZZOLO, Nicola. Processo civile e politica giudiziaria nel principato, cit., p. 66 – '"Portanto, qualquer coisa que o imperador estabeleça mediante uma epistula ou um subscriptio, ou tenha decretado em juízo ou de forma interlocutória fora do juízo, ou ordenou por meio de um edito, é certo que é lei: estas são aquelas a que vulgarmente chamamos de constituição". (D. 1. 4. 1. 1. Ulp. 1 Inst).

370 *"Quod principi placuit, legis habet vigorem; utpote quum lege Regia, quae de imperio eius lata est, populus ei et incum omne suum imperium et potestatern conferat. § 1. – Quodcunque igitur Imperator per epistolam et subscriptionem statuit, vel cognoscens decrevit, vel de plano interlocutus est, vel edieto praecepit, legem esse constat; haec sunt, quas vulgo Constitutiones appellamus. § 2. – Plane ex his quaedam sunt personales nee ad exemplum trahuntur; nam quae Princeps alieui ob merita indulsit, vel si quam poenam irrogavit, vel sl cui sine exemplo subvenit, personam non egreditur"– em tradução original do texto – "A vontade do príncipe tem força de lei, visto que, por régia promulgada sobre sua autoridade, o povo lhe confere, a ele e para ele, todo o seu poder e soberania. § 1. Portanto, o que quer que o imperador estabelece, por carta ou por sua assinatura, ou sentencia como juiz, com conhecimento de causa, ou por simples atos interlocutórios ou por edito, é tido como lei. E o que nós, em geral, chamamos constituições. § 2. Dessas constituições, algumas são claramente pessoais e não se tomam como precedente, pois o que o príncipe concede a alguém por mérito, ou impõe alguma pena, ou se, sem precedente, favorece alguém, trata-se de atos que não vão além do âmbito pessoal". (Titulus IV de Constitutionibus Principum, Ulpianus libro I, Institutionum, consoante obra editada pelo Tribunal Regional Federal da 1ª Região – Escola de magistratura federal da 1ª região, 2010, tradução do livro I do digesto do Corpus Iuris Civilis, 'léxico traduzido do digesto do Corpus Iuris Civilis').*

371 *BONFANTE, Pietro. Storia del Diritto Romano. 1958. p. 285. Durante o Império, essa situação muda, as iniciativas pretorianas são cada vez mais raras, e o imperador Adriano ordena que o jurista Salvius Iulianus componha uma forma final dos editos pretorianos e edilícios. Como resultado, o conteúdo dos editos cristaliza-se como lei estabelecida, e cessa a posição do pretor como fonte do Direito. Desse momento em diante, o ius honorarium só pode se desenvolver por meio da interpretação jurídica das máximas e instituições elaboradas nesse edictum perpetuum final, ou por iniciativas do imperador. As formas republicanas de procedimento são gradualmente substituídas por novos métodos de administrar a justiça em concordância com as condições políticas existentes. Isso leva à definhação da distinção entre ius civile e ius honorarium, e os dois corpos do Direito unem-se inextricavelmente. (cfe. MOUSOURAKIS, George. A Legal History of Rome. p. 56-57).*

372 *BRETONE, Mario. História do Direito romano 'ius' Civilis no Direito Civil Brasileiro. "O príncipe age normalmente, em vastos sectores da sua administra-*

ção, não por sua iniciativa, mas por instância dos súbditos, ou para responder às perguntas de magistrados e funcionários. Ele tem o dever real de os ouvir a 'passividade', observou-se, é a característica do governo imperial, e as suas raízes encontram-se, por um lado, na tradição aristocrático-republicana do patronato, e por outro, no modelo do soberano macedónico-helénico. Este juízo pode ser discutido, tal como se pode dar soluções diversasà questão se, e até que ponto, se reconhece no Império, ou em determinados momentos da sua história, um autêntico 'estilo de governo'. Seja como for, é sem dúvida verdade que actos do príncipe como os rescriptae os decretaestão sempre em relação com uma solicitação que provém do exterior. Já encontrámos, nas páginas anteriores, alguns destes actos; mas agora é necessário dar uma a descrição mais precisa deles, ainda que sumária. Os rescritos são pareceres, a que nem sempre se reconhece a mesma eficácia normativa. A sua afinidade com os veredictos da jurisprudência é inegável. Rigorosamente falando (mas é um rigor, por vezes só nosso) compreendem duas categorias distintas, as subscriptionese as epistulae. a subscriptioé a resposta a um quesito jurídico de um privado que interroga (algumas vezes o interrogante podia ser uma comunidade), redigida pelo oficio a libellusda chancelaria imperial. Ela era dada no fundo da petição, ao libellus (ou preces). O seu modo de publicação e de transmissão é difícil de determinar, e não se exclui que tivesse sido modificado durante os primeiros dois séculos do Império. Podia ser exposta ao público com ou sem o libellus ou ser comunicada pessoalmente ao requerente (ou uma e outra coisa em conjunto). A epistola é resposta aum quesito jurídico de um funcionário ou de um magistrado, de uma comunidade ou uma associação." (Lisboa: Editorial Estampa, 1998. p. 31, A influência do corpus iuris em uma assembleia provincial apud, de Melo, José Messias Gomes, Revista de Direito Fibra Lex Ano 3, nº 3, 2018).*

373 Suetonio, Augustus, 35, 1; Dio 52, 42, 1 s y 54,14, 1.

374 POMPONIUS. Libro singulari enchiridii. In: JUSTINIANO. Digesto, Liber Primus: introdução ao Direito Romano. 3. ed. 'Constare non potest ius, nisi sit aliquis iuris peritus, per quem possit cottidie in melius produci." Tradução de: Hélcio Maciel França Madeira. São Paulo: Revista dos Tribunais; Osasco: Centro Universitário FIEO, 2002. p. 24-43. "O direito não se sustenta se não houver algum jurisperito por meio do qual o direito possa quotidianamente ser conduzido para melhor".

375 "Nunc videndum, qui in integrum restituere possunt. Et tam praefectus urbe quam alii magistratus pro iuridisctione sua restituere in integrum possunt, tam in aliis causis quam contra sententiam suam" – em tradução livre – "Agora deve-se verificar quem são os que podem restituir integralmente. E tanto o prefeito da cidade quanto outros magistrados podem restituir integralmente em razão da sua jurisdição, tanto contra uma sentença sua, quanto em outras situações". (DIG 4. 4. 16. 5 – ULPIANUS 11 ad ed).

376 *"Praefcti etiam praetorio ex sua sententia in integrum possunt restituere, quamvis apellari ab his non possit. haec idcirco tam varie. Quia apellatio quidem iniquitatis sententiae querellam, in integrum vero restitutio erroris proprii veniae petitionem vel adversarii circumventionis allegationem continet"* – em tradução livre – *"Os prefeitos do pretorio podem restituir integralmente pela sua sentença, embora não se possa apelar em face deles. Por isso, essas coisas se dão de muitos modos. Porquanto a apelação, com efeito, contém uma reclamação de injustiça de uma sentença, mas a restituição integral, contém uma demanda de escusa de erro próprio ou uma alegação de engano do adversário". (DIG 4. 4. 17 – Hermogenianus 1 iuris epit).*

377 CONSELHEIRO JÚNIOR, *João José Pinto, Cursü Elementar de Direito romano, Lente de Direito romano, Faculdade de Direito do Recife, Ed typographia econômica, 1888.* "No começo do 5.° século, o estado das fontes do direito é o que segue para a theoria: os antigos plebiscitos, os senatusconsultos, os edictos dos magistrados romanos, as constituições dos imperadores e os costumes não escritos. As doze taboas erão ainda a base de todas as leis; o resto não era considerado senão como modificação ou addição. Para a pratica não servião de fontes senão as obras dos jurisconsultos clássicos e as constituições".

378 *CRETELLA Junior, José, Curso de Direito Romano. Rio de Janeiro, Ed. Forense, 1998, p. 67-68.* "O código teodosiano, elaborado por ordem do imperador teodósio, é a compilação das constituições imperiais a partir da época de constantino. Promulgado no Oriente, em 438, por Teodósio II e tornado obrigatório no Ocidente por Valentiniano III, distingue-se por ser a primeira codificação oficial do Império romano".

379 *CLAVERO, B. Publicação do Artigo Propriedades na Sociedade Romana: A forma protetiva baseada no caso concreto – publicada on line – 'Roman properties in society: a case based on form protective concrete' – Institucion Historica del Derecho. Madrid: Marcial pons Ediciones Jurídicas, 1992.* "A história do Direito romano tem sua principal referência na compilação de Justiniano, imperador do Oriente, que foi publicada entre os anos 524 e 534 d.C. e na posterior legislação deste imperador, morto em 565 d.C., que recebeu a denominação global de Corpus Iuris Civilis. Esta compilação, com todos os seus defeitos e falsificações, representa nossa melhor e mais rica fonte de informações, inclusive para épocas anteriores a Justiniano (Arangio-Ruiz, 1986, p. 1 e ss). Segundo Riccobono (1975, p. 6). "Ante todo, para comprender las ulteriores vicisitudes de la obra conviene destacar que ésta, si bien tiene gran prestigio como una coleción jurídica, era absolutamente

defectuosa e inapta para la función de un código". Clavero (1992, p. 27 e ss) revela que o conjunto de textos compilados por ordem de Justiniano não se constituiu em seu surgimento num corpo unitário, e que a denominação de corpus iuris civilis (corpo de direito civil) vai acontecer apenas com o decurso dos séculos, para se diferenciar do corpus iuris canonici. Em outra obra sua, Riccobono (1949, p. 209) identifica Dionisio Godofredo, em 1583, como o primeiro a adotar, para a compilação de Justiniano, o título "Corpus Iuris Civilis". No mesmo sentido, ver e Di Pietro (1996, p. 29). (disponível em www. publicadireito. com. br).

380 *Flavius Valerius CONSTANTINUS, Constantino I ou Constantino, o Grande, nasceu em Naissus, Mésia, em 337 e faleceu em 337, em Nicomédia. Foi o primeiro imperador romano a se converter ao cristianismo.*

381 *DE MAMAN, Tobias Scheffer, precedentes no direito brasileiro. A tradição jurídica ocidental entre instrumentos, métodos e história, tese de mestrado, ufrs, 2014. "É possível, porém, indicar uma motivação mais pragmática para o fato de ter-se utilizado apenas das constituições posteriores a Constantino. Foi Constantino quem fundou o Império oriental. A partir daí a situação política ficou instável, com sucessão de vinte imperadores no poder. Havia, porém, uma legitimação de direito – o imperador de um Império era coroado pelo imperador do outro Império – e também uma legitimação de fato – cada imperador tinha poderes suficientes para fazer observar sua vontade. A fim de harmonizar as relações, adotou-se a prática de que as constituições só seriam válidas se comunicadas ao imperador do outro Império. Daí a relevância de limitar a compilação às constituições posteriores à Constantino, porque apenas essas surgiram durante a existência dos dois Impérios e, em consequência, apenas essas seriam válidas. cfe. Lemerle, op. cit., p. 27-28. Não obstante, o decisivo foi o apego ao Cristianismo, porque não só as constituições se limitaram ao período pós-Constantino, mas também todo o material jurídico clássico foi posto de lado em favor do pós-clássico. Enfim, é fato conhecido que Teodósio I era cristão fanático, sendo o responsável, inclusive, pela proibição da superstição pagã (edito de 392)". (apud Lemerle, op. cit., p. 31).*

Edictum Mediolanensis'

Flavius Valerius Constantinu

Gaius Valerius Licinianus Licinius Augustus

382 *DE MAMAN, Tobias Scheffer, precedentes no direito brasileiro. A tradição jurídica ocidental entre instrumentos, métodos e história, tese de mestrado, ufrs, 2014, 'O estabelecimento do cristianismo, aliás, se deu de forma silenciosa tanto no direito quanto na civilização. Em meio à variedade de crenças importadas do Oriente, o paganismo almejado por Augusto já havia perdido espaço. "As religiões e*

as superstições do Oriente se haviam expandido por todo o Império, onde conviviam e se confundiam as crenças mais singulares, os ritos mais estranhos. Tendia-se para uma religião desligada desse mundo decepcionante, que transferisse para outro mundo o objetivo e o fim da existência terrena. O monoteísmo atraía os melhores espíritos. O cristianismo, sem fazer alarde, acabava de estabelecer sua organização e seu dogma". (apud Lemerle, op. cit., p. 4).

383 Paim, Gustavo B, Breves Notas sobre o Processo Civil romano – temas atuais do processo Civil – revista eletrônica – volume 1 – numero 3 – setembro 2011 "Di solito il cristianesimo si considera come elemento demolitore del mondo antico [...] In realtà non si tratta di demolizione per costruire ex novo; si utilizza invece il vecchio per il nuovo; chiese e basiliche sorgono sui templi pagani. La vecchia impalcatura sopravvive, vivificata però da uno spirito nuovo, in guisa che tutto l'edificio risulta effettivamente diverso". (apud BIONDI, Biondo. Il diritto romano Cristiano, t. I. Milano: Giuffrè, 1952, p. 2).

384 Paim, Gustavo B, Breves Notas sobre o Processo Civil romano – temas atuais do processo Civil – revista eletrônica – volume 1 – numero 3 – setembro 2011 "Quando nel 429 Teodosio II ordina di compiere una raccolta di leges, pur disponendo che si faccia ad similitudinem Gregoriani atque Hermogeniani, intende che la raccolta contenga leggi ad incominciare da Costantino [...] Teodosio, avvertendo il distacco tra la legislazione che incomincia da Costantino e quella anteriore, volle presentare un codice di pura marca cristiana, e quindi non poteva risalire oltre Costantino [...] Delle precedenti neppure una parola, come se non esistessero". (apud BIONDI, Biondo. Il diritto romano Cristiano, t. I. Milano: Giuffrè, 1952, p. 4-5).

385 Maciel, José Fabio Rodrigues; Aguiar, Renan. 2010. P 87, Coleção Roteiros Jurídicos. História do Direito. 4ª ed. São Paulo: Editora Saraiva, 2010, Revista Científica do Curso de Direito, Fàg. "O Código (Codex), recolha de leis imperiais, que visava substituir o Código Teodosiano. O Digesto (Digesta ou Pandectas), enorme compilação de extratos de mais de 1.500 livros escritos por jurisconsultos da época clássica. Praticamente um terço do texto do Digesto é tirado das obras de Ulpiano, Gaio, Papiniano, Paulo e Modestino. Obra gigantesca, composta por 50 livros, contém algumas imperfeições e repetições, fatos que não retiram o mérito da compilação. As Instituições (Institutiones), manual elementar destinado ao ensino do direito, de caráter didático. Segue o plano original do jurisconsulto Gaio. Compõe-se de quatro livros. As Novelas (Novellae ou leis novas), Compêndio das constituições imperiais mais recentes do próprio imperador Justiniano, promulgadas depois da publicação do seu Codex. São em número de 177".

386 Justo, Antônio dos Santos, 'A obrigação natural no Direito Romano. Marcas romanas em alguns direitos contemporâneos ', Lex Ml, 2015, 'Falamos da época justinianeia que, segundo o critério jurídico-interno, começa no ano 530 e termina em 565, data da morte de Justiniano. Sobre esta época, dominada pelo classicismo (tendência intelectual que pretende valorizar e imitar o direito da época clássica [entre os anos 130 a.C. e 230]), pela helenização (tendência para sublimar a terminologia e certas construções jurídicas, informando-as de princípios e ideias filosóficas gregas) e sobretudo, pela actualização e compilação do Direito romano, vide S. Cruz, Direito romano (ius Romanum), cit., p. 51; e A. Santos Justo, A evolução do Direito romano, no Volume comemorativo do 75º. tomo do BFD, Coimbra, 2003, p. 67-68'.

387 EVANS, James Allan. 'The Emperor Justinian and the Byzantine Empire'. Westport; London: Greenwood, 2005. p. XIII–XIV. 'O imperador Justiniano domina a história do mundo Mediterrâneo no século sexto. Seu reino foi destacadamente longo, de 527 a 565 d.C., e de suas inúmeras façanhas destaca-se sua reforma jurídica.'

388 Todos os escritos e escrituras da 'roman antiqua' dão conta, de que Iustiniano (483 d.C. a 565 d.C.), imperador Bizantino, concebeu, ordenou e dissertou o Código Iustinianus, que deu-se com com a epítome do Digesto, das Institutas e das Novelas, que assim constituíram o Direito romano, isto é, as leis que asseguravam ao roman populus o domínio do mundo, no seu governo no período de 527 d.C. a 565 d.C., tornando-o verdadeiro protagonista no marco da evolução da ambitude jurídica.

389 Flávio Pedro Sabácio Justiniano, nascido em Taurésio em 483 e morto em 565 em Constantinopla. Foi imperador do Império romano do Oriente, e determinou a elaboração do Corpus Juris Civilis.

390 Isaia, Cristiano Becker, A herança romana no direito processual civil e a necessária releitura constitucional do processo na plataforma democrática de direito, Revista de Direitos Fundamentais e Democracia, Curitiba, v. 11, n. 11, p. 124-148, jan. /jun. 2012. Trata-se de um verdadeiro manual de Direito romano elaborado para o uso dos estudantes de Direito de Constantinopla. Serviram-lhe como modelo de Comentários de Gayo e são divididas em quatro livros, que indicam os vários assuntos abordados. (cfe. Justinianus I, 2000, p. 6).

391 Paim, Gustavo B, Breves Notas sobre o Processo Civil romano – temas atuais do processo Civil – revista eletrônica – volume 1 – numero 3 – setembro 2011 "Essas interpolações também eram denominadas tribonianismos, em referência ao jurisconsulto Triboniano, que foi encarregado por Justiniano de organizar a comissão destinada a compilar os textos do período clássico". (nas lições de ALVES, José Carlos Moreira. Op. cit., p. 49).

392 Carmignani, Maria Cristina, A aequitas e a aplicação do direito em Roma, Revista da Faculdade de Direito da Universidade de São Paulo v. 104 p. 115 – 129 jan. /dez. 2009 " [...]ambiguum fuerit visum, hoc ad imperiale culmen per iudices referatur et ex auctoritate Augusta menifestetur, cui soli concessum este leges et condere et interpretari" – em livre tradução – ' [...]parece duvidoso que isso seja encaminhado à cúpula imperial pelos juízes e divulgado pela autoridade de Augusta, a quem somente é permitido promulgar e interpretar leis'. (cfe. Constituição Tanta, 21).

393 Isaia, Cristiano Becker, A herança romana no direito processual civil e a necessária releitura constitucional do processo na plataforma democrática de direito, Revista de Direitos Fundamentais e Democracia, Curitiba, v. 11, n. 11, p. 124-148, jan. /jun. 2012. 'Para Merryman o corpus iuris não se limitava ao direito civil romano. Incluía muitas coisas referentes ao poder do imperador, a organização do Império etc. Caiu em desuso com a derrocada do Império romano. Os invasores aplicaram versões do direito civil romano mais rudimentar, menos refinadas, trazendo seus próprios costumes legais germânicos, que se aplicavam a eles mesmos, mas não aos povos conquistados. A fusão de certas leis germânicas com as instituições legais romanas é que, ao largo dos séculos, se denominou "Direito romano vulgarizado".

394 Pezella, Maria Cristina Cereser, Reckziegel Janaína, Propriedades na Sociedade Romana: A forma protetiva baseada no caso concreto. "Non meno vaste e importanti sono le conseguenze che da questa nuova visuale si debbono trarre rispetto a quelli che potremmo dire i quadri cronologici e prospettici del diritto romano. Ancora una volta i modi di concepire sia il diritto romano, sia la natura e la funzione del suo studio influiscono su queste determinazioni. Fino a che il diritto romano s'identificava con il corpus iuris, o comunque fino a che l'interesse si polarizzava sul diritto privato giustinianeo, anche la visione storica risentiva di questa prospettiva. Lo svolgimento anteriore, dalla fondazione di Roma alla compilazione giustinianea, appariva – come abbiamo già detto – una lunga preparazione per arrivare a quella mèta finale, che costituiva l'oggetto principale dello studio" – em tradução livre – 'Não menos vastas e importantes são as consequências que desta nova visão deve-se considerar a respeito daqueles que podemos dizer os quadros cronológicos e prospectivos do Direito Romano. Mais uma vez os modos de conceber, seja o Direito romano, seja a natureza e função do seu estudo, influem sobre estas determinações. Enquanto o Direito romano identificava-se com o corpus iuris, ou de outro modo, enquanto o interesse concentrava-se no direito privado justinianeo, igualmente a visão histórica refletia esta prospectiva. O desenvolvimento anterior, da fundação de Roma à compilação justinianea, parecia – como já tínhamos dito – uma longa preparação para chegar àquela meta final, que constituía o objeto principal do estudo". (apud Orestano, 1963, p. 630-631).

395 WIEACKER, Franz. História do Direito Privado Moderno. 4. ed. Lisboa: Fundação Calouste Gulbenkian, 2010, p. 311: "Depois da redescoberta do Corpus Iuris, as alterações da consciência jurídica e política modernas pelo jusracionalismo e as reformas e revoluções que daí resultaram constituem talvez o maior exemplo histórico da força revolucionária de uma teoria metodológica".

396 Caminha, Vivian Josete Pantaleão, A eqüidade no direito contratual: uma contribuição para o debate sobre o tema, Tese de Doutorado, UFRS, 2010, 'No ano 528, em ambiente marcado por longas guerras e pelo convívio de culturas multiformes, Justiniano (527-565), imperador do Oriente, inicia um trabalho de codificação do Direito romano, do qual resulta o Corpus Iuris Civilis, em grande parte editada em latim, e as Novelas, em grego. O Corpus Iuris Civilis compreende: o Código (coleção de leis romanas editadas pelos antecessores), o Digesto ou Pandectas (conjunto de opiniões doutrinárias e jurisprudenciais dos jurisconsultos romanos), as Institutas (resumo de toda a doutrina do Direito Romano), o segundo e definitivo Código (coleção de leis romanas atualizadas) e as Novelas (coleções de leis, editadas após a entrada em vigor do Código, do Digesto e das Institutas, as quais reformam essa legislação) (ALVES, José Carlos Moreira. Direito romano. v. I. 5 ed. revista e acrescentada. Rio de Janeiro: Forense, 1983, p. 55-56). Com a redescoberta dessa obra pelos medievais, o Direito romano, reinventado e reinterpretado pela universidade, volta a exercer influência marcante na Europa ocidental' (cfe. Lopes, José Reinaldo de Lima. O Direito na História: lições introdutórias. 3 ed. São Paulo: Atlas, 2008, p. 44).

397 Isaia, Cristiano Becker, A herança romana no direito processual civile a necessária releitura constitucional do processona plataforma democrática de direito, Revista de Direitos Fundamentais e Democracia, Curitiba, v. 11, n. 11, p. 124-148, jan. /jun. 2012,'Sustenta verger que quando Justiniano determinou a elaboração de sua compilação, as relações entre os Impérios do Oriente e o Império de um Ocidente bárbaro estavam bastante distendidas. Isso justifica porque o corpus iuris foi recebido no Ocidente somente no Século XI. Até então os reinos bárbaros contentaram-se com fontes jurídicas pobres e disparatas'. (apud Verger, Jacques. Cultura, Ensino e Sociedade no Ocidente nos Séculos XII e XIII. Tradução de Viviane Ribeiro. Bauru: Edusc, 2001).

398 PAIM, Gustavo B, Breves Notas sobre o Processo Civil romano – temas atuais do processo Civil – revista eletrônica – volume 1 – numero 3 – setembro 2011. "No Digesto revivem 'os grupos inumeráveis' da jurisprudência clássica. Naturalmente que os compiladores puderam utilizar as obras dos mestres antigos no estado e na forma em que elas tinham chegado até eles, e portanto com as alterações (voluntárias ou involuntárias) que tinham sofrido uma longa, e por vezes acidentada, história textual". (apud BRETONE, Mario. Op. cit., p. 279).

399 *'Iuri operam daturum prius nosse oportet, unde nomen iuris descendat. Est autem a iustitia appellatum: nam, ut eleganter Celsus definit, ius est ars boni et aequi'* – em livre tradução – *'O estudante de direito, desde o início de seus estudos deve saber de onde advém o nome direito: ele deriva de justiça. Como define elegantemente Celsus: o direito é a arte do bom e do justo'. (Digesto 1. 1. 1 – Ulpiano, Institutas, IV 1).*

400 *'Imperatoriam maiestatem non solum armis decoratam, sed etiam legibus oportet esse armatam, ut utrumque tempus et bellorum et pacis recte possit gubernari et princeps Romanus victor existat non solum in hostilibus proeliis, sed etiam per legitimos tramites calumniantium iniquitates expellens, et fiat tam iuris religiosissimus quam victis hostibus triumphator'* – em livre tradução – *'À sua Majestade Imperial convém que não só esteja honrada com as armas, mas também fortalecida pelas leis, para que um e outro tempo, assim a guerra como a paz, possam ser bem governados, e o príncipe romano subsista vencedor não somente nos combates com os inimigos, mas também rechaçando por legítimos trâmites as iniquidades dos caluniadores, e chegue a ser tão religiosíssimo observador do Direito, como triunfador dos inimigos vencidos' (Iustinianus – Prefácio Institutas).*

401 *'Juris epitomarum'.*

402 *'De adulteriis, De officio aedilium, Definitiones, Quaestiones, Responsorum'.*

403 *'De differia dotis, De enucleatis casibus, De heurematicis, De inofficios testamento, De manumissionibus, De poenis, De praescriptionibus, De ritu nuptiarum, Differentiarum, Excusationes, Pandectarum, Regulae, Responsorum'.*

404 *Álvaro D'ors, Direito Privado romano, 5ª ed. revisado, Ed. Universidad de Navarra SA, Pamplona, 1983, p. 77 n.. 2. 'Escrito ou pelo menos iniciado antes da redação do édito perpétuo'.*

405 *'Ad Minicium, Ad Urseium Ferocem, De ambiguitatibus, Digesta'.*

406 *'Quaestiones'.*

407 *'Ad Legem Iuliam et Papiam, Apud Iulianum, Digestorum, Regulae Pomponii notat, Responsa'.*

408 *'Digestorum, Quaestionum, Quaestionum publice tractatarum, Regulae, Responsorum'.*

409 *'Ad edictum, Ad edictum aedilium currulium, Ad legem Aeliam Sentiam, Ad legem Cinciam, Ad legem Falcidiam, Ad legem Fufiam Caniniam, Ad legem Iuliam, Ad legem Iuliam et Papiam, Ad Neratium, Ad orationem divi Severi, Ad orationem*

divi Severi et Comodi, Ad Plautium, Ad regulam catonianam, Ad Sabinum, Ad Senatus Consultum Libonianum, Ad Senatusconsultum Claudianum, Ad Senatusconsultum Orphitianum, Ad Senatusconsultum Silanianum, Ad Senatusconsultum Tertullianum, Ad Senatusconsultum Tertullianum et Orphitianum, Ad Senatusconsultum Turpillianum, Ad Senatusconsultum Velleianum, Ad Vitellium, Brevis edicti, De adsignationes libertorum, De adulteriis, De apellationibus, De assignatione libertorum, De censibus, De cognitionibus, De conceptione formularum, De concurrentibus actionibus, De dotis repetitione, De excusationibus tutelarum, De forma testamenti, De gradibus, et affinibus, et nominibus eorum, De inofficioso testamento, De Instructo et Instrumento, De instrumenti significatione, De intercessionibus feminarum, De iudiciis publicis, De iure fisci, De iure codicillorum, De iure libellorum, De iure patronatus, De iure singulari, De iuris et facti ignorantia, De liberali causa, De libertatibus, De libertatibus dandis, De officio assessorum, De officio consulis, De officio praefecti urbi, De officio praefecti vigilum, De officio proconsulis, De poenis militum, De poenis omnium legum, De Portionibus quae liberis damnatorum conceduntur, De secundis tabulis, De Senatusconsultis, De septemviralibus iudiciis, De tacitis fideicommissis, De usuris, De varris lectionibus, Decretorum, Digestorum Iuliani notat, Epitomarum Alfeni Digestorum, Fideicommissorum, Imperiales sententiae in cognitionibus prolatae, Institutiones, Manualium, Quaestiones, Regulae, Responsorum, Sententiae'.

410 *'Ad edictum aedilium currulium, Ad edictum provinciale, Ad edictum urbicum, Ad formulam hypothecariam, Ad legem Glitiam, Ad legem Iuliam et Papiam, Ad legem XII tabularum, Ad Senatusconsultum Orfitianum, Ad Senatusconsultum Tertullianum, De casibus, De manumissionibus, De verborum obligationibus, Institutiones, Regulae, Rerum quotidianarum sive aureorum'.*

411 *'Ad edictum, Ad edictum aedilium currulium, Ad legem Aeliam Sentiam, Ad legem Iuliam et Papiam, Ad Sabinum, De adulteriis, De appellationibus, De censibus, De officio consulis, De officio curatoris reipublicae, De officio praefecti urbi, De officio praefecti vigilum, De officio praetoris tutelaris, De officio proconsulis, De officio quaestoris, De omnibus tribunalibus, De sponsalibus, Disputationum, Excusationum, Fideicommissorum, Institutiones, Opinionum, Pandectarum, Regulae, Responsorum'.*

412 *'A queda do Império romano provoca o desuso do Corpus Juris Civilis: "Os invasores aplicaram aos habitantes da península italiana versões mais cruas e menos refinadas do Direito Romano. Os invasores também trouxeram consigo seus próprios costumes jurídicos germânicos que se aplicavam a eles mesmos, mas não aos conquistados, baseados em sua regra de que a nacionalidade de uma pessoa*

às vezes, apesar disso, uma certa fusão de leis tribais germânicas com instituições jurídicas romanas começou a tomar forma em certas regiões da Itália, sul da França e da Europa, a Península Ibérica. Ao longo dos séculos, essa mistura produziu o que os europeus ainda chamam de Direito romano "vulgarizado" ou "barbarizado", e que ainda é de interesse primordial para os historiadores do direito'. (cfe. A tradição jurídica romano-canônica, México, FCE, 1980, p. 25 e 26).

413 GUTIÉRREZ-ALVIZ Y ARMARIO, Faustino. Diccionario de Derecho Romano. p. 160, 196, 513. *'Pandectas é o nome grego equivalente a digesto e por isso, é outro nome usado para designar a compilação de textos e extratos dos jurisconsultos ordenada pelo imperador Justiniano com esse nome e que faz parte do Corpus Iuris Civilis'.*

414 *"Imperatoriam majestatem non solum armis decoratam, sed etiam legibus oportet esse armatam, ut utrumque tempus et bellorum et pacis rectas possit gubernari, et princeps romanus non solum em hostilibus praellis victor existat, sed etiam per legitimos procedimentos columnintium iniquitates expellat' – em livre tradução – 'A majestade imperial deve contar com armas e leis para que o Estado seja igualmente bem governado durante a guerra e durante a paz: para que o príncipe, repelindo as agressões de seus inimigos em combate, e diante da justiça, os ataques de homens maus, possa seja tão religioso na observância do direito quanto grande nos triunfos'* (Institutas 'Preâmbulo').

415 *'Cuius merito quis nos sacerdotes appellet: iustitiam namque colimus et boni et aequi notitiam profitemur, aequum ab iniquo separantes, licitum ab illicito discernentes, bonos non solum metu poenarum, verum etiam praemiorum quoque exhortatione efficere cupientes, veram nisi fallor philosophiam, non simulatam affectantes'. – em livre tradução – 'Desta arte nós juristas somos merecidamente chamados sacerdotes. Nós cultivamos a virtude da justiça e temos o conhecimento do que é bom e justo, discriminamos entre justo e injusto, discernimos o lícito do ilícito, almejamos fazer os homens bons não apenas por medo das penalidades mas também pela sedução dos prêmios, e aspiramos à verdadeira filosofia, se não me engano, e não à simulada'.* (Digesto 1. 1. 1 – Ulpiano, Institutas, lV 1).

416 ISAIA, Cristiano Becker, A herança romana no direito processual civil a necessária releitura constitucional do processo na plataforma democrática de direito, revista de direitos fundamentais e democracia, Curitiba, v. 11, n. 11, p. 124-148, jan / jun 2012. *'Trata-se de um verdadeiro manual de Direito romano elaborado para o uso dos estudantes de direito de constantinopla. Serviram-lhe como modelo de comentários de gayo e são divididas em quatro livros, que indicam os vários assuntos abordados'.* (Justiniano I. Institutas do imperador Justiniano. Manual Didático para uso dos Estudantes de Direito de Constantinopla, elaborado por ordem do

imperador Justiniano, no ano de 533 d.C. Tradução de J. Cretella jr. São Paulo: rt, 2000, Justiniano I, 2000, p. 6).

417 Melo, José Messias Gomes de, A influência do corpus iuris civilis no direito civil brasileiro, Revista de Direito FIBRA Lex, Ano 3, nº 3, 2018, 'Ao conjunto formado pelas Institutas, Digesto, Código e Novelas, o romanista francês Dionísio Godofredo denominou Corpus Iuris Civilis (Corpo do Direito Civil)' (cfe. CORREA, Alexandre; SCIASCIA, Gaetano. Manual de Direito Romano. São Paulo: Revista dos Tribunais, 1988. p. 303).

418 Melo, José Messias Gomes de, A influência do corpus iuris civilis no direito civil brasileiro, Revista de Direito FIBRA Lex, Ano 3, nº 3, 2018, 'O próprio Justinianao, [...] publicou um notável número de Novellae Constituitiones, em latim e grego, reguladoras de questões gerais e específicas, mas, em sua maioria, profundamente inovadoras e às vezes, tão extensas que constituíram a regulamentação completa de certas instituições jurídicas privadas, como o matrimônio e as sucessões legítimas. [...] Acredita-se que a mais antiga destas coleções é chamada de Epitome Juliani, publicada por volta do ano 555 por Juliano, provavelmente professor em Constantinopla, contendo o resumo latino de 123 novelas. Outra coleção, datada de 556, reunia 134 novelas e era chamada Authenticum, cujo nome procede de uma controvérsia em Bolonha, no séc. XI, acerca de sua autenticidade, pois que, no início, chegou a ser considerada falsa. Esta coleção é atualmente muito difundida e acredita-se ser originária da Itália depois do ano 1. 000'. (cfe. LORENZO, Wambert Gomes Di. As interpolações no Corpus Juris Civilis. In Direito & Justiça v. 37, n. 1, p. 17-24, jan. /jun. 2011. p. 20).

419 'Constitutio principis est quod imperator decreto vel edicto vel epistula constituit' – em tradução livre – 'A constituição imperial é o que o imperador ordena por decreto ou por carta'. (Gaius).

420 PAIM, Gustavo B, Breves Notas sobre o Processo Civil romano – temas atuais do processo Civil – revista eletrônica – volume 1 – numero 3 – setembro 2011. "Giustiniano va orgoglioso della sua opera non tanto per il lavoro di selezione ed aggiornamento che gli ha permesso di tramandare ai posteri buona parte dell'antica sapienza, ma soprattutto perchè ha voluto erigere la sua legislazione sulla base ferma della giustizia cristiana". (apud BIONDI, Biondo. Il Diritto romano, Cristiano, T. II. Milano: Giuffrè, 1952, p. 117).

421 PAIM, Gustavo B, Breves Notas sobre o Processo Civil romano – temas atuais do processo Civil – revista eletrônica – volume 1 – numero 3 – setembro 2011. "Si sono notate storture ed incoerenze logiche, ragionamenti poco convincenti, mutamenti improvvisi di pensiero, fino al punto che l'elemento logico è stato elevato a criterio

generale diagnostico delle interpolazioni, e le leggi di Giustiniano bene spesso si sono giudicate stravaganti ed illogiche in confronto alla armoniosa architettura classica [...] Tutto ciò discende non solo dalla fretta od anche insipienza dei compilatori, come si suole ammettere, ma soprattutto da una ragione più intima. La giustizia che affiora nelle nuove leggi non è il risultato di una serie di impeccabili sillogismi, che conducono ad un sistema organico, ma va al di là della logica formale. C'è un urto tra il diritto classico fondato sulla utilitas, il quale non si vuole rinnegare, e la nuova giustizia fondata sulla carità, che si vuole fare trionfare. Ciò determina necessariamente disarmonie e storture. La logica non è abbandonata, ma è posta al servizio della carità. Il diritto classico è logico e rettilineo, il diritto giustinianeo è una linea duttile, che si piega in omaggio ad una giustizia di ordine superiore". (apud BIONDI, Biondo. Il Diritto romano, Cristiano, T. II. Milano: Giuffrè, 1952, p. 113).

422 De Maman, Tobias Scheffer, Precedentes no direito brasileiro. A tradição jurídica ocidental entre instrumentos, métodos e história, Tese de Mestrado, UFRS, 2014, 'No codex, por exemplo, há uma parte intitulada in nomine Domini nostri Ihesu Christi, e Justiniano reconhece governar e editar leis por mandato outorgado por Deus'. (apud Biondi, op. cit., p. 10 e 168-180).

423 PAIM, Gustavo B, Breves Notas sobre o Processo Civil romano – temas atuais do processo Civil – revista eletrônica – volume 1 – numero 3 – setembro 2011. 'Para merryman o corpus iuris não se limitava ao direito civil romano. Incluía muitas coisas referentes ao poder do imperador, a organização do Império etc. caiu em desuso com a derrocada do Império romano. Os invasores aplicaram versões do Direito Civil romano mais rudimentar, menos refinadas, trazendo seus próprios costumes legais germânicos, que se aplicavam a eles mesmos, mas não aos povos conquistados. A fusão de certas leis germânicas com as instituições legais romanas é que, ao largo dos séculos, se denominou 'Direito romano vulgarizado' (apud Merryman, John Henry. La Tradición Jurídica Romano-Canónica. 7. Ed. tradução para o espanhol de Eduardo l. Suárez. México: Fondo de Cultura Econômica, 2002).

424 Justo, Antônio dos Santos, 'A obrigação natural no Direito Romano. Marcas romanas em alguns direitos contemporâneos ', Lex Ml, 2015, Iustinianus I. 3. 13 pr 'Obligatio est iuris vinculum, quo necessitate adstringimur alicuius solvendae rei, secundum nostrae civitatis iura' – traduçao de texto – 'Institutiones de Justiniano definem a obrigação como 'um vínculo do direito pelo qual somos compelidos a pagar alguma coisa segundo as leis da nossa cidade'.

425. 'Obligatio est júris vinculum quo necessitate adstringimur alicujus solvendae rei secundum nostrae civitatis jura' – em tradução livre – 'A obrigação é um vínculo de direito, constituído com base em nosso direito civil, que nos força rigorosamente a pagar alguma coisa'. ('Justiniano, Flavius Petrus Sabbatius, Institutas, 3,13, pr').

426 DINIZ, Marcous Paulo, Direitos das Obrigações: Uma Abordagem dos Aspectos Evolutivos desde o início da Humanidade. *'Desde as institutas romanas, já se podia pinçar a ideia fundamental de obrigação como sendo o vínculo jurídico que adstringe necessariamente a alguém, para solver alguma coisa, em consonância com o direito (obligatio est juris vinculum, quo necessitate adstringimur alicujus solvendae rei, secundum nostrae civitatis jura). Já era possível, pois, perceber que o núcleo essencial da obrigação era o vínculo existente entre o credor e o devedor, pelo qual um poderia exigir, coercitivamente, do outro uma prestação. exatamente por isso, notava-se que o cerne da obrigação não poderia ser tornar alguém proprietário de algo, mas sim obrigar alguém a dar, fazer ou não fazer alguma prestação'. (nas lições de, Farias, Cristiano Chaves de; Rosenvald, Nelson. Direito das Obrigações. 3. Ed. Rio de Janeiro: Lumen Juris, 2008).*

BRANDT, Felipe Barbosa ; DA ROCHA, Renata Ferreira Os Elementos da responsabilidade objetiva prevista na lei anticorrupção, UCB, 2022. *"A palavra 'responsabilidade' tem sua origem no verbo latino respondere, significando a obrigação que alguém tem de assumir com as consequências jurídicas de sua atividade, contendo, ainda a raiz latina de spondeo, fórmula através da qual se vinculava, no Direito romano, o devedor nos contratos verbais [...]. 5 A acepção que se faz de responsabilidade, portanto, está ligada ao surgimento de uma obrigação derivada, ou seja, um dever jurídico sucessivo3, em função da ocorrência de um fato jurídico lato sensu [...]". O respaldo de tal obrigação, no campo jurídico, está no princípio fundamental da 'proibição de ofender', ou seja, a ideia de que a ninguém se deve lesar – a máxima neminem laedere, de Ulpiano – limite objetivo da liberdade individual em uma sociedade civilizada. Como sabemos, o Direito Positivo congrega as regras necessárias para a convivência social, punindo todo aquele que, infringindo-as, cause lesão aos interesses jurídicos por si tutelados. (cfe. GAGLIANO, Pablo Stolze; PAMPLONA FILHO, Rodolfo. Novo curso de direito civil: responsabilidade civil. 19. ed. São Paulo: Saraiva Educação, 2021, v. 3).*

427 DINIZ, Marcous Paulo, Direitos das Obrigações: Uma Abordagem dos Aspectos Evolutivos desde o início da Humanidade. *'Foi portanto a Lei das XII Tábuas, além de uma fonte de conhecimento criadora extraordinariamente fecunda do Direito romano posterior, duante cerca de mil anos, até Justiniano (533 d. c) data da promulgação do Pandectas. Se fizermos um estudo mais profundo das legislações modernas, remontando às suas origens justinianéias, vamos verificar que muitos dos institutos jurídicos que ainda hoje sobrevivem nas legislações civilizadas tiveram a*

sua gênese na lei decenviral, promulgada cerca de cinco séculos antes de CRISTO. Na Lei das XII Tábuas decorrem o direito privado, o direito civil romano, normas sobre propriedade, obrigações, sucessões e família, os direitos de vizinhança, a tutela, a curatela, os testamentos, os preceitos creditórios, os contratos. No campo do direito penal, embora em menores porporções, encontra nela abundante manancial, especialmente no que diz respeito ao furto, ao homicídio, dano, falso testemunho". (nas lições de, Meira, Silvio. A Lei das XII Tábuas. 3. Ed. Rio de Janeiro: Forense, 1973).

428 ALVES, José Carlos Moreira – Direito Romano. RJ, Ed. Forense, 2003, vol. 2., P. 27. "Em outras palavras, todas as obrigações decorrem mediatamente de uma norma jurídica (lei em sentido amplo) e imediatamente, de um fato jurídico (isto é, de um fato voluntário, ou não, a que a norma jurídica atribui o poder de fazer surgir uma obrigação. Um exemplo: do contrato de depósito – que é um acordo de vontades pelo qual alguém (o depositante) entrega uma coisa móvel a outrem (o depositário), obrigando-se este a devolvê-la àquele quando solicitado – nasce para o depositário a obrigação de restituir a coisa ao depositante; a fonte i mediata dessa obrigação é um fato jurídico voluntário (o contrato), e a fonte mediata é a norma jurídica que estabelece que do contrato de depósito nasce um uinculum iuris entre depositário e depositante, pelo qual aquele está obrigado a devolver, quando solicitado, a coisa a este".

Ferreira, Flávio Henrique Silva, O destino do Senatus Consultum Macedonianum no Brasil, Revista de informação legislativa, ano 50, número 199, jul/set 2013. "Em Roma vivia uma pessoa chamada Macedo. Quando ele ainda estava sob patria potestas, tomou dinheiro emprestado de alguém, esperando que após a morte de seu pai ele seria capaz de quitar a sua dívida. À medida que o tempo passava, o credor o pressionava, exigindo o pagamento. Macedo não tinha nada com o que pagar (como poderia ele, sendo alieni iuris?); então ele matou o seu pai. O assunto foi trazido ante ao Senado: Macedo recebeu a punição relativa ao parricídio, e o senatus consultum denominado Macedoniano foi feito." (Paraphrasis institutionum, Lib. IV, Tit. VII, 7 (THEOPHILUS, 2010 apud Zimmermann, 1996, p. 177-178).

Ferreira, Flávio Henrique Silva, O destino do Senatus Consultum Macedonianum no Brasil, Revista de informação legislativa, ano 50, número 199, jul/set 2013. "Por causa do fato de que os empréstimos de Macedo lhe deram um incentivo adicional para cometer um crime para o qual ele era naturalmente predisposto e por causa do fato de que aqueles que emprestam dinheiro sob condições no mínimo duvidosas geralmente fornecem aos homens maus os meios para cometer um ilícito, foi decidido, com o objetivo de ensinar agiotas perniciosos, que a dívida de um filho-família não pode ser validada com a esperança da morte do pai, que uma pessoa que emprestou dinheiro para um filho-família não terá nenhuma ação até mesmo após a morte da pessoa que tinha poder sobre ele." (transcrito do original, Ulp. D. 14, 6, 1 pr. : "cum inter ceteras sceleris causas macedo, quas illi natura administrabat, etiam aes alienum adhibuisset, et saepe materiam peccandi malis moribus praestaret, qui pecuniam, ne quid amplius diceretur incertis nominibus crederet: placere, ne cui, qui filio familias mutuam pecuniam dedisset, etiam post mortem parentis eius, cuius in potestate fuisset, actio petitioque daretur, ut scirent, qui pessimo exemplo faenerarent, nullius posse filii familias bonum nomen expectata patris morte fieri").

429 ANGELIN, Karinne Ansiliero, Dano injusto como pressuposto do dever de indenizar, Usp, SP, 2012. "Nunc transeamus ad obligationes. Quarum summa diuiosio in duas species diducitur; omnis enim obligatio uel ex contractu nascitur uel ex delicto" (cfe. Gaius. 3, 88).

430 'Obligationum substantia non in eo consistit ut aliquod corpus nostrum aut servitutem nostram faciat, sed ut alium nobis obstringat ad dandum, aliquid vel faciendum vel praestandum' – em livre tradução – 'A substância de nossas obrigações não consiste em fazer algo para nosso corpo ou para nosso serviço, mas para obrigar alguém a dar, fazer algo ou nos dar algo'. (PAULO, Digesto, 44,7).

Chaves, Antônio, Caso fortuito ou de força maior, USP, 1965. "Tinha pois razão o velho GIORGIO GIORGI, na sua clássica Teoria delle Obbligazioni, ao encarecer que o cumprimento de uma obrigação não tem forma perfeita de constrangimento. E quando isso não bastasse, acrescenta com aquele seu peculiar estilo, o homem propõe e Deus dispõe".

Chaves, Antônio, Caso fortuito ou de força maior, USP, 1965. "Matéria já era bem conhecida no Direito romano, cuja estruturação, a bem dizer, ainda vigora em seus traços principais. "Vis". "vis maior" "vis compulsiva". "fatus". "vis quae resisti non potest", eram conceitos amplamente aceitos, admitindo os romanos, dentro daquele espírito fatalista que tão bem os caracterizava, que forças haviar muito superiores ao entendimento do homem, capazes de levar para direções completamente diferentes seus fracos desígnios. Quando ocorriam, ou quando, em conseqüência do fato do príncipe, o devedor se via impossibilitado de cumprir a palavra empenhada, proclamava-se-lhe a isenção de responsabilidade. Somente o direito primitivo não reconhecia esses elementos: mas a Lei das XII Tábuas já isentava de responsabilidade aquele que tivesse cometido homicídio sem intenção ou sem culpa".

Plauto, Truc. 214: "namfundi et aedis obligatae sunt ob amoris praedium".

432 Paricio, Javier Serrano, 'Las fuentes de las obligaciones en la tradición gayano-justinianea', en el legado jurídico de Roma, Marcial Pons Ediciones Jurídicas y Sociales, S. A. ; 1ª edição, 2010.

433 Perozzi, 'le obbligazioni romane', p. 350; albertario, corso di diritto romano. le obbligazioni (milán, 1947) p. 139; schulz, classical roman law (oxford, 1951) p. 466; scherillo, lezione sulle obbligazioni (milán, 1961) p. 241; biscardi. "postille gaianae", en atti del simposio romanistico. gaio nel suo tempo (nápoles, 1966) p. 22 ss. ; longo. "1 quasi delicta. actio de effusis et deiectis. actio de positis ac suspensi", en studi sanfilippo iv, p. 403, quadrato, le institutiones nell'insegnamento di gaio. omissioni e rinvii (nápoles, 1979); paricio, los cuasidelitos. observaciones sobre su fundamento histórico (madrid, 1987) p. 23. contra, vid. por todos, wolodkiewicz. "obligationes ex variis causarum figuris. ricerche sulla classificazione delle fonti delle obbligazioni nel diritto romano clásico", en risg xcvii (1970) p. 130 ss., con bibliografia: "la summa divisio delle obbligazioni é la distinzione piú importante (sotto un aspetto classificativo), ma non esclude, entro quella distinzione altre categori che il giurista teniendo conto della semplicitá della lezione, non voleva trattare in modo piú particolareggiato", y zimmermann, the law of obligations. roman foundations of the civilian tradition (cape town-wetton-johannesburgo, 1990), p. 14.

434 En fuentes posteriores a Gayo, la división contrato-delito aparece en Ulpiano, D. 5, 1, 18; 5, 1, 57; 14, 5, 4; 46, 1, 8; 50, 16, 12 pro y Paulo, D. 5, 3, 14. Con todo, no falta quien haya sostenido que la distinción contrato-delito debe retrotraerse a la época de Servio Tulio (En tal sentido de pronuncia Albertario, Corso di Diritto romano, cit., p. 141, con base en Dionisio de Halicarnaso), pasando porque fue ideada en época republicana (Así, PEROZZI. "Le obbligazioni romane", cit., p. 350, nt. 1; Riccobono. "Dal diritto romano clásico al diritto moderno: la dottrina delle obligationes quasi ex contractu", en Annali Palermo III-Iv (1917) p. 275; Arangio-Ruiz, Istituzioni, cit., p. 293, hasta llegar a considerar que fue una creación propia de Gayo influido por la filosofia griega (Schulz, Classical, cit., p. 467, le siguen Zimmermann, The Law of Obligations, cit., p. 10 y Talamanca, Lafilosofia greca e il diritto romano 11 (Roma, 1977) p. 204, nt. 579).

435 'O furto é a apropriação fraudulenta de uma coisa, ou em si mesma ou de seu uso ou posse, o que é proibido admitir-se conforme a lei natural'. (Justinianus, Flavius Petrus Sabbatius, Institutas do imperador Justiniano, Ed. Edipro, 2001, p. 70).

436 Rodríguez, Arturo Solarte, Los actos ilícitos en el derecho romano, Vniversitas, núm. 107, 2004, p. 692-746, Pontificia Universidad Javeriana Bogotá, Colombia. 'En el derecho clásico todo el sistema de responsabilidad contractual estaba condicionado por las características del procedimiento formulario, según el cual toda condena a realizar una prestación debía ser expresada a través de una suma de dinero (condemnatio pecuniaria) (Gayo, Institutas, 4,48. Cf Llamas Pombo, Eugenio, op. cit., p. 660). Este principio se originó posiblemente en el antecedente histórico de la

composición, es decir, en el pago de una suma de dinero para liberarse de la ejecución personal. Todas las acciones, aunque en principio la prestación no tuviera carácter dinerario, quedaban al final expresadas en una suma de dinero, no sólo cuando la prestación original resultaba imposible de cumplir in natura sino también cuando el acreedor expresaba su preferencia por la prestación pecuniaria. Ahora bien, para determinar la cuantía en que habría de consistir la condena, la estimación que hacía el juez (litis aestimatio) dependía de la naturaleza de la respectiva acción: en las acciones con una intentio certa, que eran aquellas en las que se pedía una cantidad de dinero precisa y determinada (certae pecuniae) el juez no debía condenar por una suma superior ni por una suma inferior a dicha cantidad (Gayo, Institutas 4, 52). Si lo adeudado era una cosa cierta, se debía señalar el valor comercial que la misma tuviere para cualquier persona, valor éste que podía ser el del momento de la litis aestimatio (para las fórmulas con cláusula quanti ea res est) o el del momento de la sentencia (para las fórmulas con cláusula quanti ea res erit) (cfe. Kaser, Max, op. cit., p. 163. Llamas Pombo, Eugenio, op. cit., p. 663.). Es decir, la condena debía darse por el valor real de la prestación adeudada. Ahora bien, si la acción tenía una intentio incerta, era necesario tener en cuenta el interés del acreedor en la efectividad de la prestación (id quod eius interesset), lo que podría comprender no sólo el valor de la cosa, sino también los gastos que el incumplimiento hubiera ocasionado o, incluso, las ganancias dejadas de percibir. Camacho de Los Ríos señala que en caso de comportamiento doloso del autor del daño se podía exigir la máxima indemnización (cfe. Camacho de Los Ríos, Fermín. "Límites en la reparación del daño", La responsabilidad civil. De Roma al derecho moderno, págs. 119 y 120). La evolución del derecho romano continuó y el antiguo procedimiento formulario dejó de tener vigencia. Respecto de la siguiente etapa, señala Kaser que "en el procedimiento cognitorio no rige ya el principio de la condemnatio pecuniaria. La condena puede imponer prestaciones que no consistan en dinero y hacerse efectivas éstas, inmediatamente, por el procedimiento ejecutivo. La devaluación del dinero en la época posclásica, determinó que se impusiesen prestaciones naturales, alternativamente junto con la prestación en dinero o en lugar de ésta" (cfe. Kaser, Max, op. cit., págs. 162 y 163). Para la época del emperador Justiniano y teniendo éste en cuenta los conflictos que se habían presentado respecto de la medida del interés del acreedor ("Como se han llevado hasta el infinito las antiguas dudas respecto a los intereses. [...]" C. 7. 47. 1), se estableció que para los casos en que la cantidad o la cosa fueran ciertas, como en las ventas o los arrendamientos o, en general, en los contratos, el interés no podía exceder del doble del valor de la prestación, mientras que para los casos en que la prestación fuera incierta, el criterio del juez se debía extremar "para que se restituya el daño que en realidad se infiere" (ib.), de manera que no ocurriera que por llevar a extremos la estimación del daño éste fuera imposible de ejecutar. Respecto de esta decisio de Justiniano, señala Camacho de Los Ríos que entre los romanistas se discute si dicha determinación se refería exclusivamente al tema contractual o si abarcaba también los daños de fuente extracontractual. El autor se inclina por la primera posición (cfe. Camacho de Los Ríos, Fermín, op. cit., p. 144 y sigs.).

437 Moraes, Mota Marcel, As raízes romanas do contrato, cidp. pt. revistas, 2019, 'Define-se, nas Institutiones, obrigação como "vínculo jurídico, pelo qual somos necessariamente adstritos a pagar a alguém uma coisa, segundo o Direito de nossa cidade" (I. 3. 13. pr) Traduzimos. No original: "obligatio est iuris vinculum, quo necessitate adstringimur alicuius solvendae rei, secundum nostrae civitatis iura". (Para uma visão pessoalista da obrigação, v. SAVIGNY, Friedrich Karl von. ob. cit., p. 338-339. Sobre o caráter compreensivo da obrigação, v. CORDEIRO, António Menezes. Tratado de direito civil: direito das obrigações. 2. ed. Coimbra: Almedina, 2012. v. VI. p. 23-48, BIRKS, Peter. The Roman law of obligations. Oxford: Oxford University Press, 2014. p. 2-5, BRUTTI, Massimo. Il diritto privato nell'antica Roma. 3. ed. Torino: Giappichelli, 2015. p. 426).

438 Moraes, Mota Marcel, As raízes romanas do contrato, cidp. pt. revistas, 2019 "Os bonae fidei iudicia impõem-se, desta forma, como criação do pretor, actuando na base de sua competência própria para ius dicere e não a mandato de alegadas normas oriundas da fides". (Cfr. CORDEIRO, António Menezes. ob. cit., 2015. p. 99).

439 Moraes, Mota Marcel, As raízes romanas do contrato, cidp. pt. revistas, 2019. "Também para o contrato, o acordo declarado entre duas ou mais pessoas sobre uma consequência jurídica almejada, têm os romanos nem um nome técnico, nem uma teoria" (KASER, Max; KNÜTEL, Rolf; LOHSSE, Sebastian. ob. cit., p. 49. Itálico no original. Traduzimos. No original: "auch für den Vertrag, die erklärte Einigung zweier oder mehrerer Personen über einen angestrebten Rechtserfolg, haben die Römer weder einen technischen Namen noch eine Theorie").

440 ALVES, José Carlos Moreira, Direito romano, RJ, Ed. Forense, 2003, vol. 2., p. 123-124. 'O contrato de mútuo com a 'stipulatio usurarum' era muito comum em Roma. Daí, as diversas disposições que, no curso da evolução do Direito romano, encontramos sobre os juros. Já a Lei das XII Tábuas fixava a taxa legal máxima de juros, ao mês ou ao ano (não se sabe ao certo), em 1/12 do capital (8,33%). Posteriormente, várias leis se ocuparam dos juros, inclusive para proibir a sua cobrança [...] No final da república, a taxa legal máxima era de 12% ao ano, o que persistiu até Justiniano, que a fixou em 6% ao ano, embora admitisse que, de acordo com a

utilidade que os credores e os devedores poderiam tirar do dinheiro de que se viam privados ou que recebiam, ela pudesse variar para mais ou para menos'.

441 *'Provisiones librari debent, aerarium impleri, debitum publicum minui, arrogantia magistratuum publicorum moderari et moderari, et auxilium in aliis regionibus secari debet, ne Roma decoquatur et homines laborare discant. iterum pro re publica vivi inpensa'* – em livre tradução – *'o orçamento deve ser equilibrado, o tesouro deve ser reabastecido, a dívida pública deve ser reduzida, a arrogância dos funcionários públicos deve ser moderada e controlada, e a ajuda a outros países deve ser cortada para que Roma não vá à falência e as pessoas devem aprender a trabalhar novamente em vez de viver às custas do estado'. (Marco Tulio Cícero, orador romano, ano 55 a.C.).*

442 *Moraes, Mota Marcel, As raízes romanas do contrato, cidp. pt. revistas, 2019* "Relações cujo vínculo jurídico, que ligas as partes, surge quando só uma delas realizou a sua prestação e por isso, pode exigir à outra a prestação a que se comprometeu: a restituição do que recebeu ou a entrega do equivalente pecuniário ao benefício patrimonial obtido". (apud JUSTO, A. Santos. ob. cit., 2017b. p. 98. Ademais, v. ALVES, José Carlos Moreira. ob. cit., p. 541, CRETELLA JÚNIOR, José. ob. cit., p. 199, ROLIM, Luiz Antonio. ob. cit., p. 241).

443 *'Na sponsio, o credor pergunta ao garante se ele promete dar o mesmo que o credor prometeu, e ele responde "prometo". Na fidepromissio, a pergunta é a mesma, e o garante responde que promente fielmente. Na fideiussio, o credor pergunta se garante, sob palavra, a prestação, ao que o garante responde que dá a garantia, sob palavra'.*

444 *'A respeito da noção, das características e do efeito da stipulatio, vide Biondi, Biondo, Contratto e «stipulatio». Corso di lezioni, Milano, Dott. A. Giuffrè Editore, 1953, p. 267-270, 293-301 e 345-359 – onde o A. afirma que não se dever falar de forma, «giacchè i verba non erano forma ma elemento generatore della obligatio», julgando preferível «parlare di struttura piuttosto che di forma»; Cruz, Sebastião, Da «solutio», I – Épocas arcaica e clássica, Coimbra, ed. do aut., 1962, p. 132 e 217-219, e Direito romano, I – Introdução. Fontes, 4.ª ed., Coimbra, ed. do aut., 1984, p. 303-307; D'Ors, Derecho Privado romano, 10.ª ed., Pamplona, Eunsa, 2004, p. 511-515 e 521-525; Pastori, Franco, Appunti in tema di «sponsio» e «stipulatio», Milano, Dott. A. Giuffrè Editore, 1961, p. 207-208, 225-228 e 231-238; Arangio-Ruiz, Vincenzo, «Sponsio» e «stipulatio» nella terminologia romana, in BIDR 65 (1962), 198-200 e 213-221; Grosso, Giuseppe, Il sistema romano dei contratti, 3.ª ed., Torino, G. Giappichelli Editore, 1963, p. 127-131; Wolf, Joseph Georg, «Causa stipulationis», Köln/Wien, Böhlau, p. 1-2; Kaser, Max, Das römische Privatrecht,*

I – Das altrömische, das vorklassische und klassische Recht, München, Beck, 1971, p. 538-542; Castresana, Amelia, La estipulación, in Derecho romano de obligaciones. Homenaje al profesor José Luis Murga Gener, Madrid, Centro de Estudios Ramón Areces, 1994, p. 439 e segs. ; Zimmermann, Reinhard, The law of obligations, cit., p. 68-75 e 91-93; Sánchez Collado, Elena, «In ambiguis contra stipulatorem». El «favor debitoris» en los negocios jurídicos, in La responsabilidad civil. De Roma al Derecho moderno. IV Congreso Internacional y VII Congreso Iberoamericano de Derecho romano, Burgos, Universidad de Burgos, 2001, p. 765-766; e Cura, António Alberto Vieira, «Mora debitoris» no Direito romano clássico, cit., nota 259'.

445 *'Que qualifica a stipulatio como 'una delle più geniali creazioni, forse il capolavoro dello spirito giuridico latino' ('uma das criações mais geniais, talvez a obra-prima do espírito jurídico latino'); e Kaser, Max, Das römische Privatrecht, I, cit., p. 538 – que a considera como 'eine der wichtigsten und originellsten Schöpfungen des römischen Rechts' ('uma das criações mais importantes e mais originais do Direito Romano'). (cfe., por ex., Biondi, Biondo, Contratto e 'stipulatio', cit., p. 269).*

446 *'Sobre a qualificação da stipulatio como 'contrato verbal', que assenta no fato de a obrigação ser contraída 'verbis', isto é, mediante palavras proferidas oralmente (cfe. Gaius III,89, que Justiniano seguiu, em I. 3,13,2, Gaius III,92, D. 44,7,1,1, D. 44,7,1,7 e D. 45,1,5,1), ainda que a iurisprudentia clássica não deixasse de tomar em consideração o consenso das partes, a voluntas, que os verba exteriorizavam (cfe. D. 2,14,1,3, D. 45,1,83,1 e D. 45,1,137,1) (Cf Cura, António Alberto Vieira, 'Fiducia cum creditore'. Aspectos gerais, in BFDUC., Suplemento XXXIV (1991), p. 91, e 'Mora debitoris' no Direito romano clássico, cit., nota 264).*

447 *Moraes, Mota Marcel, As raízes romanas do contrato, cidp. pt. revistas, 2019 "por isso decide pela vinculação jurídica inicialmente não a vontade das partes, mas a correta execução formal" – Traduzimos – No original: "dabei entscheidet für die rechtliche Bindung anfangs nicht der Parteiwille, sondern der richtige Formvollzug". (cfe. KASER, Max; KNÜTEL, Rolf; LOHSSE, Sebastian. ob. cit., p. 50).*

448. *'Não importa se a estipulação é expressa na língua latina, grega ou outra qualquer, desde que os dois estipulantes compreendam a língua. Tampouco é preciso que ambos utilizem a mesma língua, sendo suficiente que se responda corretamente às interrogações. E mais: dois gregos podem contrair a obrigação em latim.' (Justinianus, Flavius Petrus Sabbatius – Institutas do imperador Justiniano. Ed. Edipro, 2001, p. 157).*

449 *'No sentido de que a stipulatio era um contrato largamente aplicado, ou mesmo o mais utilizado pelos Romanos' (Biondi Riccobono, Salvatore, Corso di Diritto Romano. Formazione e sviluppo del Diritto romano dalle XII Tavole a Giustiniano,*

II, Milano, Dott. A. Giuffrè Editore, 1933, p. 181; Arias Ramos, José/Arias Bonet, Juan Antonio, Derecho romano, II, 17.ª ed., Madrid, Edersa, 1984, p. 584; e Kaser, Max, Das römische Privatrecht, I, cit., p. 538).

450 *'A circunstância de a stipulatio ser um contrato abstrato (em virtude de o promissor ficar vinculado com a resposta afirmativa e congruente à interrogatio feita pelo stipulator – cfe. Gaius III,92, e III,102, D. 44,7,1,7, D. 44,2,52,2, D. 45,1,1,1-4 e D. 45,1,5,1 –, sem que fosse mencionada a causa, a relação substancial que as partes pretendiam efectivar por meio desse contrato) não significa que não exista uma causa determinante da vinculação do promitente, pois, como afirma Biondi, 'nessuno dice spondeo senza una ragione'; no entanto, ela não é requisito de existência ou de validade do negócio, que produz sempre os mesmos efeitos 'indipendentemente dalla causa e qualunque sia la causa'. (cfe. Biondi, Biondo, Contratto e 'stipulatio', cit., p. 22, 248, 270-276, 324-335 e 341-345; Cruz, Sebastião, Direito romano, cit., p. 307; Guarino, Antonio, Diritto Privato romano, 10.ª ed., Napoli, Editore Jovene, 1994, p. 847-849 e 853-857; D'Ors, Derecho Privado romano, cit., p. 513; Fuenteseca, Pablo, Derecho Privado romano, Madrid, ed. do aut., 1978, p. 228 e 230-232; e Sacconi, Giuseppina, Ricerche sulla «stipulatio», Torino, Editore Jovene, 1989, p. 32-37, 71-100 e 101-138).*

GIBBON, Edward. Declínio e queda do Império romano. São Paulo: Companhia das Letras, 2005. "Teodósio I foi imperador do Império romano entre os anos de 378 e 395. Entre os últimos imperadores romanos, é considerado um dos mais importantes. Seu nome completo era Flávio Teodósio. Nasceu em 11 de janeiro de 346 em Cauca (atual Segóvia, na Espanha). Faleceu em Milão, em 17 de janeiro de 395. Teodósio oficializou o cristianismo, através do Édito de Tessalônica (380), tornando-a única, oficial e obrigatória em todo Império. Em 381, proibiu todos os ritos pagãos (não cristãos). Dividiu o Império em duas partes: Império romano do Ocidente, com capital em Roma e Império romano do Oriente, Império Bizantino, com capital em Constantinopla. Na época em que governou, o Império romano, já estava em plena crise. As invasões de povos germânicos (chamados de bárbaros pelos romanos) já estava acontecendo em várias fronteiras e em grande quantidade. No ano de 392, Teodósio publicou outro edito, cujo objetivo era proibir a adoração pagã e os sacrifícios. Teodósio convocou o primeiro concílio de Constantinopla, em 381, para condenar as heresias contrárias ao Credo Niceno (que o imperador seguia e era considerado o oficial no Império). Nos últimos anos de seu governo, dedicou-se a elaboração de leis para combater a corrupção, a venda de crianças, a falsificação de moedas e a violência praticada contra escravos".

451 *ALVES, José Carlos Moreira, Direito romano, RJ, Ed. Forense, 2003, vol. 2., p. 118. 'Na presença das partes, de cinco testemunhas e do 'libripens' (porta-balança),*

pesavam-se os lingotes de bronze que iam ser entregues ao mutuário pelo mutuante, que, com a prolação, na 'mancupatio', de uma 'damnatio' contra aquele, lhe criava a obrigação de restituir os lingotes; e para que essa obrigação se extinguisse, era necessário que se realizasse uma cerimônia inversa, pronunciando o devedor uma fórmula (possivelmente a que se encontra em Gaius, 'Institutas', III, 174) que o desligava da 'danmatio'. Posteriormente, quando surge a moeda, a pesagem dos lingotes de bronze se torna fictícia e então, o 'nexum' muda de caráter, passando a servir – como ocorreu com a 'nacipatio' no terreno dos direitos reais – para tornar obrigatórios os acordos de vontade que visavam a fazer surgir dívida de dinheiro; e se o devedor não cumprisse com a prestação, ele seria submetido, sem julgamento, à 'manus iniectio', servindo o 'nexum' de título executório para isso, o que deixou de ocorrer a partir da 'lei poetelia pariria' (326 a.C.), que lhe retirou a força executória, e fez com que ele entrasse em decadência'.

452 Moraes, Mota Marcel, As raízes romanas do contrato, cidp. pt. revistas, 2019. "Inspiram-se no princípio da boa-fé e constituem o ponto de partida da evolução a que chegou a hodierna figura do contrato" (apud JUSTO, A. Santos. Direito privado romano: direito das obrigações. 5. ed. Coimbra: Coimbra editora, 2017b. v. II. Direito privado romano: parte geral (Introdução. Relação jurídica. Defesa dos direitos). 6. ed. Coimbra: Coimbra editora, 2017a. v. I. cfe. p 49).

453 'Sunt autem bonae fidei iudicia haec: ex empto vendito, locato conducto, negotiorum gestorum, mandati, depositi, fiduciae, pro socio, tutelae, rei uxoriae' – em livre tradução – 'Estes são julgamentos de boa-fé: de compra, venda, arrendamento, aluguel, negócios, atos, mandato, depósito, confiança, sociedade, tutela, outorga uxoriae' (Gaius IV,62).

454 Saliente-se algumas constituições imperiais se referem igualmente a 'bonae fidei contractibus': pelo menos, uma de Maximino (ano 236), contida em C. 2,3,13 – 'In bonae fidei contractibus ita demum ex pacto actio competit, si ex continenti fiat: nam quod postea placuit, id non petitionem, sed exceptionem parit' –, e duas de Diocleciano e Maximiano (uma do ano 285 e outra do ano 290), uma conservada em C. 2,53,3 – 'In contractibus, qui bonae fidei sunt, etiam maioribus officio iudicis causa cognita publica iura subveniunt' – e outra em C. 2,40,3 – 'In minorum persona re ipsa et ex solo tempore tardae pretii solutionis recepto iure moram fieri creditum est, in his videlicet, quae moram desiderant, id est in bonae fidei contractibus et fideicommissis et in legato'.

455 García del corral, Idelfonso L (compilador). Cuerpo del Derecho civil romano. Digesto. Primera Parte. Barcelona: Jaime Molinas Editor, 1889, p. 114. 'El arrendamiento es muy semejante a la compraventa, y se rige por las mismas reglas de derecho. Porque así como la compraventa se contrae, si se hubiere convenido en el precio; así también se entiende que se celebra el arrendamiento, si se hubiere establecido el alquiler. Y al arrendador compete ciertamente la acción locati (del arrendamiento), y al arrendatario la acción conducti (por lo arrendado)'.

456 GARCÍA DEL CORRAL, Idelfonso L (compilador). Cuerpo del Derecho civil romano. Digesto. Primera Parte. Barcelona: Jaime Molinas Editor, 1889, p. 114. 'El arrendamiento es muy semejante a la compraventa, y se rige por las mismas reglas de derecho. Porque así como la compraventa se contrae, si se hubiere convenido en el precio; así también se entiende que se celebra el arrendamiento, si se hubiere establecido el alquiler. Y al arrendador compete ciertamente la acción locati (del arrendamiento), y al arrendatario la acción conducti (por lo arrendado)'.

457 'Nas palavras de Cujacius (1522-1590), « [i]nquilinus est conductor praedii urbani, colonus conductor praedii rustici». Cfr. Cujacius, Jacobus, In librum IV Codicis recitationes solemnes. Ad titulum LXV. De locato, et conducto. Ad LL. V. VI. VII. VIII. IX. XIII. & XIV., in Jacobi Cujacii J. C. Praestantissimi Tomus Nonus vel Quintus Operum Postumorum (Neapoli, Michaelis Aloysii Mutio, 1722), col. 408. E nas de Donellus (1527-1591), que têm o mesmo alcance, «conductor generaliter in rebus omnibus. Quod si res soli est, in agro quidem colonus, in aedibus inquilinus dicitur. [...] Inter conductores autem rerum soli, colonus specialiter dictos ab agro colendo: Inquilinus quasi incolinos, ut qui aedes incolat, id est, inhabitet'. (cfe. Donellus, Hugo, Commentaria de Iure Civili, Liber XIII. Caput VI, in Opera Omnia, tomo III, Lucae, Typis Joannis Riccomini, 1763, col. 814 e 815).

458 'El que por treinta había tomado en arrendamiento una casa, subarrendó cada cenáculo de modo, que de todos se percibiesen cuarenta; el dueño de la casa, como dijese que el edificio contrata vicio, la había demolido; se preguntó, ¿en cuánto se debería estimar el litigio, si el que la había tomado toda en arrendamiento ejercitase la acción de conducción? Respondió, que si por necesidad hubiese demolido el edificio viciado, se forma la cuenta á proporción de la cantidad en que el dueño de los predios los hubiese dado en arrendamiento, y del tiempo que no hubiesen podido habitarlos los habitadores, y en tanto se estima el litigio; mas que si no hubiese sido necesario demolerlo, pero lo hubiese hecho porque quisiera cdificarlo mejor, debe ser condenado en tanto cuanto interesase al arrendatario que no se fuesen los habitadores' (Digesto compendiado por Paulo, libro III, cfe. GARCÍA DEL CORRAL, Idelfonso L (compilador). Cuerpo del Derecho civil romano. Digesto. Primera Parte. Barcelona: Jaime Molinas Editor, 1889, p. 962).

459 § 9. Habiendo un copista dado en arriendo sus servicios, y habiendo fallecido después el que los había tomado arrendados, el Emperador Antonino respondió por

rescripto, junto con el Divino Severo, A la instancia del copista en estos términos: «Puesto que alegas que no consistió em ti que no prestases á Antonio Aquila los servicios arreudados, si de otro no recibiste en el mismo año salarios, es justo que se cumpla lo prometido en el contrato» (GARCÍA DEL CORRAL, Idelfonso L (compilador). Cuerpo del Derecho civil romano. Digesto. Primera Parte. Barcelona: Jaime Molinas Editor, 1889, p. 958).

460 § 5. *'El arrendatario debe hacerlo todo según la ley del arrendamiento, y si algo se hubiere olvidado en la ley, debe hacerlo según lo bueno y lo equitativo. De aquel que ó dió ó prometió un estipendio por el uso ó de vestidos, ó de plata ó de una bestia de carga, se exige tal cuidado cual pone en sus cosas el más diligente padre de familia; y silo hubiere puesto y por caso fortuito hubiere perdido la cosa, no estará obligado á haber de restituirla' (GARCÍA DEL CORRAL, Idelfonso L (compilador). Cuerpo del Derecho civil romano. Digesto. Primera Parte. Barcelona: Jaime Molinas Editor, 1889, p. 115).*

461 *'Merces era a designação genérica da contrapartida que o locatário estava obrigado a dar ao locador pelo uso (ou pelo uso e fruição) da coisa. Pensio designava especialmente a contrapartida devida quando se tratava de coisas imóveis (res soli)'. (cfe. Donellus, Hugo, Commentaria de Iure Civili, Liber XIII. Caput VI, cit., col. 814 e 815).*

462 *'A recusa do devedor em cumprir a obrigação antes desse momento era, portanto, perfeitamente legítima, o que equivalia a reconhecer que o prazo se considerava estabelecido a seu favor, como se diz, expressamente, em D. 50,17,17 ('...in stipulationibus promissoris gratia tempus adicitur [...]') e em D. 45,1,41,1, in fine ('ex quo apparet diei adiectionem pro reo esse, non pro stipulatore'). Mas isso decorre ainda de outros passos do Digesto (D. 46,3,70, D. 45,1,38,16 e D. 46,3,98,4)'. (cfe. Cura, António Alberto Vieira, 'Mora debitoris' no Direito romano clássico, cit., p. 340).*

463 D. 43,32,1,4: *'Si pensio nondum debeatur, ait Labeo interdictum hoc cessare, nisi paratus sit eam pensionem solvere. Proinde si semenstrem solvit, sexmenstris debeatur, inutiliter interdicet, nisi solverit et sequentis sexmenstris, [...]'. (Ulpianus, D. 43,32,1,4).*

464 *'Admite a possibilidade de uma locação diária de quartos e de apartamentos' (cfe. Gallo, Filippo, Sulla presunta estinzione del rapporto di locazione, cit., p. 1206).*

[465] *'La mora del debitore. Requisiti nel diritto romano e nel diritto italiano' (cfe. Montel, Alberto, Padova); 'Para quem a palavra 'petitio' não tem o significado de 'richiesta', mas, antes, o de acção'. (Cf Cedam, 1930, p. 16-17).*

466 *'O termo «mora» apenas nos aparece em dois fragmentos, D. 19,2,24,4 e D. 19,2,54pr. ; e ao que parece, no primeiro deles a palavra nem sequer é usada no «sentido técnico» que adiante precisaremos. A parte desse passo em que o termo aparece é do seguinte teor: '() Quod si paucis diebus prohibuit, deindepaenitentiam agit omniaque colono in integro sunt, nihil ex obligatione paucorum dierum mora minuet. [...]'. Apesar de Mayer-Maly ver aí uma das especialidades da mora na locatio conductio [cfr. Mayer-Maly, Theo, 'Locatio conductio', cit., p. 148], parece-nos que a palavra significa «impedimento, estorvo» (à fruição do fundus pelo colono, a que o mesmo se refere), tal como em muitas passagens das fontes literárias'. (cfe. Cura, António Alberto Vieira, 'Mora debitoris', Direito romano clássico, Lisboa, Fundação Calouste Gulbenkian, 2011, p. 99).*

467 *'Cf''. Elefante, A., «Interpellatio» e «mora», cit., p. 31 e nota 10 da mesma.*

468 *'Mora fieri intellegitur non ex re, sed ex persona [, id est, si interpellatus oportuno loco non solverit] (gl.): quod apud iudicem examinabitur: nam, ut et Pomponius libro duodecimo epistularum scripsit, difficilis est huius rei definitio. Divus quoque Pius Tullio Balbo rescripsit, an mora facta intellegatur, neque constitutione ulla neque iuris auctorum quaestione decidi potest, cum sit magis facti quam iuris'. (Marciano, D. 22,1,32pr).*

469 *'Hugo Donellus interpreta o D. 22,1,32 pr. no sentido de que a mora do devedor não se verifica 'somente em virtude da circunstância do atraso' ('ex dilatione rei sola'), 'devido, apenas, ao próprio atraso' ('ex ipsa sola dilatione') ou 'em virtude do próprio momento tardio do cumprimento' ('ex ipso tempore tardae solutionis'), mas 'em virtude de falta da pessoa' ('ex vitio personae') ou 'quando na pessoa daquele que difere o cumprimento' (ou seja, do devedor) 'tenha sobrevindo alguma culpa, a fim de que possa ser dito que, se não cumprir, o atraso lhe é imputável' ('si qua culpa in persona eius qui differt, accesserit, ut dici possit esse quod ei imputetur, si non solverit'); em suma, 'por causa de falta e culpa da pessoa' ('ex vitio et culpa personae'), em virtude de 'depender da pessoa do devedor o facto de não dar ou não fazer atempadamente o que deve' ('per eum stare, aut fieri, quominus suo tempore det, aut faciat'). (cfe. Donellus, Hugo, Commentarii de iure civili, Liber XVI, cap. II. De mora, §§ II, V, VII e IX, in 'Opera Omnia', tomo IV, cit., cols. 612 e 615-616 [§ II. ' [...] Idque est omnino quod dicitur in L. mora, in prin. D. de usur. moram non ex re fieri, sed ex persona. Id enim valet, non fieri moram ex dilatione rei sola, aut ut hoc explicatur alibi, ex ipso tempore tardae solutionis, [...]. Sed ex persona, id est, ex vitio personae, seu si qua culpa in persona eius qui differt, accesserit, ut dici possit esse quod ei imputetur, si non solverit'. § V. '() Redeundum enim est semper ad definitionem illam superiorem, moram fieri non ex re, sed ex persona,*

id est, vitio & culpa personae'. § VII. '() quod Marcianus definit, moram non ex re fieri, id est, ex ipsa sola dilatione, sed ex persona, id est, culpa & vitio personae. d. L. Mora, D. de usur. ()'. § IX. '() moram hic fieri non ex re, sed ex persona: [...] mora fit ex vitio & culpa personae ()'] e 'Commentarius ad titulum Digestorum de Usuris, & Mora», §§ 2-3 (onde, certamente por lapso do impressor, D. 22,1,32 pr. é atribuído a Papinianus, o que se verifica também nos §§ 15 e 45), 5, 6 e 15, in *'Opera Omnia', Tomo X, Lucae, Typis Joannis Riccomini, 1766, cols. 1431 e 1435 [§§ 2-3. '() quod Papinianus moram non ex re fieri, sed ex persona. L. mora, de usuris. Ut sit sensus, non statim qui non solvit, moram facere, quanquam verum sit, cum res ipsa differatur, in re moram inesse hoc ipso, quod non solvitur, cum debeatur: sed ita, si sine caussa id faciat; si per eum fiet, stabitve, quominus solvat; si sit denique in eo aliquid, quod ipsi, qui non solvit, id est quod personae eius queat imputari. [...]'. § 5. '[...] Et recte mora non in re ipsa, quae debetur, sed ex persona fieri dicitur. ()'. § 6. 'Neque vero in mora esse recte dicitur, per quem non stat, quominus suo tempore rem solvat, quam debet'. § 15. '() Huc usque igitur in his omnibus probe constat illa regula iuris, & Papiniani, nullam intelligi moram ex re, sed ex persona tantum. Ex persona autem hoc esse, cum per debitorem fit, quominus solvat ()'.*

470 'Este ilustre jurisconsulto humanista (Jacques Cujas em francês) afirma, na verdade, que 'a mora existe, propriamente, quando o devedor não tenha obedecido à interpelação, isto é, se não cumpre', que 'com propriedade, a interpelação produz a mora e não parece ter provocado, propriamente, mora aquele que não é interpelado' e que é por isso que dizemos que 'a mora é produzida in personam e não in rem: que a mora é originada em virtude da interpelação e não por causa do próprio facto do atraso, não de pleno direito'. Cujácio ressalva, porém, a possibilidade de, algumas vezes, o devedor incorrer em mora 'rei ipsa' – o que, utilizando as suas palavras, equivale, precisamente, a ser constituído em mora sem interpelação ('sine interpellatione'), 'ex solo tempore tardae solutionis' ('somente a partir do tempo do cumprimento retardado') ou 'ex procrastinatione sola, ex die solvendae pecuniae, vel ex tarditate solutionis' ('somente em virtude da demora, a partir do dia de pagar a quantia de dinheiro ou a partir do atraso no cumprimento') –, ainda que nesses casos nem sempre se trate de verdadeira mora. A interpelação é vista, pois, como o modo normal de constituição em mora. Cfr. Cujacius, Jacobus, *'Commentarius in Lib. II Quaestionum Aemilii Papiniani'. 'Ad L. I de Usuris', in 'Opera Omnia', tomo IV, Neapoli, Michaelis Aloysii Mutio, 1722, col. 47* – 'Mora proprie est, si interpellationi debitor non obtemperavit, hoc est, si non solvat. Et moram proprie creat interpellatio, nec videtur proprie moram fecisse, qui non interpellatus est. Et hoc est, quod dicimus, moram fieri in personam, non in rem: moram contrahi ex interpellatione, non ex re ipsa, non ipso jure' () 'Aliquando tamen fit mora re ipsa,

quae tamen proprie non est mora, ut significat l. 87. §. usuras, ff. de leg. 2. l. 32 hoc t. mora fit re ipsa minoribus 25. annis beneficio Praetoris, hoc est, quidquid debetur minoribus 25 annis, in eo non praestando, moram facere videtur debitor, etsi non interpelletur, ex Constitutione D. Severi, quae in hoc § significatur illo verbo, Hodie'; 'Recitatio ad Lib. II Codicis'. 'Ad titulum XL. In quibus causis in integrum restitutio necessaria non est', in «Opera Omnia», tomo X, Neapoli, Michaelis Aloysii Mutio, 1722, col. 904 – '() ex mora, id est, ex interpellatione, cujus proprie contemptus est mora in personam' () 'Minoribus 25. annis datum hoc est constitutione Severi, ut eis fiat mora ipso jure, id est, ex sola tarditate solutionis, [...]: nam haec est improprie mora; quae non interveniente interpellatione, finitur tempore'; 'Observationum et emendationum liber vigesimus secundus Pandectarum', in 'Opera Omnia', tomo III, Neapoli, Michaelis Aloysii Mutio, 1722, col. 657'.

471 D. 45,1,127 – *'Si pupillus sine tutoris auctoritate Stichum promittat et fideiussorem dedit, servus autem post moram a pupillo factam decedat, nec fideiussor erit propter pupilli moram obligatus: nulla enim intellegitur mora ibi fieri, ubi nulla petitio est. [...]'.*

472 D. 50,17,88 – *'Nulla intellegitur mora ibi fieri, ubi nulla petitio est'.*

473 *'Trata-se de Quintus Cervidius Scaevola, jurista que viveu no séc. II d.C., o único dos jurisconsultos com esse nome (muito frequente) de cujas obras foram extraídos fragmentos utilizados pelos compiladores na elaboração do Digesto'.* (A respeito dos vários juristas com o nomen Scaevola, vide Cruz, Sebastião, Direito romano, cit., p. 376, 383-385, 397 e 458; e Kunkel, Wolfgang, Herkunft und soziale Stellung der römischen Juristen, Weimar, 1952, p. 10, 12, 14, 18 e 217-219).

474 *García del corral, Idelfonso L (compilador). Corpo de Direito Civil Romano. Digest. Primeira Parte. Barcelona: Editor Jaime Molinas, 1889, p. 115. '§ 5. º O inquilino deve fazer tudo segundo a lei do arrendamento e se algo foi esquecido na lei, deve fazê-lo segundo o que é bom e justo. Daquele que deu ou prometeu um salário pelo uso de roupas, prata ou um animal de carga, é necessário o cuidado que o pai de família mais diligente coloca em seus negócios; e se a colocou e por acaso perdeu a coisa, não será obrigado a devolver'.*

475 *'Sacra loca ea sunt, quae publice sunt dedicata, sive in civitate, sint, sive in agro. § 1. – Scieudum est, locum publicum tunc sacrum fieri posse, quum Priuceps eum dedicavit, vel dedicandi dedit potestatem § 2. lllud notandum est, aliud esse saerum locum, aliud sacrarium; sacer locus est locus consecratus; sacrarium est locus, in quo sacra reponuntur, quod etiam in aedificio privato esse potest: et solent, qui liberare eum locum religione volunt, sacra inde evocare. § 3. – Proprie dicimus sancta, quae neque sacra, neque profana sunt, sed sanetione quadam confirmata,*

ut leges sanetae sunt, sanctione enim quadam sunt subnixae, quod enim sanctione quadam subnlxum est, id sanctum est, etsi Deo non sit consecratum. Et interdum in sanctionfbus adiicitur, ut, qui ibi aliquid eomrnisit, capite puniatur. § 4. Muros autem municipales nec teuicelre licet sine Principis vel Praesidis auctoritate net aliiquid iss conjugere vel superponere. § 5. Res sacra non recipit aestimatione' – tradução própria do texto original – São sagrados os locais publicamente dedicados, quer na cidade, quer no campo. § 1. Convém saber que um local público pode então tornar-se sagrado quando o principe o dedicou ou deu poder de dedicá-lo. § 2. É bom saber que o local sagrado e sacrário são coisas distintas. Local sagrado é um local consagrado; sacrário é o local onde se guardam coisas sagradas, que pode, inclusive, estar em edifício particular, e quem quer destituir um lugar de inviolabilidade costuma dali retirar as coisas sagradas. § 3. Chamamos propriamente de santas (invioláveis) coisas que não são nem sagradas nem profanas, mas são protegidas por alguma sanção. Assim são as leis, pois apoiadas em alguma sanção: o que se apoia em alguma sancao, isso é santo, embora nao seja consagrado a Deus. E as vezes se acrescenta a sanção que se alguém atentar contra o sancionado seja punido de morte. § 4. Nao é licito, porém, reformar muralhas municipais, nem algo a elas acrescentar ou lhes sobrepor sem a autorização do principe ou do governador. § 5. Coisa sagrada não tem preço. (consoante Tribunal Regional Federal da 1ª Região – Escola de Magistratura Federal da 1ª Região, 2010, tradução do livro I do digesto do Corpus Iuris Civilis, 'léxico traduzido do digesto do Corpus Iuris Civilis', Titulus VII, de divisione rerum et qualitate, Ulpianus, libro LXVIII, ad Edictum).

476 'Summa rerum divisio in duos articulos deducitur; nam aliae sunt divini iuris, aliae humani. Divini iuris sunt veluti res sacrae et religiosae. Sanctae quoque res, veluti muri et portae, quodammodo divini iuris sunt. Quod autem divini iuris est, id nullius in bonis est; id vero, quod humani iuris est, plerumque alicuius in bonis est; potest autem et nullius in bonis esse; nam res hereditariae antequam aliquis heres existat, nullius in bonis sunt, Hae autem res, quae humani iuris sunt, aut publicae sunt, aut privatae; quae publicae sunt nullius in bonis esse eredunter; ipsius enim universitatis esse creduntur, Privatae autem sunt, quae singulorum sunt § 1. – Quaedam praeterea res corporalessunt, quaedarn incorporales. Corporales hae sunt, quae tangi possunt, veluti fundus, homo, vestis, aurum, argentum, et denique aliae res innumerabiles. Incorporalessunt, quae tangi non possunt; qualia sunt ea, quae in iure consistunt, sicut hereditas, usufructus, obligationes quod modo contractae. Nee ad rem pertlnet, quod in hereditate res corporales continentur; nam et fructus, qui ex fundo percipiuntur, corporales sunt; et id, quod ex aliqua obligatione nobis debetur, plerumque corporale est, veluti fundus, homo, pecunia; nam ipsum ius successionts, et ipsum ius utendi fruendi, et ipsum ius obligationis incorporale Eodem numero sunt et iura praedlorum urbanorum et rusticorum, quae 'tiam servitutes vocantur' – tradução própria do texto original – *'A principal divisão das coisas compreende duas partes: umas são de direito divino, outras, de direito humano. As coisas de direito divino são, por assim dizer, coisas sagradas e religiosas. Coisas sagradas, por exemplo, muros e portões, são também, de certo modo, de direito divino. O que, porém, é de direito divino não faz parte dos bens de ninguém, mas o que é de direito humano, na maior parte das vezes, pertence aos bens de alguém: mas pode também não fazer parte dos bens de ninguém, pois bens de herança, antes que haja um herdeiro, não pertencem a ninguém. Mas as coisas que são de direito humano ou são publicas ou são privadas. As públicas são tidas como bem de ninguém, mas bens da coletividade. São, porém, privadas as que pertencem a cada um. § 1. Além disso, algumas coisas são materiais, outras imateriais. São materiais as coisas que podem ser tocadas, como terra, escravo, veste, ouro, prata, enfim, inúmeras coisas. São imateriais as que não podem ser tocadas, isto e as coisas que consistem num direito, como herança, usufruto, obngações de algum modo assumidas. Não vem ao caso o fato de haver na herança coisas materiais, pois os frutos percebidos de uma propriedade são físicos e aquilo que nos é devido por alguma obrigação em geral e material, como terra, escravo, dinheiro. Além disso, o próprio direito de sucessão, o próprio direito de usar, de fruir e o direito de obrigações e imaterial. Na mesma classe estao os direitos de propriedade urbana e de propriedade rural, que tambem se chamam servidões'. (consoante Tribunal Regional Federal da 1ª Região – Escola de Magistratura Federal da 1ª Região, 2010, tradução do livro I do digesto do Corpus Iuris Civilis, 'léxico traduzido do digesto do Corpus Iuris Civilis', Titulus VII de divisione rerum et qualitate, Gaius libro II, Institutionum).*

477 *'Quaedam naturali iure communia sunt omnium, quaedam universitatis, quaedam nullius, pleraque singulorum, quae variis ex causis cuique acquiruntur. § 1. – Et quidem naturali iure omnium communia sunt illa: aer, aqua prafluens, et mare, et per hoc litora maris'* – tradução própria do texto original – *'Algumas coisas sao comuns a todos pelo direito natural, outras pertencem a coletividade, outras não são de ninguem, a maior parte pertence aos individuos, por eles de vários modos adquiridas. § 1. São certamente comuns a todos, pelo direito natural, o ar, a água corrente, o mar e por meio dele, a costa maritima' (consoante obra editada pelo Tribunal Regional Federal da 1ª Região – Escola de Magistratura Federal da 1ª Região, 2010, tradução do livro I do digesto do Corpus Iuris Civilis, 'léxico traduzido do digesto do Corpus Iuris Civilis', Titulus VII de divisione rerum et qualitate, Marcianus, libro III, Institutionum).*

478 'In tantum, ut et soli domini constituantur, qui ibi aedificant, sed quamdiu aedificium manet; alioquin aedificio dilapso quasi iure postliminii revertitur locus in pristinam causam er, si alius in eadem loco aedificaverit, eius fiet. § 1. – Universitatis sunt, non singulorum, veluti quae in civitatibus sunt theatra, et stadia, et similia, et si qua (Ilia sunt communia civitatum. Ideoque nee servus communis civitatis singulorum pro parte intelligitur, sed universitatis. Et ideo tam contra civem, quam pro e o posse servum civitatis torqueri Clivi Fratres rescripserunt. Ideo et libertus civitatis non habet necesse veniam fidicti petere, si vocet in ius aliquem ex elvlbus. 2. – Sacrae res, et religiosae, et sanein nullius bonis sunt. – Sacrae autem res sunt hae, quae lice consecratae sunt, non private; si ergo privatim sibi sacrum constirit, sacrum non est, sed profanum. nel autem aede sacra facta, etiam dio aedificio locus sacer manet., – Religiosum autem locum unus-, 'que sua voluntate facit, dum morI infert in locum suum. In come autem sepulcrum etiam invitis is licet inferre, Sed et in alienum locum concedente domino licet inferre, et licet postea ratum habuerit. quam illatus est mortuus, religiosus locus fit. § 5. – Cenotaphium quoque magis placet locum esse religiosum, sicut testis in ea re est Virgilius' – tradução própria do texto original – 'De modo que só se tornam donos aqueles que ali constrõem e enquanto durar a construção. Pelo contrario, desmoronada a construção, a semelhanca do direito de posliminio", o solo volta a sua condição anterior, e se outra pessoa ali construir, o solo tornar-se-a dela. § 1. Pertencem a coletividade, e não a indivíduos, coisas próprias de cidades, como teatros, estádios e outros, como também outras coisas que são comuns as cidades. Assim o escravo público não é considerado bem de indivíduos, mas exclusivamente da coletividade. Por isso, as 'divas Irmãos' determinam, par rescrito, que um escravo da cidade pode ser torturado tanto contra um cidadão como a favor dele. Pela mesma razão, o liberto de uma cidade não tem necessidade de se valer do Edito para processar um cidadão. § 2. As coisas sagradas, pias e santas não sao bens de ninguem. § 3. Coisas sagradas são coisas públicas e não particularmente dedicadas; se alguém, portanto, constituir algo sagrado para si próprio, isso não é sagrado, mas profano. Mas, uma vez sagrado um edificio, mesmo se demolido, o local permanece sagrado. § 4. Cada qual torna voluntariamente um lugar inviolável, quando ali enterra algum morto. Mas é lícito enterrar numa sepultura comum mesmo contra a vontade dos demais. Mas é lícito enterrar em lugar alheio com a autorização do dono, e mesmo se ratificado depois do sepultamento do morto. O lugar se torna inviolável. § 5. Tumulo honorario é tambern considerado como lugar inviolável, como o atesta Virgilio' (consoante obra editada pelo Tribunal Regional Federal da 1ª Região – Escola de Magistratura Federal da 1ª Região, 2010, tradução do livro I do digesto do Corpus Iuris Civilis, 'léxico traduzido do digesto do Corpus Iuris Civilis', Titulus VII de divisione rerum et qualitate, Marcianus, libro III, lnstitutionum).

479 'Quarundam rarum ominium nan ciseimur jure gcntium, quod ratione naturali mieromnes hoaiinos peraeque servatur, quarundamiure civili, id est iure proprio civitatis nostrae; elquia antiquius las gentiurn cura ipso genere humano proditum cal, opus est, ut de hoc prius re-ferendum sit' – em tradução livre – 'Adquirimos o domínio de algumas coisas pelo direito das pessoas, que pela razão natural é igualmente observado entre todos os homens, e de outras pelo direito civil, isto é, pelo direito próprio de nossa cidade; e visto que a lei das nações, mais antiga, nasceu com a mesma raça humana, é necessário que isso seja referido antes'. (Gaius Libro Quadragésimo Primeiro, II, Digesto, Corpus Iuris Civiles, Tomo III).

480 Vid. BELLOCCI, N., La struttura della fi ducia. Rifl essioni intorno alla forma del negozio dall'epoca arcaica all'epoca classica del diritto romano, Nápoles, Jovene, 1983.

481 Ni la fiducia cum creditore ni cum amico, vienen refl ejada expresamente en los textos, pero se puede detectar su presencia en fuentes literarias (Cic. top. 17. 66; ad fam. 7. 12. 2; de off. 3. 15. 61 y 3. 17. 70) y epigráfi cas, como la Formula Baetica y en las Tablillas Pompeyanas del año 51 d.C. Aunque Gayo no la recoge como institución autónoma, la conocía y alude a ella en varios pasajes. Numerosos fragmentos jurisprudenciales, contenidos en el Digesto y alguno en las Pauli Sententiae, referidos, por lo general al pignus, están interpolados, según la romanística, y originariamente contenían alusiones a la fi ducia cum creditore. En alguna constitución postclásica aparece todavía la fi ducia junto al pignus, probablemente para designar la hipoteca (C. Th. 15. 14. 9, Arcad. Hon. 395). Sobre estas cuestiones vid. la concisa, pero completísima reseña de d'ORS, en DPR, notas a los parágs. 464 y 465. Pese a la temprana desaparición de la fi ducia romana, la idea del "negocio fi duciario" persiste en la moderna doctrina civilística; JORDANO BAREA, J. B. Origen y vicisitud de la fi ducia romana, Coimbra, 1948, págs. 38 y sigs. atribuye a su olvido muchas perplejidades dela doctrina moderna sobre el negocio fi duciario.

482 Supone MORO SERRANO (cit. p. 722) que se podía constituir la fi ducia sobre una res nec mancipi, pero ello dejaría al fi duciante sin posibilidad de ejercer la actio fi duciae, por lo que en este caso el acreedor otorgaría una stipulatio por la que prometía restituir el dominio una vez cumplida la obligación, disponiendo entonces el deudor de la actio ex stipulatu para exigir el cumplimiento. La hipótesis deja la duda de si este negocio, no protegido por la actio fi duciae, sería una verdadera fi ducia.

483 Para SARGENTI, o meio de tutela do credor não pode ser o interdictum Salvianum, tampouco a actio Serviana, tendo que se pensar necessariamente, na actio quasi Serviana. Vid. SARGENTI, Manlio, Il ´de Agri Cultura´ di Catone e le Origine Dell'Ipoteca Romana, em SDHI XXII (1956), p. 162.

484 Vid. DI PIETRO/ LAPIEZA ELLI, ob. cit., p. 249; e SANFILIPPO, ob. cit., p. 276.

485 Medeiros, Rosangela Viana Zuza; Schmidt, Alice Krämer Iorra, Breve análise da hipoteca como garantia real, XXIV Encontro Nacional do Conpedi, UFS, Direito Civil Contemporâneo, 2015, Aracajú, Sergipe 'A hipoteca (denominada conventio pignoris e depois hypotheca) teria sido introduzida, no Direito romano, para garantir o pagamento da renda de prédios rústicos: o locatário autorizava o proprietário a apoderar-se dos utensílios de lavoura (invecta) e dos animais e escravos (illata) que introduzia no seu prédio, no caso de a renda não ser paga. (JUSTO, a. Santos. Obra citada, p. 469; A partir do século I a.C., a hypotheca generalizou-se, passando a garantir todas as obrigações e a constituir-se sobre qualquer objecto susceptível de posse e de venda; coisas corpóreas, direitos e até patrimônios (Justo, a. Santos. Obra citada, p. 469), e a ter por objeto qualquer res, desde que susceptível de penhor. (Cura, Antonio Vieira. Obra citada, p. 176). Logo, a "origem (ou pelo menos, o precedente romano) desta espécie de garantia real parece encontra-se na locatio condutio rei de fundos rústicos" (Ver CURA, António Vieira e JUSTOS, A. Santos, obras citadas). Observa-se, neste caso, que a principal função não era o desapossamento da coisa, mas sim a delimitação de uma parte do patrimônio para assegurar, como mais propriedade, o inadimplemento do devedor. Tal premissa contém a ideia de que, ainda pela análise da gênese do instituto (A origem (ou pelo menos, o precedente romano) desta espécie de garantia real parece encontra-se na locatio condutio rei de fundos rústicos (CURA, Antonio Vieira. Obra citada, p. 175), o credor tinha pela consciência que a retirada do material de trabalho do locatário, acarretaria, sim, a impossibilidade do pagamento, o que geraria o inadimplemento, evento não esperado pelas partes na contração de uma obrigação. Verifica-se quanto à palavra hipoteca uma polissemia análoga à do penhor, pois ela tanto identifica o direito de hipoteca, como o seu negócio constitutivo, como, ainda, com menos rigor, a própria coisa hipotecada. (FERNANDES, Luís A. Carvalho. Lições de direitos reais. 4ª edição (reimpressão). Quid Juris Sociedade Editora. Lisboa, 2004. p 150). Ressaltando que o termo tem sua acepção de origem grega A palavra "hipoteca" derivada do grego, indica a idéia de submeter uma coisa à outra. (GONÇALVES, Carlos Roberto. Direito Civil brasileiro- direito das coisas. Vol. V. 4ª edição. Editora Saraiva. São Paulo, 2009, p. 562; A própria utilização do termo hypotheca para designar o instituto não é originária. Apenas passou ser utilizada pela iurisprudentia clássica tardia (e com pouca freqüência), mas precisamente, na época de Severos, por influência helenística. (CURA, Antonio Vieira. Obra citada, p. 174). O que se torna relevante no estudo da hipoteca, desde a sua introdução no Direito romano até a sua utilização nos ordenamentos jurídicos atuais, é que esta concepção de garantia possibilitou a realização de vários negócios jurídicos, posto que a sua característica de seguridade de uma obrigação permite que ao credor o resguardo de parte diferenciada do patrimônio do devedor'.

486 Cabral, Gustavo César Machado, Mudanças políticas e estruturais na função jurisdicional em Roma, repositório ufc, 2012. *"Como as constitutiones eram oriundas do poder imperial, na prática elas garantiam a independência do magistrado no exercício da jurisdição"* (apud Kaser,1996, p. 448).

487 Cabral, Gustavo César Machado, Mudanças políticas e estruturais na função jurisdicional em Roma, repositório ufc, 2012. *"Quod principi placuit, legis habet vigorem: utpote cum lege regia, quae de imperio eius lata est, populus ei et in eum omne suum imperium et potestatem conferat" – em livre tradução – O que agradou ao príncipe tem o vigor da lei: como com a lei real que foi emitida por seu governo, o povo confere a ele todo o seu domínio e autoridade"* (Ulpianus, D. 1. 4. 1).

488 Júnior, Walter Guandalini, Uma teoria das fontes do Direito Romano: genealogia histórica da metáfora, Revista da Faculdade de Direito UFPR, Curitiba, PR, Brasil, v. 62, n. 1, jan. /abr. 2017. *'Fons omnis publici privatique iuris'- em tradução copiada – 'Fonte de todo o direito público e privado'* (Tito Lívio – qualificando a Lei das XII Tábuas em sua História de Roma).

489 Júnior, Walter Guandalini, Uma teoria das fontes do Direito Romano: genealogia histórica da metáfora, Revista da Faculdade de Direito UFPR, Curitiba, PR, Brasil, v. 62, n. 1, jan. /abr. 2017. *"Cuando parecía que habían sido suficientemente modificadas de acuerdo con lo que todos habían expresado, las Leyes de las Diez Tablas fueron aprobadas por los comicios centuriados. Incluso en la enormidad de la legislación actual, donde las leyes se apilan unas sobre otras en un confuso montón, aún son la fuente de toda la jurisprudencia pública y privada" – em tradução livre copiada da edição española – 'Quando parecia que haviam sido suficientemente modificadas de acordo com o que todos haviam expressado, as Leis das Dez Tábuas foram aprovadas pelos comícios centuriatos. Mesmo na enormidade da legislação atual, em que as leis se empilham umas sobre as outras em um confuso monte, ainda são a fonte de todo o direito público e privado'* (Lívio, 2013, 3. 34).

490 Júnior, James Meira Nascimento; Bianchi, Patrícia Nunes Lima. Reflexão sobre o Estudo do Direito romano, Ed. Publica Direito. Com. Br. *"Importante ressaltar que a Lei das XII Tábuas, dentre os monumentos jurídicos da Antiguidade, não se apresenta pioneira do ponto de vista cronológico. Vejam-se algumas das Principais Legislações Antigas: Código de UrNamur (sumérios) – ca. 2. 040 a.C.; Código de Lipit-istar (babilônicos) – ca. 1. 880 a.C.; Código de Hamurabi (babilônicos) ca. 1680 a.C. ; Legislação Judaica (atribuída lendariamente à Moisés) ca. 900 a.C. ; Legislação de Chow-Li (chinesa) ca. 1100 a.C. ; Código de Manu (hindu) ca. 1200-*

500 a.C. (teorias modernas) ou I-II d.C. (teorias contemporâneas). Sólon, nascido entre 640 e 630 a.C., instaurou em Atenas uma democracia moderada. Datam suas leis de 594-593 a.C." Ainda sobre as origens da Lei das XII Tábuas, narra o jurista romano Pompônio, em seu Libro Singulari Enrichidi: "Em seguida para que isso não durasse por muito mais tempo, foi de consenso serem constituídos pela pública autoridade dez varões, por meio dos quais fossem procuradas as leisdas cidades gregas e a civitas tivesse o seu fundamento nas leis: as quais compuseram registradas em tábuas de marfim defronte dos rostos, de modo que as leis pudessem ser assimiladas mais abertamente; e foi dado naquele ano a eles o direito mais elevado na civitas, para que também melhorassem as leis, se fosse necessário, e as interpretassem e que não se fizesse a provocação penal contra eles, assim como contra os magistrados restantes. Os próprios dez varões reconheceram que faltava algo a estas primeiras leis e por isso no ano seguinte acrescentaram outras duas tábuas: e assim desde o acréscimo, foram chamadas Lei das XII Tábuas. Algumas pessoas contaram ter sido o autor destas leis propostas um certo Hermodoro de Éfeso, que vivia exilado na Itália." (Tito Lívio 3, 34, Pomp. de Enrich. d. 1, 2, 2, 4, Trad. Port. E. M. A. Madeira, A Lei das XII Tábuas).

491 Pezza, L. Storia del Diritto Romano. Roma: Concorsi per tutti, 1991. 'Le dodici leges probabilmente dovettero essere il risultato di un accordo tra i due ordini romani (patrizi e plebei) ehe si impegnarono reciprocamente a considerare vincolante tutto quel complesso di norme che in parte era desunto dal diritto consuetudinário ma in parte era frutto di un compromesso tra i diversi interessi delle due classi' – em livre tradução – 'As doze tábuas provavelmente devem ter sido as resultado de um acordo entre as duas ordens romanas (patrícios e plebeus) e que se comprometeram mutuamente a considerar vinculando todo aquele conjunto de regras que foi parcialmente derivado do direito consuetudinário, mas em parte foi o resultado de um compromisso entre os diferentes interesses das duas classes'.

492 Filó, Maurício da Cunha Savino. "O Tribunato da Plebe na República Romana: aportes ao constitucionalismo brasileiro contemporâneo, Tese de Doutorado, UFSC., 2018. "O número de plebeus aumentou constantemente pela vinda de artesãos e comerciantes (Homo, 1958, p. 11; Durant, 1971, p. 19), pois em uma época desprovida de qualquer tipo de proteção social ou profissional, a urbe aparecia como uma ótima opção para os que quiseram recomeçar ou mudar de vida" (apud ROULAND, 1997, p. 34).

493 SCHULZ, F., History of Roman Legal Science, Oxford, 1953. Sobre las Doce Tablas, 'consideradas como un producto de la jurisprudencia de los pontifices'.

G. TERENTILIUS ARSA, magistrado junto ao Senado em defesa dos direitos e interesses da plebe.

494 Charles Bartlett, História Romana e Historiografia do Direito romano, Jan 2018, Fonte: Oxford Classical Dictionary. 'Começando por volta do ano 350 ac, os senadores e os tribunos plebeus começaram a igualar-se de forma mais contundente. O Senado começou a dar aos tribunos mais poder, e os tribunos começaram-se a sentir-se em dívida para com o Senado. Como os tribunos e os senadores se aproximavam com mais vigor, os senadores plebeus começaram a garantir rotineiramente o cargo de tribuno para os membros de suas próprias famílias. Além disso, este período viu a promulgação da 'plebiscitum ovinium', que era um plebiscito que transferia o poder de determinar a participação no Senado romano dos cônsules ou magistrados principais para os censores. Sua data é incerta, mas provavelmente foi aprovada ou pouco antes de 318 AC, quando a evidência de seu efeito é vista pela primeira vez. A Lex Ovinia, portanto, é posterior à Lex Valeria de Provocatione de 449 AC, que estipulou que as promulgações legislativas da plebe se aplicavam tanto a patrícios quanto a plebeus'.

495 Conselheiro Junior, João José Pinto, Lente de Direito romano, Cursü Elementar de Direito romano, Faculdade do Recife, 1888 "A lex duodecim tabularam, tambem conhecida pelo nome de Lex Decemviralis, e por Tito Livio chamada Corpus Omnis Romani Iuris, Fons Publici Privatique Iuris, continha as regras mais antigas do direito publico, privado, criminal, sagrado e do processo, communs aos patrícios e plebeos, em estylo conciso e vigoroso. Macheldey diz que esta lei pode ser considerada « menos como um novo código do direito privado do que como uma grande lei fundamental do estado, que estabeleceu entre patrícios e plebeos uma igualdade legal'.

496 Cassio Dione. Storia Romana. Traduzione di Alessandro Stroppa. Milano: Bur, 1998.

497 Fonseca, João Francisco Neves da, O Advogado em Roma, 'O grande marco, em Roma, do início da separação entre religião e direito foi a promulgação da Lei das XII Tábuas, por volta do ano 450 a.C. a partir do surgimento desse monumento legislativo, mesmo aqueles cidadãos que não pertenciam ao colégio sacerdotal dos pontífices passaram a poder opinar sobre o Ius. Surgiram então os primeiros leigos, que além de emitir seus pareceres sobre as regras codificadas, já podiam atuar defendendo outras pessoas em juízo. Contudo, não é possível afirmar que a advocacia já despontava – nesse período – como uma verdadeira profissão. (cfe. Hélcio Madeira, História da Advocacia: Origens da Profissão de Advogado no Direito romano, esp. p. 29-30').

498 Melo, José Messias Gomes, de, A influência do corpus iuris civilis no direito civil brasileiro, Revista de Direito Fibra Lex, ano 3, nº 3, 2018, 'Mario bretone assegura que na cultura arcaica romana, as xii tábuas são já um fruto maduro e pressupõem a constituição da função jurídica como função autónoma', e citando louis gernet continua, 'não só uma função social no sentido quase exterior da palavra, mas uma função psicológica, um sistema de representações, de hábitos mentais e de crenças que se organizaram à voltada noção específica do direito'. (Bretone, Mario. história do Direito Romano. lisboa: editorial estampa, 1998. p. 31).

499 Filó, Maurício da Cunha Savino, 'O Tribunato da Plebe na República Romana: aportes ao constitucionalismo brasileiro contemporâneo, Tese de Doutorado, UFSC., 2018 'Os plebeus não eram propriamente uma classe, pois representariam mais um sentido de uma ordem de desprotegidos e humilhados (Meira, 1983, p. 386). Dessa forma, esclarece-se que quando se utilizar os termos "classe" ou "ordem" para plebeus ou patrícios, não haverá qualquer conotação em seu sentido marxista, surgida posteriormente aos fatos em análise. Deve-se ressaltar o sentido de ordem e não de classe, pois os plebeus não buscaram direito novo, mas " [...] pretenderam e vagarosamente conseguiram, nos agitados períodos da história romana, a participação nas instituições então existentes" (apud Ferraz, 1989, p. 22).

500 Ortega Carrillo De Albornoz, Antonio, De los delitos y de las sanciones en la Ley de las XII tablas, Secretariado de Publicaciones de la Universidad de Málaga, Málaga, 1988; Arangio-Ruiz, Vicente, Historia del derecho romano, traducción de la 2ª edición italiana, 5ª edición, Instituto Editorial Reus S. A., Madrid, 1994; Fernández de Bujan, Antonio, Derecho público romano y recepción del derecho romano en Europa, 3ª edición, Civitas, Madrid, 1998. 'Através de la Ley de las XII tablas, redactada entre los años 451 y 449 a.C., se codificaron una serie de preceptos jurídicos que regulaban diversas materias importantes para la sociedad romana de mediados del siglo V a.C. Se trataba de preceptos muy escuetos y precisos, inspirados, según algunos autores, en modelos griegos. La tradición señala que la redacción de la ley se originó en la necesidad de avanzar en la equiparación entre patricios y plebeyos, y que a partir de ella la ley se hizo pública y conocida, y fue vinculante para toda la comunidad. Es en todo caso muy incierto el ambiente que originó la expedición de la Ley de las XII tablas y el procedimiento seguido para su redacción, así como las vicisitudes que tuvo dicho proceso, aun cuando hay datos en los que la mayoría de la doctrina está de acuerdo. Al respecto señala ARANGIO–RUIZ que "es auténtica la Ley de las XII tablas, cierto el decenvirato legislativo y segura — dentro de los límites en que se puede aceptar la cronología de los antiguos— la fecha tradicional que se da a su publicación. Son únicamente falsas las narraciones acerca de la preparación y de los móviles de la ley, así como respecto al segundo decenvirato y al intento de restauración de la tiranía [...]". Arangio-Ruiz, Vicente, Historia del derecho romano, Instituto Editorial Reus S. A., Madrid, 1964, p. 72.

De acuerdo con la tradición, esta legislación fue esculpida en cobre, según dicen algunos, escrita sobre madera, señalan otros, pero en uno u otro caso, lo cierto es que posteriormente los textos originales se perdieron. No obstante, se conserva buena parte de su contenido, en ocasiones por transcripciones hechas a través de manuscritos o de las citas efectuadas por los antiguos, o, incluso, por la transmisión oral, toda vez que, según señalaba Cicerón, en su época el contenido de las tablas se aprendía de memoria en las escuelas. El descubrimiento de las Instituciones de Gayo en 1816 confirmó buena parte del contenido que hasta ese momento se había reconstruido de la Ley de las XII tablas'.

501 Gelio, Aulo, *Noches áticas,* t. II, libro vigésimo, cap. I, Biblioteca Clásica, t. CLXIX, Librería de Perlado, Páez y Ca., Madrid, 1921. *'Resulta interesante observar cómo la dureza de las sanciones establecidas por la Ley de las XII tablas fue valorada posteriormente por los romanos como un sistema adecuado para prevenir la ocurrencia de los delitos o el incumplimiento de las deudas. Se destacaba su carácter disuasorio. Aulo Gelio hace referencia en las Noches áticas a una discusión sostenida al respecto entre el jurista Sexto Cecilio y el filosofo Favorino. En un aparte el primero habría dicho al segundo que "la severidad de la ley es muchas veces una lección de conducta'.*

502 Böttcher, Carlos Alexandre, *Iudicet Iudicarive Iubeat: reflexões sobre as origens do processo civil romano e da bipartição,* Usp 2012. *'Cum et sacratis legibus et duodecim tabulis sanctum esset ut ne cui privilegium inrogari liceret neve de capire nisi comitiis centuriatis rogari' – em tradução livre – 'Visto que tanto as leis sagradas como as doze tábuas eram sagradas, de modo que ninguém deveria ter permissão de impor a ninguém um privilégio, nem de recebê-los, a menos que fossem solicitados na assembleia dos séculos'. (Cic. Sest. 65).*

503 Diniz, Marcous Paulo, *Direitos das obrigações: uma abordagem dos aspectos evolutivos desde o início da humanidade,* 'Cabe, inicialmente, estipular como eram as instituições romanas antigas, ou seja, como os romanos concebiam o estado. Era uma nação expansionista e o fazia por meio de conquistas armadas. Segundo costa (2007): não é exagero afirmar que Roma foi um dos maiores Impérios que a humanidade já conheceu. Dez séculos mais tarde, depois de sua fundação, nos Séculos II e III d.C., seus domínios já se espalhavam por boa parte do mundo, provando uma das principais características do povo romano – a dominação. A principal prova dessa dominação pode ser retratada pela conquista de territórios, o que fez com que Roma se tornasse um dos maiores Impérios que a humanidade conheceu. Quando Roma invadia os povoados e as cidades, procurava imediatamente impor sua cultura e desenvolver o instituto da escravidão. Assim, o povo romano é mul-

ticultural, muitas vezes respaldado em costumes e regras de condutas estrangeiras, totalmente estranhas à sua cultura. Surge, assim, um dos maiores Impérios já formados ao longo da história. Segundo costa (2007), do ponto de vista do Direito romano, em sua fase evolutiva, devem ser analisados dois períodos distintos: o arcaico e o clássico. O período arcaico ocorreu do Século VIII a.C. até o Século II a.C. nesse período, o direito apresentava-se de forma bastante primitiva, pautado por regras religiosas rígidas e pela força. Surgem também as primeiras instituições. No período clássico, as instituições jurídicas já estão mais desenvolvidas, e surgem as Leis das XII Tábuas (451 e 450 a.C.). Segundo Meira (1973), as Leis das XII Tábuas foram de suma importância para o aparecimento do direito como é hoje, e elenca: foi, portanto, a Lei das XII Tábuas além de uma fonte de conhecimento criadora extraordinariamente fecunda do Direito romano posterior, durante cerca de mil anos, até Justiniano (533 d.C.), data da promulgação do pandectas. Se fizermos um estudo mais profundo das legislações modernas, remontando às suas origens justinianéias, vamos verificar que muitos dos institutos jurídicos que ainda hoje sobrevivem nas legislações civilizadas tiveram a sua gênese na lei decenviral, promulgada cerca de cinco Séculos antes de Cristo. Na Lei das XII Tábuas, decorrem o Direito Privado, o Direito Civil romano, normas sobre propriedade, obrigações, sucessões e família, os direitos de vizinhança, a tutela, a curatela, os testamentos, os preceitos creditórios, os contratos. No campo do Direito Penal, embora em menores proporções, encontra nela abundante manancial, especialmente no que diz respeito ao furto, ao homicídio, dano, falso testemunho'. (apud Costa, Elder Lisbôa Ferreira. História do Direito: de Roma à história do povo hebreu muçulmano: A evolução do Direito antigo à compreensão do pensamento jurídico contemporânea. Belém: Unama, 2007; Meira, Silvio. A Lei das XII Tábuas. 3. Ed. Rio de Janeiro: Forense, 1973').

504 Revista Científica do Curso de Direito, Fag 'Seguem alguns temas que foram abordados pela Lei das XII Tábuas: a solidariedade familiar é abolida, mas a autoridade do chefe é mantida; a igualdade jurídica é reconhecida teoricamente; são proibidas as guerras privadas; é instituído um processo penal; a terra, mesmo a das gentes, tornou-se alienável; é reconhecido o direito de testar; vários direitos de vizinhança, como cortar o galho das árvores se a sombra invadisse a propriedade vizinha, colher os frutos das árvores vizinhas que chegassem ao seu quintal etc' (apud Maciel, José Fabio Rodrigues; Aguiar, Renan. 2010. P 80, Coleção Roteiros Jurídicos. História do Direito. 4ª ed. São Paulo: Editora Saraiva, 2010).

505 Vieira, Jair Lot (supervisão editorial). Código de Hamurabi:Código de excertos (livros oitavo e nono); Lei das XII Tábuas (Série Clássicos). Bauru: Edipro, 1994. 'Tábua VIII – dos Delitos – Os juros de dinheiro não podem exceder de uma onça,

isto é, 1/12 do capital por ano (unciariu foenus), o que dá 8 1/3 por cento por ano; se se calcula sobre o ano solar de 12 meses, segundo o calendário já introduzido por Numa (a pena contra o usuário que ultrapassa o limite é do quádruplo). Ou seja, a Lei das XII Tábuas não só estabeleceu limites expressos aos juros, como ainda, deles tratou em tábua dedicada aos delitos. Isso é mais que suficiente para percebemos a valoração dada à usura e ao traço de indesejabilidade que já maculava tal prática.

506 Altavila, Jayme de. Origem do Direito dos Povos. 9. ed. São Paulo: ícone, 2001. 'E o código não tinha a menor consideração com a agiotagem, ou com o agiota, que abominava explicitamente, quando afirmava: 'Improbum foenus exercentibus et usurarum illicite exigentibus, infamiae macula irroganda est' (cod. L. 2, t. 12, fr. 20). Aos que exercem a agiotagem desonesta e que exigem ilicitamente juros de juros, deve ser lançada a mácula de infâmia. Aqui está clara, desde aqueles remotos tempos, a percepção do malefício das pratica usurária, bem ainda a repulsa ao anatocismo, uma das modalidades de cobrança mais maléfica, que potencializa os efeitos das taxas de juros, isto é, a cobrança destes pelo sistema composto, ou simplesmente juros sobre juros, que conduziria o ususrário, segundo o texto citado, à macula da infâmia'.

507 Ruiz, Arangio, Historia del Derecho romano 3, trad. esp. Pelsmaeker (Madrid, 1975) p. 274. 'Entre las mayores preocupaciones de Augusto destaca la relativa a que su nombre reflejase la posición de supremacía que había alcanzado. Para ello prescindió sucesivamente, del nomen y praenomen de Cayo Octavio y de los derivados de su adopción testamentaria por César, C. Julio, y únicamente conservó el cognomen adoptivo de Caesar (en cierto modo transformado en nombre) y el de Augusto que le otorgara el Senado. A ellos antepuesto, como si fuera un praenomen, el título de imperator y se hizo llamar Imperator Caesar Augustus; palabras que terminaron siendo consideradas por sus sucesores, no como nombres personales, sino cual sinónimos de princeps'.

508 'Ius civile quod sinescripto venit compositum a prudentibus' – em tradução livre – 'o ius consiste apenas na interpretação dos juristas' (Pomponius D. 1. 22. 12).

509 "O direito civil é o que deriva das leis, dos plebiscitos, dos jurisconsultos do Senado, dos decretos dos príncipes e da autoridade dos jurisconsultos". (Papinianus em D. 1. 1. 7. pr).

510 Baquero, María-Eva Fernández, professora de processo civil romano da universidade de Direito romano de granada 'A partir de Octávio, no ano de 17 AC., foram aprovadas duas leis: – Lex Iulia de iudiciis privatisÆ, abolindo o procedimento da acção legislativa e estabelecendo o procedimento por formulam como o único processo do ordo iudiciorum privatorum e a Lex Iulia de iudiciis publicisÆ que

estabelece regras de processo penal. Esta extensa reforma que começou com Octávio no Principado levou ao aparecimento em Roma e nas províncias da cognitio extra ordinem ou procedimento extraordinário, com as seguintes diferenças em relação aos julgamentos do ordo iudiciorum privatorum: a) Este julgamento teve lugar numa única fase, perante um magistrado-juíz. b) Vem combinar julgamentos privados e públicos ou penais na mesma jurisdição. c) As sentenças são sujeitas a sucessivos recursos até serem ouvidas pelo próprio imperador, cuja sentença é então definitiva e irrecorrível. Embora este processo fosse inicialmente menos frequente, a partir de Adriano (século II d.C.) a sua existência foi reforçada. Na época de Septimius Severus (final do 2º e início do século III d.C.) o cognitio extra ordinem foi definitivamente estabelecido impondo-o em diferentes áreas. O procedimento da forma foi abolido por uma constituição dos imperadores Constâncio e Clemente (século IV d.C.) e a partir daí este procedimento seria o único que existiria'.

511 'Ele reformou as leis e revisou completamente algumas delas, como a lei suntuária, a do adultério e da castidade, a do suborno e o casamento das várias classes. Tendo demonstrado maior rigor na emenda deste último do que os demais, em resultado da agitação dos seus opositores não a conseguiu aprovar senão abolindo ou atenuando parte da pena, concedendo-lhe três anos de carência (antes novo casamento) e aumentando as recompensas (por ter filhos). No entanto, quando, durante uma exibição pública, a ordem dos cavaleiros pediu-lhe com insistência para revogá-la, ele convocou os filhos de Germânico, segurando alguns deles perto de si e colocando outros no colo de seu pai; e ao fazê-lo, deu a entender aos manifestantes, por meio de seus gestos e expressões afetuosas, que não deveriam se opor a imitar o exemplo daquele jovem. Além disso, quando ele descobriu que a lei estava sendo contornada por meio de noivados com meninas e divórcios frequentes, ele impôs um limite de tempo para o noivado e reprimiu o divórcio'. (cfe. Suetonio, Vida de Augusto, 34 L, Roma 18 a.C.).

512 Coelho Fernando, Corpus Iuris Civiles: uma tradução do Livro IV do Digesto hermeneuticamente fundamentada, UFSC., Florianópolis, 2018 'Proindi si quis in furtu vel adulterio deprehensus vel in alio flagitio vel dedit aliquid vel se obligavit, pomponius libro vicensimo octavo rect scribiti posse eum ad hoc edictum pertinere: timuit enim vel mortem vel vincula. Quamquam non omnem adulterum liceat occidere, vel furem, nisi se telo defendat: sed potuerunt vel non iure occidi, et ideo iutus fuerit metus. Sed et si, ne prodatur ab eo qui deprehenderit, alienaverit, succurri ei per hoc edictum videtur, quoniam si proditus esset, potuerit ea pati quae diximus – em tradução livre – 'Portanto se alguém, foi pego em furto ou adultério, ou em outro delito, ou deu algo ou se obrigou, pompônio escreve corretamente no livro vigésimo oitavo poder ele recorrer a este edito: com efeito temeu ou a morte ou a prisão. Embora nem todo adúltero, seja permitido matar, ou ladrão, a não ser que se defenda com uma arma: mas poderiam ou não ser mortos com direito, e desse modo o medo foi justo. Mas, se tiver alienado algo a fim de não ser entregue por aquele que o descobriu, considera-se que deve ser socorrido por este edito, uma vez que se tivesse sido entregue, poderia sofrer as coisas que dissemos'. (Dig 4. 2. 7. 1 Ulpianus 11).

513 Veyné, Paul, *Roman society*, Madrid, Mondadori, 1991. 'Na antiga concepção dos costumes romanos, a palavra *adulterium* que deriva de alter ou alter (o outro, o segundo), entendendo-se como o homem que foi com outra mulher e também poderia ser adúltero com outro homem, isto é, 'a adulter et adultera dicuntur, quia et ille ad alteram et haec ad alterum se conferunt'.

514 Coelho Fernando, *Corpus Iuris Civiles: uma tradução do Livro IV do Digesto hermeneuticamente fundamentada*, UFSC., Florianópolis, 2018 'Isti quidem et in legim iuliam incidunt, quod pro comperto strupo acceperunt. Praetor tamen etiam ut restituant intervenire debet: nam et gestum est malo more, et praetor non respicit, an adulter sit qui dedit, sed hoc solum, quod hic accepit metu mortis illato' – em tradução livre – 'Estes com efeito também incidem na lei julia, pois receberam algo por terem descoberto um adultério. Contudo, o Pretor deve intervir para que restituam: pois mesmo que tenha sido feito por mau costume, ainda assim o Pretor não leva em consideração se aquele que deu é adúltero, mas somente o que o outro recebeu, tendo induzido o medo da morte'. (Dig 4. 2. 8 Paulus 11 ad ed).

515 Augusto, Serm. 51:22. cfe. Treggiari, op. cit., p. 263:49, 'Non eat ille ad alteram et illa ad alterum: unde appellatum est adulterium..'.

516 'Comete estupro quem coabita com mulher livre sem medir casamento com ela; exceto, é claro, se ela for uma concubina. (1) Comete-se adultério com a mulher casada e estupro com a solteira [assim como] com uma donzela ou um jovem' (Modestino, D. 48. 5. 35 (34), pr., 1).

517 D. 48. 5. 9(8), pr. Papiniano.
Lex Papia Poppaea, 9 d.C., juntos como *lex Iulia et Papia* 9 d.C., c f d 15, 26-27, 29-31.
Destaque para o casamento misto limitado entre pessoas de posição senatorial e de descendência com mulheres libertas, atrizes e/ou suas filhas, oferecendo incentivos a essas, 'tudo' agregado à 'lei dos três filhos', 'ius trium liberorum' (Cf D 27).

518 Bérenger, A. "Formation et compétences des gouverneurs de provinces dans l'Empire romain", DHA 30/2, 2004, p. 35-56. "Le cens...", cit. p. 190. Un examen exhaustivo de los tributos directos e indirectos en la Hispania alto imperial en

Muñiz Coello, El sistema fiscal... cit. p. 169-261. cfe. también Ozcáriz Gil, La administración... cit. p. 204-214.. 'Salvo la vicesima libertatis, todas los demás impuestos indirectos comenzaron en el Principado y son creaciones augusteas. Las sumas de la XX hereditatum y la C rerum uenalium iban dirigidas al aerarium militare, constituido por Augusto para pagar el licenciamiento de los veteranos y la de la XXV uenalium mancipiorum sufragaba el mantenimiento del cuerpo de uigiles de la Vrbs. cfe. Lo Cascio. "Le tecniche..." cit., p. 41-42. La información que se tiene acerca de la tasa de imposición del tributum capitis procede siempre de las provincias orientales'.

519 *'Lex est quod populus iubet atque constituit' – em livre tradução do original – 'É a lei que o povo ordena e nomeia' (Gaio, Instituições I 3).*

520 *'Communis rei publicae sponsio' – em livre tradução do original – 'Garantia de política comum' (Papinianus, Digest 1. 3. 1).*

Cfe. Suetônio.

521 *"Chama-se peculiar porque é uma quantia modesta de pecunia, património, ou um pequeno património". (Ulpianus D. 15. 1. 5. 3).*

522 *'A peculiaridade é um diminutivo de pecunia, portanto não significa 'pecus', mas um pequeno património'. (Bonfante, op cit).*

[...] que o que um soldado sob a autoridade do seu pai adquiriu no campo, o seu próprio pai não pode tirar-lhe, nem os credores do seu pai podem vendê-lo ou persegui-lo, e que, quando o pai está morto, não se torna uma coisa comum com as oisas dos seus irmãos, mas é de facto propriedade daquele que o adquiriu no campo [...]". (D 2. 12. pr).

World History Encyclopedia.

Fonte: de puente y franco, antonio (1840). Historia de las leyes, plebiscitos y Senadoconsultos más notables desde la fundación de Roma hasta Justiniano.

Fontes primárias, Gaius, institutes 4.30 e Aulus Gellius 16.10.8.

Fonte: Stf. Guimarães, Affonso Paulo – Noções De Direito romano – Porto Alegre: Síntese, 1999.

TRADUÇÃO DO ORIGINAL – *"alguns não só adoptaram a sua cidadania, mas também segundo a lex papia de alguma forma penetrou nas listas de cidadãos (tabulae) desses municípios (significando cidades gregas no sul da itália)" (pro archia 10).*

TRADUÇÃO DO ORIGINAL – *"mau também, que proíbe estranhos de visitar as cidades e os bane, como pennus com nossos ancestrais, papius outro dia" (de officiis 3, 11, 47).*

523 *"Os colégios, sociedades ou qualquer outra corporação têm, como se fossem uma cidade, bens comuns, tesouro comum e um procurador ou fiduciário, através de quem, como numa cidade, o que deve ser feito e tratado em comum é tratado e feito" (D. 4. 1. 1).*

524 *"Tal como uma acção pode ser concedida a favor de um município, reconhecendo os seus representantes como tendo legitimidade para a intentar, também eu acredito que uma acção deve ser concedida contra o município, que deve ser dirigida contra os seus representantes [...]". (D. 3. 4. 7. pr).*

525 *D. 48. 13. 2: "Pela Lei Julia de Peculação e retenção de dinheiro público está sujeito aquele que reteve uma quantia pública que lhe foi confiada para um fim para o qual não a gastou". (Paulus 5. 27).*

526 *"Ele está sujeito à lei Julia de retenção que retém algo de uma quantia pública que recebeu por causa de renda, compra, conta de pensão ou qualquer outra causa. (D. 48. 13. 2).*

527 *D. 48. 13. 2: 'A pessoa condenada por esta lei é condenada a pagar três vezes o montante retido". (CJ 9. 28. 34).*

528 *World History Encyclopedia.*

529 *Fernández de Buján, A., Derecho Privado romano, 3.ª edic., Madrid, Iustel, 2010, p. 192, 'Afirma que en el Derecho romano de los primeros siglos, sólo tenía plenitud de derechos aquella persona en la que concurriesen, al propio tiempo, las condiciones de varón, libre, ciudadano y cabeza de familia, lo que le lleva a afirmar que, en Derecho romano, la palabra persona, en sentido estricto, no equivale a sujeto de derechos, más allá de las personas que se encontrasen en la posición señalada. Esta concepción empezó ya a cuestionarse en la época clásica, lo que se manifestó en una atenuación en sus exigencias y en un reconocimiento de derechos a personas en quienes no concurrían estos requisitos, evolución que llega a sus últimas consecuencias en época justinianea. Con el término capax se alude en el lenguaje jurídico romano a la idoneidad de una persona para ser titular de derechos y obligaciones en relaciones concretas, así: en D. 47. 2. 3, capax doli o culpae, hacía referencia a la aptitud del sujeto para ser considerado responsable de actos propios realizados con culpa o dolo; en D. 9. 2. 5. 2, iniuriae capax, se analiza la capacidad del loco, del infante y del impúber para responder del daño causado etc.'.*

530 *Sampaio, Ângela Oliveira; Venturini, Renata Lopes Biazotto, Uma breve reflexão sobre a família na Roma Antiga, VI jornada de estudos antigos e medievais, Uem/pph. 'Dentro da soberania incontestável do pater famílias, a família é o meio natural em que a criança romana deve crescer e se formar. A função de transmissão*

dos valores cabia sempre à mãe, que quando não podia desempenhar esta função, transferia a tarefa para outro membro de idade madura, apto na transferência dos ideais de moral e severidade. No primeiro plano, está o ideal moral: a necessidade de formar a consciência da criança ou do jovem, e ampará-lo com um sistema de valores morais, reflexos de um tenaz estilo de vida'. (nas lições de MACHADO, João Luís Almeida. A vida em família na antiguidade clássica. Campos do Jordão: Editor do Portal Planeta Educação, 2007).

531 'Daí, nos escritos dos jurisconsultos romanos, a palavra 'paterfamilias' normalmente é usada para designar simplesmente o sujeito de direito, devendo ser traduzido simplesmente como "pessoa" e não pela expressão "pai de família", o que é inadequado'. (cfe. Bonfante, lc, I, p. 7).

532 'A família romana não é decorrência de vínculos de sangue; é, antes, uma estrutura jurídica (iure proprium familiam dicimus plures personas, quae sunt sub unius potestate aut iure subiectae). Assim, Ulpiano: A denominação de "família" se refere também à significação de alguma corporação que está compreendida ou no direito próprio de seus indivíduos, ou no que é comum a toda cognação. Por direito próprio chamamos família a muitas pessoas que, ou por natureza, ou de direito, estão sujeitas ao poder de um só, por exemplo, o pai de família, a mãe de família, o filho de família, a filha de família, e os demais que seguem em lugar destes, como os netos e as netas e outros descendentes. Porém se chama "pai de família" o que tem o domínio da casa; e com razão é chamado com este nome, ainda que não tenha filho; porque não designamos só a pessoa dele, senão também seu direito'. (Ulpianus, d. 50,16,195,2).

533 FILÓ, Maurício da Cunha Savino. "O Tribunato da Plebe na República Romana: aportes ao constitucionalismo brasileiro contemporâneo, Tese de Doutorado, UFSC., 2018. 'Em razão disso, a família se apresentou (em muitos aspectos) como uma miniatura da futura urbe, cujo pater a organizava, com poderes absolutos, para ser uma unidade militar, composta por ele mesmo e sua esposa, pela casa e demais propriedades, pelos filhos, netos, noras, escravos e (posteriormente) clientes' (apud DURANT, 1971, p. 46-48).

534 FILÓ, Maurício da Cunha Savino. "O Tribunato da Plebe na República Romana: aportes ao constitucionalismo brasileiro contemporâneo, Tese de Doutorado, UFSC., 2018. Em primeiro lugar se consideravam na família os filhos e netos, depois a esposa do pater, depois as esposas dos descendentes desposadas de acordo com as formas previstas pelo costume (cum mano) e os escravos (apud VALDITARA, 2008, p. 3).

535 CANTARELLA e A calamidade ambígua, Madrid, 1991, p. 209. "En el derecho romano, en particular, los hombres se consideraban en grado de administrarse a sí

mismos y sus propios intereses al alcanzar la edad púber. Por ello, aunque estuviesen libres de la patria potestas, estaban sometidos a tutela hasta que cumplían catorce años. Pero las mujeres – como establecieron las XII Tablas – estaban sometidas a tutela perpetua" – em livre tradução – "No Direito romano, em particular, os homens eram considerados capazes de administrar a si mesmos e seus próprios interesses ao atingir a puberdade. Por esta razão, mesmo estando livres da pátria potestas, estavam sujeitos à tutela até os quatorze anos. Mas as mulheres – como estabelecido pelas XII Tábuas – estavam sujeitas à tutela perpétua".

536 'O direito natural é o que a natureza ensinou a todos os animais, visto que este direito não é típico da raça humana, mas comum a todos os animais, que são nascidos na terra ou no mar, e pássaros. Daí vem a conjunção do masculino e do feminino, que chamamos de casamento, daí a procriação de crianças, daí a educação; pois também vemos outros animais, mesmo bestas, são governados pelo conhecimento deste direito' (Digesto Livro 1, Título 1, Fragmento 1, Segmento 3).

537 'Além de tudo isso, a natureza também nos ensina, pais amorosos, que levamos as mulheres com a coragem e com a desejo de procriar filhos, que com a denominação de filhos entendem-se todos os que descendem de nós; porque não podemos chamar netos com um nome mais doce do que o de filho. Pois bem, a gente engendra e dá à luz filhos ou filhas para isso, para sair com os seus descendentes ou a sua memória duradoura de nós no tempo'. (Digesto do Livro Calistrato 50, Título 16, Fragmento 220, Segmento 3).

538 'A denominação de "família" se refere também à significação de alguma corporação que está compreendida ou no direito próprio de seus indivíduos, ou no que é comum a toda cognação. por direito próprio chamamos família a muitas pessoas que, ou por natureza, ou de direito, estão sujeitas ao poder de um só, por exemplo, o pai de família, a mãe de família, o filho de família, a filha de família, e os demais que seguem em lugar destes, como os netos e as netas e outros descendentes. Porém se chama "pai de família" o que tem o domínio da casa; e com razão é chamado com este nome, ainda que não tenha filho; porque não designamos só a pessoa dele, senão também seu direito'. (Ulpianus, D 50,16,195,2).

539 "O que temos falado a respeito do fato que aquele que nasce de uma cidadã Romana e de um peregrinus, entre os quais não existe matrimônio, nasce peregrinus, é estabelecido pela Lei Mincia. Esta dispõe, também, que este segue a condição do genitor mais desavantajado. A mesma lei, de fato, dispõe que, quando, ao contrário, um peregrinus tenha pegado como esposa uma cidadã Romana com a qual não existia matrimônio, aquele que nasce de uma tal união seja peregrinus. A Lei Mincia é particularmente oportuna neste caso: na ausência desta lei, de fato, seria

indevido derivar um outro status. Já o que nasce daqueles entre os quais não existe matrimônio aquista o status da mãe, segundo o direito das gentes. Mas, é supérflua aquela parte da lei onde vem estabelecido que, de um cidadão romano e de uma peregrinus, nasce um peregrinus. Este, de fato, seria peregrinus segundo o direito das gentes também na ausência de tal lei. Isto vale somente para as nações e as gentes estrangeiras, mas também para quantos são chamados Latini, que tinham próprios povos e próprias cidades e eram contados entre os peregrini. Pelo mesmo motivo, ao contrário, nasce um cidadão romano de um Latino e de uma cidadã Romana, seja o matrimônio contraído em base a Lei Elia Senzia seja de outro modo. Mas, alguns tiveram que, de um matrimônio contraído em base a Lei Elia Senzia, nascesse um Latino, já que se considerava que, neste caso, o matrimônio entre eles fosse concedido pelas Leis Elia Senzia e Iunia e que, sempre, o matrimônio faz com que aquele que nasce siga o status do pai. Quando, ao invés, o matrimônio tenha sido contraído de outro modo, aquele que nasce, segundo o direito das gentes, segue o status da mãe, e é, por tanto, cidadão Romano. Mas, segundo o direito vigente em base a um senatoconsulto emanado por proposta do divo Adriano, aquele que nasce de um Latino e de uma cidadã Romana é de qualquer modo cidadão Romano" (Gai. Inst. 1, 78-80).

540 SAMPAIO, Ângela Oliveira; VENTURINI, Renata Lopes Biazotto, Uma breve reflexão sobre a famíliae na Roma antiga, VI Jornada de estudos antigos e medievais, Uem/Pph 'Os parentes do pai, que definia a identidade dos filhos e estabelecia os vínculos de herança, nome, culto, residência, eram severos. Os tios e avós paternos eram distantes e exigentes. os parentes do lado materno, sem vinculações institucionais, já que as crianças não herdavam bens, nome, culto e residência da mãe, estabeleciam relações muito mais ternas com seus afilhados, netos e sobrinhos'. (apud FUNARI, Pedro Paulo Abreu. Roma: Vida Pública e Vida Privada, São Paulo: Atual, 1993).

541 Justo, Antônio dos Santos, 'A obrigação natural no Direito Romano. Marcas romanas em alguns direitos contemporâneos ', Lex Ml, 2015, 'D. 41. 1. 10. 1 (Gai. 2 inst.): [...] ipse qui in potestate alterius est, nihil suum habere potest' – tradução do texto original – 'Quem está sob a potestas de outrem não pode ter nada seu' – Embora este texto refira expressamente a situação dos escravos, aplica-se também aos filiifamilias que se encontram sob a patria potestas dos seus patresfamilias'. (Vide A. Santos Justo, Direito privado romano, IV, Direito da família, em Studia Iuridica 93, Coimbra, 2008, p. 137; e J. Iglesias, Obligaciones naturales, em Derecho romano de obligaciones. Homenaje al Profesor José Luis Murga Gener, Madrid, 1994, p. 137).

542 Sampaio, Rodrigo de Lima Vaz, A Capacidade Patrimonial na Familia Romana Peculia e Patria Potestas, Intervenção realizada no XIII Congreso Internacional y XVI Congreso Iberoamericano de Derecho romano – O Direito de Família, de Roma à Atualidade (seus Anais, p. 103-128). 'FUMAGALLI, Marcella Balestri. Persone e famiglia. cit. (nota 1), p. 453. Essa antiga regra significaria que os filii podem realizar qualquer ato jurídico, desde que com exclusiva vantagem ao pater e pelo ius honorarium (esses debita serão considerados, pelo ius civile, obligationes naturales, relevantes, no plano jurídico, principalmente pela soluti retentio). Mas, também cfe. MARRONE, Matteo. Istituzioni cit. (nota 13), p. 248 (= § 98), para o qual a sujeição não significava que, uma vez adulto, o filius (varão) não adquirisse plena capacidade de direito público, podendo votar nas assembleias populares, serem eleitos como magistrados e senadores e depois, ocupar cargos imperiais. E, sejam os filii, como as filiae, poderiam se casar, bastando o consenso inicial do pater'.

543 Justo, Antônio dos Santos, 'A obrigação natural no Direito Romano. Marcas romanas em alguns direitos contemporâneos', Lex Ml, 2015, D. 44. 7. 39 (Gai. 3 ad ed. prov.): 'Filius familias ex omnibus causis tamquam pater familias obligatur et ob id agi cum eo tamquam cum patre familias potest' – tradução do texto original – 'O filho de família obriga-se por todas as causas como se fosse independente e por isso, pode ser demandado como se fosse pater familias' (Cfr também: I. 3. 19. 6. Vide F. Senn, Les obligations naturelles. La leçon de la Rome antique, cit., p. 169).

544 Justo, Antônio dos Santos, 'A obrigação natural no Direito Romano. Marcas romanas em alguns direitos contemporâneos', Lex Ml, 2015, D. 14. 5. 5 pr. (Paul. 30 ad ed.): 'Si filius familias vivo patre conventus et condemnatus sit, in emancipatum vel exheredatum postea iudicati actio in id quod facere potest danda est' – tradução do texto original – 'Se o filho de família fosse demandado e condenado vivendo o seu pai, a acção executiva deve ser dada posteriormente, contra o emancipado ou deserdado por quanto possa pagar'.

545 Sampaio, Rodrigo de Lima Vaz, A Capacidade Patrimonial na Familia Romana Peculia e Patria Potestas, Intervenção realizada no XIII Congreso Internacional y XVI Congreso Iberoamericano de Derecho romano – O Direito de Família, de Roma à Atualidade (seus Anais, p. 103-128). "Observar que os poderes inerentes à patria potestas não podem mudar seja a liberdade, seja a cidadania do filius. cfe. VOLTERRA, Edoardo. Famiglia (diritto romano). Enciclopedia del Diritto, Milano, v. 16, 1967. p. 742. Deve-se também lembrar de Siete Partidas 4, 17 pr. e 1 ("Del poder que han los padres sobre los fijos, de qual natura quier que sean"), ou seja, tanto sobre filhos legítimos (Siete Partidas 4, 13), como ilegítimos (Siete Partidas 4, 15), respectivamente: "Poder et señorio han los padres sobre los fijos segunt razon natu-

ral et segunt derecho: lo uno porque nascen dellos, et lo al porque han de heredar lo suyo. Onde pues que en el título ante deste fablamos de los fijos legitimos et de todos los otros, de qual natura quier que sean, queremos aqui decir deste poderio que han los padres sobrellos: et mostrar qué cosa es: et en quántas maneras se puede entender esta palabra: et como debe seer establescido: et qué fuerza ha" e "Qué cosa es el poder que ha el padre sobre sus fijos et sobre sus nietos – Patria potestas en latin tanto quiere decir en romance como el poder que han los padres sobre los fijos: et este poder es un derecho a tal que han señaladamente los que viven et se judgan segunt las leyes antiguas derechas que fecieron los filósofos et los sabior por mandado et por otorgamiento de los emperadores: et hanlo sobre sus fijos, et sobre sus nietos et sobre todos los otros de su linage, que descenden dellos por la liña derecha, et que son nascidos del casamiento derecho".

546 FILÓ, Maurício da Cunha Savino. "O Tribunato da Plebe na República Romana: aportes ao constitucionalismo brasileiro contemporâneo, Tese de Doutorado, UFSC, 2018. 'O pater familias exerca funções familiares, educacionais, industriais, governamentais, morais e religiosas com um vínculo indestrutível, cuja essência era a linha paterna infinita, incrementada pela adoção (adoptio) de novos membros, inclusive do escravo liberto pela manumissio' (apud NORONHA, 1994, 163).

547 Garcia, Grecia Sofia Munive, Los esponsales en la antigua Roma y sus reminiscencias en la legislación mexicana actual, articulo, Universidad la Salle, 'A pesar de que actualmente se consideran en diversos manuales de Derecho romano los términos iustum matrimonium y iustae nuptiae como sinónimos, para los antiguos romanos, ambos términos tenían una diferencia fundamental. El término nuptiae (el cual siempre se enuncia en plural dela primera declinación), hace referencia únicamente a la condición de la mujer casada, ya que solamente la mujer puede ser nubilis o "casadera", es aquella que nubet "se casa" o es nupta o "casada"; los ritos y ceremonias iniciales de la unión no son nuptiae, sino la posesión de la mujer ya casada. El término matrimonium hace referencia a la situación del hombre, el cual consigue a una mujer para que funja como madre (mater) para poder formar una nueva familia y ser la cabeza de ésta (patefamilias). Ambos términos, aunque en principio denotaban diferentes situaciones, con el paso del tiempo, han llegado a fusionarse y a usarse con el mismo significado. (cfe. D'Ors, A., Derecho Privado romano, 7ª. edición, Pamplona, Ediciones Universidad de Navarra, 1989, p. § 219).

"Os escravos estão sujeitos às 'potestas' de seus donos (dominus). Este poder é do 'ius gentium' já que podemos observar de uma forma geral em todos os povos que os donos têm um poder de vida e morte sobre os seus escravos, e que tudo o que adquirem, é adquirido pelos seus donos (dominus)". (em livre tradução, Gayo Institutas, 52).

548 Peix, D'ors Pérez, Postl in pace, em Rev. de Fac. de D. de Madrid, 1942 'Nas fontes, o escravo é designado pelas expressões genéricas: servus, mancipium, ou simplesmente homo ou puer, dependendo da idade. O escravo: ancilla, serva. Mas existem denominações especiais para algumas classes de escravos: verna (escravo nascido na casa do dominus), servus publicus (pertencente a uma civitas), vicarius (aquele que faz parte do peculium de outro escravo, que se chama ordinarius). Nos exemplos dos jurisconsultos clássicos, são geralmente designados pelos nomes de 'Stichus', 'Hermodorus' e/ou 'Panphilus'. No Corpus Iuris, o 'ius postliminii', na medida em que há a recuperação da condição pessoal, aplica-se também àqueles que retornam de uma cidade estrangeira que não está em guerra com Roma. Tal concepção do 'postliminium in pace', como noção jurídica, é uma extensão bizantina, ou pelo menos pós-clássica'.

549 'Generalis enim adoptio duobus modis fit: aut principis auctoritate, aut magistraius imperio. principis auctoritate adopramus eos, qui sui iuris sunt; quae spedes adoptionis dicitur arrogatio, quia et is, qui adoptat, rogatur, id est interrogatur, an velit eum, quem adoptaturus sit, iustum sibi filium esse, et is, qui adoptatur, rogatur, an id fieri patiatur. imperio magistratus adoptamus eos, qui in potestate parentis sunt, sive primum gradum liberorum obtineant, qualis est filius, filia, sive inferiorem, qualis est nepos, neptis, pronepos, proneptis. § 1. Illud utriusque adoptionis commune est, quod et hi, qui generare non possunt, quales sunt spadones, adoptare possunt. § 2. Hoc vero proprium est eius adoptionis, quae per principem fit, quod is, qui liberos in potestate habet, si se arrogandum dederit, non solum ipse potestati arrogatoris subiicitur, sed et liberi eius in eiusdem fiunt potestate tanquam nepotes' – em tradução original do texto – 'A adoção em geral ocorre de dois modos: pela autoridade do príncipe ou pelo poder do magistrado. Pela autoridade do príncipe, adotamos aqueles que são de direito próprio, espécie de adoção que se chama arrogação, porque se pergunta ao adotante se quer que o adotando seja realmente seu filho legitime e ao que vai ser adotado se consente que isso se faca. Pelo poder do magistrado, adotamos aqueles que estão sob o pátrio poder de pais, sejam eles de primeiro grau, isto e filhos e filhas, sejam de grau inferior, como netos, netas, bisnetos e bisnetas. § I. Uma coisa em comum a ambas as espécies de adoção: quem não pode gerar, como é o caso dos eunucos, pode adotar. § 2. Mas é o próprio da adoção que se faz pela autoridade do príncipe que aquele que tem filhos sob seu pátrio poder caso se dê em arrogação, não só ele se submete ao poder de quem o arroga mas também seus filhos, agora na condição de netos do arrogador' (Gaius Libro I. Institutionum, Titulus VII de Adoptionibus et Emancipationibus et allis modis, quibus potestas solvitur, consoante, tribunal regional federal da 1ª região – escola de magistratura federal da 1ª região, 2010, tradução do livro I do digesto do Corpus Iuris Civilis, 'léxico traduzido do digesto do corpus iuris civilis').

550 ERNOUT, A; MEILLET, A. Histoire des Mots. Dictionnaire étymologique de la langue latine: 4. Ed. Paris: klincksieck, 1985. p. 430 'Arrogação era a adoção de pessoa sui iuris, feita na assembleia, e criava um vínculo agnatício. Em contraposição à cognação (parentesco cosanguíneo, que significa "nascer de", idéia de geração natural), agnação, que é civil (não natural), é o que deriva de uma "agregação", porque agnação significa "nascer junto a". Era o princípio dominante na regulação da família, da herança, das tutelas e da manus (poder marital advindo de uma convenção feita com a esposa). Augusto agnou Tibério, filho de Lívia; seus sucessores mantiveram, no geral, tal prática, associando ao poder o sucessor e adotando-o para os fins jurídicos. Exceção bastante conhecida é o caso de Cômodo, filho de Marco Aurélio pelos dois parentescos'.

551 'Nec ei permittitur arrogare, qui tutelam vel curam alicuius administravit, si minor viginti quinque annis sit, qui arrogatur; ne forte eum ideo arroget, ne rationes reddat. Item inquirendum est, ne forte turpis causa arrogandi subsit. § 1. – Eorum duntaxat pupillorum arrogatio permittenda est his, qui vel naturali cognatione, vel sanctissima affectione ducti adoptarent, ceterorum prohibenda, ne esset in potestate tutorum et finire tutelam, et substitutionem a parente factam extinguere. § 2. – Et primum quidem excutiendum erit, quae facultates pupilli sint, et quae eius, qui adoptare eum velit, ut aestime tur ex comparatione earum, an salubris adoptio possit pupillo intelligi; deinde, cuius vitae sit is, qui velit pupillum redigere in familiam suam; tertio, cuius idem aetatis sit, ut aestimetur, an melius sit de liberis procreandis cogitare eum, quam ex aliena familia quemquam redigere in potestatem suam. § 3. – Praeterea videndum est, an non debeat permitti ei, qui vel unum habebit, vel plures liberos, adoptare alium; ne aut illorum, quos iustis nuptiis procreaverit, deminuatur spes, quam unusquisque liberorum obsequio paret sibi; aut qui adoptatus fuit, minus percipiat, quam dignum erit eum consequi. § 4. – Interdum et ditiorem permittetur adoptare pauperiori, si vitae eius sobrietas ciara sit, vel affectio honesta nec incognita. § 5. – Satisdatio autem in his casibus dari solet' – em tradução original do texto – 'Não é permitido arrogar a quem teve a tutela ou curatela de uma pessoa, se a arrogado tem menos de vinte e cinco anos, pois é possível que o objetivo do arrogador seja escapar da prestação de contas. Deve-se também investigar se a motivo da arrogação não tem, por finalidade, algum motivo torpe. § 1. A arrogação de tutelados só deve ser permitida aqueles que querem adotar motivados ou por parentesco natural ou por profunda afeição, excluídos os demais casos, para que não fique ao arbítrio dos tutores não só extinguir a tutela como também tornar sem efeito a substituição testamentária feita pelo ascendente. § 2. É preciso, antes de tudo, que se conheça o patrimônio do tutelado e de quem pretende adotá-lo, para que, comparados, seja possível saber se a adoção é vantajosa para o tutelado; depois, conhecer a vida de quem quer trazer o tutelado para integrar sua família; em terceiro lugar, sua idade, para saber se não seria melhor pensar em gerar filhos do que submeter a seu pátrio poder pessoa de outra família. § 3. Deve-se, além disso, verificar se é conveniente permitir a quem é pai de um só filho ou de muitos adotar outro, para que ou não diminua a expectativa de herança dos filhos legítimos que a ela fazem jus pela obediência ou o adotado perceba menos do que lhe deveria tocar. § 4. As vezes se permitira ao mais pobre adotar o mais rico se for manifestada sua austeridade de vida ou sua afeição seja honesta e publicamente conhecida. § 5. E costume, nesses casos, exigir-se caução'. (Ulpianus Libro XXVI, ad Sabinum, Titulus VII de adoptionibus et emancipationibus et allis modis, quibus potestas solvitur, consoante, tribunal regional federal da 1ª região – escola de magistratura federal da 1ª região, 2010, tradução do livro I do digesto do Corpus Iuris Civilis, 'léxico traduzido do digesto do corpus iuris civilis').

552 D. 26. 1. 1 pr. : '(Paulus libro 38 ad edictum.). *–Tutela est, ut Seruius definit, uis ac potestas in capite libero ad tuendum eum, qui propter aetatem sua sponte se defendere nequit, iure ciuili data ac permissa'.*

553 D. 26. 1. 1. 1: '(Paulus libro 38 ad edictum). *–Tutores autem sunt qui eam uim ac potestatem habent, exque re ipsa nomen ceperunt: itaque appellantur tutores quasi tuitores atque defensores, sicut aeditui dicuntur qui aedes tuentur'.*

554 ALVES, José Carlos Moreira – *Direito Romano*. RJ, Ed. Forense, 2003, vol. 2, p 325. "A tutela é, como define Sérvio, a força e o poder sobre o homem livre, dados e permitidos pelo direito civil, para proteger aquele que, por causa da idade, não se pode defender por si mesmo".

555 JUSTO, Santos A, *O Pensamento Jusnaturalista no Direito romano*, Revista Direito e Desenvolvimento, João Pessoa, v. 4, n. 7, p. 239-312, jan/jun 2013. *"Sed impuberes quidem in tutela esse omnium civitatium iure contingit, quia id naturale rationi conveniens est, ut is qui perfectae aetatis non sit, alterius tutela regatur [...]"* – em livre tradução – "No que se refere aos impúberes, acontece que, segundo o direito de qualquer Estado, estão sob tutela, pois por razão natural é conveniente que aquele que não chegou à idade adulta se reja pela tutela de outro [...]". (Gaius 1,189).

556 HIRONAKA, Giselda M. F. Novaes; TARTUCE, Flávio; SIMÃO, *José Fernando, Direito de Família e das Sucessões – temas atuais*. São Paulo: Método, 2009. p. 197. 'A família, como todo e qualquer agrupamento humano, se sustenta e se orienta por relações de poder. e este era exercido com exclusividade pelo homem, porque a

ele cabia o sustento material da família. em grande parte, os casamentos se mantinham por causa da dependência econômica da mulher em relação ao marido. e essa mesma dependência justificava o exercício ditatorial do poder do marido sobre a esposa e os filhos.' (apud SANTOS, Romualdo Baptista dos. Responsabilidade Civil na Parentalidade).

557 COULANGES, Numa Denis Fustel. A cidade antiga: Estudo sobre o culto, o direito, as instituições da Grécia e de Roma. Tradução de Jonas Camargo Leite e Eduardo Fonseca. São Paulo: Helmus, 1975. p. 70 'Graças à religião doméstica, a família era um pequeno corpo organizado, pequena sociedade com o seu chefe e o seu governo. Coisa alguma, na nossa sociedade moderna, nos dá idéia deste poder paternal. Naqueles tempos, o pai não é somente o homem forte protegendo os seus e tendo também a autoridade para se fazer por eles obedecer: o pai é, além disso, o sacerdote, o herdeiro do lar, o continuador dos antepassados, o tronco dos descendentes, o depositário dos ritos misteriosos do culto e das fórmulas secretas da oração. Toda a religião reside no pai.'

558 Bosch, María José Bravo, El lenguaje discriminatorio en la antigua Roma y en la españa actual, Profesora Titular de Derecho romano en la Universidad de Vigo. 'Sabemos que no existió un único tipo de tutela, sin varios, cuya división según su origen ha sido objeto de debate por parte de la doctrina. Con todo, de forma habitual se tiende a clasificar los tipos de tutela en tres posibles (reflejados ya en la cita anterior de BERGER) la tutela testamentaria, la legítima y la dativa: La testamentaria, ordenada en el testamento por quien ejerce la patria potestad o la manus sobre la mujer; la legítima, a falta de tutor testamentario, que compete a los agnados, a los gentiles, o al manumisor y sus hijos; la dativa, posterior a las anteriores, que procede a falta de tutor testamentario o legítimo, conferida por el magistrado a instancia de la mujer, con la exigencia de que el tutor propuesto esté presente; (vid. al respecto, L. SANZ MARTÍN, Estudio y comentario de las diferentes clases de tutela mulierum a tenor de lo referido en las fuentes jurídicas romanas. Funciones y responsabilidad del tutor mulierum, en Revista General de Derecho romano 15, 2010, p. 4 ss) – em livre tradução – 'Sabemos que não houve um único tipo de tutela, sem várias, cuja divisão segundo sua origem tem sido objeto de debate pela doutrina. No entanto, geralmente há uma tendência a classificar os tipos de tutela em três possíveis (refletidos já na citação anterior de BERGER): tutela testamentária, legítima e dativa: A testamentária, ordenada em testamento pela pessoa que exerce o poder paternal ou a mão sobre a mulher; a legítima, na falta de tutor testamentário, que compete aos agnatos, aos gentios, ou ao alferes e seus filhos; a dativa, posterior aos anteriores, que proceda na ausência de tutor

testamentário ou legítimo, conferido pelo magistrado a pedido da mulher, com a obrigatoriedade da presença do tutor proposto'; (vide. A este respeito, L. SANZ MARTÍN, Estudo e comentário sobre os diferentes tipos de tutela mulierum de acordo com o referido nas fontes jurídicas romanas. Funções e responsabilidades do tutor mulierum, 'in' General Review of Roman Law 15, 2010, p. 4 ss).

Gaius. D 1. 15547: "Em virtude da Lei das XII Tábuas, os agnados são tutores daqueles que não têm tutor testamentário, e são chamados de legítimos', entendendo-se que o 'vínculo agnatício', é aquele oriundo de uma relação que existe entre duas pessoas que tem um antepassado comum através da descendência na linha masculina direta".

559'Mulier non concedatur aliqua actio ex custodia, cum custodi negotibus cupilis vel discipulis negotionem habeant, ad publitatem horum recipiendam, actionem custodiendam commendunt' – em livre tradução – 'A mulher não é concedida nenhuma ação decorrente da tutela, enquanto os guardiões fazem negócios dos pupilos ou alunos, e devem ser responsáveis após a puberdade destes, comprometendo-se com uma ação guardiária. '(Gaius).

560 Fernández de Buján, A., Derecho Privado romano, 3.ª edic., Madrid, Iustel, 2010, p. 219, 'La denominación de furiosus, para designar a la persona mentalmente enajenada, parece obedecer a que, en los primeros tiempos, sólo se había previsto la situación de aquellos casos que revestían una especial gravedad o agresividad. No se preveía una declaración formal de incapacitación, y la intervención del magistrado en el nombramiento del curador exigiría una constatación previa de la existencia real de la enfermedad mental'.

561 Fernández de Buján, A., Derecho Privado romano, 3.ª edic., Madrid, Iustel, 2010, p. 219, 'La enajenación mental incapacita, de forma absoluta, a la persona que la padece, tanto en el ámbito civil como en el de la responsabilidad penal. La curatela nombrada para la persona con enfermedad mental alcanza, tanto al ámbito personal como al patrimonial del incapaz, llegando a equipararse en este sentido su posición con la del infante. El enfermo mental, demens o insanus, no puede ni contraer matrimonio, ni otorgar testamento, si bien la enajenación sobrevenida, ni disuelve el matrimonio, ni anula el testamento ya otorgado (D. 27. 10. 7 pr. ; I. 2. 12. 1). De hecho, en la época postclásica se estableció, con carácter general, la regla de la capacidad de obrar de las personas con enfermedad mental durante sus períodos de lucidez, y al mismo tiempo, se dispuso que, los momentos en los que las personas mentalmente sanas, perdieran circunstancialmente la lucidez, se asimilan, a efectos de incapacidad de obrar, a la posición jurídica de las personas que padecen de demencia'.

562 Fernández de Buján, A., Derecho Privado romano, 3.ª edic., Madrid, Iustel, 2010, p. 219, 'El curador del pródigo se encarga de la gestión y administración de los bienes del incapacitado, al que se le permite realizar actos de comercio que mejoren su condición, pero no actos jurídicos que impliquen enajenaciones, gravámenes, ni contraer obligaciones, interdictio bonorum (D. 27. 10. 1 pr. ; D. 27. 10. 10 pr. ; D. 46. 2. 3)'.

563 'Tutor factam pupillam suam nec ipse uxorem ducere nec filio suo in matrimonio adiungere potest' – em livre tradução – 'O próprio tutor não pode tomar por esposa a sua pupila instituida, e nem unir ao seu filho en matrimonio'. (D. 23, 1, 15).

564 J. Iglesias, Direito romano, 12ª ed., Barcelona 1999, p. 364. "La función del tutor no es otra que la prestar su auctoritas – y siempre in presenti – a los siguientes actos celebrados por la mujer: 1. Enajenación de res mancipi. 2. In iure cesio. 3. Acceptilatio. 4. Aditio hereditatis. 5. Testamento. 6. Manumisiones. 7. Constitución de dote. 8. Asunción de toda clase de obligaciones. 9. Legis actio y iudicium legitimum. 10. Conventio in manum mediante coemptio. 11. Permiso a la liberta para quedar en contubernio con un esclavo ajeno" – em livre tradução – 'Sublinha que em nenhum caso a função do tutor, não é outra à de prestar a sua 'auctoritas' – sempre presente à legalidade de certos atos celebrados pela mulher: 1. Alienação da res mancipi. 2. In iure cesio. 3. Aceitação. 4. Adição hereditária. 5. Vontade. 6. Manumissões. 7. Constituição do dote. 8. Assunção de todos os tipos de obrigações. 9. Ação legislativa julgamento legal. 10. Um contrato está em mãos por meio de uma compra. 11. Permissão para que o liberto tenha intimidade com um escravo estrangeiro'.

565 J. EVANS GRUBBS, Women and the Law in the Roman Empire: A Sourcebook on Casamento, Divórcio e viuvez, Londres-Nueva York, 2002, p. 24: "Augustus, as part of his promotion of marriage and procreation, granted women who served the state by child – bearing the ius (trium) liberorum" – em livre tradução – "Augusto, como parte de sua promoção do casamento e da procriação, concedeu às mulheres que serviam o Estado, por filho, o ius (trium) liberorum".

566 Garcia, Grecia Sofia Munive, Los esponsales en la antigua Roma y sus reminiscencias en la legislación mexicana actual, articulo, Universidad la Salle, 'El paterfamilias o cabeza de familia, considerado como el primero de la familia (princeps familiae) y como el amo o señor de la "casa" (in domo dominium habet), poseía un poder tan grande que podía celebrar actos solemnes en representación de la hija o del hijo de familia (filiafamilias/filiusfamilias) sin la necesidad de que éste se encontrase presente, aunque, para algunos asuntos, necesitaba del consentimiento y de la voluntad expresa de los hijos. Su poder era ilimitado sobre las personas que tenía bajo su potestad y tenía sobre estos derecho de vida o muerte (vitae necisque potestas) y sólo la costumbre y la tradición social podían limitar un poco el poder del cabeza de familia. Sólo él tenía derecho a disponer de la propiedad familiar". (Vid. Berger, op. cit., s. v. Paterfamilias).

567 FILÓ, Maurício da Cunha Savino. "O Tribunato da Plebe na República Romana: aportes ao constitucionalismo brasileiro contemporâneo, Tese de Doutorado, UFSC., 2018. "A morte de um pater famílias causava grande repercussão social, pois a constituição da urbe era realizada com base na unidade familiar, que tinham nos Patres não só a responsabilidade pela administração dos bens de todos os membros de sua família até a sua morte, mas também grande autoridade moral. Rocher (1984, p. 109), salienta a gravidade do parricidium e do perduellio para a subsistência da civitas".

568 FILÓ, Maurício da Cunha Savino. "O Tribunato da Plebe na República Romana: aportes ao constitucionalismo brasileiro contemporâneo, Tese de Doutorado, UFSC, 2018. Para Ribas Alba (2015, p. 28), na época primitiva, a família possuía uma espécie de personalidade jurídica, sendo que a morte do pater famílias não possuía o condão de tornar alienável o patrimônio familiar, somente se substituía o administrador dos bens.

569 FILÓ, Maurício da Cunha Savino. "O Tribunato da Plebe na República Romana: aportes ao constitucionalismo brasileiro contemporâneo, Tese de Doutorado, UFSC. 2018. "É tão forte a figura da família para os romanos que a ocorrência da capis deminutio (perda de um membro da família) pela emancipatio (de um filho ou escravo) era analisado pela perspectiva do pater, e não da civitas, que ganhava um novo sujeito capaz para atos jurídicos" (apud VALDITARA, p. 4-5)